니코마코스 윤리학

니코마코스 윤리학

아리스토텔레스 지음 / 최명관 옮김

창
Chang
Books

국립중앙도서관 출판시도서목록(CIP)

니코마코스 윤리학 / 아리스토텔레스 지음 ; 최명관 옮김.
-- 개정판. -- 서울 : 창, 2008
    p. ;   cm

원서명: Ethica Nicomachea
원저자명: Aristoteles
ISBN 978-89-7453-144-7 03100 : ₩16000

160.24-KDC4
185-DDC21   CIP2007003938

아리스토텔레스의 생애와 업적

아리스토텔레스는 B.C. 384년 마케도니아의 작은 도시 스타게이로스(Stageiros)에서 태어났다.

그래서 사람들은 이따금 그를 '스타게이로스 사람'이라고 부르기도 했다. 이 스타게이로스는 칼키디케(Chalcidice) 반도에 있다. 아리스토텔레스의 아버지는 니코마코스(Nicomachos)라는 사람이었다. 이 사람은 마케도니아의 임금이고 필리포스(Philippos) 대왕의 아버지인 아뮌타스(Amyntas) 2세의 시의(侍醫)였다. 따라서 아리스토텔레스는 의사들의 조합(組合)에 세습적으로 가입되었고, 장차 의사가 될 생각이었던 것 같다. 아마 그는 해부의 훈련을 받았을 것이고, 심지어 의사 역할을 했으리라 생각된다. 그는 이런 관계로 인해서 일찍부터 생물학 방면의 연구에 흥미를 가졌던 것만은 확실한 일이다. B.C. 368년(혹은 367년) 17살 되던 해, 그는 아테나이로 보내졌다. 여기서 그는 B.C. 348년(혹은 347년) 플라톤이 별세할 때까지 20년 동안 플라톤의 아카데메이아에서 배우고 연구하면서 이 학원과 긴밀한 관계를 유지하였다. 이 기간 동안에 그는 플라톤의 여러 학설을 깊이 터득하였다. 이것은 그의 여러 저작에서 알아 볼 수 있다.

한편, 그는 스페우싯포스(Speusippos)나 그 밖의 다른 아카데메이아 학도들과 마찬가지로 생물학 연구를 계속하였다. 플라톤이 죽은 후, 그는 소아시아의 레스보스(Lesbos) 섬에서 5년을 지냈다. 그가 생물학 분야의 저술에서 이 지역의 동물과 어류에 관한 기록을 남긴 것을 미루어 보건대, 그곳에서 시간의 일부를 할애하여 생물 표본에 관한 연구에 몰두했음이 분명하다.

B.C. 343년(혹은 342년) 그는 마케도니아 왕 필리포스의 초청을 받아 알렉산드로스 대왕의 스승이 되었다. 그가 이 미래의 세계 정복자를 가르친 것은 알렉산드로스가 섭정으로 임명된 B.C. 340년까지였다. 이리하여 아리스토텔레스는 처음에는 펠라를 거쳐 그 후에는 고향인 스타게이로스에서 다시 학문 연구와 생물학적 관찰을 하게 된 것으로 짐작된다. 그는 필리포스가 죽은 지 얼마 되지 않은 B.C. 335년(혹은 334년) 아테나이로 돌아가 12년 내지 13년 동안 뤼케이온($\lambda \acute{u} \kappa \epsilon \iota o \nu$, Lyceum)이라는 학원을 세우고 조직하는 데, 거의 모든 분야의 학문 연구의 계획을 짜고 또 실제로 연구하는 데, 또 현존하는 그의 저술의 전부 혹은 그 대부분 혹은 보다 과학적인 부분을 집필하는 데, 전력을 기울였다.

B.C. 323년 알렉산드로스가 바빌로니아에서 죽자 아리스토텔레스는 마케도니아와 어떤 관련이 있으리라는 의심을 받게 되었다. 이것은 그의 철학적 활동에 반대하는 사람들에 의하여 꾸며졌을 가능성이 크다. 하여튼 이런 상황 아래 그도 소크라테스와 똑같은 운명에 처하게 되었다. 그래서 아테나이로부터 도피했는데, 그는 아테나이 사람들로 하여금 두 번씩이나 철학에 대하여 죄를 짓지 않게 하기 위하여 피신하노라고 말한 것으로 전한다. 그는 B.C. 322년 에우보이아(Euboea)의 칼키스(Chalcis)에서 죽었다. 사인(死因)은 일을 너무 많이 하여 지병인 만성 소화불량이 악화되었기 때문이었다. 이 병은 그리스에서도 아리스토텔레스와 같은 직업을 가진 사람들에게 흔히 나타나는 일종의 직업병이었다.

아리스토텔레스의 가장 특색 있고 생산적인 학문 활동의 시기는 알렉산드로스 대왕의 통치 및 원정(遠征) 시대와 정확하게 일치한다. 그는 생애의 대부분을 학생으로서 또 교사로서 아테나이에서 보냈는데, 아테나이에서는 외국인으로서 정치적 권리가 없었고, 심지어 한때는 마케도니아 조정(朝廷)과 연관되었다는 혐의를 받기도 했다. 그러나 정치 분야에서도 그는 실무형이라기보다는 오히려 학자였다. 그리고 학자로서 그의 업적은 알렉산드로스 대왕의 지배로 아테나이가 스스로는 원하지 않았던 평화와 번영의 시기를 맞아 학문 연구에 유리한 좋은 상황을 마련해준 데 힘입은 바 크다. 그러나 아리스토텔레스는 데모스테네스 당시의 도시 국가로서의 아테나이에서와 마찬가지로 알렉산드로스의 제국에서도 정치에 적극적으로 관여하지는 않았던 것 같다. 그는 정치 철학을 학문적으로 확립하려고 노력하기는 했으나, 자신의 시대에 있었던 정치적 변화의 의의를 무시하고 있다는 비난을 여러 비평가로부터 받고 있다. 당시의 정치적 사건과 사회적 변화는 그의 정치 철학에 별로 이렇다 할 영향을 주지 않았다. 또 당시의 사회 형편이 그의 형이상학이나 여러 과학에 어떤 흔적을 남긴 것 같지도 않다. 다만 아테나이에 실제로 노예 계급이 있었기 때문에 이론적 학문을 더 높게 평가했다고 할 수는 있을 것이다. 또 그가 생활한 사회의 계층 조직과 한계는 그의 우주관에 반영되어 있다.

아리스토텔레스의 인품과 성격에 관해 자세한 것은 알려져 있지 않다. 『플라톤의 대화편』들은 플라톤의 생애와 개인적 성품에 관하여 여러 가지 사실을 알려주지만, 아리스토텔레스의 저작은 그러한 것을 별로 알려주지 않는다. 아리스토텔레스는 대머리이고, 다리가 가늘고, 눈이 작고, 혀가 굳어 말을 더듬더듬했던 것으로 유명하다. 그의 모습을 그려내고 있는 조상(彫像)이나 흉상(胸像)을 보면, 몸이 가늘고, 감수성이 예민해 보이며, 심지어 날씬해 보인다. 적어도 학생 시절에는 옷 맵시를 냈고 또 번들번들한 보석을 지니고 다녔던 것 같다. 철학자들의 생활 가운데서 자랑스럽지 못한 사실들을 전하기를 일삼은 고대의 철학사가(哲學史家)들의 한 전승(傳承)에 의하면, 그는 여자 같이 나약하고 방종했던 사람으로 묘사되고 있다. 그는 조롱을 잘 하고 기지(機智)가 있는 사람으로 유명했다. 그의 생애가 대체로 통치자와 군주들과 권세 있는 친구들의 보호 아래 있었던 것으로 미루어, 그는 겁 많고, 우유부단하고, 현실도피적인 경향이 있었던 것으로 생각된다. 그런데 이러한 현실도피는 거의 어느 시대에나 학자들이 학문 연구를 위해서 추구한 것이었다. 그는 가족에 관한 일을 꼼꼼히 돌보고 자기가 죽은 뒤에 그들의 생활을 염려하여 준비한 바 있는데, 이것은 그의 조심성 있고 사려 깊은 성품을 보여주는 것이라 하겠다.

의사 집안에서 태어났고, 또 스스로 생물학에 흥미를 가졌던 관계로, 그의 철학 전체는 생물학을 배경으로 하고 있다고 할 수 있다. 대체로 어떤 철학자나 특별히 어떤 하나의 혹은 몇 개의 특수 과학에 흥미를 가지고 있어서, 그 특수 과학이 그 철학의 배경 내지 근원을 이룬다. 우리는 플라톤의 중요한 사상인 **이데아**설이 기하학과 깊은 관계가 있고, 기하학에서 착상되었으리라는 것은 어렵지 않게 알 수 있다. 또한 20세기 철학자들 가운데 화이트헤드나 러셀의 철학이 수학에서 출발하여 수학적 사고방식의 세계관을 건설했던 것을 잘 알고 있다. 칸트는 특히 뉴튼의 역학에 깊은 관심을 가져, 뉴튼 역학의 기초 위에서 자연과학 일반의 가능근거(可能根據)를 확립하였다. 또 베르그송은 현대 과학 전반에 걸쳐 광범하고 심오한 학식을 가졌으며, 특히 생물학에 많은 관심을 기울였다. 그의 주저(主著)의 하나인 『창조적 진화』(L'Evolution créatrice)는 19세기 중엽 이래 종교계와 생물학계의 중대한 관심사였던 진화론적 사상을 검토·비판하고 있다. 아리스토텔레스 역시 생물학에 관심이 깊었으므로, 생물학 연구는 그의 철학적 사색과 그 결과인 세계관에 큰 영향을 주었다. 인식론에서나 세계관 일반에서 그의 사상은 일원론적 성격을 띠고 있다. 플라톤이 감각을 불신하여 순수한 사유에서만 진리를 인식할 수 있다고 생각한 데 반하여, 아리스토텔레스는 모든 지식이 감각에서 출발하는 것임을 강조하고 있다. 그리하여 이러한 인식론의 필연적 결과로 플라톤에게는 감각적 세계와 이상적 세계가 서로 건널 수 없는 심연(深淵)에 의하여 갈라져 있으나, 아리스토텔레스의 세계관은 정점에 신(神)이 있고, 그 신은 순수한 사유를 본성으로 하는 비물질적인 존재이면서도, 계열에 있어서 최후·최고의 항(項)으로 생각될 수 있는 것이었다.

그의 이러한 사고방식은 2천여 년에 걸친 서양 사상에서 하나의 큰 흐름을 이루었다. 윌리암 제임스는 모든 철학자를 두 유형으로 나누었다. 하나는 <부드러운 정신>(tender-minded)의 철학자이고, 다른 하나는 <억센 정신>(tough-minded)의 철학자이다. 전자의 사상 경향은 합리주의적·주지주의적·유심론적·낙천적·종교적·자유의지적·일원론적·독단적이고, 후자의 사상 경향은 경험론적·감각주의적·유물론적·염세적·비종교적·숙명론적·다원론적·회의적이다. 이것이 제임스가 말하고 있는 두 유형과 그 사상적 특색인데, 어떤 철학자가 어느 한 유형에 속한다고 볼 수 있을 경우에도 위에서 언급한 특색을 전부 지닌다고는 할 수 없고, 다른 유형의 특색을 지니고 있는 경우도 있을 것이다. 제임스는 플라톤·헤겔·스펜서를 전자의 유형의 대표자로 꼽고 있으나, 플라톤의 여러 저작을 보면 독단적인 태도를 피하려고 무던히 애쓰고 있음을 알 수 있다. 그러나 대체로 플라톤은 전자의 유형의 대표적 인물이며 서양 철학에서 이상주의 내지 관념론의 원천으로 생각되는 것이 보통이다. 이에 반하여 아리스토텔레스는 후자의 유형의 대표적 인물이며 서양 철학에서 플라톤으로부터 시작되는 조류에 대립하는 또 하나의 큰 조류, 즉 현실주의 내지 실재론의 원천으로 여겨지고 있다. 그러나 아리스토텔레스는 위에서 말한 후자의 유형의 특색을 고스란히 지니고 있는 것이 아니고, 또한 유물론적·염세적·비종교적·숙명론적·다원론적·회의적인가 하면 반드시 그런 것도 아니다. 그러나 아리스토텔레스는 구체적인 문제를 꼬치꼬치 캐는 일에 능한 현실주의적이고, 경험론적이고, 상식주의적인 성격이 농후한 것만은 명백하다. 이러한 경향이 서양 철학에서 하나의 줄기찬 전통을 이루어왔다.

인류 문화의 최고봉의 하나를 이룬 B.C. 5세기의 아테나이에서 소크라테스는 고매한 인격을 가지고 깊은 철학적 사색을 끈기 있게 전개하였다. 이 철학적 사색은 플라톤에 의하여 극적(劇的) 형식으로 집대성되었고, 아리스토텔레스에 의하여 학문적 체계가 갖추어지게 되었다. 소크라테스·플라톤·아리스토텔레스는 그리스 정신문화의 3대 지주이며 원천이었다. 아리스토텔레스 이후, 그만한 학문적 체계는 13세기 내지 19세기까지 나타나지 못했다. 13세기의 토마스 아퀴나스에 이르러 서양 문화는 다시 한번 아리스토텔레스의 체계에 못지않은 광범하고 심오한 학문적 체계를 얻었다. 또한 아퀴나스는 아리스토텔레스의 철학의 방법과 정신을 자기의 철학 및 신학의 기초로 삼았다. 하여간, 아리스토텔레스의 영향은 그 자신의 시대 이후 지금까지 끊임없이 이어지고 있다. 이것은 무엇보다도 그의 철학 속에 여러 학문적 술어의 정의와 구별 및 후대의 과학의 기초를 이루는 신념들이 내포된 때문이었다. 이 기초적인 정의와 구별은 일찍이 그의 가르침을 따른 학파들에 의하여 여러 가지 학문에 광범하게 또 솜씨 있게 적용되었다. 그의 영향은 13세기의 스콜라 철학에서 가장 두드러졌다. 하지만, 오늘날에도 그의 정신과 방법을 소중히 여기고 따르는 철학자들이 적지 않다.

아리스토텔레스는 아테나이가 이미 쇠퇴한 후에 학문적 활동을 했는데, 그가 죽은 후 학문 연구는 기운 없는 여맥(餘脈)을 이어간 데 지나지 않았다. 마치 아테나이의 정치적 운명과도 같이 아리스토텔레스의 저작과 학문은 차츰 그리스 사람들의 손을 떠나 아라비아로 건너갔고, 거기서 다행히도 암흑시대를 넘기고, 9세기 이후 다시 서방 세계로 역수입되었다. 그리하여 중세 철학은 아우구스티누스 시대에는 전적으로 플라토니즘의 영향 아래 있었고, 중세의 스콜라 철학은 또한 아우구스티누스의 권위로 말미암아 플라토니즘에서 출발하지 않을 수 없었다. 그러나 그 발전에 있어서는 12, 13세기에 이르면서 아리스토텔레스의 재발견 및 그 철학의 완전한 이해 및 소화의 방향으로 나아갔다. 이와 같이 이미 중세 철학 속에 플라토니즘과 아리스토텔리즘의 대립과 긴장, 그리고 때로는 융합이 있었다.

14세기 말 내지 15세기 초부터 르네상스의 사상적 조류는 스콜라 철학의 분위기에 염증을 느끼기 시작했고, 아리스토텔레스와 그의 철학도 중세적인 냄새가 짙은 것으로 배척될 운명에 처하였다. 휴머니스트들은 13세기의 라틴어마저 싫어하여, 초기 라틴어로 되돌아가려는 키케로 같은 사람의 복고사상이 팽배하게 되었으며, 아리스토텔레스 대신 플라톤을 떠받드는 풍조가 생겼다. 중세 전성기에는 아리스토텔레스가 유일 절대의 권위였다. 그러나 중세의 붕괴와 함께 이 권위도 무너졌다. 그 대신 플라톤이 정신계와 문화계에 신선한 생기를 불어넣어줄 철학자로 다시 등장하고 소중히 여겨지게 되었다. 그러던 것이 지난 백여 년 동안 아리스토텔레스의 저작의 원전이 언어학적으로 연구되고, 또 여러 현대어 번역판이 나오게 됨으로써 다시 그의 철학이 연구되고, 또 현대의 지적 토론에서 하나의 세력을 이루게 되었다. 앞으로 그의 철학의 영향이 전처럼 스콜라 철학 비슷한 것을 낳을지, 또는 어떤 반동을 낳을지, 그렇지 않으면 또 새로운 철학의 발전을 낳을지는 지금으로서는 말할 수 없지만, 그의 여러 저작이 현대의 많은 철학자에게 지대한 관심을 일으켰고, 현대의 많은 철학적 문제를 해결하는 데 큰 도움을 주고 빛을 던졌음은 부인할 수 없는 사실이다.

서양의 지성사(知性史)에서 플라톤의 영향과 아리스토텔레스의 영향은 서로 밀접한 관계를 맺어왔으나, 때로는 이 양자의 잠재적인 모순과 대립이 맹렬한 철학적 논쟁의 불씨가 되기도 하였다. 흔히 플라톤은 불변하는 것들에 관한 고원(高遠)한 사색에 몰두한 철학자로 여겨졌고, 아리스토텔레스는 변화하는 것들의 세계에 관하여 경험적으로 탐구한 사람으로 여겨졌다. 3세기에 플로티노스는 플라톤의 카테고리들은 예지적인 것들에 적용할 수 있고 아리스토텔레스의 몇몇 카테고리는 감각적 사물들에 적용할 수 있다고 생각하였다. 6세기에 보에티우스는 이 양자(兩者)가 적용되는 분야를 잘 구분하기만 하면 양자가 본질적으로는 서로 잘 맞아 들어가는 것임을 증명하려 하였다. 중세 초기에는 이러한 시사를 따라 그리 많지 않았던 자료와 지식을 가지고서도 이 양자를 절충하려는 사람들이 많았다.

13세기에 보나벤투라는 플라톤과 아리스토텔레스는 서로 보충하는 부분을 이루어 양자가 합함으로써 완전하게 되는 것이라고 생각하였다. 즉 플라톤은 영원한 것들을 다루는 지혜를 제공하고, 아리스토텔레스는 현세의 일시적인 것들을 다루는 과학을 제공하였으며, 이 양자가 결국 성(聖) 아우구스티누스에 의한 그리스도교 철학의 성립을 준비한 것이라고 보았다. 19세기에 코올리쥬(Coleridge)는 대체로 이상과 같은 구별 원리를 따라 모든 사람을 플라토니스트(Platonist)와 아리스토텔리안(Aristotelian)으로 구분하고, 과학은 아리스토텔레스에게, 그리고 우리가 나면서부터 가지고 있는 본질적 진리는 플라톤에게 배정하였다.

그러나 플라톤과 아리스토텔레스의 여러 가지 철학상의 차이가 이렇게 쉽게 절충되기만 한 것은 아니다. 플라톤을 철학자라기보다 오히려 시인이라고 생각한 아리스토텔리안들과, 아리스토텔레스가 한 말은 피상적이고 그릇된 것이라고 본 플라토니스트들은 이러한 손쉬운 절충과 화해의 기도(企圖)를 분쇄하였다. 13세기의 토마스 아퀴나스와 14세기의 윌리암 옥캄은 아리스토텔레스가 그의 스승인 플라톤의 가장 중요한 사상 몇 가지를 공격했음을 상기했을 뿐만 아니라, 또한 아리스토텔레스의 철학은 남의 지혜의 도움을 받을 필요도 없고 또 남의 지혜에 의하여 완전하게 되어야 할 것도 없는 데 반하여 플라톤의 철학은 부조리하고 그릇된 것이라고 논하였다. 16세기의 라무스(Ramus), 파트리티우스(Patritius), 니졸리우스(Nizolius), 그리고 근대의 화이트헤드, 버네트, 테일러 같은 철학자·언어학자·역사가들은 아리스토텔레스를 기껏해야 플라톤의 여러 가지 깊은 통찰을 어렴풋하게 밖에 의식하지 못한, 심한 경우에는 플라톤의 철학적 원리들을 온전치 못한 진리 내지 독단적인 과오로 저하시킨 신통치 못한 제자로 보았다. 그러나 아리스토텔레스 철학의 중요성과 의의는 옛날 사람들이 그의 위대한 업적을 오랜 세월이 흐른 후에 찬탄했다는 사실보다도, 비타협적인 플라토니스트들과 아리스토텔리안들이 간헐적으로 활발한 논쟁을 벌였던 사실에서 더 잘 나타난다고 하겠다. 이러한 논쟁에 오르내린 문제들은 아리스토텔레스 자신이 누구보다도 더 잘 제기하고 표현한 만큼, 그의 저작을 연구하는 것은 오늘날의 여러 지적(知的) 문제에 빛을 던져줄 것이며, 또 이 문제들을 해결하는 방향에 대해서도 좋은 시사를 줄 것으로 기대된다.

　아리스토텔레스가 학문의 체계화에 아주 크게 공헌한 것은 두 말할 필요도 없는 일이다. 생물학·물리학·형이상학·정치학·윤리학·논리학·시학 등이 그에게서 고전적으로 체계화되었을 뿐 아니라, 그

중 어떤 것은 2천여 년에 걸쳐 그 방면의 최고 권위의 자리를 지켜
왔다. 이제 그의 학문 체계를 저작에 비추어가면서 살펴보기로 한다.

그의 저작 중에서 맨 먼저 편찬된 것은 논리학 방면의 저작들이다.
아리스토텔레스는 대체로 논리학 연구를 모든 과학적 및 철학적 탐구
의 예비가 되는 것으로 보았다. 그러므로 논리학은 본격적인 지식 체
계에 들어가는 것은 아니라고 할 수 있다. 그의 논리학적 저작 전체에
는 『오르가논』(*ORGANON*)이라는 이름이 붙어 있다.

〈오르가논〉이란 〈기관〉 내지 〈연장〉이라는 뜻의 말로서 우리의
〈사고의 연장 내지 도구〉를 의미한다. 이 『오르가논』에는 다음과 같
은 저술들이 포함되어 있다.

『카테고리아에』(*CATEGORIAE, Categories*, 『범주론』. 중세 이래
의 관례를 따라 그의 저작을 라틴어로 적기로 한다.) ― 명사(名辭)를
다루고 있는데 10개의 카테고리가 제시된다. 『데 인테르프레타티오
네』(*DE INTERPRETATIONE, On Interpretation*, 『명제론』) ― 명
사가 합하여 명제를 이루어 진리들과 거짓들을 표현하게 되는 것을
다루었다.

『아날리티카 프리오라』(*ANALYTICA PRIORA, Prior Analytics*,
『분석론 전서』) ― 삼단논법 연구. 완전한 추리는 모두 삼단논법으로
표명될 수 있으므로, 추리의 일반론을 논하고 있는 이 책에서는 삼단
논법의 형식이 특별히 문제된다.

『아날리티카 포스테리오라』(*ANALYTICA POSTERIORA,
Posterior Analytics*, 『분석론 후서』) ― 이 책에서는 과학의 진리가
문제된다. 즉, 삼단논법이 과학에서 어떻게 사용되는가를 논하고 있
다. 또 추리는 그 목적 및 내용에서 보아 엄밀하게 논증할 수 있는 확
실한 진리를 포함하고 있는 필연적 추리와, 개연적이고 이론의 여지

가 있는 진리를 목적으로 하는 변증법적 추리와, 그릇된 추리를 올바른 추리인 것처럼 보이게 하는 궤변적 추리로 나뉜다. 필연적 추리, 즉 논증에 관한 이론이 이 책에서는 특별히 취급된다.

『토피카』(TOPICA, Topics) — 변증법적 추리에 관한 이론을 전개한다.

『데 소피스티키스 엘렌키스』(DE SOPHISTICIS ELENCHIS, On Sophistical Refutations, 『소피스트적 함정 추리에 관하여』 혹은 『궤변론』) — 궤변적 추리에 관한 이론을 전개한다. 아리스토텔레스는 그릇된 논의의 대부분이 언어의 애매성에서 비롯됨을 지적하고 있다. 여기서, 아리스토텔레스가 생각하는 본격적인 학문의 영역으로 넘어가기 전에, 논리학과 형이상학의 관계를 아리스토텔레스가 어떻게 보았는가에 대한 철학사가 알버트 슈베글러의 견해를 소개하는 것이 좋을 것이다. 슈베글러의 견해는 논리학을 본격적인 학문들의 예비학에 지나지 않는 것으로 취급하는 태도에 반대하는 것이다. 슈베글러는 다음과 같이 말하고 있다.

　궁극적 원리의 학문으로서 제1철학과, 보통 아리스토텔레스의 논리학이라고 불리고 있고 『오르가논』이라는 명칭 아래 일괄되어 있는 저작들에 진술된 학문의 관계를 규정하는 것은 어려운 일이다. 『형이상학』이 미완성인 탓도 있겠지만 어떻든 아리스토텔레스 자신은 이 두 학문의 관계를 자세히 설명하고 있지 않다. 그러나 그는 이 두 개의 학문을 논리학이라는 명칭 아래 총괄하고 있으므로 — 그가 실체의 연구(『형이상학』, 제7권 제17장) 및 **이데아론**(제13권 제5장)을 분명히 논리학적 연구라 부르고 있고, 모순율을 모든 사고·언표(言表)·철학적 사고의 절대적 전제로서 『형이상학』에서 상세히 확인하려 했고(제4권), 실체를 연구해야 할 학에 논증법의 연구도 포함하고 있고(제3권 제2장; 제4권 제3장), 『오르가논』에 편입되어 있는 특별한 한 권에서 카테고리론을 전개하고 있으면서도, 다시 그것을 『형이상학』에서도 논하고 있기 때문이다. 적어도 『오르가논』과 『형이상학』에서 연구되고 있는 것들이 아주 다른 것이 아니라는 것, 즉 그는 양자의 관련을 세밀히 논하고 있지는 않으나, 흔히 생각되고 있는 것처럼 형식 논리학과 형이상학을 분리시키는 것은 그의 정신이 아니라는 것은 확실한 일이다.

이러한 슈베글러의 해석이 옳은가 하는 것은 매우 어려운 문제이다. 다만 그러한 이론이 있음을 아는 것은 유익할 것이다.

아리스토텔레스는 본격적인 학문을 세 분야로 나누었다. <이론적인 것>과 <실천적인 것>과 <제작에 관한 것>이 그것이다. <이론적인 것> 내지 <관조>는 항존적(恒存的)인 것 혹은 대체로 항존적인 것에 관한 지식을 우리에게 준다. 이것은 다시 셋으로 나뉜다. <제1철학> 내지 <신학>과 <수학> 및 <자연학>이 그것이다.

1. 이론적인 것

제1철학은 『형이상학』(*METAPHYSICA*)에 전개되어 있다. 이 『형이상학』에서는 불변하며 물질의 구속이 없는 순수한 실체 즉 물질에서 독립하여 변화를 초월하여 존재하는 것들이 연구되고 있다.

수학은 『형이상학』과 『물리학』에 들어 있다.

자연학은 자연의 사물들, 즉 독립해서 존재하기는 하지만 변화하며 운동하는 것들을 연구하는 학문이다.

자연학에서는 자연에 관한 모든 과학과 자연과학의 개념에 대해 철학적으로 해명하고 있다.

『퓌시카』(*PHYSICA, Physics*, 『자연철학』 혹은 『자연학』) — 자연

과학의 개념에 대한 철학적 해명이 이 저술의 대부분을 차지한다. 또 이 책의 제1권과 제2권에서는 모든 자연적 변화 및 과정의 원인을 추구하고 있다.

『데 카일로』(*DE CAELO, On the Heavens*, 『천체론』) ─우주 전체를 두 부분으로 나누어 고찰한다. 따라서 이 저술은 3차원으로 된 물체들과 그 이동을 다루고, 천체의 선회 운동과 지상의 물체들의 직선적 운동을 구별하며, 나아가 지상의 물체들의 네 가지 원소가 다르다고 결론짓는다. 이 네 원소는 천체를 구성하고 있는 다섯째 원소와 다르다.

『데 게네라티오네 에트 코룹티오네』(*DE GENERATIONE ET COR- RUPTIONE, On Generation and Corruption*, 『생성과 소멸』) ─지상의 물체들은 천상의 물체들과 달라, 생성과 소멸에 있어서 그 질과 크기가 변한다. 이 저술은 이러한 생성·소멸 및 변화를 다루고 있다. 그리고 이러한 변화에 관련된 기본적 현상들이 오직 운동인(運動因)에 의해서만 설명될 수 있음을 밝히고 있다.

『메테오롤로기카』(*METEOROLOGICA, Meteorology*, 『기상학』) 생물학의 저술로는 다음과 같은 것이 있다.

『히스토리아 아니말리움』(*HISTORIA ANIMALIUM, History of Ani- mals*, 『동물지』)

『데 파르티부스 아니말리움』(*DE PARTIBUS ANIMALIUM, On the Parts of Animals*, 『동물의 여러 부분에 관하여』) 『데 게네라티오네 아니말리움』(*DE GENERATIONE ANIMALIUM, On the Generation of An- imals*, 『동물 발생론』)

『데 아니마』(*DE ANIMA, On the Soul*, 『영혼론』 혹은 『정신론』) ─이 저술은 『형이상학』·『니코마코스 윤리학』과 함께 아리스토텔레스 사상의 중요한 것을 포함하고 있으며, 후대의 많은 학자들에게 깊은 영향을 주기도 했다.

생명의 현상은 천체나 합성 물체의 논의에서 제외된다. 생명체는 이 질적인 물체들로 구성되어 있고, 동물은 생물의 세계를 형성하는 상황 전체 및 운동을 포함하는 그 주위의 복잡한 환경의 영향을 받는다. 동물학적 및 심리적 현상을 검토함에 있어 여기서는 형상과 질료(質料)의 관계에 대한 새로운 고찰이 필요하게 된다(여기서 <형상>이라 한 것은 그리스어로 <에이도스>(eidos)라는 것으로 <정신>과 거의 같은 뜻을 지니고 있는 것으로 해석된다). 또 하나 다른, 혹은 적어도 좀더 복잡한 성격의 현상이 여기서는 문제되기 때문이다. 즉, 출생, 영양 섭취 및 성장(이것은 동물과 식물에 공통되는 것이다), 감각과 이동(이것은 인간이 다른 동물들과 공통으로 가지고 있는 것이다) 그리고 사유(思惟, 이것은 동물들 가운데 오직 인간에게만 있는 것인데, 어느 모로는 신에게서도 볼 수 있는 것이다)가 문제되고 있다. 질료와 형상의 이 새로운 관계가 『데 아니마』에서 조심스레 추궁되고 있다. 그리고 생명체의 원리는 영혼(anima)에 있는 것으로 생각되고 있다. 영혼은 생물의 형상인(形相因)일 뿐만 아니라 또한 운동인(運動因)이며 목적인(目的因)이기도 하다.

이 저작에서는 동물의 출생과 성장 및 이동 같은 것을 간단히 언급했을 뿐이고, 영양 섭취와 성장에 대해서도 짤막하게 논의하고 있을 뿐이며, 다만 감각과 사유에 관련된 여러 과정만은 그 대상과 관계지어 자세히 설명하고 있다.

2. 실천적인 것

실천에 관한 저술로는 『폴리티카』(*POLITICA, Politics*, 『정치학』)와 『에티카 니코마케아』(*ETHICA NICOMACHEA, Nicomachean Ethics*, 『니코마코스 윤리학』)가 있는데, 이들은 함께 다루는 것이 좋겠다. 양자가 밀접한 관계를 가지고 있기 때문이다.

아리스토텔레스는 이론적 문제의 연구와 실천적 문제의 연구 사이에 여러 가지 비슷한 점이 있음을 인정하지만, 한편 그 목적에 있어 결정적인 차이가 있음을 강조한다. 즉 전자는 무엇을 생각하고 정의하고 인식하기 위한 것이지만, 후자는 이와 달리 무엇을 행하고 만들기 위한 것이다. 따라서 실천에 관한 학문은 순수한 이론의 학문에서 볼 수 있는 정확성을 가질 수 없다. 그 주제가 엄밀한 정의를 내릴 수 있는 사물들에 국한되어 있지 않고, 습득했다가는 또 상실할 수 있는 습관과 재능에 관계하며, 또 변화무쌍한 정치적 연합 및 정세 같은 것에도 미치고 있기 때문이다.

개인에 관계되는 도덕 문제들은 서로 분리될 수 없고, 또 정치 문제와도 분리될 수 없다. 그러므로 『니코마코스 윤리학』과 『정치학』은 서로 독립된 주제에 관한 학문을 따로따로 전개하고 있지 않다. 양자는 공통되는 분야를 다른 각도에서 다룸으로써 서로 보완하고 있다. 이 두 저술은 결국 동일한 목적을 추구하고 있는 것이다. 완전한 국가에서는 좋은 사람이 동시에 좋은 국민이기 때문이다. 인간과 제도에 이런 완전한 상태가 없는 경우에도, 정치나 사회의 형편은 도덕 준칙의 실효성과 도덕적 훈련의 시행에 여러 가지 제한을 가하고, 또 국민들의 현실적 상태는 정치적 이상의 실현 가능성에 여러 가지 제한을 가한다. 『니코마코스 윤리학』은 도덕 문제를 개인의 능력과 성품에 비추어서 다룬다. 그러나 개인의 능력과 성품은 정치적 상황의 제약을 받는다. 그러므로 아리스토텔레스는 먼저 윤리학을 정치 철학의 넓은 범위 속에 포함시킨다. 『니코마코스 윤리학』의 첫머리에는 우리의 모든 기술·연구, 그리고 모든 행위와 선택이 어떤 선을 추구하는 것이라고 말하고 있다. 그런데 개인의 여러 가지 선은 국가 생활의 원만한 상태, 국가의 전체적인 선을 떠나서는 바라기 힘든 것이다. 그리하여 정치학은 총체적 기획의 과학이 되는 것이다. 그러므로 『니코마코스 윤리학』의 마지막 권 마지막 장은 윤리학에서 다시 정치학으로 넘어가는 대목을 다루게 되는데, 거기서는 행복과 관조의 생활을 검토하고 법률이 도덕 문제에 기여하는 바가 있어야 함을 분명히 말하고 있다. 『정치학』은 인간의 행동에 관한 여러 가지 문제를 공동생활의 목적과의 관계에서 취급하고 있지만, 한편, 정치적 목적은 다양한 사람들 및 그 상황의 다양성을 고려하여 가능한 기준을 검토하고 찾아내어야 하는 것이다.

아리스토텔레스에게는 윤리학의 저술로서 『니코마코스 윤리학』 외에 『에우데모스 윤리학』이라는 것도 있다. 그러나 그 책은 『니코마코스 윤리학』에 있는 말이 많이 중복되어 역사적으로는 그다지 문제시되지 않았다

3. 제작에 관한 것

제작에 관한 저술로는 『레토리카』(RHETORICA, Rhetorics, 『수사학』)와 『포에티카』(POETICA, Poetics, 『시학』)가 있다.

이 『니코마코스 윤리학』의 번역은 19세기 영국의 문헌학자 잉그람 바이워터(Ingram Bywater)가 편찬한 원전을 사용하였고, 로스(W.D. Ross)의 영역본을 참고하였다.

아리스토텔레스의 저작의 페이지 수를 매기는 데에는 두 가지 방식이 있다. 하나는 19세기 프랑스의 그리스어 학자 디도(Didot)가 편찬한 것에 의거하는 것으로, 영국의 편찬자들과 주석자들은 전적으로 이를 따른다. 또 하나는 벡커(Bekker)가 편찬한 프로이센 학술원판에 의거하는 것이다. 이 역서의 장은 전자를 따라 나눈 것이고, 각주

에 1096a, 1180b 등으로 표시한 것은 벡커판의 페이지 수이다. a, b 라 한 것은 벡커판의 한 페이지가 두 부분으로 나뉘어 있어서 왼편은 a, 오른편은 b로 표시되어 있는 것을 따른 것이다. 아리스토텔레스의 저작의 어떤 곳을 지적할 때에는 이 벡커판의 페이지 수로 표시하는 것이 관례로 되어 있다. 예컨대, *METAPHYSICA*, Ⅷ, 5, 1078b 27 이라 하면, 『형이상학』, 제8권 제5장에 있는 말로서 베를린판, 즉 벡 커판으로는 1078페이지의 오른편 난의 27째 줄에 있음을 표시하는 것이다. 그동안 이 책이 다시 나오기까지 수고하여 주신 이윤일 교수, 김재홍 박사, 신하령 박사, 윤은주 선생과 숭실대학교 철학과 여러분 들에게 감사를 드린다.

최 명 관

차 례

제2권 도덕적인 덕

(제2권 제1장 ~ 제3권 제5장 전반적 설명)

제7권 자제와 자제하지 못함, 쾌락

제 1권

인간을 위한 선(善)

A. 우리의 탐구 주제

제1장 인간의 모든 활동은 어떤 선을 추구한다. 어떤 선은 다른 선에 종속한다

모든 기술과 탐구, 또 모든 행동과 추구는 어떤 선을 목표로 삼는 것이라 생각된다. 그러므로 선이란 모든 것이 목표로 삼는 것이라는 주장1)은 옳은 것이라 하겠다. 그런데 여러 가지 목적 사이에는 어떤 차이가 있다. 즉 활동 자체가 목적이 되는 경우가 있는가 하면, 또 어떤 성과를 가져다주는 활동을 떠나 그러한 성과 자체가 목적이 되는 경우도 있다. 활동 이외의 것이 목적인 경우에는 활동보다는 성과가 더 좋은 것임은 당연한 일이다. 그런데 행동·기술·학문에는 여러 가지가 있기 때문에, 목적 또한 여러 가지로 많다. 가령 의술의 목적은 건강이고, 조선(造船)의 목적은 배이며, 병법의 목적은 승리이고, 경제학의 목적은 부(富)이다. 그런데 몇 가지 기술이 하나의 능력 아래 종속되는 경우—예컨대 말굴레 제작이나 이 밖에 마구(馬具)의 제작에 관계되는 다른 모든 기술이 승마의 기술에 종속하고, 또한 이 승마의 기술과 모든 군사적 행동이 병법에 종속하고, 그리고 이와 같이 여러 가지 다른 기술이 또 다른 여러 가지 기술에 종속되는 경우—이모든 것에서 으뜸가는2) 기술의 목적은 모든 종속적 목적보다 나은

---

1) 아마도 에우독소스(Eudoxos)의 주장인 듯하다. 1172b.

2) 여기에 '으뜸가는'이라고 옮긴 말의 그리스 원어는 '아르키테크토니코스'(ἀρχιτεκτονικός)인데, 이 말은 건축에 있어서의 '아르키테크톤'(ἀρχιτέκτων) 적임을 뜻한다. '아르키테크톤'은 건축에서 전체를 기획하고 지휘하고 감독하는

것이다. 왜냐하면 전자 때문에 후자가 추구되기 때문이다. 이것은 활동 자체가 행동의 목적인 경우이든, 방금 위에서 언급한 학문의 경우와 같이 활동 이외의 어떤 것이 목적인 경우이든, 다름없는 일이다.

제2장 인간을 위한 선을 연구하는 학문은 정치학이다

그리하여 만일 우리가 하는 모든 일의 목적으로 그것 자체 때문에 우리가 원하는 것이 있다면(그리고 다른 모든 것은 이것 때문에 원해진다고 하면), 따라서 우리가 무슨 일을 선택하든 그것 이외의 다른 어떤 것 때문에 선택하는 것이 아니라면(만일 이런 것이 없다면 목적의 계열은 무한히 거슬러 올라가게 되고, 그 결과 우리의 욕구는 공허하고 허무한 것이 되기 때문에), 분명히 이것이 선이고 또 최고의 선이 아닐 수 없다. 그렇다면 이러한 선에 대한 지식은 우리의 생활에서 큰 중요성을 띠는 것이 아닐까? 또 우리는 마치 표적을 겨누고 있는 사수(射手)처럼 옳은 것에 더욱 잘 적중시킬 것이 아닌가?

그렇다면 우리는 이러한 선이 무엇인지, 그리고 그것이 여러 가지 학문이나 능력 가운데 어느 것의 대상이 되는지 적어도 윤곽만이라도 파악하지 않으면 안 된다. 그것은 가장 우위적(優位的)인 기술, 그리고 참으로 가장 으뜸가는 기술에 속하는 것으로 여겨진다. 그리고 정치학이야말로 바로 이러한 성질의 것인 듯싶다. 왜냐하면 한 국가 안에서 어떤 학문이 연구되어야 하는지, 또 국민 각자가 어떤 학문을 어느 정도까지 배워야 하는지 결정하는 것은 정치이기 때문이다. 그리

사람을 말한다. 이러한 사람이 진정한 의미에서의 건축가(architect)이듯이, 진정한 의미에서의 정치가는 국가의 모든 일에 관한 광범하고 원대한 통찰력을 가지고 실천하는 사람이어야 한다는 것이 차츰 명백하게 드러난다. 이 '아르키테크토니코스'는 '총체적 기획의'라고 옮길 수도 있다.

고 또 우리는 가장 높이 존대 받는 능력, 예컨대 병법 · 경제 · 변론 같은 것도 이것 아래 종속된다고 보기 때문이다. 정치학은 다른 모든 학문을 구사하는 것이기 때문에, 또 우리가 무엇은 해야 하고 무엇은 해서는 안 되는가에 대해서 입법하는 것이기 때문에, 그 목적은 다른 모든 학문의 목적을 내포해야만 하며, 따라서 그 목적은 인간을 위한 선이어야만 한다. 왜냐하면 비록 이 선이 개인에 대해서나 또 국가에 대해서나 같은 것이기는 해도, 국가의 선은 그것을 실현하는 경우이든 또는 보전하는 경우이든 사실상 더욱 크고 더욱 궁극적인 것이기 때문이다. 또한 이 선을 단지 개인을 위하여 실현하는 것도 가치 있는 일이지만, 한 민족이나 도시 국가를 위하여 실현하는 것은 더욱 훌륭하고 더욱 신적(神的)인 일이기 때문이다. 이런 것들을 탐구하기 때문에 우리의 연구는 어떤 의미에서는 정치학적인 것이라 할 수 있다.

B. 이 학문의 성질

제3장 우리는 주제가 허용하는 것 이상의 엄밀성을 기대해서는 안 된다. 정치학도는 분별있는 연령(14세)에 도달해 있어야만 한다

우리의 논술은 주제가 허락하는 만큼의 명료성을 가지면 충분한 것이 될 것이다. 왜냐하면 모든 공작품에서와 마찬가지로 모든 논의에서 똑같은 정도의 정밀성을 구할 것이 아니기 때문이다. 그런데 정치학 연구의 대상이 되는 훌륭한 행동이나 옳은 행동에 대해서는 많은 견해 차이와 변동이 있을 수 있기 때문에, 그것들은 오직 인위적으로만 존재하고 본성적으로는 존재하지 않는다고 생각될 수도 있다.3) 여러 가지 선도 많은 사람에게 해를 끼치는 수가 있기 때문에 이 선들에 대해서도 위의 경우와 비슷한 변동이 있을 수 있다. 이것은 지금까지 많은 사람들이 그들의 부(富)나 용기로 말미암아 망한 것을 보아도 잘 알 수 있는 일이다. 그러므로 우리는 이와 같은 문제들에 대해서 이와 같은 출발점에서 논술함에 있어 진리를 대강 그리고 엇비슷하게 지적함으로써, 그리고 개연적인 일들을 개연적인 출발점에서 논술함으로 개연적인 결론에 도달함으로써 만족하지 않으면 안 된다.

---

3) 여기서 '인위'라 옮긴 것은 그리스어 원문에서 '노모스'($\nu\acute{o}\mu o\varsigma$)라고 되어 있으며 '본성'이라 새긴 것은 '퓌시스'($\phi\acute{u}\sigma\iota\varsigma$)라 되어 있다. 로스의 영역에는 여기에 '인위적으로'라고 한 것을 by convention으로, '본성적으로'라고 한 것을 by nature 라고 옮기고 있다. 따라서 전자를 '관례에 의하여'로, 후자를 '자연에 의하여'라고 해도 무방하고 또 이해에 도움이 될 수도 있을 것이다.

여러 가지 논의를 받아들이는 데 있어서도 이와 똑같은 정신을 가져야 한다. 무릇 여러 가지 사물의 각 영역에서는 거기서 다루어지는 문제가 허락하는 만큼의 정밀성을 추구하는 것이 교양 있는 사람에게 합당한 일이기 때문이다. 그럴 듯하지만 확실하지는 않은 추리를 수학자가 하는 것을 용납할 수가 없다면 수사가(修辭家)에게 과학적 논증을 요구하는 것도 똑같이 합당치 못한 일이다.

사람마다 자기가 알고 있는 것에 대해서는 잘 판단할 수 있고, 따라서 그것에 대한 좋은 판단자이다. 어떤 한 분야에 대해서 교육을 받아 온 사람은 그 분야에 대한 좋은 판단자이며, 또 각 방면의 교육을 두루 받은 사람은 일반적으로 모든 문제에 대한 좋은 판단자이다. 이런 까닭에 젊은 사람은 정치학의 청강자로 적합하지 않다. 이것은 그가 인생의 여러 가지 행동에 경험이 없는 반면, 정치학의 논의는 이 행동들에서부터 시작하며 또 이것들에 관한 것이기 때문이다. 그리고 또 젊은이는 자기의 정념(情念)을 따르기 쉬우므로 설사 정치학을 공부한다 해도 아무 소용이 없고 이익도 없을 것이다. 정치학의 목적은 지식에 있지 않고 실천에 있기 때문이다. 나이가 어린 자나 정신이 어리고 미숙한 자나 이 점에서는 모두 마찬가지이다. 결함은 세월의 길고 짧음에 달려 있는 것이 아니고, 다만 그의 생활 태도, 즉 줄곧 정념이 이끄는 대로 살아가는 태도에 달려 있는 것이다. 이러한 사람들에게는 자제(自制)함이 없는 사람에 대해서와 마찬가지로 지식은 아무런 이익도 가져다주지 않는다. 다만 이성적인 원칙에 따라 욕구하고 행동하는 사람들에게만 그러한 문제들에 관한 지식이 크게 유익할 것이다. 청강자, 강론의 방식 및 연구의 목적에 대한 이상의 서술을 머리말로 삼고자 한다.

C. 인간을 위한 선은 무엇인가?

제4장 행복이 인간을 위한 선임은 일반적으로 합의되고 있지만, 행복이 무엇인지에 대해서는 여러 가지 견해가 있다. 맨 처음에 요구되는 것은 사실들에 관한 솔직한 확신인데, 이러한 확신은 좋은 교육에서 얻어진다

본론으로 돌아가서 우선 다음과 같은 것을 살펴보기로 하자. 모든 지식과 모든 추구가 어떤 선을 목표삼음이 사실인데 정치학이 최고의 목표로 삼는 것은 무엇인가? 명목상으로는 대체로 누구나 같은 답을 내린다. 즉 일반 사람들도 교양 있는 사람들도 다 같이 그것은 행복이라고 말하며, 또 잘 살며 잘 처세하는 것이 곧 행복이라고 여긴다. 그러나 무엇이 행복이냐 하는 문제에 대해서는 사람들의 생각이 다르고, 또 일반 사람들의 설명은 학자들의 설명과 다르다. 전자는 그것이 쾌락이나 부나 명예와 같이 뻔하고 명백한 어떤 것이라고 생각한다. 그러면서도 그들은 의견이 서로 다르다. 때로는 한 사람이 경우에 따라 그것을 여러 가지로 다르게 보기도 한다. 가령, 병들었을 때에는 건강을 행복이라 보고 가난할 때에는 부를 행복이라 본다. 그러나 그들은 스스로의 무지를 자각하고 있기 때문에 자기들이 이해하지 못하는 어떤 큰 이상을 내거는 사람들을 흠앙해 마지않는다. 그런데 어떤 사람들[4]은 이러한 여러 가지 선 이외에 자존적(自存的)이고 이 모든 선을 선이 되게 하는 또 하나의 선이 있다고 생각하였다. 지금까지 주

---

4) 플라톤 학파. 제6장 참조

장되어온 의견들을 모두 검토한다는 것은 별로 소득이 없는 일일 것이다. 다만 가장 널리 퍼져 있는 유력한 것들, 혹은 합리적인 논거(論據)를 가졌다고 생각되는 것들만을 검토하면 충분할 것이다.

하지만, 제1원리5)로부터 시작하는 논의와 제1원리를 향한 논의는 서로 다른 것임을 간과해서는 안 된다. 플라톤이 이 점을 문제 삼고, 버릇처럼 "우리는 제1원리로부터 출발했는가, 그렇지 않으면 제1원리로 향하고 있는가?"라고 물은 것은 옳은 일이었다.6) 제1원리로부터의 논의와 제1원리로 향한 논의 사이에는 마치 경주장에서 심판이 있는 곳으로부터 경주장의 저쪽 끝을 향해서 달리는 경우와 그 반대의 경우 사이에 있는 것과 같은 차이가 있다. 왜냐하면 사물을 인식할 때에는 잘 알려져 있는 것에서 출발해야 하지만 사물은 두 가지 의미에서—즉 어떤 것은 우리에 대하여, 또 어떤 것은 무조건—인식의 대상이 되기 때문이다. 그렇다면 우리는 잘 알려져 있는 것에서 출발하지 않으면 안 된다. 이런 까닭에 고상한 것과 옳은 것, 그리고 일반적으로 정치학의 문제들에 관한 강의를 잘 이해하면서 들을 수 있으려면 먼저 좋은 습관 속에서 자랐어야만 한다. 왜냐하면 여기서는 무엇을 해야 할 것인가 하는 것이 출발점이고, 또 이것이 충분히 알려져 있으면, 그것을 해야 할 이유는 출발점에서 알 필요가 없기 때문이다. 즉 좋은 습관 속에서 자란 사람은 출발점을 이미 가지고 있거나, 혹은 쉽게 가질 수 있다. 출발점을 가지고 있지도 않고 찾아 얻을 수도 없는 사람은 헤시오도스(Hesiodos)의 다음과 같은 말을 들어보는 것이 좋겠다.

---

5) 원어는 '아르케'(ἀρχή). 본래 '처음', '근본물질'을 의미하였다.
6) 『국가』, 511b.

모든 것을 스스로 깨우치는 이는 더할 나위 없이 훌륭한 사람이요, 남의 옳은 말에 귀를 기울이는 이도 훌륭한 사람이지만, 스스로 깨우치는 것도 없고, 남의 지혜에 귀를 기울이지도 않는 이는 아무 쓸데없는 사람이니라.

제5장 선을 쾌락, 혹은 명예, 혹은 부라고 하는 통속적 견해를 논한다. 넷째 종류의 인생, 즉 명상 내지 관조의 생활에 대해서는 나중에 논하기로 한다

하지만, 곁길로 들어섰던 데서 다시 이야기를 해보자. 사람들이 살아가는 생활을 보고 판단하건대, 대부분의 사람들, 그리고 가장 비속(卑俗)한 사람들은 선이나 행복을 쾌락과 동일시하는 것 같다(여기에는 얼마간의 근거가 없지도 않다). 그리하여 그들은 향락적 생활을 좋아한다. 그런데 생활 형태에는 세 가지 두드러진 것이 있다고 말할 수 있지 않을까 한다. 즉 방금 말한 향락적 생활 그리고 정치적 생활, 셋째로 관조적(觀照的) 생활이다. 인류 대중은 짐승에 합당한 생활을 선택함으로써 자신들의 기호가 노예와 다름없음을 보여주고 있는데, 그들은 높은 지위에 있는 사람들 가운데 많은 사람들이 사르다나팔로스[7]와 취미가 같다 하여 자기들의 행실의 핑계로 삼고 있다. 뛰어난 교양이 있고 실천적인 사람들은 명예를 선이며 행복이라고 보는 것 같다. 대체로 명예가 정치적 생활의 목적이기 때문이다. 그러나 명예란 그것을 받는 사람보다 오히려 그것을 하사(下賜)하는 사람에게 달

---

7) Sardanapallos. 아수르 바니팔(Ashur-bani-pal)을 말한다. 이 사람은 니네베(Nineveh)에 도읍한 최후의 앗시리아 왕으로 통치기간은 B.C.668~662였다. 그에 관한 그리스 최고의 기록인 크테시아스(크세노폰과 같은 시대의 사람)의 글을 보더라도 사르다나팔로스를 향락주의자로 보는 것은 다분히 신화적이며, 오늘날 확증되어 있는 사실과는 거리가 멀다.

려 있는 것으로 생각되는데, 선이란 우리의 생각에, 어떤 사람에게 고유하고 그에게서 쉽사리 떼어낼 수 없는 것이기 때문이다. 뿐만 아니라 사람들은 자기가 선하다는 데 대해서 확신을 얻기 위하여 명예를 추구하는 것 같다. 적어도 그들은 사려 깊은 사람들로부터 또 그들을 아는 사람들 가운데서, 그리고 그들의 덕8) 때문에 명예를 얻기를 원한다. 그러므로 어떻든 그들에게는 분명히 덕이 보다 나은 것이다. 그리고 명예보다도 오히려 덕이 정치적 생활의 목적이라 할 수 있을지도 모른다. 그러나 덕도 궁극적인 것이 되기에는 어딘지 모르게 좀 부족한 듯이 여겨진다. 왜냐하면 덕을 소유하면서 잠만 자거나 일생 동안 아무 일도 하지 않고 지낼 수도 있고, 때로는 아주 심한 고통과 불행을 당하는 수도 있기 때문이다. 자기주장을 고집하는 사람이면 몰라도, 이러한 생활을 하는 사람을 행복하다고 하는 이는 없을 것이다. 이것에 대해서는 근래 항간에서도 충분히 논의된 바 있으므로, 여기서는 이만큼 말하면 충분할 것이다. 셋째 생활은 관조의 생활인데, 이것에 대해서는 나중에9) 고찰하려 한다.

돈을 버는 생활은 부득이 하게 되는 생활이므로 부(富)는 분명히 우리가 구하고 있는 선이 아니다. 왜냐하면 그것은 유용한 것일 따름이며, 또 다른 어떤 것 때문에 존재하는 것이기 때문이다. 그러므로 우

---

8) 그리스어로 '아레테'(ἀρετή). '아레테'는 넓은 의미를 가지고 있는 말로 탁월성, 우수성 같은 것을 뜻한다(제2권 제6장 참조). 그러므로 인간의 아레테란 인간으로서의 우수성, 완전성이다. 다시 말하면, 인간의 본성을 뛰어나게 실현하고 있음을 말한다. 뒤에 설명하고 있는 바와 같이 아레테에는 윤리적인 것과 지적인 것이 있는데, 덕이라고 하면 일반적으로 윤리적인 것으로만 보려는 것이 우리의 통념이다. 그러나 아레테에는 넓은 의미가 있음을 알아두는 것이 좋다. 여기서의 덕도 그러한 뜻에서 사용되고 있다. '아레테'라는 말은 그 후 역사가 발전하면서 차츰 윤리적인 의미로만 한정되어 사용되었음도 주목할 만하다. 이 경향은 아리스토텔레스 자신에게도 나타나고 있다(제2권 제12장 마지막 문단 참조).

9) 1177a 12~1178a 8, 1178a 22~1179a 32.

리는 차라리 앞에 말한 것들을 목적으로 삼아야 할 것이다. 왜냐하면 그것들은 그것들 자신 때문에 애호되기 때문이다. 그러나 그것들도 궁극적인 목적이 못 됨은 분명하다. 그러나 그것들이 그러한 목적이라고 하는 주장을 변호하기 위하여 많은 사람이 논변했으니, 여기 대해서는 이 정도 해두기로 하자.

제6장 선의 이데아가 있다고 하는 철학적 견해를 논한다

보편적 선을 고찰하고 그것이 어떤 의미에서 생각되고 있는가를 철저히 논하는 것이 좋지 않을까 한다. 우리 자신의 친한 벗들이 **형상**(形相)10)이라는 것을 끌어들였기 때문에 이것에 대한 탐구는 매우 힘들게 되어 있다. 그렇긴 해도 진리를 지키기 위해서는 우리와 아주 가까운 사람들과의 정마저 끊어버리는 것이 좋은 일이고, 또 우리의 의무가 아닐까 생각한다. 하물며 우리가 철학자 곧 지혜를 사랑하는 자임이랴. 벗과 진리가 다 같이 소중하지만 우리의 벗들보다 진리

---

10) 여기에서 '형상'이라 옮긴 말은 그리스어로는 '에이도스'(εἶδος)이다. 복수는 '에이데'인데, 원전에서는 복수형이 많이 사용되고 있다. '에이도스'는 나중에 나오는 '이데아'(ἰδέα)와 비슷한 뜻을 가진 말이다. 우리가 감각을 통하여 아는 사물들에 대하여, 이 사물들과 같은 이름의 **이데아**가 있다(예컨대, 아름다운 것들에 대해서는 아름다움의 이데아, 인간에는 인간의 이데아가 있다). '**아름다움의 이데아**'는 '아름다움 자체', '**인간의 이데아**'는 '인간 자체'라고도 할 수 있는 것으로, 각 이데아는 거기 대응하는 감각적 사물과는 독립해서 실재한다고 하는 것이 플라톤의 주장이었다. 플라톤 학도는 이와 비슷한 의미에서 '에이도스'라는 말을 썼는데, 아리스토텔레스는 이런 의미에서 떠나, 사물에 내재하는 본질이라는 의미에서 '에이도스'라는 말을 쓰기도 하였다. '형상'이라는 역어는 이러한 의미의 '에이도스'에 쓰이는 것이 관례이기는 하나, '이데아'와 비슷한 혹은 같은 의미의 '에이도스'에 대해서도 그냥 '형상'이라 하기도 한다. 바로 여기에서 '형상'이라 옮긴 말도 '이데아'와 별로 다름없는 의미의 말로 생각된다. 영어에서는 '에이도스'를 form(복수인 경우에는 '에이데'를 forms)으로 옮기는 것이 원칙이다.

를 더욱 귀히 여기는 것이 경건한 태도이기 때문이다.

이 학설을 제창한 사람들은 앞뒤를 인정할 수 있는 것들에 대해서는 **이데아**를 인정하지 않았다(그러기에 그들은 모든 수를 포섭하는 하나의 **이데아**가 있다고는 주장하지 않았다). 그러나 〈선〉이라는 말은 실체에 대해서도 또 성질에 대해서도 그리고 또 관계에 대해서도 사용되며, 또 **그 자체에 있어서**11) 존재하는 것, 즉 실체는 그 본성상 관계보다 앞서는 것이다(왜냐하면 후자는 이를테면 존재로부터 파생되는 것이요, 존재에 수반하는 것이기 때문이다). 따라서 이러한 모든 선에 공통되는 **이데아**란 있을 수 없다. 더 나아가 생각건대, 〈선〉은 〈존재〉만큼이나 많은 의미를 가지고 있기 때문에(실체의 범주에서는 선이나 이성에 대하여, 성질의 범주에서는 덕에 대하여, 수량의 범주에서는 적당한 양에 대하여, 관계의 범주에서는 유용한 것에 대하여, 시간의 범주에서는 좋은 기회에 대하여, 장소의 범주에서는 옳은 자리에 대하여, 그리고 이 밖에 비슷한 것에서 선이라는 말이 술어로 사용되니까), 분명히 그것은 모든 경우에 한결같이 들어맞는 어떤 단일한 것이 아니다.

만일 그렇다면 그것은 이러한 모든 범주에 대하여 술어로 사용될 수 없고 다만 오직 한 가지 범주에 대해서만 술어로 사용될 수 있을 뿐이기 때문이다. 더 나아가 생각건대, **이데아**에 속하는 사물들에 대해서는 한 학문이 있기 때문에 모든 선에 대해서도 한 학문이 있어야만 했을 것이다.

그러나 사실은 한 범주에 속하는 것들에 대해서 여러 가지 학문이 있다. 좋은 기회를 예로 들자면, 전쟁에 있어서 좋은 기회는 병법학(兵法學)을 연구하는 것이고, 질환의 경우에는 의학을 연구하는 것이

---

11) '그 자체에 있어'는 라틴어로 per se이다. per se는 per accidens에 대립하는 말이다. 후자는 '부수적으로'라는 뜻이다.

다. 또 절도(節度)를 예로 들자면, 음식물에 있어서의 절도는 의학을 연구하는 것이고, 운동에 있어서의 절도는 체육학을 연구하는 것이다. 그리고 <인간 자체>에 대해서나 개개의 인간에 대해서 동일한 개념 규정이 사용되기도 하므로, 그들의 이른바 <사물 자체>란 도대체 무엇을 의미하는 것인가가 문제될 수도 있다. 왜냐하면 <인간 자체>나 개개의 인간은 다 같이 인간인 점에서 아무런 차이가 없고, 따라서 **선 자체**와 개개의 선도 선인 한에서 또한 아무런 차이도 없기 때문이다. 또 **선 자체**는 영원한 것으로 보다 더 선하다고 할 수도 없을 것이다. 영구히 흰 것이 한 나절 흰 것보다 더 흰 것이 못 되기 때문이다. 피타고라스 학파는 1을 선의 계열에 넣음으로써, 선에 대하여 더욱 수긍할 수 있는 설명을 하고 있는 듯싶다. 스페우시포스[12]도 이 피타고라스 학파를 따르고 있는 것 같다.

그러나 이 문제는 딴 곳에서[13] 논하기로 하자. 하지만 우리가 방금 말한 것에 대하여 한 가지 이의(異議)가 있음을 알아두는 것이 좋겠다. 그것은 즉 플라톤 학도들이 모든 선을 문제 삼은 것이 아니며, 그 자체 때문에 추구되고 애호되는 선들은 하나의 단일한 **형상**에 비추어 선이라 불리며, 이에 반하여 이러한 선들은 어느 모로 산출하거나 보전하거나 혹은 그것들에 반대되는 것들을 방해하는 선들은 그 자체에 있어서의 선들에 비추어, 부차적인 의미에서 선이라고 불린다는 것이다. 그렇다면 분명히, 선이라고 불리는 것에는 두 가지가 있다. 어떤 것은 그 자체에 있어서 선이요, 또 어떤 것은 이런 것들 때문에 선이

---

12) Speusippos. 플라톤의 조카. 플라톤이 죽은 후 아카데메이아를 이어 죽을 때까지 그 원장으로 있었다. 아리스토텔레스는 스페우시포스가 플라톤 지도하의 아카데메이아의 위대한 철학을 한갓 추상적, 사변적 수학에 해소시켰다고 비난하였다(『형이상학』, 제1권 제9장 참조).

13) 『형이상학』, 986a 22~26, 1028b 21~24, 1072b 30~1073a 2, 1091a 29~1091b 3, 1091b 13~1092a 17 참조.

다. 그러므로 우리는 그 자체에 있어서 선한 것들을 유용한 것들로부터 가르고, 전자가 하나의 단일한 **이데아**에 비추어 선하다고 불리는지 생각해 보기로 하자. 그 자체에 있어서 선한 것들이란 어떠한 것을 가리키는 것일까? 그것은 다른 것들로부터 분리되어 있을 때에도 단독으로 추구되는 것, 가령 사색한다든가, 무엇을 본다든가, 또 어떤 쾌락이나 명예 같은 것일까? 확실히 우리가 또한 어떤 다른 것들 때문에 이것들을 추구하는 일이 있기는 해도, 이것들 역시 그 자체에 있어서 선한 것들 가운데 속할 수도 있으니 말이다. 그렇지 않으면 **선의 이데아** 이외에는 그 자체 선한 것이란 하나도 없는 것일까? 만일 그렇다고 하면 **형상**은 공허한 것이 되고 말 것이다. 그런데 우리가 위에서 예를 든 것들이 또한 그 자체에 있어서 선한 것이기도 하다면 선의 정의는 그것들 모두에서 같은 것으로 드러나야만 할 것이다. 마치 흰 빛깔의 정의가 눈의 경우나 흰 연꽃의 경우나 똑같듯이. 그러나 선인 한에서 명예·지혜·쾌락의 정의는 각기 다르고, 서로 다른 방향으로 나아간다. 그러므로 선은 한 **이데아**에 대응하는 어떤 공통적인 요소가 아니다.

그러면 왜 이것들이 모두 선이라고 불리는가? 확실히 이것들은 그저 우연히 같은 이름을 가지게 된 것은 아니다. 그렇다면 모든 선은, 하나의 선으로부터 나온 것이기 때문에, 혹은 모두 하나의 선에 기여하는 것이기 때문에 결국 하나인가? 그렇지 않으면 오히려 유비(類比)에 의하여 하나인가? 가령 시각이 신체에 속해 있듯이 이성이 정신에 속해 있다고 하는 것처럼. 그러나 이 문제는 여기서는 그만 다루는 것이 좋지 않을까 싶다. 이 문제에 관한 엄밀한 논의는 철학의 다른 분야에 속하니 말이다.14) 선의 이데아에 관해서도 마찬가지이다. 설사 모든 선에 대하여 한결같이 술어가 될 수 있거나 다른 선들로부터 떨

---

14) 『형이상학』, 제4권 제2장 참조.

어져 독립적으로 존재할 수 있는 어떤 선이 있다고 하더라도, 분명히 그것은 인간으로서 도달할 수 있거나 획득할 수 있는 것이 아니다. 그런데 우리가 지금 추구하고 있는 것은 인간이 도달할 수 있는 선이다.

하지만 **선의 이데아**를 인정하는 것이 인간으로서 도달할 수 있고, 획득할 수 있는 선들을 얻는 데 도움이 된다고 생각하는 사람이 있을지도 모른다. 왜냐하면 **선의 이데아**를 본(本)으로 가지고 있어야 우리를 위하여 선한 것들을 우리가 더욱 잘 알 수 있고, 또 우리가 이렇게 잘 알고 있으면 또한 얻을 수도 있기 때문이다.

이 논의는 수긍할 수 있는 점을 가지고 있기는 하나, 여러 학문의 실제에 맞지 않을 듯싶다. 모든 학문은 어떤 선을 추구하고 그 선에 부족한 점을 보충하려고 하기는 해도, 선 자체에 대한 인식은 문제 삼지 않는다. 그런데 각 방면의 전문가들이 그렇게도 크게 도움이 되는 것을 모르거나 추구하려고도 하지 않는다는 것은 있을 수 없는 일이다.

또 직조공(織造工)이나 목수가 이 선 자체를 앎으로써 얼마나 자신의 기술에 도움을 얻으며, 혹은 이데아를 본 사람이 그것으로 인해 얼마나 더 훌륭한 의사나 장군이 될 수 있겠는가 하는 것도 자못 의심스러운 일이다. 왜냐하면 의사는 이런 식으로 건강을 연구하는 것이 아니라, 다만 인간의 건강을, 아니 개인의 건강을 연구하기 때문이다. 그는 개개의 사람들의 병을 고친다. 그러나 여기 대해서는 이만큼 말하는 것으로 충분하겠다.

제7장 선은 궁극적이고 자족적인 어떤 것이 아닐 수 없다. 인간의 특징적 기능을 고찰함으로써 도달한 행복의 정의

다시 우리가 찾고 있는 선으로 돌아가 그것이 어떤 것인지 살펴보기로 하자. 그것은 서로 다른 여러 행동이나 기술에서 서로 다른 것인 듯하다. 그것은 의학과 병법학(용병술)에서 서로 다르며, 또한 다른 여러 기술에 있어서도 이와 같이 서로 다르다. 그러면 이 여러 경우의 하나하나에서 선이란 무엇인가? 확실히 선은 다른 모든 것이 선 때문에 행해지는 그런 것이다. 의학에서는 건강이, 병법에서는 승리가, 건축에서는 집이, 다른 어떤 영역에서는 이와 다른 어떤 것이, 그리고 모든 행동과 추구에서는 그 목적이 바로 그것이다. 왜냐하면 이런 것 때문에 모든 사람은 다른 모든 것을 하기 때문이다. 그러므로 우리가 하는 모든 일에 대하여 하나의 목적이 있다고 하면, 이것이야말로 우리가 행동하여 달성해야 할 선이다. 그리고 만일 그런 것이 하나 이상 있다고 하면, 이것들이 우리가 행동을 통하여 달성해야 할 선일 것이다.

 이리하여 우리의 논의는 다른 길을 거쳐 같은 점에 도달하였다. 그러나 우리는 이 점을 좀더 명료하게 제시하지 않으면 안 된다. 분명히 목적은 하나 이상 있고, 이 목적들 가운데 어떤 것(가령, 부(富)·피리 그리고 일반적인 악기)은 다른 어떤 것 때문에 선정되므로, 모든 목적이 다 같이 궁극적인 목적이 아님은 분명하다. 그러나 최고의 선은 분명히 궁극적인 목적이다. 그러므로 만일 오직 하나의 궁극적인 목적이 있다고 하면 이것이야말로 우리가 추구하고 있는 것이다. 이제 우리는 그 자체에 있어서 추구할 만한 가치가 있는 것을 다른 어떤 것 때문에 추구할 만한 가치가 있는 것보다 더 궁극적인 것으로 보며, 다른 어떤 것 때문에 추구되는 일이 절대로 없는 것을 그 자체에 있어서 추구되는 경우도 있고 다른 어떤 것 때문에 추구되는 경우도 있는 것보다 더 궁극적인 것으로 본다. 그리하여 또 언제나 그 자체에 있어서 추구되고 다른 어떤 것 때문에 추구되는 일이 절대로 없는 것을 무조건 궁극적인 것이라고 본다.

그런데 다른 어느 것보다도 이러한 것으로 여겨지고 있는 것은 행복이다. 왜냐하면 우리는 언제나 행복을 그 자체 때문에 선택하고 결코 다른 어떤 것 때문에 선택하는 법이 없으나, 명예나 쾌락이나 이성이나 또 이 밖의 모든 덕은 그것들 자체 때문에 선택하는 경우가 있다고는 해도(이런 것들로부터 아무 결과가 생기지 않을 때에도 이것들을 선택하는 경우가 있으니 말이다), 또한 우리는 이런 것들을 통하여 행복하게 되리라 생각하여, 행복 때문에 이것들을 선택하는 경우도 있기 때문이다. 한편, 행복은 누구나 이것들 때문에 선택하는 것이 아니요, 또 일반적으로 그 자체 이외의 다른 어떤 것 때문에 선택되는 것도 아니다.

자족(自足)이라는 관점에서 보더라도 똑같은 결론이 나오는 것 같다. 즉 궁극적인 선은 자족적인 것으로 생각된다. 그런데 여기서 우리가 자족적이라 함은 어떤 한 개인만을 위하여, 즉 고립된 생활을 하고 있는 사람을 위하여 족함을 의미하는 것이 아니고, 또한 부모와 자녀와 아내와 그리고 일반적으로 친구들과 동포들을 위해서도 족함을 의미하는 것이다. 왜냐하면 인간은 본래 사회적인15) 존재로 태어났기 때문이다. 물론 여기 대해서는 어떤 제한이 설정되지 않으면 안 된다. 만일 조상과 자손과 친구의 친구에까지 범위를 확대시켜 간다면 한정이 없기 때문이다. 하지만 이 문제는 다른 기회에 생각해 보기로 하

---

15) 원어는 '폴리티콘'(πολιτικòν). 『정치학』, 1253a 2에는 "인간은 본성적으로 '폴리티콘 조온'(πολιτικòν ζῷν, 국가 사회적 동물)이다."라는 말이 있다. '폴리티코스'(πολιτικός)는 본래 '폴리스'(πόλις, 도시국가)적이라는 뜻. 인간은 코이노이아(κοινωία, 공동체, 사회)에서 그 본성의 충족을 얻게 되는 동물인데, 공동체 가운데 궁극적인 것은 국가이다(『정치학』, 1252b 31~32). 공동체적인 동물은 결국 국가적 동물에 이르러 그 완전성에 도달할 수 있는 것이므로 이렇게 말하고 있다. '폴리티케'(πολιτική, 정치)라는 것도 이러한 인간 본성의 충족을 위한 로고스적인 실천을 의미한다. 그러므로 '이와 같은 의미에서의 정치를 필요로 하는' 동물이라는 의미도 포함시킬 수 있다고 하면, 인간은 '정치적' 동물이라 새겨도 무방할 것이다.

자.16) 이제 우리는 자족이라는 것을 그것만으로 생활을 바람직한 것이 되게 하며, 또 아무 것도 부족함이 없는 것이라고 정의한다. 그리고 행복이야말로 바로 이런 것이라고 생각한다. 더 나아가 우리는 행복이란 모든 것 가운데 가장 바람직한 것이므로, 다른 여러 가지 선 가운데 하나의 선으로 여겨질 것이 아니라고 생각한다. 만일 행복이 많은 선 가운데 하나의 선으로 여겨진다면 여러 가지 선 가운데 가장 적은 것을 보태더라도 그것이 보다 더 바람직한 것이 될 수 있음은 분명하다. 부가된 선은 선의 잉여물이 되며 선 가운데 보다 큰 것이 언제나 보다 더 바람직한 것이기 때문이다. 그렇다면 행복은 궁극적이고 자족적인 어떤 것이고, 또 행동의 목적이다.

하지만, 행복이 최고선이라 함은 누구나 다 아는 이야기가 아닐까 싶다. 그것이 무엇인지 좀더 명료하게 설명할 필요가 있다. 먼저 인간의 기능을 밝히면 아마 설명이 될 수 있을 것이다. 왜냐하면 피리 부는 사람이나 조각가나 혹은 이 밖의 어느 기술자나 그리고 일반적으로, 어떤 기능이나 활동을 가지고 있는 모든 것에서 그 선이나 좋은 점이라는 것은 그 기능에 깃들어 있는데, 사람에게도 만일 인간의 기능이라는 것이 있다고 하면, 이와 마찬가지라고 생각되기 때문이다. 그런데 목수나 피혁공(皮革工)에게 어떤 기능 내지 활동이 있는 터에, 인간에게는 아무런 기능도 없다고 할 수 있을까? 인간은 본래 아무런 기능도 없이 태어난 것인가? 그렇지 않으면, 눈이나 손이나 발이, 그리고 일반적으로 지체(肢體)의 하나하나가 분명히 어떤 기능을 가지고 있듯이 인간도 이 모든 것 이외의 다른 어떤 기능을 가지고 있다고 할 수는 없을까? 만일 그런 기능이 있다면 그것은 무엇일까? 그런데 생명이라는 것은 식물에도 공통적인 기능이지만, 우리가 찾고 있는 것은 인간에게 특유한 것이다. 그러므로 영양 섭취나 생육적(生

---

16) 제1권 제10, 11장; 제9권 제10장 참조

育的)인 생은 문제 삼지 않기로 한다. 다음으로 감성지각적인 생이 있을 수 있는데, 이것 역시 말이나 소나 이 밖의 모든 동물에 공통되는 현상이다. 이렇게 보면 결국 남는 것은 정신17)의 이성적인 부분의 능동적 생(生)뿐이다. 이 이성적 부분은 다시 두 부분으로 나뉘는데, 하나는 이치(혹은 이성적 원리)에 잘 순종한다는 의미에서 이성적이요, 다른 하나는 이성적 원리를 소유하며 이성적으로 잘 사유한다는 의미에서 이성적이다. 그리고 이성적인 부분의 생도 이와 같이 두 가지 의미18)를 지니고 있기 때문에, 우리는 활동이라는 의미의 생이 바로 우리가 말하고 있는 생임을 분명히 하지 않으면 안 된다. 왜냐하면 이것이 그 용어의 보다 고유한 의미라고 생각되기 때문이다. 그런데 인간의 기능이 이성적 원리를 따르거나 이것을 내포하는 정신의 활동이라고 하면, 그리고 어떤 일을 하는 사람과 그것을 잘 하는 사람이 결국 같은 종류의 기능을 가지고 있다고 하면, 가령 류트를 연주하는 사람과 류트를 잘 연주하는 사람이 결국 같은 기능을 가진 것이고 또 다른 모든 경우에 무엇을 잘 한다고 하는 것은 결국 같은 이름의 기능이 뛰어난 것이라고 하면(류트를 타는 이의 기능은 류트를 연주하는 것이요, 류트 명수의 기능은 류트를 잘 연주하는 것이기 때문이다.) 그리고 [인간의 기능은 어떤 종류의 생이요, 이 생은 이성적 원리를 내포하는 정신의 활동 내지 행위이며, 훌륭한 사람의 기능이란 이러한 활동 내지 행위를 훌륭하게 수행하는 것이며, 또 어떠한 행동이나 거기 알맞은 덕을 가지고 수행될 때 잘 수행되는 것이기에] 인간의 선이란 결국 덕에 일치하는 정신적 활동이라 하겠다. 그리고 덕이라는 것이 하나 이상 있다고 하면 그 중 가장 좋고 가장 완전한

---

17) 프쉬케(ψυχή), 특히 인간의 그것에 관해서는 『영혼론』(De Anima) 전체에 서 다루고 있다. '프쉬케'의 개념에 대해서는 특히 『영혼론』 제2권 제1~3장 참조

18) 즉, '뒤나미스'(δύναμις, 능력)와 '에네르게이아'(ἐνέργεια, 활동).

것에 일치하여 정신이 활동하는 것이 인간의 선이다.

그런데 그것은 온 생애를 통한 것이 아니어서는 안 된다. 한 마리의 제비가 날아온다고 봄이 오는 것도 아니요, 하루아침에 여름이 되는 것도 아닌 것처럼, 인간이 복을 받고 행복하게 되는 것도 하루나 짧은 시일에 되는 것이 아니기 때문이다.

이러한 방법으로 선을 그려보기로 하자. 맨 처음에 대체적 윤곽을 그리고 나서 세부를 메워가는 것이 좋을 것이다. 일단 윤곽이 잘 그려지면 누구나 그것을 더욱 손질하여 정교하게 할 수 있고, 또 이와 같이 하는 데에는 시간이 좋은 발견자 내지 협력자가 되는 것으로 생각된다. 여러 가지 기술의 진보도 이러한 사실로 말미암았던 것이다. 왜냐하면 부족한 점을 보충하는 일은 누구나 할 수 있는 일이기 때문이다. 그리고 우리는 또한 앞서 말한 것19)을 명심하여, 모든 일에 한결같이 똑같은 정도의 정밀성을 찾을 것이 아니라 사물의 종류에 따라 각기 거기서 취급되는 문제에 알맞은 정도의, 그리고 탐구되는 것에 적합한 정밀성을 찾아야 한다. 목수와 기하학자는 서로 다른 방식으로 직각(直角)을 구한다. 전자는 그의 작업에 유용한 한계 범위에서 직각을 구하며, 후자는 직각이 무엇이며 어떤 성질의 것인지 탐구한다. 후자는 진리의 관조자(觀照者)이기 때문이다. 그러므로 다른 모든 문제에서도 이와 같은 태도를 취하지 않으면 안 된다. 그리하여 우리의 중요한 과제가 사소한 문제들에 지배되는 일이 없도록 해야 할 것이다. 또 우리는 모든 것에서 똑같은 방식으로 원인을 캘 것이 아니다. 어떤 경우에는 제1원리20)의 경우에서처럼 그 **사실**이 잘 드러나는 것으로 충분하다. **사실**은 무엇보다도 앞서는 것, 즉 제1원리이다.

---

19) 1094b 11~27.

20) 로스의 영역(英譯)에 first principles로 되어 있는 것을 따랐다. 원어는 (ἀρχη), 즉 원질 혹은 처음.

그런데 우리는 제1원리들 가운데 어떤 것은 귀납에 의하여 알고, 어떤 것은 감각에 의하여 알며, 어떤 것은 거기에 익숙하게 됨으로써 알고, 그 밖의 또 다른 것들은 또 다른 방법으로 알게 된다. 그러나 우리는 이 여러 원리들을 자연스럽게 살펴보도록 힘써야 되며, 또 이것들을 명확하게 제시하도록 노력해야 한다. 왜냐하면 그것들은 뒤이어 오는 것들에 큰 영향을 끼치기 때문이다. 다시 말하면, 처음(제1원리)은 전체의 절반 이상으로 생각되며 우리가 추구하고 있는 문제는 대부분 그것에 의하여 해결되기 때문이다.

제8장 이 정의는 행복에 관한 일반적인 신념에 의하여 확인된다

하지만 우리는 행복을 우리의 결론과 전제들에 비추어서만 고찰할 것이 아니라, 또한 세상 사람들이 그것에 관하여 흔히 말하는 것에 비추어서도 생각해 보아야 된다. 왜냐하면 올바른 견해에 대해서는 모든 사실이 조화되지만, 그릇된 견해에 대해서는 사실이 쉽게 어긋나게 되기 때문이다.

지금까지 선은 세 종류로 나뉘어 왔다.21) 즉 어떤 것은 외부적인 선으로, 어떤 것은 정신에 관계되는 선으로, 또 어떤 것은 신체에 관계되는 선으로 설명되었다. 우리는 정신에 관계되는 선들을 가장 뛰어나고 참된 선이라고 보고, 또 정신의 작용과 활동을 정신에 관계되는 선이라고 본다. 그러므로 적어도 오래되고 철학자들의 동의를 얻고 있는 이 견해를 따르면, 앞서 내린 우리의 정의는 확실히 타당한 것이라 할 수 있다. 또한 어떤 작용이나 활동을 목적으로 보는 점에서도

---

21) 플라톤, 『에우튀데모스』(*Euthydemos*), 279a, b; 『휠레보스』(*Philebos*), 48e; 『법률』(*Nomoi*), 743e.

우리의 정의는 옳다. 왜냐하면 이와 같이 될 때 그것은 정신의 선 가운데 들어가며 외부적인 선 가운데 들어가지 않기 때문이다. 우리의 정의와 잘 어울리는 또 하나의 견해는 행복한 사람이란 잘 살며 잘 행하는 사람이라는 것이다. 왜냐하면 우리는 사실상 행복을 일종의 좋은 생활 및 좋은 행위[22]라고 정의한 바 있기 때문이다. 뿐만 아니라, 행복이란 무엇인가라고 물어서 찾아낸 특징은 모두 우리가 행복에 대해 내린 정의 속에 들어 있는 것으로 보인다. 즉 어떤 이는 행복을 덕이라 보고, 어떤 이는 실제적인 지혜라 보며, 어떤 이는 일종의 철학적 지혜라 보고, 어떤 이는 이와 같은 것들 혹은 그 중의 하나에 쾌락이 수반되어 있는 것 혹은 쾌락이 없지 않은 것이라 본다. 또 어떤 이는 외부적인 번영 같은 것도 포함시키고 있다. 이러한 견해들 가운데 어떤 것은 많은 사람들과 더불어 옛사람들도 품었던 것이다. 이 견해들은 모두 전적으로 잘못되었다고는 할 수 없고, 적어도 한 가지 점에서 혹은 대부분 옳았던 것이라 할 수 있다.

우리의 정의는 행복을 덕 혹은 어떤 한 가지 덕과 같은 것으로 보는 사람들의 생각과 일치한다. 왜냐하면 덕 있는 활동은 덕에 속하기 때문이다. 그러나 최고선을 소유하고 있는 것과 그것을 행사하고 있는 것, 즉 그것이 정신의 상태로 있는 것과 활동하고 있는 것 사이의 차이는 적은 것이 아니라고 보아야 할 것이다. 왜냐하면 정신의 상태는 아무런 좋은 결과를 낳지 않으면서도 존재할 수 있지만—마치 잠자고 있는 삶의 경우처럼—활동은 그럴 수 없기 때문이다. 덕 있는 활동을 하는 사람은 반드시 행동하며 또 행동을 잘한다. 그리고 올림픽 경기에서 승리의 월계관을 쓰게 되는 것은 가장 아름답고 가장 힘이

---

22) '좋은 행위'의 원어는 '에우프라크시아'($\varepsilon\dot{\upsilon}\pi\rho\alpha\xi\acute{\iota}\alpha$). 이 말은 일상 용법에서는 일상생활의 안일무사 내지는 번영을 의미하지만, 높은 의미에서는 인간으로서 최선의 생활을 영위하며 최선의 행위를 하고 있음을 의미한다.

센 사람이 아니고 경기에 참가하는 사람인 것과 마찬가지로(이 중 몇 몇 사람이 이기므로), 인생에서 고귀하고 좋은 것들을 싸워서 얻는 것은 행동하는 사람들이다.

그들의 생활은 또한 그 자체로 즐거운 것이다. 왜냐하면 쾌락이란 정신의 상태인데, 각 개인에게 있어서 그가 좋아하는 것은 즐거운 것이기 때문이다. 예를 들면, 말(馬)은 말을 좋아하는 사람에게 즐거운 것이며 연극은 연극을 좋아하는 사람에게 즐거운 것이듯이, 의로운 행위는 정의를 좋아하는 사람에게 즐거운 것이다. 또 일반적으로 유덕한 행위는 덕을 사랑하는 사람에게 즐거운 것이다. 그런데 대부분의 사람들에게는 그들의 여러 가지 즐거움이 본성상 즐거운 것이 아니기 때문에 서로 어긋나지만, 고귀한 것을 사랑하는 사람들은 본성상 즐거운 것을 즐거운 것으로 본다. 그리고 유덕한 행위야말로 바로 이러한 것이므로, 유덕한 행위는 그러한 사람들에게도 그 본성에 있어서도 즐거운 것이다. 그러므로 그들의 생활은 외부로부터 우연히 밀려오는 쾌락 따위를 전혀 원하지 않으며, 다만 그 자체 속에 쾌락을 지니고 있다. 왜냐하면 위에서 말한 이유 이외에, 또한 고귀한 행위를 보고 즐거워하지 않는 사람은 선하지도 않기 때문이다. 의로운 행위를 보고 기뻐하지 않는 사람도 선하지 않기 때문이다. 의로운 행위를 보고 기뻐하지 않는 사람을 의롭다고 할 사람은 한 사람도 없을 것이며, 관후(寬厚)한 행위를 보고 좋아하지 않는 사람을 관후하다고 할 사람도 전혀 없을 것이며, 또 다른 모든 경우에도 이와 마찬가지이기 때문이다. 이치가 이렇다면 유덕한 행위는 그 자체로 즐거운 것이다. 유덕한 행위는 선하고 고귀하며, 이 두 가지 성질을 모두 최고도로 가지고 있다. 왜냐하면 유덕한 사람은 이 두 가지 성질에 관해서 잘 판단하기 때문이다. 그의 판단이 어떤 것인가는 방금 우리가 기술한 바와 같다.23) 그리고 보면 행복은 세상에서 가장 좋고, 가장 고귀하고,

가장 즐거운 것이요, 또 이 여러 속성은 델로스24)에 새겨져 있는 저 잠언(箴言)에서 말하고 있는 바와 같이 서로 분리되어 있는 것이 아니다.

　가장 고귀한 것은 가장 옳은 것이요, 가장 좋은 것은 건강이다.
　그러나 가장 즐거운 것은 우리가 사랑하는 것을 싸워서 얻는 것.

　이 모든 특성은 최선의 여러 활동에 속해 있다. 그리고 이 활동들 혹은 그 중의 하나—최선의 것—를 우리는 행복이라고 본다. 하지만 앞서 말한 바와 같이25) 행복은 또한 외부적인 여러 가지 선을 필요로 한다. 왜냐하면 적당한 수단이 없으면 고귀한 행위를 할 수 없거나 하기가 어렵기 때문이다.

　많은 행동에서 우리는 친구나 재물이나 정치적 세력을 수단으로 사용한다. 그리고 좋은 집안에 태어난다든가 좋은 자녀를 둔다든가 혹은 미모와 같이, 그것이 없으면 행복을 흐리게 하는 것들이 있다. 용모가 아주 추하거나, 비천한 집안에서 태어났거나, 혹은 외롭고 자식이 없는 사람은 행복하게 되기가 쉽지 않으며, 또 아주 불량한 자식이나 친구를 가진 사람도, 좋은 자녀 및 친구와 사별한 사람도 행복하게 되기가 더욱 쉽지 않을 것이다. 그러므로 앞서도 말한 바와 같이, 행복은 이런 좋은 조건들을 구비해야만 될 것 같다. 이런 까닭에 어떤 사람들은 행복을 덕과 동일시하지만, 다른 어떤 사람들은 행운과 동일시하기도 한다.

---

23) 그는 유덕한 행위가 가장 선하며 고귀한 것이라고 판단한다.
24) Delos. 그리스의 섬. 옛날 그리스 사람들은 이 섬을 다도해의 중심으로 여겼다.
25) 1098b 26~29.

제9장 행복은 학습이나 관습에 의하여 얻어지는 것인가, 혹은 신이 보내주시는 것인가, 또 그렇지 않으면 연히 얻게 되는 것인가

이러한 사정으로 해서, 행복이 학습이나 습관이나 혹은 다른 어떤 훈련에 의하여 얻어지는 것인지 혹은 신의 어떤 섭리 때문에 생기는 것인지 그렇지 않으면 우연히 생기는 것인지 하는 문제가 제기된다. 그런데 만일 신들이 인간에게 준 선물이라 할만한 것이 있다면 행복 이야말로 신이 준 것이요, 또 그것이 최선의 것이므로 인간에게 속하는 모든 것 가운데 가장 확실히 신이 준 것이라 할 수도 있을 것이다. 그러나 이 문제는 또 다른 연구에 맡기는 것이 좋을 것이다. 하지만 비록 행복이 신의 선물이 아니고 덕이나 어떤 학습 내지 훈련의 결과 로 생긴다 하더라도 그것 역시 가장 신적(神的)인 것의 하나인 듯싶 다. 왜냐하면 덕의 보상과 목적이 되는 것은 세상에서 가장 좋은 것, 따라서 신적이고 축복된 어떤 것으로 생각되기 때문이다.

이렇게 보면 행복은 아주 널리 사람들이 소유하는 것이라 하겠다. 왜냐하면 덕에 대한 능력이 아주 없어지지 않은 사람이라면 누구나 어떤 학습 내지 마음 씀에 의하여 행복을 얻을 수 있기 때문이다. 그리고 이와 같이 학습이나 마음 씀에 의하여 행복한 것이 우연에 의하여 행복한 것보다 낫다고 한다면, 세상 이치가 이렇게 된 것은 잘 된 일이라 하겠다.

자연물은 본래 자연물답게 좋고, 기술이나 다른 어떤 이성적 요인에 의거하는 모든 것은 그것답게 좋고, 모든 원인 가운데 최선의 것에 의거하는 것은 또한 특별히 그것답게 좋기 때문이다. 가장 위대하고 가장 고귀한 것을 우연에 의한 것으로 보는 것은 매우 엉성한 생각이다.

우리가 제기하고 있는 문제에 대한 해답은 행복의 정의로부터 보아도 명백하다. 앞서26) 행복은 어떤 종류의 정신의 유덕한 활동이라 말한 바 있기 때문이다. 나머지 선들에 관하여 말하면, 그 중 어떤 것은 행복의 조건으로 반드시 행복에 선행해야 하며, 다른 어떤 것은 수단으로 자연스럽게 협동하는 유용한 것이다. 그리고 이것은 우리가 맨 처음에27) 말한 것과도 일치한다. 우리는 최고의 선이 정치학의 목적이라 언명하였는데, 정치학이란 국민을 어떤 일정한 성격을 가진 인간이 되도록, 즉 선한 인간 그리고 또 고귀한 행위를 할 수 있는 인간이 되도록 하는 데 심혈을 기울이는 것이다.

이리하여 우리가 소나 말이나 그 밖의 어떤 동물을 두고 행복하다고 하지 않는 것은 당연한 일이다. 왜냐하면 그 중의 어떤 동물도 그와 같은 활동을 할 수 없기 때문이다. 이런 까닭에 또한 소년도 행복하다 할 수 없다. 소년은 그 연령 때문에 아직 그러한 행동을 할 수 없으니 말이다. 행복하다는 말을 듣는 소년들은 우리가 그들에 대하여 가지는 소망 때문에 그러한 인사말을 듣는 것이다. 이미 말한 바와 같이28) 행복은 온전한 덕과 생애 전체를 통하여 비로소 성취되는 것이다. 일생을 살아가는 동안에는 여러 가지 변화가 생기고, 또 온갖 우연한 일이 일어나며, 또 트로이아 전쟁 이야기에 나오는 프리아모스29)의 고사(故事)에서 보는 바와 같이 최대의 행운 속에서 살던 사람이 노년에 큰 불행을 당하는 수가 있다. 그래서 이렇게 뜻밖의 불운을 당하고 비참하게 최후를 마친 사람을 아무도 행복하다고 하지 않는다.

---

26) 1098a 16.
27) 1094a 27.
28) 1098a 16~18.
29) Priamos. 트로이아의 마지막 임금. 트로이아 함락시 살해되었다.

제10장 살아 있는 동안은 아무도 행복하다고 할 수 없는가

그러면 살아 있는 동안에는 아무도 행복하다고 할 수 없는가? 솔론이 말한 것처럼 "우리는 최후를 보아야만"[30] 하는가? 비록 이런 설이 옳다 하더라도, 이것은 인간이란 죽은 후에야 비로소 행복하다는 말일까? 그렇지 않으면 이것은 아주 부조리한 말이 아닐까? 특히 행복이란 일정한 활동이라고 말하고 있는 우리에게는.

그러나 비록 우리가 죽은 사람을 행복하다고 하지는 않으며, 또 솔론이 말한 것은 이런 뜻이 아니고, 사람이 죽은 후에야 마침내 온갖 재앙과 불운을 벗어나게 됨으로써 축복된 자리에 들어설 수 있다는 것일지라도, 이것은 역시 이론(異論)의 여지가 있는 말이다. 왜냐하면 악과 선은 다 같이, 살아 있으면서 이것들을 깨닫지 못하는 사람에게 존재하는 것과 마찬가지로 죽은 사람에게도 존재한다고 생각되기 때문이다. 여기서 악과 선이란 예를 들면 자녀와 자손들의 명예와 불명예, 행운과 불운 같은 것들이다. 이 점도 역시 문제가 된다. 왜냐하면 어떤 사람이 노년에 이를 때까지 행복하게 살고 생애에 합당한 죽음을 맞을지라도, 이와 반대되는 여러 가지 일이 자손에게 미치는 수가 있기 때문이다. 즉 그 자손 가운데 어떤 이는 선한 사람이고, 그들이 누릴 만한 가치가 있는 생활을 이룩하겠지만, 다른 어떤 이는 이와 아주 반대되는 형편에 처하게 될 수도 있다. 또 분명히 이 사람들과 그들의 조상과의 관계도 무한히 다를 수가 있다. 그러므로 만일 죽는 사람이 이 여러 변화에 휘말려 어떤 때는 행복하게 되고 어떤 때는 비참하게 된다고 하면, 이것은 부조리한 일이 아닐 수 없다. 한편 자손의 운수가 조상의 행복에 얼마 동안이나마 약간의 영향을 미치지

---

30) Herodotos, 제1권, 30~33.

않는다고 하는 것도 부조리한 일이다.

그러나 우리는 맨 처음의 문제점31)으로 돌아가지 않으면 안 된다. 그것을 잘 생각해 보면 여기서 문제되고 있는 것이 해결될지도 모른다. 사실 우리는 어떤 사람의 최후를 보고 나서 비로소 그 사람을 행복하다고 판단해야 할 것이다. 물론 이때에 우리는 죽은 사람을 두고 그가 지금 행복하다고 하는 것이 아니라, 지금까지 행복했다는 의미에서 그를 행복한 사람이라고 부른다. 그러나 어떤 사람이 행복할 때에, 살아 있는 사람들에게는 여러 가지 변화가 생기니까 살아 있는 사람들을 행복하다고 하고 싶지가 않아서, 그리고 행복이란 영속적인 어떤 것이요, 쉽사리 변동하는 것이 아니라고 생각되는데 개개의 사람은 여러 운명의 장난을 겪는 수가 있으므로 그가 참으로 행복하다고 할 수 있는데도 그렇지 않다고 하면 이것은 하나의 역설이 아닐 수 없다. 만일 변화하는 운수의 여러 국면에 주의를 기울이면 우리는 가끔 같은 사람을 두고 때로는 행복하다고 하고 때로는 비참하다고 하게 될 것이며, 또 행복한 사람을 <카멜레온 같고 밑바탕이 튼튼치 못한> 사람이라 하게도 될 것이다. 그런데 이와 같이 어떤 사람의 운수를 따져 그 사람의 행복 여부를 결정한다는 것은 아주 잘못된 일이 아닐까? 인생의 성공이나 실패32)는 운수에 달려 있는 것이 아니며, 인간 생활이 운수를 필요로 하는 것은 앞서 말한 바와 같이33) 단지 잉여물로서일 따름이다. 한편, 유덕한 활동이나 그 반대의 것은 행복이나 그 반대의 것을 이룬다.

지금 논한 문제도 우리의 정의를 확증해 준다. 왜냐하면 인간의 기능 가운데 유덕한 활동만큼 영속성이 있는 것은 없기 때문이다(유덕

---

31) 이 장의 맨 처음의 그것.
32) '인생의 성공이나 실패'는 '우리의 좋고 나쁨'이라고도 새길 수 있다.
33) 1099a 31~1099b 7.

한 활동은 여러 가지 학문의 지식보다도 더 지속적인 것으로 생각된다). 그리고 이 유덕한 활동 가운데서는 가장 고귀한 것이 가장 지속적이다. 그리하여 행복한 사람들은 가장 적극적으로 또 가장 지속적으로 이러한 활동 속에서 그들의 삶을 영위한다. 이런 까닭에 우리는 이런 사람들을 쉽사리 잊지 못한다. 그렇다면 여기서 문제된 속성(즉 지속성)은 행복한 사람에게 속하며, 이러한 사람은 일생을 통하여 행복할 것이다. 왜냐하면 그는 언제나 그리고 다른 무엇보다도 유덕한 행동과 사색에 골몰할 것이며, 또 그가 <참으로 선하며> 그리고 <나무랄 데 없이 곧으면>34) 인생의 여러 가지 변화를 가장 고상하고 품위 있게 겪어낼 것이기 때문이다.

그런데 우연히 많은 사건들이 생겨나고, 또 그 사건들은 그 중요성에서 여러 가지 차이가 있다. 분명히 몇몇 작은 행운이나 불운은 생활을 어느 한편으로 결정적으로 좌우할 만한 힘을 가지고 있지 않지만, 큰 사건들이 유리한 방향으로 많이 생기면 삶을 더욱 행복하게 해줄 것이다(왜냐하면 그러한 큰 사건들은 그 자체로 삶에 아름다움을 더해 줄 뿐만 아니라, 사람이 그 사건들을 다루는 태도도 고상하고 선한 것일 수 있기 때문이다). 이에 반하여 큰 사건들이 불리하게 전개되면, 마침내 행복을 깨뜨리고 말 것이다. 그것들은 고통을 가져오며, 또 많은 활동을 저해하기도 하기 때문이다. 하지만 큰 불행을 많이 당하여, 고통에 대해서 무감각해서가 아니라 정신의 고귀함과 위대함 때문에 체념하면서 이 모든 불행을 견디어낸다면, 이러한 불행 속에서도 고귀한 성품은 내내 밝은 빛을 발할 것이다.

우리가 말한 바와 같이,35) 우리의 생에 대하여 결정적인 힘을 가진 것이 활동이라면, 행복한 사람치고 비참하게 될 사람은 한 사람도 없

---

34) Somonides(B.C. 6~5세기 그리스의 시인)의 말.
35) 제1권 제9장.

다. 왜냐하면 행복한 사람은 절대로 가증하고 비열한 행위를 하지 않기 때문이다. 참으로 선하고 현명한 사람은 인생의 모든 변화를 훌륭하게 견뎌나가며 또 언제나 그가 당한 처지를 가장 잘 이용한다고 생각된다. 이것은 마치 훌륭한 장군이 휘하의 군대를 군사적으로 가장 잘 활용하고, 훌륭한 제화공(製靴工)이 주어진 가죽으로 가장 좋은 구두를 만들어내는 것과 같다. 다른 모든 공인(工人)도 마찬가지이다. 이치가 이렇다면 행복한 사람은 절대로 비참하게 되는 일이 없다. 만일 프리아모스가 당한 것과 같은 불운을 당하게 되면 최고의 행복에는 도달할 수 없을 수도 있으나, 그렇다고 해서 아주 비참하게 되지는 않는다. 또한 행복한 사람은 다채롭고 변화하기 쉬운 사람도 아니다. 왜냐하면 그는 쉽사리 혹은 그 어떤 흔한 불운에 의하여 자신의 행복한 상태로부터 멀어지는 일이 없고, 다만 많은 큰 불운에 의해서만 그렇게 될 수 있기 때문이다. 그리고 만일 그가 이와 같이 많은 큰 불운을 당한다면 단시일에 그의 행복을 회복할 수는 없겠지만, 다시 행복하게 된다고 하면 그것은 오랜 세월을 두고 꾸준히 힘쓰는 동안 많은 빛나는 성공을 거둔 후에라야 비로소 가능할 것이다.

　그렇다면 어떤 때 잠깐 동안만이 아니라 생애 전체를 통하여 온전한 덕을 따라 활동하며 동시에 외부적인 여러 가지 선도 충분히 지니고 있는 사람을 행복하다고 해야 하지 않을까? 그렇지 않으면 "이와 같이 운명 지워진, 그리고 이러한 그의 생활에 어울리는 죽음을 맞게 될 사람"이라는 말을 덧붙여야만 할까? 확실히 미래란 우리에게는 분명치 않은 것인데 행복은 하나의 목적이요, 모든 점에서 궁극적인 것이라고 주장하고 있다. 그렇다면 우리는 살아 있는 사람들 가운데서 이상의 조건들을 갖추고 있고 또 앞으로도 갖추게 될 사람들은 행복하다고 해야 할 것이다. 그리고 인간만이 이와 같이 행복하게 될 수 있다고 해야 할 것이다. 이 문제에 대해서는 이 정도만 말하기로 한다.

제11장 살아 있는 사람의 운수는 죽은 사람에게 영향을 미치는가[36]

자손의 운수와 또 친구 전체의 운수가 죽은 사람의 행복에 아무 영향도 끼치지 않는다고 하는 것은 매우 무정한 말이고, 세상 사람들이 일반적으로 품고 있는 생각에 반대된다. 그러나 세상에서 일어나는 사건들은 무수하고 또 온갖 차이가 있는데, 그 중 어떤 것은 우리의 신변 가까이에서 일어나고 어떤 것은 좀 먼 곳에서 일어나므로, 이 모든 사건을 하나하나 자세히 논한다는 것은 오랜 시간이 걸리는, 아니 무한정 시간이 걸리는 일일 것 같다. 그러므로 대체로 윤곽만 말해도 충분하리라 생각한다. 자신의 불운 가운데도 어떤 것은 삶에 크게 영향을 주고 어떤 것은 그리 큰 영향을 주지 않는 것과 마찬가지로, 친구 전체의 불운이라 하더라도 여러 가지 차이가 있고, 또 재난이 살아 있는 사람에게 내리는 경우와 죽은 사람에게 내리는 경우에도 차이가 있다고 하면(이때의 차이는 어떤 비극에서 끔찍한 불법 행위가 예상되기만 하는 것과 실제로 무대 위에서 연출되는 것 사이의 차이보다도 더 크다), 이러한 차이도 고려되지 않으면 안 된다. 그리고 이것 이상으로 진지하게 고려해 볼 것은 도대체 죽은 사람이 어떤 선이나 악에 참여할 수 있을까 하는 의문이다. 이런 여러 가지 점을 생각해 볼 때 좋은 것이든 나쁜 것이든 어떤 것이 설사 죽은 사람들의 행복에 영향을 끼칠 수 있다 하더라도 그것은 그 자체로나 죽은 사람들에 대해서 아주 미약한 것이며, 무시해도 괜찮을 정도의 것이라 생각된다. 비록 그렇지 않더라도 행복하지 않은 사람을 행복하게 하거나 지극히 복된 사람들로부터 그 복을 빼앗아갈 만한 것은 결코 못 된다. 그러므로 친구들의 행운이나 불운은 죽은 사람에 대해서 약간의 영향

---

36) 아리스토텔레스는 여기서 1100a에서 제기된 문제로 되돌아간다.

력을 가지고 있기는 하나, 행복한 사람을 불행하게 하거나 이와 비슷한 변화를 일으킬 만한 것은 되지 못한다고 여겨진다.

제12장 덕은 칭송할 만한 것이지만, 행복은 칭송을 초월해 있다

이상의 여러 문제들에 대하여 명확한 해답을 내렸으므로 이제는 행복이 찬양받는 것들 가운데 속하는지 그렇지 않으면 아주 소중히 여겨지는 것들 가운데 속하는지 고찰해 보기로 하자. 분명히 그것은 **가능태**(可能態)37)들 가운데 하나로 볼 것은 아니기 때문이다. 찬양을 받는 것은 어느 것이나 그것이 어떤 성질을 지니고 있고, 또 다른 어떤 것에 어느 정도 관계되기 때문에 찬양을 받는 것 같다. 그러므로 우리는 의로운 사람이나 용감한 사람, 그리고 일반적으로 선한 사람과 이들의 덕 자체를 이들의 행동과 기능 때문에 찬양하며, 또 강건한 사람이나 잘 뛰는 사람 등을 그들의 그러한 성질이나 어떤 좋고 훌륭한 것에 대한 그들의 어떤 관계로 말미암아 찬양한다. 이것은 신들에 대한 찬양을 보더라도 명백하다. 왜냐하면 신들이 우리 인간의 표준에 따라 찬양된다는 것은 부당한 일로 여겨지지만, 찬양이라는 것은 우리가 말한 바와 같이 어떤 다른 것과의 관계를 내포하는 것이기 때문에 이렇게 신들을 우리 인간의 표준에서 찬양하는 일이 실제로 행해지고 있다. 그러나 찬양이란 바로 우리가 위에서 기술한 바와 같은 것들을 위해서 있는 것이라고 하면, 최선의 것들에 적용되는 것은 찬양이 아니라, 보다 더 크고 더 좋은 어떤 것이 아닐 수 없다. 그러므로 우리가 신들에 대하여, 또 인간 가운데 가장 신적인 사람들에 대하여

---

37) '선이든 악이든 어느 것으로도 될 수 있는 가능성이 있는 것들'이라는 뜻이다.

해야 할 일은 그들을 복 있고 행복한 존재라고 불러주는 것이다. 여러 가지 선에 있어서도 이와 마찬가지이다. 즉 아무도 정의를 찬양하는 것처럼 행복을 찬양하지는 않는다. 다만 복되다고만 말한다. 이것은 행복이 보다 더 신적이고 보다 더 좋은 것이기 때문이다.

에우독소스도 쾌락의 우위성을 옹호하는 방법이 옳았던 것 같다. 그의 생각에 의하면, 쾌락이란 하나의 선이기는 해도, 그것이 찬양받는 성질의 것이 아님이 찬양되는 것들보다 더 좋은 것임을 드러내는 것이요, 또 신과 선도 이러한 것이다. 왜냐하면 이것들에 비추어 다른 모든 것이 판정되기 때문이다. 찬양은 덕에 어울린다. 왜냐하면 덕의 결과 사람들은 고상한 행위를 하게 되기 때문이다. 이에 반하여 **엔코 미아**(칭송)38)는 신체의 행위이든 정신의 행위이든, 어떻든 행위에 대하여 하게 되는 것이다. 하지만 이러한 문제를 잘 다루는 것은 **엔코 미아**에 관한 연구를 한 바 있는 사람에게 적합한 일이다. 우리에게는 이미 말한 것에서 행복이란 소중히 여겨지는 완전한 것들 가운데 하나임이 분명하다. 이것은 또한 행복이 제1원리인 사실을 보더라도 명백한 것 같다. 우리는 행복 때문에 다른 모든 일을 하며, 또 모든 선의 제1원리 내지 원인은 값진 어떤 것, 신적인 어떤 것이라고 보기 때문이다.

---

38) (ἐγκώμια). '열렬한 찬양'의 뜻을 가지고 있는 말. 보통의 찬양과 구별하여 '칭송'이라 옮겨본다.

D. 덕의 종류

제13장 심적 능력의 구분, 그리고 이 구분의 결과로 덕을 지적인 덕과 도덕적인 덕으로 구분하는 일

행복은 완전한 덕을 따른 정신의 활동이므로 우리는 덕의 본성을 고찰하지 않으면 안 된다.

그렇게 함으로써 행복의 본성을 더욱 잘 알게 되지 않을까 싶다. 또 참된 정치학도39)는 다른 무엇보다도 덕에 관해서 연구한 바 있는 사람이라고 생각된다. 그가 원하는 것은 자신의 동포를 선하게 하고 법률에 잘 순종하도록 만드는 것이기 때문이다.

이러한 일의 예로는 크레테와 스파르타의 입법자들이 있고, 또 이와 비슷한 사람들이 있다. 이러한 것을 탐구하는 것이 정치학에 속한다고 하면, 덕이 무엇인가를 추구하는 것은 분명히 우리의 최초의 의도에 들어맞는 일이라 하겠다.

그런데 우리가 고찰해야 할 덕은 분명히 인간적인 덕이다. 우리가 찾고 있던 선도 인간적인 선이요, 우리가 찾고 있던 행복도 인간적인 행복이었으니 말이다. <인간적인 덕>이라는 말로 우리가 의미하는 것은 신체의 덕이 아니라 정신의 덕이다.

그리고 우리는 행복도 정신의 활동이라고 본다. 그렇다고 하면 분명히 정치학도는 정신에 관해서 어느 정도 알지 않으면 안 된다.

---

39) '참된'이라는 말을 첨가한 것은 현실에 있어서는 당파 정치가에게 적용되는 '폴리티코스'라는 말을 그 본래의 의미로 순화하기 위해서이다.

이것은 마치 눈이나 신체 전체를 고치려 하는 사람이 눈이나 신체 전체에 관해서 알지 않으면 안 되는 것과 같다. 그런데 정치학도는 의사가 눈이나 신체 전체에 관해서 아는 것 이상으로 훨씬 더 많은 것을 정신에 관해서 알지 않으면 안 된다. 정치는 의료보다 더 소중하고 더 좋은 것이니 말이다. 물론 의사들 가운데에도 가장 교육을 잘 받은 사람은 신체에 관한 지식을 얻는 데 무척 힘을 쓴다.

이와 같이 보면 정치학도는 모름지기 정신에 관해서 연구해야 하며, 또 이상의 여러 목적을 염두에 두고 연구하지 않으면 안 된다. 그리고 또 그 연구는 우리가 여기서 논하고 있는 여러 문제를 해결하는 데 충분할 정도로만 해야 할 것이다. 왜냐하면 이보다 더 세밀히 연구하는 것은 우리의 현재의 과제보다 더 힘든 일이기 때문이다.

정신에 관해서는 이미 우리 학원 밖40)에서도 꽤 올바르게 논의된 바 있으므로 그것들을 활용하지 않으면 안 된다. 가령 정신의 어떤 부분은 비이성적이고, 또 어떤 부분은 이성적이라고 하는 것을 활용해야 한다.

이 두 부분이 마치 신체의 부분들이나 다른 어떤 분할될 수 있는 것의 부분들처럼 분리될 수 있는 것인지, 그렇지 않으면 원주(圓周)의 요철(凹凸)처럼 정의상으로는 구별되지만 본성상으로는 분리될 수 없는 것인지는 우리가 지금 여기서 다루고 있는 문제에 대해서는 아무래도 좋은 것이다.

정신의 비이성적인 요소 가운데 다시 그 일부는 널리 분포되어 있고 또 그 본성이 식물적(植物的)인 것으로 생각된다.41) 식물적이라 함

---

40) 여기서 언급된 정신론에 비추어보건대, 주로 아카데메이아를 가리키는 듯하다.

41) ψυχή를 대개 '정신'이라 새겼는데 '영혼'이라 새기는 사람도 있다. **프쉬케**는 생물(즉, 프쉬케를 가지고 있는 것)을 생물되게 하는 것인데, *De Anima*(412a 27)에는 '가능적으로 생명을 가지고 있는 자연적 물체의 제1엔텔레케이아(현

은 음식물의 섭취와 성장의 원인이 된다는 뜻이다.

이런 종류의 정신 능력은 양분을 섭취하는 모든 생물에 있다고 보아야 할 것이다. 그것은 생물의 배아(胚芽)에도 있고 또 다 자란 생물에도 있다. 이런 것들이 이러한 정신 능력을 가지고 있다고 보는 것은 이와 다른 어떤 능력을 가지고 있다고 보는 것보다 더 타당한 일이다.

그런데 이런 능력의 덕은 모든 생물에 공통되는 덕이며, 특별히 인간에게만 있는 덕은 아닌 성싶다.

왜냐하면 정신의 이 부분 혹은 능력은 수면 중에 가장 잘 활동하는 듯싶은데, 선한 사람인지 악한 사람인지는 수면 중에 가장 불분명하게 드러나기 때문이다(그래서 행복한 사람도 인생의 절반은 비참한 사람과 별로 다를 것이 없다는 속담이 생긴 것이다. 이것은 아주 옳은 말이다. 수면은 좋다거나 나쁘다거나 말해지는 면에서 정신의 무활동이기 때문이다). 물론 깨어 있을 때 정신의 움직임이 어느 정도 정신에 배어들게도 되므로, 이 점에서 선한 사람들의 꿈은 일반 사람들의 꿈보다 낫다고 볼 수는 있다. 이 문제에 대해서는 이만하기로 하자. 영양 섭취의 능력은 그 본성상 인간의 덕에 아무런 상관도 없는 것이므로 거기에 대해서는 이것으로 충분하다.

정신 속에는 또 하나 다른 비이성적 요소가 있다고 생각된다. 그러나 이 요소는 어떤 의미에서 이성적 원리를 어느 정도 가지고 있는 것이다.

우리는 자제를 잘 하는 사람과 잘 하지 못하는 사람의 이성적 원리와 또 이러한 원리를 지니고 있는 그들의 정신의 부분을 칭찬한다. 이것이 그들로 하여금 올바른 일을 하게 하여 최선의 목적으로 나아가게 하기 때문이다.

실태의 제1단계'라고 정의되어 있다. 그래서 '식물의 프쉬케'도 얘기되고 있는 것이다.

그러나 그들 속에는 또한 그 본성상 이성적 원리에 대립하는 또 다른 요소가 있어서 이 원리에 대항하여 싸우며 항거한다. 마치 마비된 수족이 바른 쪽으로 움직이려 할 때에 왼쪽으로 돌아가는 것과 마찬가지로 정신에서도 이와 같은 일이 생긴다. 자제를 잘 못하는 사람의 충동은 반대 방향으로 움직인다.

그런데 신체의 경우에는 빗나가는 것이 눈에 보이지만 정신의 경우에는 보이지 않는다. 하지만 우리는 정신 속에도 이성적 원리에 대립하여 이에 반항하며 반대하는 어떤 것이 있다고 보지 않으면 안 된다. 어떤 의미에서 그것이 다른 요소들과 구별되는가 하는 것은 여기서 우리가 문제 삼을 바 아니다.

그런데 이 요소도, 위에서 말한 바와 같이,[42] 이성적 원리를 어느 정도 지니고 있는 것으로 여겨진다. 적어도 자제를 잘 하는 사람에게는 이 요소가 이성적 원리에 순종한다.

그리고 자제력 있는 사람과 용감한 사람에게는 그것이 더욱 잘 순종한다. 왜냐하면 이런 사람 속에서는 그것이 모든 문제에서 이성적 원리와 꼭 같은 음성으로 발언하기 때문이다.

그러므로 비이성적 요소도 두 가지 부분을 내포하고 있는 듯싶다. 즉 식물적 요소는 어느 모로나 이성적 원리를 나누어 갖고 있지 않지만, 욕망적 요소 내지 일반적으로 욕구적 요소는 이 이성적 원리에 귀를 기울이고 순종하는 한, 어떤 의미에서 이 원리를 나누어 갖고 있다.

여기서 귀를 기울이고 순종한다는 것은 우리가 아버지나 친구의 말을 귀담아 듣는다는 것과 같은 의미이지, 수학적(數學的) 대상을 잘 인식한다고 하는 것과 같은 의미가 아니다.

비이성적 요소가 이성적 원리에 의하여 어떤 의미에서 설득된다는

---

42) 제13장 처음 부분.

것은 충고나 모든 꾸지람이나 권고가 효과를 나타내는 것을 보아도 잘 알 수 있는 일이다. 그리고 이 요소가 이와 같이 이성적 원리도 가지고 있다고 해야 한다면, 이성적 요소 역시 비이성적 요소와 마찬가지로 다시 두 부분으로 나뉠 수 있을 것이다.

그 중 하나는 엄밀한 의미에서 그리고 그 자체 속에 이성적 원리를 가지고 있으며, 다른 하나는 우리가 아버지의 말에 순종하는 것처럼 순종하는 경향을 가지고 있다. 덕도 정신의 이러한 구별을 따라 여러 종류로 나뉜다. 즉 우리는 덕 가운데 어떤 것을 지적인 덕이라 부르며, 다른 어떤 것을 도덕적인 덕이라고 부른다.

철학적 지혜나 이해력이나 실제적 지혜는 지적인 덕이고, 관후라든가 절제는 도덕적인 덕이다. 어떤 사람의 성격에 관해서 말할 때 우리는 그가 현명하다거나 이해력을 가지고 있다고는 말하지 않고, 성품이 온화하다거나 절제를 잘한다고 말한다.

하지만 우리는 또한 현명한 사람의 정신 상태에 관해서도 칭찬한다. 우리는 칭찬받을 만한 정신 상태를 덕이라 부른다.

제 2권

도덕적인 덕

A. 도덕적인 덕은 어떻게 생기며,
어떤 소재 속에 어떤 모양으로 나타나는가?

제1장 기술과 마찬가지로 덕은 거기 대응하는 행위를 반복함으로써 습득된다

이리하여 덕에는 두 종류가 있다. 즉 지적인 덕과 도덕적인 덕이다. 지적인 덕은 대체로 교육에 의하여 생기기도 하고 성장하기도 한다. 그러므로 그것은 경험과 시간을 필요로 한다. 한편 도덕적인 덕은 습관의 결과로 생긴다. 이런 까닭에 <에티케>(도덕적·윤리적)라는 말은 <에토스>(습관)라는 말을 조금 고쳐서 만들어진 것이다. 이것으로 미루어 보더라도, 도덕적인 덕은 그 어느 것이나 본성적으로 우리에게 생기는 것이 아님이 분명하다. 본성적으로 존재하는 것치고 그 본성에 반대되는 습관을 형성할 수 있는 것이란 하나도 없기 때문이다. 가령, 돌은 본성적으로 아래로 움직이도록 되어 있기 때문에 천번, 만 번 위로 던져서 위로 움직이도록 훈련시켜 습관이 되게 하려해도 도저히 할 수 없다. 또 불을 아래로 움직이도록 습관화시킬 수도 없고, 이 밖의 어떤 것이나 그 본성에 어긋나게 움직이도록 훈련시킬수 없다. 그리고 보면, 도덕적인 덕들은 본성적으로 우리 속에 생기는 것도 아니고, 본성에 반하여 우리 속에 생기는 것도 아니다. 오히려우리가 본성적으로 그것들을 받아들이도록 되어 있으며, 또 그것들은 습관에 의하여 완전하게 되는 것이다.

또 본성적으로 우리에게 생기는 모든 것에 있어서 우리는 먼저 능력[1]을 얻고 그 후에 활동[2]을 전개한다(이것은 감각들을 살펴보면 명백히 드러나는 일이다. 우리는 자주 보거나 자주 들음으로써 시각이나 청각을 가지게 된 것이 아니고, 오히려 이와 반대로, 이런 감각을 사용하기 이전에 이미 그것들을 가지고 있었던 것이다. 그것들을 사용함으로써 그것들을 가지게 된 것이 아니다). 그러나 덕의 경우에는 먼저 실천함으로써 비로소 덕을 얻게 된다. 여러 기술의 경우도 마찬가지이다. 우리가 먼저 함으로써 비로소 배워 알게 되는 것이다. 예를 들면, 집을 지어봄으로써 건축가가 되고, 류트를 연주함으로써 류트 연주가가 되는 것이다. 이와 마찬가지로 우리는 옳은 행위를 함으로써 옳게 되고, 절제 있는 행위를 함으로써 절제 있게 되며, 용감한 행위를 함으로써 용감하게 된다.

이것은 여러 국가에서 일어나고 있는 일에 의해서도 입증된다. 입법자들은 국민들로 하여금 좋은 습관을 가지게 함으로써 좋은 국민을 만든다. 그리고 이것이 모든 입법자들이 바라는 것이다. 이 일을 잘 하지 못하는 입법자들은 결국 소기의 목적을 달성하지 못하고 만다. 이 점에서 좋은 국가 체제와 좋지 못한 국가 체제가 갈라진다.

또 어떤 덕이나 그것이 생기고 없어지고 하는 것은 똑같은 원인에서 그리고 똑같은 수단에 의하여 되는 것이다. 모든 기술도 마찬가지이다. 류트연주를 잘 하는 사람이나 서투르게 하는 사람이나 결국 류트를 연주함으로써 류트 연주가가 되는 것이다. 건축가나 이 밖의 모든 경우에 대해서도 이와 같이 말할 수 있다. 즉 집을 잘 지었거나 잘못 지은 결과 좋은 건축가나 서투른 건축가가 되는 것이다. 만일 그렇지

---

1) 뒤나미스(δύναμις). 흔히 '가능태' 혹은 '잠세태'라고도 한다. 영어로는 poten -tiality.

2) 에네르게이아(ἐνέργεια). 흔히 '현실태'라고 옮긴다. 영어로는 보통 actuality라 하는데, 여기서는 activity로 되어 있다.

않다고 하면, 가르치는 사람이 아예 필요 없을 것이며, 모든 사람은 나면서부터 자신의 기술에 익숙하거나 서투르거나 할 것이다. 덕의 경우에도 마찬가지이다. 남과 사귀는 가운데 행하는 행위에 의하여 우리는 올바른 사람이 되거나 옳지 못한 사람이 되며, 또 위험에 부딪쳐서 우리가 하는 행위로 말미암아, 즉 무서워하거나 혹은 태연한 마음을 지니거나 하는 습관을 얻게 됨으로써 혹은 용감하게 되고 혹은 비겁하게 된다. 욕망이나 노여움 같은 것의 경우도 마찬가지이다. 즉 자기가 당한 처지에서 어떻게 행동하는가에 따라 절제 있고 온화한 사람이 되기도 하고, 방종하고 성급한 사람이 되기도 한다. 그러므로 한마디로 말하여, 성품은 각기 대응하는 활동에서 생긴다. 그래서 우리가 전개하는 활동은 일정한 성격을 띠지 않을 수 없다. 성품은 활동들 간의 차이에 대응하기 때문이다. 이렇게 보면, 우리가 아주 어렸을 때부터 어떠한 습관을 가지는가 하는 것은 결코 사소한 차이를 가져오는 것이 아니요, 아주 큰 차이를 가져오는 것이다. 아니 모든 차이가 거기서 비롯된다고 하겠다.

제2장 이런 행위가 어떤 것인지는 정확하게 규정지을 수 없지만, 그러나 과도와 부족을 피하는 것이어야 한다

그런데 우리가 지금 연구하고 있는 것은 다른 것들처럼 이론적 인식을 목표로 삼는 것이 아니므로(우리는 덕이 무엇인지 알기 위하여 연구하고 있는 것이 아니라, 선한 사람이 되기 위하여 연구하고 있기 때문이다. 선한 사람이 된다는 것이 우리의 목적이 아니라면 우리의 연구는 아무 데도 쓸모가 없다), 우리는 행동의 성질을 검토하지 않으면 안 된다. 즉 우리는 어떻게 행동해야 하는지 살펴보지 않으면 안 된다. 왜냐하면, 앞서 말한 바와 같이3) 행동이 성품을 결정하기 때문이다. 그런데 우리가 옳은 규칙4)을 따라서 행동해야 한다는 것은 모든 일에 공통되는 원리이고, 또 우리의 논의의 기초로 삼아야 하는 것이다. 여기에 대해서는, 즉 옳은 규칙이 무엇이며, 그것이 어떻게 여러 가지 다른 덕에 관계되는가 하는 것에 대해서는 나중에 논하고자 한다.5) 그러나 미리 합의를 보아 두어야 할 것이 있다. 다름 아니라, 우리가 요구하는 설명은 주제에 순응하는 것이어야 한다고 맨 처음에 말한 바와 같이,6) 행위의 문제에 관한 논의는 모두 개괄적인 것이고, 정밀한 것일 수 없다는 것이다. 행위에 관한 문제나 우리를 위하여 선한 것이 무엇인가 하는 문제는 건강에 관한 문제와 마찬가지로 고정된 데가 없다. 일반적인 논의가 이런 성질을 가지고 있는 터이므로, 개별적인 경우들에 관한 논의는 더군다나 정밀하게 하기가 어렵다. 왜냐하면 개별적인 경우에서는 어떠한 기술이나 방책도 꼭 들어맞는 것이 아니며, 자신의 형편과 처지를 따라 어떤 행동이 적합할 것인가 생각해야 하기 때문이다. 의료와 항해의 기술에서 일어나는 일도 마찬가지이다.

　그러나 우리가 지금 논의하고 있는 이것이 바로 이러한 성질을 띤 것이기는 해도, 우리는 우리가 줄 수 있는 도움을 주지 않으면 안 된다. 첫째로 생각할 것은, 체력이나 건강 같은 경우에 보는 바와 같이, 이러한 것들은 부족이나 과도로 말미암아 파괴되는 본성을 지니고 있다는 것이다(여기서 체력이니 건강이니 하는 것을 끌어대는 이유는 아리송한 것을 분명히 파악하는 데는 뚜렷한 증거가 있어야만 하기

---

3) 1103a 31~1103b 25.
4) 원어의 뜻을 따르면 '옳은 이치' 혹은 '곧은 이치'라 새길 수 있다.
5) 제6권 제13장.
6) 1094b 11~27.

때문이다). 운동의 부족이나 지나친 운동은 다 같이 체력을 떨어뜨린다. 마찬가지로 어떤 양 이상이나 이하의 음식물 역시 건강을 해친다. 한편, 적당한 양은 건강을 만들어내고 증진시키며 보존한다. 절제와 용기와 이 밖의 다른 덕의 경우도 마찬가지이다. 무슨 일에서나 뒷걸음치고 무슨 일이나 두려워하며 무슨 일에서나 제자리를 지키지 않는 사람은 비겁한 자가 되며, 이와 반대로 무슨 일이든지 두려워하지 않고 어떤 위험에라도 뛰어드는 사람은 무모한 자가 된다. 이와 마찬가지로 온갖 쾌락에 파묻히고 조금도 삼가지 않는 사람은 방탕하게 되며, 이와 반대로 모든 쾌락을 피하는 사람은 마치 촌뜨기처럼 무감각한 사람이 되고 만다. 그러므로 절제와 용기는 과도와 부족으로 말미암아 상실되고, 중용7)에 의하여 보존된다.

그러나 여러 가지 덕이 생기거나 성장하게 되는 근원이나 원인만이 덕이 없어지게 되는 근원이나 원인과 같을 뿐만 아니라, 또한 덕 있는 활동도 똑같은 근원 내지 원인에서 연유한다고 할 수 있다. 이것은 다른 것보다 좀 더 잘 드러나는 것들, 가령 체력 같은 것의 경우에도 마찬가지다. 체력은 많은 음식물을 취하고 많은 노고를 견딤으로써 생기며, 또 이런 일을 가장 잘 할 수 있는 것은 강건한 사람이다.

덕도 마찬가지이다. 쾌락을 멀리함으로써 우리는 절제 있게 되며, 또 절제 있게 될 때 우리는 누구보다도 쾌락을 멀리할 수 있다. 용기의 경우도 마찬가지이다. 즉 무서운 것들을 대수롭지 않게 보며 그것들을 견디어내는 습관을 붙임으로써 우리는 용감하게 되며, 또 용감하게 되면 누구보다도 무서운 일들을 잘 견디어낼 수 있게 될 것이다.

---

7) '메소테에스(μεσότης)는 '메손(μέσον)인 것'이라는 뜻이 있는 말인데, **메손**(중간)은 "사물 자체에서의 중간"인 경우도 있고, "우리와의 관계에서의 중간"인 경우도 있다. '중용'이라는 역어는 후자에 국한된 의미를 가지고 있는 듯싶은데, 아리스토텔레스의 고찰에서도 중요한 것은 이 후자의 의미가 아닐까 한다.

제3장 유덕한 행위를 하는 데 기쁨을 품는 것은 유덕한 심적 경향이 습득되었다는 표시이다. 여러 고찰은 도덕적인 덕이 쾌락 및 고통과 본질적으로 결부되어 있음을 보여 준다

어떤 행동에 쾌락이 따르는가 고통이 따르는가 하는 것은 그 사람의 성품의 표적으로 보지 않으면 안 된다. 즉 육체적 쾌락을 멀리하는 사실 자체에 기쁨을 느끼는 사람은 절제 있는 사람이고, 이에 반하여 육체적 쾌락을 멀리함으로써 괴로워하는 사람은 방탕한 사람이다. 그리고 무서운 일들을 견디면서 거기에서 기쁨을 느끼거나 적어도 고통을 느끼지 않는 사람은 용감한 사람이고, 이에 반하여 고통을 느끼는 사람은 비겁한 사람이다. 도덕적인 탁월성 즉 덕은 쾌락과 고통에 관계되는 것이기 때문이다. 우리가 나쁜 일을 하는 것은 쾌락 때문이고, 고귀한 일을 멀리하는 것은 고통 때문이다. 그러므로 플라톤이 말하고 있는 바와 같이,[8] 우리는 마땅히 기쁨을 느껴야 할 일에 기쁨을 느끼고 괴로워해야 할 일에 괴로워할 줄 알도록 아주 어렸을 때부터 어떤 방법으로 교육을 받아야만 한다. 이것이야말로 참으로 올바른 교육이다.

또 덕이란 행동과 정념(情念)[9]에 관계되는 것이며, 모든 행동과 정념에 쾌락과 고통이 따른다고 하면, 이 때문에도 역시 덕은 쾌락과 고통에 관계되는 것이 아닐 수 없다. 이것은 벌(罰)이 이 수단들에 의하여, 즉 고통을 줌으로써 가해지는 사실을 보아도 잘 알 수 있는 일이

---

8) 『법률』 653e 이하; 『국가』 401e~402a.

9) 원어로는 '파토스'(παθος). 넓은 의미에서는 '수동'(受動), '수동한 결과' 같은 뜻을 가진 말이다. '로고스'(λόγος)에 대립하는 말로 사용될 때에는 흔히 '정념'이라고 새긴다. '정념'이라고 새기는 까닭은 '파토스'가 그저 감정과 같기만 한 것이 아니라, 욕망과도 결부되어 있기 때문이다. 예컨대, 공포라는 파토스는 무서워하는 감정과 무서운 것을 피하고 싶어 하는 욕망이 결합되어 있는 것이다.

다. 왜냐하면 벌이란 일종의 치료인데, 치료란 본성상 반대되는 것을 통하여 행해지는 것이기 때문이다.

그리고 또 조금 전에 말한 바와 같이, 모든 정신 상태는 그것을 더욱 나쁘게 하거나 보다 좋은 것이 되게 하는 것들과 상관하여 이것들에 관심을 두는 성질을 가지고 있다. 그러나 사람들이 나쁘게 되는 것은 쾌락과 고통 때문이다. 즉 이것들을 추구하고 회피하기 때문이다.

다시 말하면 추구하거나 회피해서는 안 되는 쾌락이나 고통을 추구하거나 회피하며, 혹은 추구와 회피의 때를 잘못 잡고, 혹은 그릇된 방법으로 추구 내지 회피하고, 혹은 이 밖에 이와 비슷한 잘못을 저지르기 때문이다. 그래서 덕을 일종의 무정념(無情念)이요, 휴식이라고 정의하는 사람10)도 없지 않다. 하지만 이런 정의는 옳지 않다. 왜냐하면 그들은 무조건적으로 덕은 무정념이라 하고 있고, 어느 면에서는 그래야 하고 어느 면에서는 그래서는 안 되며, 또 어떤 때는 그래야 하며 어떤 때는 그래서는 안 된다고 하는 것, 그리고 이 밖에 덧붙여야 할 조건들을 말하지 않고 있기 때문이다. 그러므로 우리는 "윤리적인 덕은 쾌락과 고통에 관하여 최선의 행위를 하기 마련이고 악덕은 이와 반대이다."라는 것을 논의의 기초로 삼는다.

다음과 같은 사실들도 덕과 악덕이 쾌락과 고통에 관계되는 것임을 드러내주는 것이라 하겠다. 우리가 선택하여 취하는 것에는 세 가지가 있고 또 우리가 피하는 것에도 세 가지가 있다. 고귀한 것, 유익한 것, 유쾌한 것을 취하고, 이와 반대되는 것들, 즉 비열한 것, 유해한 것, 고통스러운 것은 피한다. 이 모든 것에서 선인은 올바른 길을 택하고 악인은 그릇된 길을 택하는데, 특히 쾌락에 관하여 그러하다.

쾌락은 모든 동물에 공통되는 것이요, 또 그것은 우리가 선택하는 모든 것에 수반하기 때문이다. 고귀한 것과 유익한 것도 쾌적해 보인

---

10) 스페우시포스를 두고 하는 말인 듯하다.

다.

　그리고 또 쾌락은 우리들 누구에게나 어렸을 때부터 우리와 함께 자라온 것이다. 이런 까닭에 우리의 생활 속에 스며든 이 정념을 떼어버린다는 것은 쉬운 일이 아니다.

　그리고 사람에 따라 다소 차이는 있지만, 심지어 우리는 쾌락과 고통을 행위의 기준으로까지 삼고 있다. 그러므로 우리의 논의와 탐구는 시종 이것들에 관한 것이어야만 한다. 올바르게 혹은 그릇되게 기쁨을 느끼는가 혹은 고통을 느끼는가 하는 것은 우리의 행동에 적지 않은 영향을 주기 때문이다.

　또 쾌락과 싸우는 것은 헤라클레이토스의 이른바 〈노여움과 싸우는 것〉[11] 보다 더 힘든 것인데, 학술이나 덕은 언제나 보다 더 힘든 것에 관계한다. 무릇 좋은 것은 보다 더 힘든 경우에 보다 더 좋은 것이다. 그러므로 이러한 이유 때문에도 덕과 정치학의 온 관심사는 쾌락과 고통이다.

　이것들을 잘 처리하는 사람은 선한 사람이 될 것이고, 잘못 처리하는 사람은 악한 사람이 될 것이다. 그러므로 덕은 쾌락과 고통에 관계된다는 것, 그것을 생겨나게 하는 행위에 의하여 덕은 조장되고 그렇지 않은 행위에 의해서 상실된다는 것, 그리고 그것을 생겨나게 하는 행위는 덕이 그 속에서 스스로 활동하는 행위라는 것은 위에서 말한 대로이다.

---

11) H. Diels ed., 『소크라테스 이전의 철학자들의 단편들』(*Fragmente der Vorsokratiker* 수록), 「단편」 85. 헤라클레이토스는 "튀모스(θυμός)와 싸운다"라는 말을 하고 있는데, 그가 이 '튀모스'라는 말로 무엇을 의미하려 했는지는 분명하지 않다. 디일스는 이것을 '욕망'이라는 의미로 해석하고 있다.
　　Burnet(*Early Greek Philosophy*, p.140)도 이 해석을 따르며, 아리스토텔레스가 이것을 '노여움'이라는 의미로 잘못 이해하고 있다고 본다.

제4장 도덕적인 덕을 생기게 하는 행위는 도덕적 덕에서 흘러나오는 행위와 똑같은 의미에서 선한 것은 아니다. 후자는 기술의 경우에는 필요치 않은 몇몇 조건을 충족시키지 않으면 안 된다

올바른 행위를 함으로써 올바른 사람이 되고 절제 있는 행위를 함으로써 절제 있는 사람이 된다고 말하는 것12)은 무슨 뜻이냐고 묻는 사람이 있을지 모른다. 만일 올바른 행위를 하고 절제 있는 행위를 하면, 이미 올바르고 절제 있는 사람이다. 이것은 문법의 규칙이나 음악의 규칙에 맞는 일을 하는 사람이면 문법가요, 음악가인 것과 똑같은 일이다.

그러나 학예(學藝)에서도 그런 것이 아닐까? 우연히 혹은 남의 지시에 의하여 문법의 규칙에 맞는 일을 할 수도 있으니 말이다. 그러므로 어떤 사람이 문법적인 어떤 일을 문법적으로 해내기만 하면 그는 문법가일 수 있다. 그리고 문법적으로 해낸다는 것은 그 사람 자신 속에 있는 문법적 지식을 따라 하는 것을 의미한다.

그리고 또 학예의 경우와 덕의 경우는 다른 데가 있다. 왜냐하면 학예의 결과로 만들어진 것들은 그것들 자신 속에 그 좋은 점이 일정한 성격을 가지기만 하면 되지만, 덕을 따라 생기는 행위는 일정한 성격을 가지고 있다 하더라도 반드시 올바르게 혹은 절제 있게 행해진다고는 할 수 없기 때문이다. 이렇게까지 되려면 행위자가 행위를 할 때 일정한 상태에 있지 않으면 안 된다. 첫째로 그는 지식을 가져야 하며, 둘째로 그는 행위를 선택하되 그 행위 자체 때문에 선택해야 하며, 그리고 셋째로 그의 행위는 확고불변한 성격에서 나오지 않으면 안 된다. 이것들은 지식만을 제외하면 학예를 지니고 있는 조건으로

---

12) 1103a 31〜b 25; 1104a 27〜b 3.

여겨지지 않는 것이다. 그러나 덕을 가지고 있다는 것의 조건으로서는 지식이란 거의 혹은 전혀 아무 중요성도 없는 것이다. 한편 이 이외의 조건들은 적지 않은, 아니 절대적인 힘을 가지고 있는 것이다. 그리고 이 조건들은 옳은 행위나 절제 있는 행위를 자주 한 결과로 생긴다.

그러므로 어떤 행위가 옳다거나 절제 있다는 것은 그것이 옳은 사람 혹은 절제적인 사람이 항상 행하는 바와 같은 행위인 경우이다. 옳고 절제 있는 행위를 하는 사람이 곧 옳고 절제적인 사람인 것은 아니다. 그러한 행위를 하되 옳고 절제적인 사람이 하듯 행하는 사람은 옳은 사람이요, 절제 있는 사람이다. 이런 까닭에 옳은 행위를 함으로써 옳은 사람이 되고 절제 있는 행위를 함으로써 절제적인 사람이 된다는 말은 타당하다. 이러한 행위를 하지 않고서는 아무도 선하게 될 가망이 없다.

그러나 이러한 행위를 하지 않고, 이론으로 도피하여 자기는 철학자요, 철학을 함으로써 선하게 되려니 생각하는 사람들이 많다. 이들의 태도는 마치 의사의 말을 주의하여 듣기는 하면서도 그 명령을 전혀 지키지 않는 환자의 태도와 같다. 이렇게 치료를 받고 있는 환자가 신체적으로 좋아질 수 없듯이, 전자의 사람들도 그런 식의 철학으로써는 정신적으로 좋아질 수 없다.

B. 도덕적인 덕의 정의

제5장 그 유개념(類槪念)은 성격의 상태이지 마음의 움직임이나 능력이 아니다

다음으로 우리는 덕이란 무엇인가 고찰하지 않으면 안 된다. 정신에 생기는 것들은 세 가지, 즉 정념·능력·성품13)이므로 덕은 이 중 어느 하나일 수밖에 없다. 정념이라는 말로 내가 생각하는 것은 욕망·분노·공포·태연·질투·환희·친애·증오·동경·경쟁심·연민 그리고 일반적으로 쾌락이나 고통을 수반하는 감정들이다. 능력이란 그것에 의하여 우리가 이러한 여러 가지 감정을 느낄 수 있게 되는 것, 가령, 노여워하거나 괴로워하거나 불쌍히 여기거나 할 수 있게 되는 그것이다.

성품이란 그것에 의하여 우리가 정념과의 관계에서 너무 격렬하게 분노하거나, 너무 약하게 분노한다면 잘못 처신하고 있는 것으로 성품이 좋지 못하며, 만일 온건하게 분노하고 있다면 처신을 잘 하고 있는 것으로 좋은 성품을 가지고 있는 것이다. 다른 정념과의 관계에서

---

13) 원어는 '헥시스'(ἕξις)로 '상태'라는 뜻을 가진 말이다. '정의'(正義) 같은 것도 '올바름'이라는 의미에서 하나의 '헥시스'라고 할 수 있다. 정의의 '헥시스'를 지니고 있는 사람 혹은 그러한 '헥시스' 속에 있는 사람은 그 '헥시스' 즉, '상태'로 해서 그 행위도 올바른 행위로 나타난다. 그러므로 '헥시스'는 '뒤나미스'(*De Anima*, 412a 27~b 5에서 말하는 제1의 엔텔레케이아의 단계의 뒤나미스)라 할 수도 있으나, 엄밀하게 말하면, 학문이나 기술이 '뒤나미스'라는 의미에서는 '뒤나미스'라 할 수 없다. 로스의 영역에서는 이 '헥시스'를 states of character라 새기고 있다. 이것을 따라 '성품'이라 옮긴다.

도 마찬가지이다.

그런데 덕도 악덕도 정념은 아니다. 왜냐하면 우리는 정념 여하에 따라 선하다거나 악하다거나 하는 말을 듣는 것이 아니라, 우리의 덕과 우리의 악덕으로 해서 그런 말을 들으며, 또 우리의 정념 여하에 따라 칭찬을 받거나 비난을 받는 것이 아니라(공포나 분노를 느낀다고 해서 칭찬을 받는 것이 아니요, 또 그저 분노를 느낀다고 해서 비난을 받는 것이 아니라 어떤 일정한 방식으로 분노를 느끼는 사람만이 비난을 받으므로), 우리의 덕과 우리의 악덕 때문에 칭찬이나 비난을 받기 때문이다. 또, 우리가 노여워하거나 무서워할 때에는 무슨 선택이 있는 것이 아니지만, 덕이란 선택의 양식이라 할까 어떻든 선택을 내포하고 있다. 더 나아가, 정념에 관하여 말할 때에는 마음이 움직인다는 말을 하지만, 덕에 관하여 말할 때에는 마음이 움직인다고 말하지 않고, 우리의 어떤 자세에 있다고 말한다.

이러한 이유 때문에도 덕은 마음의 능력이 아니다. 그저 어떤 정념을 느끼는 능력이 있다고 해서 우리가 선하다거나 악하다거나 하는 말을 듣는 것도 아니고, 또 칭찬이나 비난을 받는 것도 아니니 말이다. 또 우리가 이러한 능력들을 가지고 있는 것은 우리의 본성에 의한 것이지만, 우리가 선한 사람이 되는 것이나 악한 사람이 되는 것은 본성에 의한 것이 아니다. 이것에 대해서는 앞에서 말한 바 있다.14)

이렇듯 덕이 정념도 아니고 능력도 아니라면, 결국 그것은 성품(즉 성격의 상태)일 수밖에 없다. 이상으로 우리는 덕이 그 유(類)에 있어서 무엇인가에 대해 말하였다.

---

14) 1103a 18~b2.

제6장 그 종차(種差)는 중용을 선택하는 심적 경향이다

하지만 우리는 그저 덕을 성품, 즉 성격의 상태라고만 말할 것이 아니라, 또한 어떤 종류의 상태인가도 말하지 않으면 안 된다. 무릇 덕이란 그것을 가지고 있는 것을 좋은 상태에 이르게 하고 또 기능을 잘 발휘시켜 주는 것이라 할 수 있다. 예를 들면, 눈의 덕은 눈과 눈의 기능을 좋게 한다. 눈의 덕에 의하여 우리는 잘 보게 되니 말이다. 이와 마찬가지로 말(馬)의 덕은 말 그 자체를 좋은 말이 되게 하고, 잘 달리게 하며, 말을 타는 이를 잘 태우게 하며 또 적의 공격에 잘 대비하게 해 준다. 그러므로 이것이 모든 경우에 옳다면, 인간의 덕도 인간을 선하게 하며 그 자신의 일을 잘 하게 하는 성품이라고 할 수 있을 것이다.

어떻게 이런 일이 생기는가 하는 것은 이미 말한 바 있지만,15) 다음과 같이 덕의 특수한 성질을 고찰함으로써 명백해지리라 생각한다. 연속적이고 가분적(可分的)인 모든 것에서는 보다 많은 양, 보다 적은 양, 혹은 균등한 양을 취할 수 있고, 또 그 사물 자체에서 혹은 우리와의 관계에서 취할 수 있다. 균등이란 것은 과도와 부족의 중간이라 할 수 있다. 대상 자체에서의 중간이란 양쪽 끝에서 똑같은 거리에 있는 것으로 만인에 대해서 오직 하나 있는 같은 것이다. 우리와의 관계에서의 중간이란 너무 많지도 않고 너무 적지도 않은 것이다. 이것은 하나만 있는 것도 아니고, 만인에 대하여 같은 것도 아니다. 가령 10이면 많고 2이면 적다고 할 경우, 대상 자체에서는 6이 중간이다. 왜냐하면 6은 똑같은 양을 초과하고, 또 초과되고 있기 때문이다. 이것은 산술적 비례를 따른 중간이다. 그러나 우리와의 관계에서 중간

---

15) 1104a 11~27.

은 이렇게 결정될 수 없다. 만일 10근의 음식물이 어떤 사람에게 너무 많고 2근은 너무 적을 경우, 체육 지도자는 6근의 음식물을 주기만 하면 되는 것이 아니다. 6근도 어떤 사람에게는 너무 많고 어떤 사람에게는 너무 적기 때문이다. 밀론16)에게는 너무 적고, 체육 초보자에게는 너무 많다. 뛰기나 씨름에서도 이와 마찬가지이다. 그리하여 어떤 기술에서나 그것을 잘 아는 사람은 과도와 부족을 피하고 중간을 찾고 또 택한다. 그리고 이때 그 중간은 대상 자체에 있어서의 중간이 아니라 우리에 대한 중간이다.

따라서 만일 모든 기술이 이와 같이 해서, 즉 중간을 지켜보며 또 이 기준을 가지고 그 성과를 판단함으로써 그 일을 잘 하는 것이라고 하면(그러기에 우리는 가끔 좋은 작품을 두고 말하기를 아무 것도 더 보탤 수도 덜 수도 없다고 한다. 이때 우리는 과도와 부족은 그 작품의 좋은 점을 손상시키지만 중용은 그것을 보전한다고 생각한다. 좋은 기술자는, 우리가 말하는 바와 같이, 그 일에서 이것을 눈여겨본다), 그리고 또 만일 덕이, 자연17)도 그렇듯, 어느 기술보다도 더 정확하고 더 좋은 것이라고 하면, 덕은 중간을 목표로 삼는 성질을 가져야 한다. 여기서 덕이라고 하는 것은 물론 도덕적인 덕이다. 정념과 행동에 관여하는 것은 이 덕이고, 또 정의와 행동에 과도와 부족과 중간이 있으니 말이다.

가령 공포나 자신(自信)이나 욕망이나 분노나 연민이나 그리고 일반적으로 쾌락과 고통은 너무 많이 혹은 너무 적게 느껴질 수 있는

---

16) Milon. 유명한 씨름꾼.

17) '자연'이란 지금까지 자주 '본성'이라고 새긴 '퓌시스'의 역어이다. 우리말로는 '자연'이라 하면 '자연계'를 의미하는 것이 보통이지만, 원래 '퓌시스'(φύσις)라는 말은 '자연계'를 의미하는 것이 아니다. 자연물이라든가 자연계는 τὰ φύσει, τὰ κατὰ φύσιν, τὰ φυσικά, 즉 본성을 따른 것이요, '퓌시스'는 오히려 이런 것들을 자연물, 자연계가 되게 하는 것이다. 『물리학』, 제2권 제1장 참조.

것인데, 그 어느 경우에나 좋은 일이 못 된다. 그러나 마땅한 때에, 마땅한 일에 대하여, 마땅한 사람들에게 대하여, 마땅한 동기로, 그리고 마땅한 태도로 이런 것을 느끼는 것은 중간적이며 동시에 최선의 일이요, 또 이것이 덕의 특색이다. 이와 마찬가지로 행동에도 과도와 중간이 있다. 그런데 덕은 정념과 행동에 관계한다. 그리고 이것들에 있어서 과도나 부족은 일종의 실패인 데 반하여 중간은 칭찬받는 것이요, 일종의 성공이다. 그리고 칭찬받는 것과 성공한다는 것은 둘 다 덕의 특징이다. 그러므로 덕은 일종의 중용이다. 그것은 이미 본 바와 같이, 중간이 되는 것을 목표로 삼기 때문이다. 또 실패한다는 것은 여러 방면에서 가능한데(피타고라스 학파가 내세운 바와 같이, 악은 무한정한 것에 속하고 선은 한정된 것에 속하기 때문이다), 성공한다는 것은 오직 한 방면에서만 가능하다(그러므로 어떤 일은 쉽고 어떤 일은 어렵다—과녁을 못 맞히기는 쉽고 맞히기는 어렵다). 이런 이유 때문에도 과도와 부족은 악덕의 특징이요, 중용은 덕의 특징이다.

사람이 선하게 되는 길은 오직 하나로되, 악하게 되는 길은
여럿이니라.

그러므로 덕이란 중용에서 성립하는 행위를 선택하는 성품이다. 이때의 중용은 우리와의 관계에서 중용이고, 이 중용은 이성적 원리에 의하여 그리고 또 실제적인 지혜를 가지고 있는 사람이 그것을 결정할 때에 기준으로 삼을 원리에 의하여 결정되지 않으면 안 되는 것이다. 그런데 그것은 두 악덕, 즉 과도로 말미암는 악덕과 부족으로 말미암는 악덕 사이의 중용이다. 그리고 또 그것이 중용인 까닭은 악덕이 정념과 행동에서 옳은 것에 미치지 못하거나 넘어서는 데 반하여 덕은 중간의 것을 발견하고 선택하기 때문이다. 그러므로 덕은 그 본

체에 있어서나 그 본질을 밝히는 정의에 있어서 하나의 중용이요, 최선이라든가 옳다고 하는 점에서는 정점을 이루는 것이다.

 그러나 모든 행위와 모든 정념에 중용이 있는 것은 아니다. 어떤 것은 이미 그것이 좋지 않은 것임을 드러내는 이름을 가지고 있다. 예컨대 악의·파렴치·질투, 그리고 행동의 경우에는 간음·절도·살인 같은 것이 그런 것이다. 즉 이 모든 것 및 이와 비슷한 것들은 그 이름이 이미 그 자체 나쁜 것임을 드러내고 있으며, 그것의 과도나 부족이 나쁜 것임을 나타내는 것이 아니다. 그러므로 이런 것들에서는 옳다고 할 수 있는 일이 아예 있을 수 없다. 언제나 그릇된 것이다. 이런 것들에서는, 마땅한 여자와 마땅한 때에 그리고 마땅한 방법으로 간음한다는 데 그 좋고 나쁨이 달려 있는 것이 아니라, 이런 것들은 어느 것을 막론하고 무조건 나쁜 것이다. 이리하여 부정한 행위나 비겁한 행위나 방탕한 행위에도 중용과 과도와 부족이 있을 것이라 기대하는 것도 마찬가지로 어리석은 일이다. 이런 식으로 생각하면, 과도나 부족의 중용도 있고, 과도의 과도, 또 부족의 부족도 있게 되기 때문이다. 그러나 절제와 용기의 경우에는 어느 의미에서 극단적인 것이 중간적인 것이므로 절제와 용기에는 과도와 부족이 없다고 할 수 있다. 이와 마찬가지로 위에서 우리가 언급한 행동들의 경우에는 중용도 과도도 부족도 없다. 그런 행동을 하게 되면 언제나 옳지 못하다. 일반적으로 과도나 부족에는 중용이 없고, 중용에는 과도와 부족이 없기 때문이다.

제7장 이 명제의 특수한 덕을 예로 들어 설명한다

 하지만 우리는 이와 같이 일반적으로만 말할 것이 아니라, 이렇게 일반적으로 말한 것을 개별적인 사실에 적용해야만 한다. 행위에 관하여 말한 것들 가운데 일반적인 것들은 보다 광범위하게 적용되지만, 특수한 경우에 관하여 말한 것들은 보다 더 진정한 것이라 할 수 있다. 왜냐하면 행위란 개개의 경우에 관계하는 것이요, 또 우리의 논의는 이러한 여러 경우의 사실들에 부합되어야만 하기 때문이다. 우리는 이 여러 개별적인 경우를 표18)에서 취할 수 있다.

공포와 태연의 감정에 관하여 말하면, 용기는 그 중용이다. 이 중용을 떠나는 사람들 가운데, 공포심이 없는 방향으로 지나치게 나아가는 사람은 뭐라고 이름 붙일 수가 없으나(이름 붙일 수 없는 상태가 많이 있다), 태연함에서 지나치게 나아가는 사람은 무모한 사람이고, 공포심에서 지나치고 태연함에서 부족한 사람은 겁쟁이이다.

쾌락과 고통에 관하여 말하면—그 전부에 대하여 말하는 것은 아니요, 특히 고통에 관해서는 더욱 그렇지만—그 중용은 절제이고, 그 과도는 방종이다. 쾌락에서 부족한 사람은 흔치 않다. 따라서 그러한 사람에 대한 명칭은 없다. 그러나 <무감각한 사람>이라 부를 수 있지 않을까 한다. 돈을 주고받는 일에 관하여 말하면 그 중용은 관후이고, 그 과도는 방탕이며 그 부족은 인색이다. 방탕과 인색은 과도에 이르는 것과 부족하게 되는 데 있어서 서로 거꾸로 되어 있다. 즉 방탕한 사람은 지출이 지나치고 수입이 부족한 데 반하여 인색한 사람은 수입이 지나치고 지출이 부족하다(지금 여기서는 그저 윤곽적으로 혹은 대체적으로 말하고 있고, 또 이렇게 말하는 것으로 만족하고 있으나, 나중에19) 이 여러 상태를 좀더 정확하게 규정하려 한다). 돈에 관해서는 이 밖에도 또 다른 일련의 태도가 있다. 그 중 중용은 호탕이고(호탕한 사람은 관후한 사람과 다르다. 전자는 거액의 금전을 다루고 후자는 소액의 금전을 다룬다), 그 과도는 몰취미와 속악(俗惡)

18) 청강자에게 제시된 표를 말한다.
19) 제4권 제1장.

이고, 그 부족은 쩨쩨함이다.

이것들은 관후의 경우의 과도 및 부족의 상태와는 다른데, 어떻게 다른가는 나중에[20] 말하기로 한다.

명예와 불명예에 관하여 말하면, 그 중용은 긍지이고, 그 과도는 이른바 허영이며, 그 부족은 비굴이다. 앞에서 방금 말한 바와 같이, 관후는 호탕과 관련이 있으면서 소액의 금전을 다루는 점에서 다르듯, 이와 비슷하게 긍지와 관련이 있으면서 긍지는 큰 명예에 관심을 두는 데 반하여 작은 명예에 관심을 두는 하나의 상태가 있다. 즉 자기의 처지에 알맞은 정도로 명예를 원할 수도 있고, 혹은 자기의 처지 이상으로, 혹은 자기의 처지 이하로 명예를 원할 수도 있다. 그 욕망이 지나친 사람은 야심가라 불리며, 그 욕망이 부족한 사람은 야심 없는 사람이라 불리는데, 중간인 사람에 대해서는 적당한 명칭이 없다. 이런 것들에 대응하여 여러 가지 태도로, 야심 있는 사람의 욕망이 야심이라고 불리는 것을 제외하고는 명칭이 없다. 이런 까닭에 양 극단에 있는 사람들은 중간의 위치를 자기 것이라 주장한다. 그리고 우리도 중간인 사람을 때로는 야심가라 부르고 때로는 야심 없는 사람이라 부르며, 또 때로는 야심 있는 사람을 칭찬하고 때로는 야심 없는 사람을 칭찬한다. 우리가 이와 같이 하는 이유는 조금 뒤에[21] 말하기로 한다. 여기서는 우선 나머지 상태들에 대하여 지금까지 따라온 방법을 따라 말하고자 한다. 노여움에도 과도와 부족과 중용이 있다. 이것들도 흔히 명칭을 가졌다고 볼 수 없지만, 우리는 중간인 사람을 온화한 사람이라고 부르기도 하니까 중용을 온화라 부르기로 하자. 이것의 양 극단에 있는 사람들 가운데 과도한 데로 나아가는 사람을 성급한 사람이라 하고, 그 악덕을 성급함이라 부르기로 하자. 그리고

---

20) 1122a 20~29; b 10~18.
21) 1122b 11~26; 1125b 14~18.

부족한 쪽의 사람을 노할 줄 모르는 사람이라 하고 그 부족을 무성미(無性味)라 부르기로 하자.

이 밖에 또 서로 유사성을 가지고 있으면서도 서로 다른 점이 있는 세 가지 중용이 있다. 즉 그것들은 모두 말과 행동에서의 교제에 관련된다. 그러나 그 중 하나는 이 영역에서의 진리에 관계하고, 다른 두 가지는 유쾌함에 관계하는 점에서 서로 다르다. 그리고 후자의 두 가지 가운데 하나는 재미를 주는 데서 나타나고, 다른 하나는 인생의 모든 상황에서 드러난다. 그러므로 우리는 이것들에 대해서도 말하지 않으면 안 된다. 그리하면 모든 일에 있어서 중용은 칭찬할 만한 것이요, 극단적인 것들은 칭찬할 만한 것도 못 되고 옳은 것도 못 되며, 도리어 비난해 마땅한 것임을 더욱 잘 알게 될 것이다. 그런데 이 여러 상태들도 대부분 명칭이 없다. 그러나 다른 경우에서와 마찬가지로, 분명히 알고 이해하기 쉽게 하기 위하여 우리 스스로 이름을 지어보려 해야 한다. 그러면 진리에 관해서는 그 중간인 사람은 진실만을 말하는 사람이고, 그 중용은 진실이라 할 수 있을 것이다. 한편 큰소리만 치는 것을 허풍이라 하고 허풍을 떠는 사람을 허풍선이라 할 수 있을 것이며, 또 지나치게 말이 적은 것을 거짓 겸손[22]이라 하고, 그러한 사람을 거짓으로 겸손한 자라 할 수 있을 것이다. 재미를 북돋아 주는 일에 있어서의 유쾌함에 관하여 말하면, 그 중간인 사람은 재치 있는 사람이고, 그 태도는 기지(機智)이다. 그 과도는 익살이고, 익살에 능한 자는 익살꾼이라 할 수 있다. 그리고 이런 면에서 부족한 사람은 일종의 촌뜨기이고, 그 상태는 촌스러움이다. 이 나머지 인생의 유쾌한 일에 관하여 말하면, 올바른 방식으로 유쾌한 사람은 친근미가 있는 사람이고, 그 중용은 친근미이다. 이에 반하여 이 면에서 지나친 사람은 아무 목적이 없으면 비굴한 사람이고, 자기 자신의 이익

---

22) 여기서 '거짓 겸손'이라 한 말의 원어는 '에이로네이아(εἰρωνεία).

을 추구하고 있으면 아첨하는 자이다. 그리고 이 방면에서 부족하며 어떤 상황에서나 불쾌한 사람은 싸움꾼이고 심술쟁이이다. 그리고 정념에 관해서도 중용이 있다. 수치는 덕이 아니지만, 수치심이 있는 사람은 칭찬을 받는다. 이러한 것들에서도 어떤 사람은 중간인 사람이라 일컬어지고, 어떤 사람은 과도한 사람이라 일컬어진다. 예컨대, 무슨 일에나 부끄러워하는 사람은 이러한 과도에 빠진 사람이라 하겠다. 한편 이 방면에서 부족한 사람, 즉 무슨 일에나 부끄러워할 줄 모르는 사람은 파렴치한 사람이고, 중간인 사람은 염치를 아는 사람이다. 의분(義憤)은 질투와 악의 사이의 중용인데, 이 상태는 우리 주위의 사람들의 처지와 형편으로 말미암아 느끼게 되는 고통과 쾌락에 관계되는 것이다. 즉 의분을 특징으로 하는 사람은 합당치 않은 행동을 보고 고통을 느끼고, 질투심이 있는 사람은 의분 있는 사람보다 지나쳐 덮어놓고 모든 행운에 대하여 배 아파하며, 악의 있는 사람은 남의 불행을 보고 고통을 느끼기는커녕 오히려 기뻐한다. 그러나 이 여러 상태에 대하여 딴 데서23) 설명할 기회가 있을 것이다. 정의에 관해서는, 그것이 단순한 의미 하나만을 가지고 있는 것이 아니므로 다른 상태들을 논한 후에 그 두 종류를 구별하고, 어떻게 해서 그 하나하나가 중요한가 말하려 한다.24) 그리고 이성적인 덕에 대해서도 이와 비슷하게 다루고자 한다.25)

---

23) 제3권 제6장~제4권 제9장에서의 도덕적인 덕에 대한 전반적인 설명이나 제4권 제9장에서의 수치에 관한 논의나 『수사학』, 제2권 제6, 9, 10장에서 다시 의분을 논한 것이나 혹은 이 두 상태, 즉 질투와 악의를 논한 것을 두고 하는 말인 듯하다.
24) 1129a 26~b 1; 1130a 14~b 15; 1131b 9~15; 1132a 24~30; 1133b 30 ~1134a 10.
25) 제6권에서.

C. 극단의 상태와 중간의 상태의 특징: 여기서 따라 나오는 실제적 결과

제8장 극단은 서로 대립하며 또 중용에도 대립한다

그러고 보니 세 가지 태도가 있다. 그 중 둘은 악덕으로 각각 과도와 부족에서 성립하며, 다른 하나는 덕으로 곧 중용이다. 이 세 가지 것은 어느 의미에서 제각기 대립하고 있다. 즉 양 극단은 모두 중간에 대립하고 있다. 좀더 자세히 말하면, 중간은 보다 작은 것보다는 크고 큰 것보다는 작은데, 이와 마찬가지로, 정념에 있어서나 행위에 있어서나, 중간의 상태는 부족한 것에 비해서는 지나치며, 지나친 것에 비해서는 부족하다. 그러므로 용감한 사람은 비겁한 사람에 비하면 무모해 보이고, 무모한 사람에 비하면 비겁한 것같이 보인다. 이와 마찬가지로, 절제 있는 사람도 무감각한 사람에 비하면 방종해 보이고, 방종한 사람에 비하면 무감각해 보이며, 또 관후한 사람도 인색한 사람에 비하면 돈을 낭비하는 것 같이 보이고, 돈을 낭비하는 사람에 비하면 인색해 보인다. 그러므로 또한 양 극단에 있는 사람들은 중간에 있는 사람들을 각기 자기와 반대되는 쪽으로 몰아넣어 버린다. 그래서 용감한 사람들을 두고 비겁한 사람은 무모하다 하고, 무모한 사람은 비겁하다고 한다. 다른 경우에도 이와 마찬가지이다.

이 여러 상태는 이렇게 서로 대립하고 있는데, 가장 큰 반대는 중간에 대한 두 극단의 그것이 아니라 오히려 두 극단 상호간의 그것이다.

왜냐하면 두 극단 피차간의 거리가 중간점으로부터의 거리보다 더 멀기 때문이다. 이것은 <대>에서 <소>까지의 거리와 그리고 <소>에서 <대>까지의 거리가 <대>나 <소>에서 <중>까지의 거리보다 먼 것과 같다. 또 어떤 경우에는 극단이 중간과 비슷해 보이는 때도 있으나— 가령 무모함이 용기와 비슷해 보이고, 낭비가 관후와 비슷해 보이듯 —양 극단은 가장 크게 서로 다르다. 그런데 서로 반대되는 것들은 피차간에 가장 거리가 먼 것이라 정의되므로, 거리가 멀수록 더욱 반대되는 것이다.

중용에 대해서 어떤 경우에는 부족이, 또 어떤 경우에는 과도가 더 대립한다. 예를 들면 용기에 보다 더 대립하는 것은 과도인 무모가 아니라 부족인 비겁이다. 또 절제에 대하여 더욱더 대립하는 것은 부족인 무감각이 아니라 과도인 방탕이다. 이것은 두 가지 이유에서 생기는데, 그 중 하나는 사물 자체에서 나온다. 즉, 한 극단이 중간에 더욱 가깝고 더욱 비슷하므로 우리는 이 극단을 제쳐놓고 그 반대 것을 중간 것에 대립시키는 것이다. 예를 들면, 무모함이 용기에 더 비슷한 데가 있고 더 가깝고, 비겁은 비슷한 점이 덜하므로, 오히려 후자를 용기에 대립시키는 것이다. 이것은 중간으로부터 더 떨어진 데 있는 것이 그 중간에 더욱 반대되는 것으로 생각되기 때문이다. 이것이 사물 자체로 말미암은 하나의 원인이다. 다른 하나의 원인은 우리 자신으로부터 나온다. 즉 우리 자신이 그쪽으로 더욱 기울어지는 본성이 있는 것들이 중간에 대하여 더욱 반대되는 것으로 보인다. 가령 우리들 자신은 쾌락으로 더욱더 기울어지는 본성이 있으므로 단정(端正)한 데보다도 방탕으로 흐르기 쉽다. 그리하여 우리는 그쪽으로 더 자주 나아가게 되는 방향의 것들을 중용에 대한 반대로 본다. 그래서 하나의 과도인 방탕이 절제에 더욱더 반대된다.

제9장 중용은 도달하기 힘든 것이다. 그리고 그것은 지각에 의하여 파악되는 것이지, 추리에 의하여 파악되는 것이 아니다

이리하여 도덕적인 덕이 하나의 중용이며, 또 어떤 의미에서 그런가 하는 것, 그것은 두 악덕 사이의 중용인데, 이 두 악덕 가운데 하나는 과도로 말미암으며 다른 하나는 부족으로 말미암는다는 것, 그리고 이러한 성질을 갖는 까닭은 정념과 행동에서 중간 것을 목표로 삼기 때문이라는 것은 이상에 말한 것으로 충분히 설명되었을 것이다. 그러므로 선한 사람이 된다는 것은 쉬운 일이 아니다. 왜냐하면 무슨 일에 서나 그 중간을 찾기란 쉬운 일이 아니기 때문이다. 예컨대, 한 원의 중심을 찾아내는 일은 누구나 할 수 있는 일이 아니라, 그것을 아는 사람만 할 수 있다. 이와 마찬가지로, 화를 내거나 돈을 주거나 혹은 쓰는 일은 누구나 할 수 있고, 또 쉬운 일이지만, 이런 일을 마땅한 사람에게, 마땅한 정도로, 마땅한 때에, 마땅한 동기에서, 그리고 마땅한 방법으로 하는 것은 누구나 할 수 있는 일이 아니고 쉬운 일도 아니다. 그러므로 무릇 잘 한다는 것은 희귀한 일이고 또 칭찬할 만하고 고귀한 일이다.

따라서 중간의 것을 목표로 삼는 사람은 칼립소26)가

저 파도와 물거품을 피하여 배를 대어라.27)

라고 충고했듯이, 먼저 중간에 더욱 반대되는 것으로부터 떠나지 않

---

26) Kalypso. 호메로스의 『오딧세이아』에 나오는 님프 아틀라스의 딸. 오귀기아 섬에 살았던 것으로 되어 있다. 그녀의 이름은 그녀가 오딧세우스를 그 곳에 숨겼다(ἐκάλυψε)하여 생겼다.

27) 호메로스, 『오딧세이아』, 제12권, 219 이하. 그러나 사실은 이 충고를 한 자는 키르케(Kirke)요, 또 여기에 인용한 것은 오딧세우스가 뱃사공에게 명령한 말에서 딴 것이다.

으면 안 된다. 왜냐하면 양 극단 가운데 하나는 더 그릇되기 쉬운 것이요, 다른 하나는 덜 그릇되기 쉬운 것이기 때문이다. 그러므로 중용을 잘 잡는다고 하는 것은 극도로 어려운 일인 까닭에, 우리는 차선책(次善策)으로 악들 가운데서 가장 적은 것을 취하지 않으면 안 된다. 이렇게 하는 일은 우리가 말한 방법으로 할 때 가장 잘 이루어질 것이다.

그러나 우리는 우리 자신이 쉽게 빠지는 여러 가지 일을 잘 살펴볼 필요가 있다. 왜냐하면 우리는 각기 어떤 일에 쏠리는 경향이 있기 때문이다. 이것은 우리가 느끼는 쾌락과 고통에서 잘 알아볼 수 있다. 우리는 그 반대 극단으로 자신을 끌고 가지 않으면 안 된다. 마치 사람들이 구부러진 막대기를 곧게 할 때 하는 것처럼, 우리는 과오로부터 멀리 물러남으로써 중간의 상태에 도달할 수 있다.

그리고 모든 일에서 가장 경계해야 할 것은 유쾌한 것이나 쾌락이다. 왜냐하면 이런 것에 대해서 우리는 공정한 판단을 내리지 못하기 때문이다. 그러므로 우리는 옛날에 어른들이 헬레네[28]에 대하여 느낀 것처럼 쾌락에 대하여 느끼지 않으면 안 되며, 또 어떤 형편에서나 저들의 말[29]을 되뇌일 필요가 없다. 즉 저들의 말대로, 쾌락을 버리면 잘못된 길에 빠지는 일이 별로 없게 될 것이다. 그러므로 이와 같이 함으로써, (우리의 문제를 요약하건대) 우리는 중용에 가장 잘 도달할 수 있다.

그러나 이것은 분명히 어려운 일이다. 특히 개개인의 경우에 그러하다. 즉 어떻게 누구에게 무슨 까닭으로 그리고 얼마 동안이나 화를 내고 있을 것인가를 결정하기란 쉬운 일이 아니다. 우리도 때로는 부족한 사람을 칭찬하면서 온화하다고 하는가 하면, 또 때로는 화내기를

---

28) Helene. 트로이아 전쟁의 원인이 된 미녀.
29) 『일리아스』 제3권, 156~160.

잘 하는 사람을 칭찬하면서 사내답다고 하기도 하니 말이다. 하지만 잘 하는 데서 조금밖에 엇나가지 않는 사람은, 지나친 방향으로 엇나가든, 또는 부족한 방향으로 엇나가든, 별로 비난을 받지 않는다. 그러나 너무 지나치게 엇나가는 사람은 비난을 받게 마련이다. 이런 사람은 반드시 남의 이목을 끌게 되니까. 그러나 어느 점까지 어느 정도까지 엇나가야 비난을 받을 만하게 되는가 하는 것은 추리에 의하여 쉽게 결정되는 것이 아니다. 사실, 감성에 의하여 지각되는 것들은 어느 것이나 다 이러하다. 이런 것들은 개별적 사실에 의거하며, 그 판정은 감각에 달렸다.

그러니 이제 이만큼 명백하게 되었다. 즉 모든 일에서 중간의 상태는 칭찬할 일이지만, 우리는 어떤 때에는 과도의 쪽으로, 또 어떤 때에는 부족의 쪽으로 나아갈 필요가 있다. 이렇게 해야 가장 쉽게 중용과 옳은 것에 나아갈 수 있다.

제 3권

덕과 악덕

D. 도덕적인 덕의 내면:
행동에 대한 책임의 조건

제1장 칭찬이나 비난은 유의적(즉 자유 의지에 의한) 행동,
즉 ① 강제되지 않고 ② 주위의 사정을 알고 한 행동
에 대해서만 하게 되는 것이다

덕은 정념과 행위에 관련된 것인데, 유의적(有意的) 정념이나 행동
에 대해서는 칭찬과 비난이 가해질 수 있고, 또 무의적(無意的) 정념
이나 행동에 대해서는 용서하는 수도 있으며, 또 때로는 가엾게 여기
는 경우도 있으므로, 유의적인 것과 무의적인 것을 분명히 구별하는
것은 덕의 본성을 연구하는 사람에게 꼭 필요한 일이고, 입법자가 상
벌을 주는 데에도 유용하다.

강제로 하게 되거나 혹은 무지로 인하여 하게 되는 것들은 무의적인
것으로 생각된다. 강제적이라 함은 움직이게 하는 시초1)가 외부에
있는 것을 두고 하는 말이다. 이런 경우, 행동하는 사람 혹은 정념을
느끼는 사람은 이 시초에 전혀 관여하는 바 없다. 예를 들면, 바람에
의하여 불려가거나 혹은 그 권력을 쥐고 있는 사람들에 의하여 어디
론가 붙들려가는 것이 바로 이런 경우이다.

그러나 더욱 큰 재난을 두려워하여, 혹은 어떤 고귀한 일 때문에 하
게 되는 일들에 관해서는(가령 어떤 폭군이 어떤 사람의 부모나 자녀

---

1) **아르케.** 앞에서는 자주 '제1원리'라 새긴 말이다. 로스의 영역에는 moving
   principle(시동 원리)이라 되어 있다.

의 운명을 제 손아귀에 쥐고 그 사람에게 어떤 추악한 행위를 하도록 명하여, 그 사람이 그 행위를 하면 그 부모가 자녀를 살려주고 그렇지 않으면 죽인다고 하면), 이런 행위는 유의적인가 혹은 무의적인가 하는 데 대해서 여러 가지로 논란이 있을 수 있다. 이와 비슷한 일은 폭풍우를 만나서 짐을 배 밖으로 내어던지는 일에 대해서도 일어난다. 추상적으로 말하면 아무도 유의적으로 짐을 내버리지 않으나, 그렇게 하는 것이 자기 자신과 다른 선원들의 생명을 건지는 조건이라면 지각 있는 사람치고 그렇게 하지 않을 사람이 없다. 그러므로 그런 행위가 혼합적인 성질을 가지고 있는 한, 아무래도 유의적인 행위에 더 가까운 것이라 할 수 있다. 왜냐하면 그런 행위는 그것이 행해지는 바로 그때에는 선택될 만한 것이요, 또 행위의 목적은 때와 형편에 따라 다르기 때문이다. 그러므로 <유의적>이라는 말과 <무의적>이라는 말은 행위가 행해지는 순간과의 관련 하에 사용되어야 한다. 이런 점에서 볼 때에는, 그 사람은 유의적으로 행동하고 있는 것이다. 왜냐하면 그런 행위에 있어서 그 사람의 신체 기관(器官)의 부분들을 움직이게 하는 시초를 가지고 있는 것들을 그는 할 수도 있고 안 할 수도 있기 때문이다. 그러므로 그런 행위는 유의적이다. 그러나 추상적으로는 무의적일지도 모른다. 아무도 그런 행위 자체를 선택하지는 않을 터이니까.

때로 고귀하고 큰 것을 얻기 위하여 추하고 고통스러운 일을 참고 견딜 때에는 그런 행위도 칭찬받을 때가 없지 않다. 이와 반대의 경우에는 비난을 받는다. 왜냐하면 아무런 고귀한 목적도 없이 혹은 하찮은 목적 때문에 다시없이 구차스러운 일을 참는 것은 모자란 사람의 표시이기 때문이다. 또 인간의 힘으로는 도저히 어찌할 수 없고 아무도 견디어낼 수 없는 일을 당하여, 해서는 안 될 일을 했을 경우에는, 칭찬은 못 받는다 해도, 용서는 받을 수 있다. 그러나 아마 어떤 행위는 강요당해도 해서는 안 되고, 아무리 무서운 고통도 피하지 않고 끝내 죽음을 택해야 할 그런 것이 있다. 가령 에우리피데스의 알크마이온을 〈강요하여〉 그 어머니를 살해하지 않을 수 없게 했다고 하는 이유들은 당치도 않은 것들이다.[2] 어떤 것을 희생시키고 어떤 것을 택할 것인지, 그리고 어떤 것을 얻기 위하여 어떤 것을 견디어야 하는지 결정하기란 가끔 어려운 일이고, 또 결정한 바를 끝내 지킨다고 하는 것은 더욱 힘든 일이다. 이런 경우에 예기되는 것은 고통스러운 일이요, 우리가 하지 않으면 안 되도록 강요되고 있는 일은 추악한 일이다. 그러므로 강요되었는가 되지 않았는가에 따라 칭찬을 받기도 하고 비난을 받기도 한다.

그러면 어떤 종류의 행위를 강요된 것이라 할 것인가? 원인이 외부의 상황 속에 있고 행위자가 그 원인에 조금도 관여하는 바 없는 행위를 무조건 그러한 행위라 할 수 있을 것이다. 그러나 그것들 자체로 보면 무의적이지만 때로 그것들 대신 얻을 수 있는 것이 선택할 만한 가치가 있고 또 그것들을 움직이게 하는 시초가 행위자 속에 있는 것은 자체로서는 무의적이지만 때로는 소득 때문에 유의적이다. 이런 것들은 유의적 행위에 더 가까운 것이라 할 수 있다. 왜냐하면 행위란 개별적인 것들에 속하는 것인데, 이 경우 개별적인 행위들은 유의적인 것이기 때문이다. 어떤 종류의 일을 선택할 것인가, 그리고 무엇을 희생시켜야 할 것인가는 쉽사리 말할 수 없는 일이다. 특수한 경우들 사이에는 많은 차이가 있기 때문이다.

---

2) 에우리피데스(Euripides)가 지은 이 『알크마이온』(*Alkmaion*)이라는 극은 현존하지 않는다. 성명 미상의 한 그리스 주석가에 의하면 다음과 같은 일이 있었다고 한다. 아르고스(Argos)의 왕 암피아라오스(Amphiaraos)는 테바이(Thebai)로 출정하면서 자신의 아들 알크마이온에게 그 어머니를 살해하라고 일렀다. 그리고 만일 이 말을 듣지 않으면 기근과 자식이 없는 벌을 받으리라고 덧붙였다. 그러나 알크마이온으로서는 그 어머니를 살해할 충분한 이유가 전혀 없었다.

그러나 만일 유쾌하고 고귀한 것들은 강요하는 힘을 가지고 있어서 우리를 외부로부터 강요한다고 말하는 사람이 있다면 그 사람에게는 모든 행위가 강제적인 것이 되고 만다. 모든 사람은 이러한 유쾌하고 고귀한 것들 때문에 그들이 하는 모든 일을 하기 때문이다. 그리고 강제성 때문에 마지못해 행하는 사람들은 고통을 맛보면서 행동하지만, 자기들의 유쾌함과 고귀함 때문에 행하는 사람들은 쾌락을 즐기면서 행동한다. 책임을 외부의 상황에 미루어 자기는 그런 매력들에 사로잡히기 쉬우니까 자기에게는 책임이 없다고 하는 것, 그리고 고귀한 행위의 원인은 자기 자신에게 돌리고 추악한 행위의 원인은 유쾌한 대상에 돌리는 것은 당치 않은 일이다. 그러므로 강제적인 일이란 그 원인이 외부에 있고 강제를 당하는 사람이 그 원인에 아무런 영향도 끼치지 못하는 것이라 생각된다.

무지 때문에 행하는 모든 행위는 유의적인 것이 아니다. 그러나 그것이 무의적인 것이 되려면 고통과 후회가 따라야만 한다. 왜냐하면 무지 때문에 어떤 일을 하고서 그 행위에 대하여 조금도 마음에 거리낌이 없는 사람은 자기가 무엇을 하고 있었는지를 몰랐으니까 유의적으로 그 행위를 한 것은 아니지만, 고통을 느끼고 있지 않은 까닭에 무의적으로 했다고도 할 수 없다. 그러므로 무지 때문에 어떤 행위를 하는 사람들 가운데 후회하는 사람은 무의적인 행위자로 생각되며, 후회하지 않는 사람은, 전자와 다른 까닭에, 다만 유의적이 아닌 행위자라 부르는 것이 좋다. 양자는 서로 다른 바가 있기 때문에 각기 독자적인 명칭을 갖는 것이 좋다.

무지 때문에 하는 행위는 또한 무의식중에 하는 행위와도 달라 보인다. 왜냐하면 술에 취한 사람이나 화를 내고 있는 사람은 무지의 결과로 행위하고 있는 것이 아니라, 술에 취했거나 화를 낸 결과로 무의식중에 행위하고 있기 때문이다.

모든 사악한 사람은 자기가 무엇을 해야 하고 또 무엇을 해서는 안
되는지 알지 못한다. 사람들이 일반적으로 의롭지 못하게 되고 악하
게 되는 것은 이런 문제에 있어서의 과오 때문이다. 그러나 자기에게
유익한 것이 무엇인지 알지 못하는 사람에 대해서는 <무의적>이라는
말을 쓰지 않는 것이 보통이다.

왜냐하면 선택에 있어서의 무지는 무의적인 행위의 원인이 아니라,
오히려 사악의 원인이며, 무의적인 행위의 원인은 일반적인 무지가
아니라(이런 무지는 비난을 받는다) 개별적인 여러 조건에 대한 무
지, 즉 주위의 여러 가지 사정이라든가 행위의 대상에 대한 무지이기
때문이다. 그러므로 이런 것들에 대해서는 연민과 동정이 생긴다. 이
런 것들의 어느 하나라도 모르고 있는 사람은 무의적으로 행동하고
있으니 말이다.

그러므로 이런 것들이 어떤 것이며, 또 어떤 것들을 포함하고 있는
가 규정하는 것은 좋은 일일 것이다. 우리는 자기가 무엇인지, 자기가
하고 있는 것이 무엇인지, 자기가 다루고 있는 문제가 무엇인지, 혹은
자기가 상대하고 있는 사람이 어떤 사람인지, 그리고 때로는 자기가
무엇을 가지고(가령 어떤 연장을 가지고) 일하고 있는지, 또 자기가
하는 일이 무슨 목적 때문인지(가령 누구를 살려주기 위하여 행동하
는 경우도 있을 수 있으니까), 그리고 또 자기가 어떤 모양으로 자기
의 일을 하고 있는지(가령 조용하게 하고 있는지 그렇지 않으면 사납
게 하고 있는지) 하는 여러 가지 점에 대하여 모르는 수가 있다. 그런
데 미친 사람이 아닌 이상, 이 모든 것에 대하여 하나도 모른다고 하
는 것은 있을 수 없는 일이며, 또 행동하고 있는 자가 누구인지 모른
다고 하는 것도 있을 수 없음이 분명하다.

자기 자신을 모른다고 할 수는 없으니 말이다. 그러나 자기가 무엇
을 하고 있는지 모를 수는 있다. 가령, 사람들이, "말하고 있는 동안

에 그만 나도 모르게 그 말이 나왔다."고 하는 경우나, 혹은 아이스퀼로스가 밀의(密議)에 관해서 발설했을 때처럼[3] "비밀로 해두어야 할 것인 줄 몰랐다."고 하는 경우나, 혹은 어떤 사람이 석궁(石弓)을 다루다가 "단지 그것을 어떻게 쏘는지를 가르쳐 주려 했을 따름인데 그만 화살이 날아갔다."고 하는 경우에 그럴 수 있다. 또 메로페(Merope)가 그랬듯이, 자기 아들을 적인 줄로 아는 수도 있고,[4] 혹은 날이 선 창인데 끄트머리가 뭉툭한 것으로만 아는 수도 있고,[5] 혹은 여느 돌을 경석(輕石)인 줄로만 아는 수도 있다.

그리고 목숨을 건지려고 마시게 한 약이 도리어 목숨을 끊게 하는 수도 있다. 또 말다툼하면서 해칠 생각 없이 조금 건드린다는 것이 크게 상처를 입히는 수도 있다. 그러고 보면, 무지란 이러한 일들, 즉 상황과 행위의 그 어느 것이나 관련 있는 것이라 할 수 있다. 그리고 이러한 것들 가운데 그 어느 한 가지라도 미처 알지 못했던 사람은 무의적으로 행동했다고 생각된다. 특히 가장 중요한 점들에 대해서 알지 못했을 때에도 그러하다. 여기서 가장 중요한 점들이란 행위의 상황과 목적이라 할 수 있다. 그리고 이러한 종류의 무지 때문에 무의적이라고 일컬어지는 행위를 하는 것은 반드시 고통스러우며, 또 후회를 가져온다.

강제로 혹은 무지 때문에 하게 된 것이 무의적인 것이므로, 유의적인 것이란 움직이게 하는 시초가 행위자 자신 속에 있는 것, 그리고 그가 그 행위의 특수한 상황을 잘 알고 있는 경우라 하겠다. 노여움이

---

3) 아이스퀼로스(Aischylos)는 그의 극에서 엘레우시스(Eleusis, 앗티카의 옛 도읍. 농업·결혼의 여신 데메테르와 지옥의 여왕 프로세르피나에게 헌정되었음)의 밀의에 관하여 누설한 바 있어, 아레오파고스(Areopagos, 아테네의 아크로폴리스 서쪽에 있는 언덕. 여기에 최고 법정이 있었음)에서 문죄(問罪) 받았다.
4) 에우리피데스의 『크레오폰테스』(현존하지 않음)에 있는 이야기.
5) 즉 진짜 위험한 창을 연습용 창으로 아는 경우를 말한다.

나 욕망 때문에 하게 된 행위를 무의적이라 보는 것은 옳지 못한 일이 아닐까 생각된다.6)

왜냐하면, 만일 그렇다면, 첫째는 인간 이외의 다른 어느 동물도 유의적으로 행동하는 일이 없게 될 것이요, 또 소년들도 그럴 것이기 때문이다. 둘째는, 욕망이나 노여움 때문에 하게 되는 행위는 그 어느 것이나 유의적으로 하는 것은 아니라는 뜻인지, 그렇지 않으면 고상한 행위는 유의적으로 하고 추악한 행위는 무의적으로 한다는 뜻인지? 이것은 부당한 말이 아닐까? 결국 똑같은 한 원인이 이렇게 서로 다른 행위를 낳으니 말이다.

그런데 우리가 마땅히 욕구해야 할 것들을 두고 무의적이라 하는 것은 확실히 부조리한 일이 아닐 수 없다. 우리는 어떤 일에 대해서는 마땅히 노여워해야 하고, 또 어떤 일에 대해서는, 가령 건강이나 학식에 대해서는 마땅히 욕망을 가져야 한다. 그리고 무의적인 것은 고통스러운 것으로 생각되지만, 욕망을 따른 행위는 유쾌한 것으로 생각된다.

그리고 또 심사숙고 끝에 저지른 과오와 노여움 가운데 저지른 과오 사이에 무의성에서 무슨 차이가 있단 말인가? 과오는 이 양자 중 어느 것이든 모두 피해야만 할 것이지만, 비이성적인 정념도 이성 못지않게 인간적인 것이다. 따라서 노여움이나 욕망에서 나오는 행위도 결국 인간의 행위이다. 그렇다면 이러한 행위를 무의적인 것으로 다루는 것은 엉뚱한 일이라 아니 할 수 없다.

---

6) 플라톤, 『법률』, 863b 이하 참조. 플라톤은 이 대화편에서 노여움 및 욕정을 무지와 함께 그릇된 행위의 원천으로 보고 있다.

제2장 도덕적인 덕이라고 하면 벌써 거기에는 행동이
③ 선택에 의하여 행하여졌다는 뜻이 들어 있다
선택의 대상은 선택에 앞서는 심사숙고의 결과이다

이상으로 유의적인 것과 무의적인 것의 구별을 분명히 했으므로, 이제는 선택에 관하여 생각해 보자, 선택은 덕과 가장 밀접하게 결부되어 있고, 또 사람들의 성격을 알아보는 데는 행동보다도 나은 것이기 때문이다.

선택은 우선 유의적인 것으로 보이지만, 유의적인 것과 똑같은 것은 아니다. 유의적인 것은 범위가 더 넓다. 왜냐하면 아이들과 인간보다 저급한 동물에도 유의적인 행동이 있지만 선택은 없고, 또 순간적으로 하게 된 행위를 우리는 유의적이라고는 하지만 선택된 것이라고는 하지 않기 때문이다.

선택이란 욕망이며, 혹은 노여움이며, 혹은 소원(所願)이며, 혹은 일종의 의견이라고 하는 사람들이 있지만, 이들은 옳은 것 같지 않다. 왜냐하면 선택은 비이성적인 동물에게는 공통된 것이 아닌 데 반하여 욕망이나 노여움은 공통되기 때문이다. 또 자제하지 못하는 사람은 욕망에서 행동하지만, 선택하고서 행동하지는 않는다. 이와 반대로 억제를 잘 하는 사람은 선택하고서 행동하는 것이지, 욕망에서 행동하지 않는다. 뿐만 아니라, 욕망은 선택에 대립하지만, 욕망이 욕망에 대하여 대립하는 일은 없다. 또 욕망은 유쾌한 것과 고통스러운 것에 관계하지만, 선택은 이 두 가지 어느 것에도 관계하지 않는다.

노여움은 욕망보다도 더욱 선택과 거리가 멀다. 왜냐하면 노여움으로 말미암은 행위는 선택에 의한 행위와는 인연이 먼 것으로 생각되기 때문이다. 그러나 그것은 또 소원7)도 아니다. 이 둘은 아주 비슷

---

7) 이 말의 원어는 '부울레에시스'(βούλησις). '부울레에시스'는 욕구의 로고스적인

해 보이지만 똑같은 것이 아니다. 왜냐하면 선택은 불가능한 일에 관계할 수 없고, 만일 어떤 사람이 자기는 불가능한 일을 선택했노라고 하면 어리석은 사람으로 생각되기 때문이다. 그러나 불가능한 일에 대해서도 소원은 있을 수 있다. 예를 들면, 불사(不死)에 대한 소원 같은 것은 있을 수 있다. 그리고 소원은 전혀 자기 자신의 노력으로 이룰 수 없는 일―가령 어떤 배우나 운동선수가 경쟁에서 이기는 것 같은 일―에 관계할 수 있다. 그러나 아무도 이러한 일을 선택하는 것은 아니다. 다만 자기 자신의 힘으로 이룰 수 있으리라고 스스로 생각하는 것만을 우리는 선택한다. 그리고 소원은 대개 목적에 관계하고, 선택은 대개 수단에 관계한다. 예를 들면, 우리는 건강하게 되기를 바라지만, 건강하게 하는 행위를 선택하는 것이다. 또 우리는 행복하게 되기를 원하며, 또 그렇게 말하기도 하지만, 행복하게 되기를 선택한다고 말하는 것은 옳게 말하는 것이 못 된다. 무릇 선택은 우리 자신의 힘이 미칠 수 있는 것들에 관계하는 것인 듯싶기 때문이다.

이런 이유 때문에, 그것은 또한 의견8)일 수 없다. 왜냐하면 의견은 온갖 사물에 관계하는 것으로 우리 자신의 힘이 미칠 수 있는 일들에 못지않게 영원한 것들과 불가능한 일들에도 관계하기 때문이다. 그리고 의견은 참인가 거짓인가에 따라 구별되고 좋은가 나쁜가에 따라 구별되지 않는 데 반하여, 선택은 오히려 좋고 나쁨에 따라 구별된다. 그런데 의견이 전반적으로 선택과 같다고 말하는 사람은 아마 한 사람도 없을 것이다.

그러나 선택은 그 어느 종류의 의견과도 같지 않다. 왜냐하면 좋은 것이나 나쁜 것을 선택함으로써 일정한 성격의 사람임이 드러나지만,

---

것(다음의 주10 참조).

8) 원어는 '도크사'(δόξα). 흔히 '억견'(臆見)이라고도 옮긴다. 플라톤에 있어서는 '도크사'란 '에피스테에메에'(ἐπιστήμη, 참된 인식)에 대립하는 것이었다.

어떤 의견을 품는다고 해서 그렇게 되지는 않기 때문이다. 뿐만 아니라, 우리는 어떤 좋은 것 혹은 나쁜 것을 얻거나 피할 것을 선택하지만, 어떤 물건이 무엇인지 혹은 그것이 무엇에 좋은지 혹은 그것이 어떤 사람에게 어떻게 좋은지에 관해서는 의견을 품는다. 어떤 일을 얻거나 피하는 일에 대해서는 의견을 품는다는 말을 거의 쓰지 않는다. 그리고 어떤 선택이 칭찬받는 것은 올바르게 선택되었는가에 달려 있지 않고 올바른 것을 선택했는가에 달려 있는데, 어떤 의견이 칭찬받는 것은 그것이 그 대상에 참되게 관계하고 있는가에 달려 있다. 그리고 또 우리는 그것이 좋은 것임을 가장 잘 알고 있는 것을 선택하는 데 반하여, 잘 알지 못하는 것에 대해서는 의견을 품는다. 뿐만 아니라 같은 사람이 최선의 선택도 하고 최선의 의견도 가지고 있으나 그 악덕 때문에 마땅히 선택해서는 안 될 것을 선택한 것으로 생각되는 경우도 있다. 의견이 선택에 선행하느냐 그렇지 않으면 선택에 수반하느냐 하는 것은 여기서 문제 삼을 것이 못 된다.

우리가 여기서 고찰하고 있는 것은 그런 것이 아니라, 선택이 어떤 종류의 의견과 같으냐 같지 않느냐 하는 것이다.

선택이라는 것이 이상에서 말한 것이 아니라면, 그것은 무엇이며 어떤 종류의 것인가? 그것은 우선 유의적인 것으로 보이지만, 유의적인 것이 모두 선택의 대상인 것은 아니다. 그렇다면 선택이란 미리 심사숙고함으로써 결정된 것이 아닐까? 어떻든 선택은 이성적 원리와 사유를 내포하고 있다. <선택>($\pi\rho o\alpha i\rho\varepsilon\sigma\iota\varsigma$)이란 말 자체도 다른 것들에 앞서($\pi\rho o$) 택해진 것($\alpha i\rho\varepsilon\tau\acute{o}\nu$)임을 시사하고 있는 것 같다.

제3장 심사숙고의 성질과 그 여러 대상. 선택이란 우리 자신의 힘이 미치는 사물에 대한 신중한 욕망이다

우리는 모든 일에 관하여 숙고하는가? 또 모든 일이 숙고의 대상이 될 수 있는가? 그렇지 않으면 숙고는 어떤 것들에 관해서는 불가능한 것인가? 생각건대, 숙고의 대상은 바보나 미친 사람이 숙고하는 따위의 것이 아니라, 지각 있는 사람이 숙고하는 것이다. 그런데 영원한 것에 관해서는 아무도 숙고하지 않는다. 가령 물리적 우주라든가 사각형의 대각선의 변의 불통약성(不通約性)에 관해서는 아무도 숙고하지 않는다. 그러나 한편 운동하고 있으면서 필연성이라든가 자연이라든가 혹은 다른 어떤 원인에 의하여 언제나 똑같은 방식으로 일어나는 일에 관해서도 우리는 숙고하지 않는다. 가령 여름이나 겨울이 오는 것이라든가 성좌의 출현 같은 것에 대해서는 숙고하는 것이 아니다. 또 어떤 때에는 이렇게 또 어떤 때에는 그와 달리 일어나는 것들, 가령 가뭄이나 폭풍우에 관해서도 숙고하지 않는다. 또 보물의 발견과 같은 우연한 사건에 관해서도 숙고한다고 할 수는 없다. 예컨대, 스파르타 사람으로서 스퀴티아 사람들을 위한 가장 좋은 국가 체제에 관하여 숙고하는 사람은 한 사람도 없다. 이러한 일들은 우리 자신의 노력으로 이루어질 수 없는 것이기 때문이다.

우리는 힘이 미칠 수 있고 또 이루어질 수 있는 것들에 관하여 숙고한다. 위에서 말하지 않은 것들이 사실은 바로 이런 것들이다. 왜냐하면 자연이나 필연이나 우연이 원인인 경우도 있지만, 또한 이성과 인간에 의거하는 모든 것도 원인인 경우가 있기 때문이다. 그런데 모든 사람은 자기 자신의 노력으로 할 수 있는 일에 관하여 숙고한다. 그리고 엄밀하고 자족적인 학문의 경우에는 숙고라는 것이 있을 여지가 없다. 가령 철자 같은 경우에는 숙고할 것이 없다(어떤 글자를 어떻게 쓰는가 하는 데 대해서는 이러쿵저러쿵 따질 것이 없으니 말이다). 그러나 자신의 노력으로 이루어지지만 언제나 똑같은 모양으로는 이루어지지 않는 것들에 관해서 우리는 숙고한다. 가령 병을 치유하는 문제라든가 돈을 버는 문제 같은 것이 그렇다. 그리고 우리는 체육보다 항해술의 경우에 더욱 많이 숙고하게 되는데, 이것은 항해술에 관한 지식이 체육에 관한 지식만큼 발달하지 못했기 때문이다. 또 다른 여러 가지 일에 있어서도 이와 마찬가지 비례로 숙고하게 되는데, 일반적으로 학문의 경우보다 기술의 경우에 더욱 많이 숙고하게 된다. 왜냐하면 우리는 후자에 관하여 더 많은 의혹을 가지고 있기 때문이다. 숙고란 대체로 일정한 방식으로 일어나지만 막상 어떠한 결과가 나올지는 분명치 않은 것들, 즉 비결정적인 요소를 내포하고 있는 것들에 관계한다. 중대한 문제들을 숙고할 때에는 결정을 내리는 데 우리 자신을 신뢰할 수가 없으므로 다른 사람들의 도움을 청한다.

우리가 숙고하는 것은 목적이 아니라 수단이다. 의사는 환자의 병을 고칠까 말까 숙고하지 않으며, 웅변가는 청중을 설득시킬까 말까 숙고하지 않으며, 정치가는 법과 질서를 세울까 말까 숙고하지 않으며, 또 이 밖의 어떤 사람이나 자기의 목적에 관하여 숙고하지는 않는다. 사람들은 목적을 설정해 놓고 나서 그 목적을 어떻게 무슨 수단을 써서 달성할 것인가를 여러 가지로 생각하는 것이다. 그리고 그 목적을 달성케 하는 수단이 한두 가지가 아닌 듯싶을 때에는 그 중 어느 것을 써야 목적을 가장 쉽고 가장 훌륭하게 성취할 수 있을까를 고찰한다. 그리고 또 그 목적을 달성시킬 수단이 하나뿐일 때에는 어떤 모양으로 그것이 달성될 것이며 또 그 수단은 다시 어떤 수단에 의하여 획득될 수 있는가를 추궁하게 된다. 이와 같이 해서 마침내 제1원인에까지 이르는데, 발견의 순서로 보면 이것이 맨 나중이다. 왜냐하면 숙고하는 사람은 마치 기하학의 작도를 분석하는 양 지금 말한 바와 같이 탐구하고 분석하는 듯이 보이는데9) (모든 탐구 — 예컨대 수학적 탐구 — 는 숙고로 보이지 않지만, 모든 숙고는 탐구이다), 분석의 순서에서 최후에 오는 것이 달성에 있어서는 맨 처음에 오는 듯하기 때문이다. 그리고 만일 불가능한 것에 부딪치게 되면, 가령 돈이 필요한데 얻을 수 없을 경우에는, 우리는 추구하기를 단념하지만, 가능해 보일 때에는 행동을 개시한다. 가능한 것이란 우리 자신의 노력으로 이룰 수 있는 것을 의미한다. 그리고 이런 것들은 어느 의미에서 우리 친구들의 노력으로 이루어질 수 있는 것도 포함한다. 그 처음의 동인(動因)이 우리 자신 속에 있으니까.

　필요한 연장이 탐구되는 경우도 있고, 그것의 용법이 탐구되는 경우도 있다. 다른 경우에도 이와 마찬가지이다. 즉 때로는 수단이, 때로는 그 수단의 사용 방법이, 또 때로는 그 수단의 획득 방법이 탐구된다. 그리고 보면, 지금까지 말해 온 바와 같이, 인간은 모든 행위의 시동인(始動因)이다. 그런데 숙고는 행위자 자신이 하게 되는 일들에 관해서 있으며, 또 행위는 그 자체 이외의 것 때문에 있다. 그리하여 숙고되는 것은 목적이 아니라, 오직 수단뿐이다. 또 개별적인 사실들도 숙고의 대상이 될 수 없다. 가령, 이것이 빵인가 혹은 잘 구워졌는가 하는 따위의 것은 숙고의 대상이 되지 않는다. 왜냐하면 이런 것들은 감각의 문제에 속하기 때문이다. 우리가 항상 숙고해야만 한다면, 우리의 일은 끝날 날이 없을 것이다.

　선택의 대상이 이미 확정되어 있다는 점을 제외하고는 숙고되는 것과 선택되는 것은 같은 것이다. 왜냐하면 선택의 대상이 되는 것은 숙

---

9) 아리스토텔레스는 여기서 기하학의 한 문제의 해결을 발견하는 방법을 염두에 두고 있다. 어떤 도형을 작도하는 문제에서 우리는 먼저 그 도형이 작도되었다고 가정한다. 그러고 나서 그것을 분석하여 요구되는 도형의 작도를 가능케 하는 다른 어떤 도형이 없나 살펴본다. 이 과정을 계속하여 마침내 우리에게 주어진 지식만을 가지고 문제의 도형을 작도할 수 있게 된다.

고의 결과 결정된 것이기 때문이다. 사실 사람마다 행위의 시동인을 자기 자신에게로, 자세히 말하면 자기 자신의 지배적 부분으로 도로 가져왔을 때, 어떻게 행위할 것인가 하는 탐구를 그친다. 이 지배적 부분이 선택하는 것이기 때문이다. 이것은 호메로스가 묘사한 옛날의 정치 형태들을 보아도 잘 알 수 있다. 즉 임금들은 자기네가 선택한 것을 인민에게 선포하여 인민으로 하여금 행하게 했다. 선택의 대상은 우리 자신의 힘이 미치는 것들 중의 하나로서 숙고 끝에 욕구되는 것이므로, 선택은 우리 자신의 힘이 미칠 수 있는 것에 대한 숙고된 욕구10)라 할 수 있을 것이다. 숙고의 결과 결정했을 때, 우리는 숙고한 대로 욕구하게 된다.

이상으로 우리는 선택을 윤곽적으로 기술하여, 그 대상의 본성과 또 그것이 수단에 관계한다는 사실을 밝힌 것으로 해둔다.

제4장 이성적인 욕구의 대상은 목적이다. 즉 선 혹은 외견상의 선이다

소원이 목적에 관계하는 것임은 이미 말한 바 있다.11) 그런데 어떤 이는 그것이 선에 관계하는 것이라고 생각하고, 또 어떤 이는 그것이 외견상(外見上)의 선에 관계하는 것이라고 생각한다.

그러나 만일 전자와 같이 선이 소원의 대상이라고 한다면, 올바로 선택하지 않는 사람이 바라는 것은 소원의 대상이 아니라는 결론이 나올 것이고(소원의 대상이면 으레 선이어야 할 터인데 올바로 선택

---

10) 이 말의 원어는 '오레크시스'(ὄρεξις). 엄밀한 용어법에서는 '욕구'란 일반 동물의 욕구와 인간적인 욕구, 즉 로고스를 포함하고 있는 욕구를 지칭하는 일반적인 명칭으로 쓰이고 있다(*De Anima*, 414b2 참조).

11) 1111b 26.

되지 않은 소원의 대상은 악한 것일 수밖에 없으니 말이다), 또 후자처럼 외견상의 선이 소원의 대상이라고 한다면, 본래 소원의 대상이란 없고 다만 각 사람에게 좋아 보이는 것만 있다는 결론이 나올 것이다. 그런데 사람에 따라 좋아 보이는 것이 서로 다르고, 경우에 따라서는 심지어 서로 반대되는 수도 있다.

그러므로 만일 이러한 결론들이 신통치 않다고 하면 우리는 다음과 같이 말해야 하지 않을까? 즉 무조건적으로, 또 참된 의미에서는 선이 소원의 대상이지만, 각 사람에게는 외견상의 선이 소원의 대상이라고. 다시 말하면, 선한 사람에게는 참된 의미의 소원의 대상이 그의 소원의 대상이고, 악한 사람에게는 우연한 것이 그의 소원의 대상이 될 수 있다고. 이것은 마치 신체의 경우, 참된 의미에서 건강에 좋은 것들이 건강한 몸에도 좋고, 이와 반대로 그렇지 않은 것들이 병든 몸에는 좋은 것과 같다(쓴 것, 단 것, 뜨거운 것, 무거운 것, 이 밖의 모든 경우에 그렇다). 생각건대, 선한 사람은 모든 일을 올바르게 판단하며, 또 모든 경우에 그에게는 참된 것이 눈에 뜨인다.

결국 성품이 다름에 따라 무엇이 고귀한 것이고 무엇이 유쾌한 것인가에 대하여 보는 바가 다른데, 선한 사람은 모든 일에서 진실을 보는 점에서 다른 사람들과 가장 다르다. 그가 보는 바는 이를테면 다른 사람들의 규범이고 척도이다. 대개의 경우 과오는 쾌락 때문에 생기는 것 같다. 쾌락은 선이 아닌 때에도 선인 것처럼 보인다. 그리하여 우리는 쾌락을 주는 것을 선으로 보아 선택하고, 고통을 주는 것을 악으로 보아 기피한다.

제5장 우리는 좋은 행동에 대해서도 또 나쁜 행동에 대해서도 책임을 진다

이리하여 목적은 우리가 바라는 것이요, 수단은 우리가 숙고하고 선택하는 것이므로, 수단에 관계되는 행위는 선택에 의거하며, 또 유의적인 것이 아닐 수 없다. 그런데 덕의 활동은 수단에 관계한다. 그러므로 덕은 또한 우리 자신의 힘의 범위 안에 있으며, 악덕도 그러하다. 어떤 행위를 하는 것이 우리 자신의 힘의 범위 안에 있을 경우에는 그 행위를 안 하는 것도 우리 자신의 힘의 범위 안에 있고, 어떤 행위를 안 하는 것이 가능할 경우에는 그 행위를 하는 것도 가능하기 때문이다. 따라서 어떤 행위를 하는 것이 고귀한 일일 때 그 행위를 하는 것이 우리 자신의 힘 안에 있다고 하면, 이와 반대로 그 행위를 안 하는 것은 비루(鄙陋)한 일일 터인데, 이렇게 그 행위를 안 하는 것도 우리 자신의 힘 안에 있다. 또 어떤 행위를 안 하는 것이 고귀한 일일 때 그 행위를 안 하는 것이 우리 자신의 힘 안에 있다고 하면, 이와 반대로 그 행위를 하는 것도 우리 자신의 힘 안에 있다. 이렇듯, 고귀한 행위나 비루한 행위를 하고 안 하는 것이 우리 자신의 힘 안에 있고, 또한 선이니 악이니 하는 것은 바로 이와 같은 행위를 하고 안 하고를 의미하는 것이므로[12] 덕 있는 사람이 되는 것이나 악한 사람이 되는 것도 우리 자신의 힘 안에 있다고 할 수 있다.

"세상에 고의로 사악한 사람도 없고 뜻하지 않고서 행복한 사람도 없다."라는 속담은 부분적으로는 잘못이고 부분적으로는 옳은 것으로 보인다. 왜냐하면 뜻하지 않고 행복한 사람이란 있을 수 없지만 사악은 고의로도 있을 수 있기 때문이다. 즉 사악은 유의적인 것에 속한다. 만일 그렇지 않다면, 우리는 바로 위에서 말한 것에 대해서 이론

---

12) 1112a 이하.

(異論)을 내세워 한참 옥신각신해야 하고, 또 인간이 행위의 시동 원리이며, 자식을 낳듯이 그 행위들을 낳는 것임을 부인해야 할 것이다. 그러나 위에서 말한 사실들이 자못 명백하고, 또 행위의 시동 원리로서 우리 자신 속에 있는 시동 원리밖에 찾아낼 수 없다면, 우리 속에 그 시동 원리가 있는 행위들은 그 자체 또한 우리의 힘의 범위 안에 있고 유의적인 것이 아닐 수 없다.

이것은 각 개인에 의하여 개인적으로도, 또 입법자 자신들에 의하여도 입증되고 있는 것 같다. 왜냐하면 이들은 사악한 행위를 하는 사람들을(강제나 혹은 '자기의 책임에 속하지 않는' 무지로 그런 행위를 한 것이 아닌 한) 징계하고 처벌하며, 고귀한 행위를 하는 사람들을 존중하여, 후자를 격려하고 전자를 억제하려 하고 있기 때문이다. 그런데 우리 자신의 힘에 속하지 않고 유의적인 것도 아닌 일들을 할 것을 격려하는 사람은 없다. 더워하는 사람더러 더워하지 말라고 하는 것이나, 아픈 사람에게 아파하지 말라고 하는 것이나, 배고픈 사람에게 배고파하지 말라고 하는 것이나, 또 이 밖에 이와 비슷한 말을 하는 것은 아무 소용없는 짓이기 때문이다. 이런 말을 한다고 해서 더운 사람이 더워하지 않는 것도 아니요, 아픈 사람이 아파하지 않는 것도 아니며, 배고픈 사람이 배고파하지 않는 것도 아니다. "자기의 책임에 속하지 않는 것."이라고 한 것은 무지가 그 사람의 책임에 속한다고 생각되는 경우에는 무지 자체에 대해서도 처벌이 가해지기 때문이다. 가령 술주정꾼에게는 형벌이 배가된다. 이것은 시동 원리가 그자신 속에 있어서 술에 취하지 않을 수도 있었고, 또 그가 술에 취한 것은 그의 무지가 원인이었기 때문이다. 그리고 당연히 알아야 하고, 또 아는 것이 어렵지 않은 법률 사항을 모르는 사람들도 처벌을 받으며, 또 이 밖에 무슨 일이든지 부주의해서 모른다고 생각되는 경우에도 마찬가지로 처벌을 받는다. 무지하게 되지 않는 것이 그들의 힘 속에 있다고 우리는 가정하는 것이다. 그들은 조심할 능력을 가지고 있으니 말이다.

그러나 아예 조심하지 않는 사람이 있을지도 모른다. 그래도 이런 종류의 사람이 되는 것은 태만한 생활을 하기 때문이므로 그들에게 책임이 있으며, 또 불의한 사람 혹은 방탕한 사람이 되는 것도 나쁜 짓을 하거나 음주나 기타 좋지 못한 일로 소일하기 때문이므로 이것 역시 이들에게 책임이 있다. 왜냐하면 어떤 특정한 일을 줄곧 하는 활동이 거기 대응하는 성격을 만들어내기 때문이다. 이것은 어떤 경기나 행동을 위하여 훈련하고 있는 사람들을 보면 잘 알 수 있는 일이다. 즉 이들은 줄곧 그런 활동을 하고 있다. 그런데 어떤 특정한 성질의 활동으로부터 거기 대응하는 성품이 형성된다는 것을 알지 못하는 것은 어리석은 사람의 특징이다. 또 불의를 행하면서 불의한 사람이 되지 않기를 원하거나 방탕한 행위를 하면서 방탕한 사람이 되지 않기를 원하는 것은 불합리한 일이다. 그러나 만일 자기를 불의하게 만들 일을 알고도 하는 사람이 있다고 하면, 그 사람은 스스로 불의하게 된 후에 다시 옳은 사람이 되기를 바란다 해도 그렇게는 될 수 없다. 이런 식으로 병든 사람도 다시 건강한 사람이 될 수 없다. 가령 무절제한 생활을 하고 의사의 말을 듣지 않다가 병에 걸린 사람의 경우를 생각해 보자. 이런 경우, 처음에는 병에 걸리지 않을 수도 있었다. 그러나 이제 자기 건강을 스스로 버린 후에는 그럴 수 없다. 이것은 일단 돌을 던진 후에는 다시 돌이킬 수 없는 것과 똑같다. 그러나 돌을 던지는 것은 그 사람의 힘 안에 있는 것이었다. 시동 원인이 그에게 있었으니 말이다. 이와 마찬가지로, 불의한 사람이나 방탕한 사람에게도 처음에는 그렇게 되지 않는 것이 가능하였다. 그러므로 이들은 일부러 불의하게 되고 방탕하게 된 것이다. 그러나 이제 이렇게 된 이상, 이렇게 되지 않기는 불가능한 일이다.

그러나 단지 정신의 여러 가지 악덕만 유의적인 것이 아니며, 신체의 그것들도 어떤 사람에게는 유의적이다. 그리하여 우리는 이런 사람들을 비난한다. 아무도 본래부터 추한 사람들을 비난하지는 않지만, 우리는 운동 부족이나 부주의로 추한 사람들은 비난한다. 허약함이나 불구에 대해서도 마찬가지이다. 즉 아무도 나면서부터 혹은 병이나 부상으로 소경이 된 사람을 비난하지는 않고, 오히려 가엾게 여기지만, 폭음(暴飲)이나 혹은 다른 어떤 방탕한 일로 소경이 된 사람은 누구나가 비난하는 법이다. 그러므로 신체의 여러 악덕 가운데 우리 자신의 힘의 범위 안에 있는 것은 비난을 받고, 우리 자신의 힘으로 어떻게 할 수 없었던 것에 대해서는 비난을 받지 않는다. 그렇다면, 다른 경우에도 여러 가지 악덕 가운데 비난받는 것은 우리 자신의 힘의 범위 안에 있는 것이다.

　　그런데 혹 이렇게 말할 사람이 있을지도 모른다. 모든 사람은 좋아 보이는 것, 즉 외견상의 선을 희구하지만, 사물의 외견 즉 사물이 어떻게 보이는가 하는 것을 좌우할 힘은 없어서 사람마다 자신의 성격을 따라 목적이 다르게 보인다고. 여기에 대해서 우리는 이렇게 대답하려 한다. 사람마다 자기의 정신 상태에 대해서 어느 정도까지 책임이 있다면, 또한 사물이 어떻게 보이는가 하는 데 대해서도 어느 정도까지는 책임이 있다. 그러나 만일 그렇지 않다면, 아무도 자기 자신의 악행에 대하여 책임이 없고 도리어 누구나 목적에 대한 무지 때문에 가장 좋은 것을 얻으리라 생각하면서 악한 행위를 하는 것이 된다. 또 목적에 대한 추구는 스스로 선택한 것이 아니요, 사람은 모름지기 무엇이 참으로 좋은 것인지 올바로 판단할 수 있고 선택할 수 있게 해 주는, 이를테면 하나의 눈을 가지고 태어나야 하며, 또 이런 눈을 잘 타고난 사람은 아주 좋은 성품을 타고난 것이 된다. 왜냐하면 이것이야말로 가장 위대하고 가장 고귀한 것이요, 우리가 남에게서 얻거나 배울 수 없는 것이요, 이 세상에 나올 때 타고난 대로 밖에는 달리 가질 수 없는 것이요, 또 이것을 훌륭하게 잘 타고나는 것이 우리의 타고난 성품의 완전하고 참된 우수성이 되기 때문이다. 그러면 설사 이것이 옳다고 하더라도, 어떻게 덕이 악덕보다 더 유의적인 것일 수 있는가? 선한 사람에게나 악한 사람에게나 다 같이 목적은 아무래도 각 사람의 본성대로 나타나 보이고 또 확정되는 것이요, 저들은 무슨 일을 하든지 다른 모든 일을 이 목적을 위해서 한다.

  그러므로 목적이 각 사람에게 제각기 나타나 보이는 것은 본성에 의한 것이 아니고 어느 정도는 그 사람의 노력에 달린 것이든, 혹은 목적은 본성적인 것이지만 선한 사람이 수단을 유의적으로 채택한다는 이유만으로 덕이 유의적인 것이든, 어떻든 덕이 유의적이라면 그에 못지않게 악덕도 유의적이다. 왜냐하면 악인의 경우에도 그의 목적에서는 그렇지 않을지 몰라도 그의 행동에서는 그 자신에 의존하는 것이 존재하기 때문이다. 그러므로 만일 사람들이 말하는 바와 같이, 덕이 유의적인 것이라면(사실 우리는 성품에 대해서 어느 정도까지는 책임을 져야 하며, 또 어떤 목적을 설정하는 것은 우리가 어떤 종류의 사람인가에 달려 있으므로), 악덕 역시 유의적인 것이다. 똑같은 것이 이 양자에 대하여 타당하다.

  이로써 우리는 덕 일반에 관하여 그 유(類)를 대강 말하였다. 즉 덕은 중용이고, 또 성품이며, 덕은 그 본성상 그것을 낳는 행위를 하게 하는 성향을 가지고 있으며, 덕은 우리의 힘의 범위 안에 있고, 유의적이며, 또 올바른 이치가 명하는 것을 따른다는 것을 말하였다. 그러나 행위와 성품은 똑같은 모양으로 유의적인 것이 아니다. 왜냐하면 특수한 사실을 낱낱이 알고 있을 때에는 우리는 처음부터 끝까지 우리 행위의 주인이 되지만, 우리 성품에 대해서는 우리가 그 시초를 좌우할 수는 있어도 그 점차적인 진전은 명백하지 않기 때문이다. 그 진전은 마치 병세의 진전만큼 명백하지 않다. 하지만 어떤 모양으로 행동하는가 그렇지 않으면 그와 달리 행동하는가 하는 것은 우리의 힘의 범위 안에 있는 까닭에 성품도 유의적이다.

이제 우리는 몇 가지 덕을 들어, 그것들이 어떤 것이며 어떤 종류의 일에 관여하며, 또 어떻게 관여하는지 말해보기로 하자. 이렇게 하면 몇 가지 덕이 있는지 동시에 명백하게 드러날 것이다. 먼저 용기에 관하여 생각해 보자.

A. 용 기

제6장 용기는 공포와 태연(泰然)의 감정에 관계된다 ─
엄밀하게 말하면, 전투에서 죽음의 공포와 관계되는
것이다

용기가 공포와 태연의 감정에 관하여 중용임은 이미 명백하게 지적한 바 있다.13) 우리가 두려워하는 것은 물론 무서운 것들이요, 또 무서운 것들이란 무조건 말하면 온갖 악이다. 그러므로 사람들은 공포를 악의 예상이라고도 정의한다. 그런데 우리는 모든 악, 가령 불명예·빈곤·질병·친구가 없는 것과 죽음을 두려워하지만, 용기 있는 사람은 이 모든 것에 관심을 가진다고는 생각되지 않는다. 왜냐하면 어떤 일을 두려워하는 것은 당연하고 고귀한 일일 수도 있고, 도리어 그런 일을 두려워하지 않는 것이 비루한 일일 수도 있기 때문이다. 불명예 같은 것이 그러하다. 불명예를 두려워하는 사람은 선하고 염치 있는 사람이지만, 이것을 두려워하지 않는 사람은 파렴치한 사람이다. 그러나 이런 사람에 대해서도 용감하다는 말을 전용하는 사람들이 없지 않다. 이런 사람 속에는 용감한 사람과 비슷한 점이 있고, 또 용감한 사람이란 두려움이 없는 사람이기 때문이다. 빈곤이나 질병은 우리가 두려워할 것이 아니며, 또 일반적으로 악덕에서 나온 것이 아닌 것, 그리고 자기 자신으로 말미암는 것이 아닌 것들은 두려워할 것이 아니다. 그러나 이런 것들을 두려워하지 않는 사람이면 다 용감한

---

13) 1107a 33-b4.

것은 아니다. 하지만 우리가 이런 사람을 용감하다고 하는 것은 유사성 때문이다. 즉 전쟁의 위험에 처하여 겁을 먹으면서도 관후하고, 금전을 잃고서도 태연한 사람이 더러 있으니 말이다. 또 자기 아내나 자식들이 모욕이나 질시나 이 밖에 이와 비슷한 일을 당할 것을 두려워한다고 해서 그 사람이 비겁한 것도 아니요, 또 채찍질을 당하게 되었을 때 태연하다고 해서 용기가 있는 것도 아니다.

그러면 용감한 사람이 관계하는 무서운 일이란 어떤 종류의 것인가? 확실히 그것은 가장 큰 일에 관련된 것이다. 왜냐하면 아무도 그만큼 다시없이 무서운 일을 잘 견디어내지는 못하기 때문이다. 그런데 세상에서 가장 무서운 것은 죽음이다. 왜냐하면 죽음은 극한이요, 죽은 자에게는 이제 더 이상 아무 것도 좋지도 나쁘지도 않다고 생각되기 때문이다. 그러나 용감한 사람은 어떤 처지에서의 죽음에 대해서나, 가령 바다에서 죽거나 병들어 죽거나 하는 것에 마음을 잘 쓰지는 않는 것 같다. 그러면 어떤 처지에서 죽는 것에 그는 마음을 쓰는가? 확실히 그것은 가장 고귀한 처지에서 죽는 것이다. 그런데 이러한 죽음은 전쟁터에서의 죽음이다. 왜냐하면 전사(戰死)는 가장 크고 가장 고귀한 위험에서 생기기 때문이다. 그러므로 전사는 폴리스(즉 도시국가)에서, 또 군주국 궁정에서 표창을 받는다. 그러므로 고귀한 죽음에 직면하여, 혹은 죽음이 임할지 모르는 모든 위험한 상황에 처하여 두려워하지 않는 사람을 용기 있는 사람이라 부르는 것은 당연한 일이다. 그리고 위험한 상황 중에서 가장 큰 것은 전쟁이다. 물론 용감한 사람은 바다도 질병도 두려워하지 않는다. 그러나 그의 태도는 배꾼들의 태도와 다르다. 즉 그는 구조될 것을 단념하고 이렇게 죽게 된 것을 언짢게 생각하고 있지만, 배꾼들은 자기 경험 때문에 낙관하고 있다. 용감한 사람은 그 무용을 보여줄 기회가 있거나 죽음이 고귀한 상황에서 용기를 드러내는 사람인데, 위에서 말한 바와 같이 바다에서 죽게 되는 경우에는 이러한 조건이 하나도 충족되지 않는다.

제7장 용기의 동기가 되는 것은 수치심이다.
용기에 반대되는 악덕, 즉 비겁과 경솔의 특징

무서운 것은 모든 사람에게 똑같은 것이 아니다. 그러나 무서운 것들 가운데는 초인적인 것도 없지 않다. 그렇다면 이런 것들은 모든 사람에게 무서운 것이다, 적어도 이성이 있는 사람에게는 누구에게나 무서운 것이다. 그러나 무서운 것들 가운데 초인적인 것이 못 되는 것들은 그 중대성이나 정도가 서로 다르고, 또 태연한 생각이 들게 하는 것들도 또한 그렇다. 그런데 용감한 사람은 인간으로서 가능한 만큼 겁이 없는 사람이다. 그러므로 그는 초인적인 것이 못 되는 일을 두려워하는 수도 있지만, 이런 일을 당하여 그의 태도는 어엿하고 순리에 따르며 명예를 위주로 한다. 이것이야말로 덕의 목적이다. 그러나 이런 일을 혹은 더 혹은 덜 두려워하는 것이 가능하고, 또 무섭지 않은 것을 무서운 양 두려워할 수도 있다. 이런 방면에서 저지르게 되는 과실은, 두려워해서는 안 될 것을 두려워하는 것과 두려움을 나타내는 태도가 옳지 못한 것과 두려워해서는 안 될 때에 두려워하는 것 등이다. 그리고 태연한 생각이 들게 하는 것들의 경우에서도 이와 마찬가지이다. 그리하여 두려워할 만한 것을 당연한 동기에서 당연한 모양으로 당연한 때에 두려워하고, 또 태연한 마음을 가지는 일도 이와 같이 하는 사람이 용감한 사람이다. 왜냐하면 형편과 처지를 따라 순리대로 느끼며 행동해야 용감한 사람이기 때문이다. 그런데 모든 활동의 목적은 그 활동에 대응하는 성품에 일치하는 법이다. 그러므로 용감한 사람의 경우에도 다른 경우와 마찬가지이다. 그런데 용기는 고귀한 것이다. 그러므로 그 목적도 고귀한 것이다. 왜냐하면 무엇이든지 그 목적에 의하여 규정되기 때문이다. 그러므로 용감한 사람이 무서운 것을 참고 견디며 용기 있는 행위를 하는 것은 고귀한 목적 때문이다.

과도로 나아가는 사람들 가운데 무서워하지 않는 방향에서 과도로 나아가는 사람에 대해서는 명칭이 없다(성품 가운데 많은 것이 명칭을 가지고 있지 않은 데 대해서는 앞서 말한 바 있다).[14] 그러나 만일 이런 사람이, 마치 켈트인들이 그랬다고 전해져 오는 바와 같이, 지진이든 파도든 아무 것도 두려워하지 않는다고 하면, 그는 일종의 미친 사람 아니면 무감각한 사람일 수밖에 없다.

한편 정말 무서운 일에 대하여 지나치게 태연자약한 사람은 무모한 사람이다. 하지만 무모한 사람은 또한 허풍선이로 생각되며, 또 용감한 체하는 것밖에 없는 것으로도 생각된다. 하여튼 용감한 사람은 무서운 일에 대하여 정말 용감하지만 무모한 사람은 용감하게 보이기를 원한다. 그래서 무모한 사람은 가능하면 용감한 사람을 흉내 낸다. 그러므로 그들은 대개 또한 무모함과 비겁함의 혼합물이기도 하다. 왜냐하면 가능한 경우 그들은 태연자약한 태도를 보이지만, 정말 무서운 일은 견디어내지 못하기 때문이다.

지나치게 무서워하는 사람은 겁쟁이이다. 무서워할 것이 못 되는 것을 무서워하고, 또 무서워하는 행동도 잘못되었으며, 또 이 밖에 이와 비슷한 특징을 가지고 있다. 그는 태연한 태도에서도 모자라는 점이 있다. 그런데 그는 고통스러운 처지에서 무서워하는 일이 지나침으로써 더욱 두드러지게 드러난다. 그리하여 겁쟁이는 비관적인 경향을 가진다. 모든 것을 두려워하기 때문이다. 용감한 사람은 이와 정반대되는 자세를 취한다. 태연한 자세는 낙관적인 사람에게 가능하기에

───────────────

14) 1107b, 또 11007b 29, 1108a 5 참조.

말이다.

그러고 보면, 겁쟁이, 무모한 사람, 그리고 용감한 사람은 같은 일에 관계하지만 그 자세가 서로 다르다. 즉 처음의 두 사람은 과도에 흐르지 않으면 부족한 방향으로 나아가는 데 반하여 셋째 사람은 옳은 위치인 중간을 취한다. 그리고 무모한 사람은 경솔하여, 위험한 일이 닥쳐오기 전에는 그것을 바라지만, 막상 위험 속에 들어가게 되면 뒷걸음치는데, 이와 반대로 용감한 사람은 행동의 순간에는 정신을 바짝 차리지만 그 전에는 조용하다. 그러므로 이미 말한 바와 같이, 용기란 앞서15) 말한 바와 같은 처지에서 태연한 생각이나 공포심을 일으키는 것들에 관하여 취하는 중용이다. 그리고 그것이 어떤 일을 선택하거나 견디는 것은 그렇게 하는 것이 고귀한 일이기 때문이며, 그렇지 않으면 그렇게 하지 않는 것이 비루한 일이기 때문이다.16)

그러나 빈곤이나 사랑이나 이 밖에 무엇이든지 고통스러운 것을 피하기 위하여 죽는 것은 용감한 사람이 할 것이 아니라, 오히려 겁쟁이가 하는 짓이다. 골치 아픈 일로부터 도피하는 것은 마음이 약한 탓이요, 이런 사람이 죽음에 나아가는 것은 죽음이 고귀해서가 아니라 오히려 해악으로부터 도피하기 위해서이다.

제8장 잘못되어 용기라고 불리는 다섯 가지 용기

그러므로 용기란 이런 성질의 것이지만, 또한 다섯 가지 다른 것이 이 이름으로 불리고 있다.

(1) 첫째는 시민 병사의 용기이다. 이것은 참된 용기와 가장 흡사하

---

15) 제6장.
16) 1115b 11~24.

다. 시민 병사들은, 만일 그들이 용감하지 않을 경우 법률에 의하여
받게 될 처벌이나 또 사람들의 비난 때문에, 그리고 또 용감한 행위를
함으로써 얻게 될 명예 때문에 위험을 무릅쓰는 것 같다. 그러므로 사
람들이 가장 용감하게 되는 것은 겁쟁이들이 불명예스러운 대접을 받
고 용감한 사람들이 명예스러운 대접을 받는 사람들 가운데서인 것
같다. 이것은 호메로스가 디오메데스17)나 헥토르18)에 대하여 그려
내고 있는 종류의 용기이다. 호메로스는

오러니 먼저 폴리다마스가 나를 꾸짖으리라.19)
또 헥토르는 얼마 안 가서 트로이 사람들의 모임에서 외치리라.
"튀데이데스는 겁을 집어먹고, 내 앞에서 도망쳤느니라."20)

라고 읊고 있다. 이런 종류의 용기야말로 우리가 앞서21) 말한 것과
가장 흡사한 것이다. 왜냐하면 그것은 덕으로 말미암아 생기는 것이
기 때문이다. 즉 그것은 염치심으로 말미암는 것이요, 또 고귀한 것
(즉 명예)에 대한 욕구와 비열한 것인 불명예로부터의 회피로 말미암
는 것이다. 혹 통치자들에게 강요된 사람들마저 이런 용감한 사람의
부류에 넣는 이가 있을지 모른다. 그러나 이와 같이 강요된 사람들은
수치심에서가 아니라 공포심에서 그런 행위를 하는 것이요, 또 수치
스러운 일을 피하기 위해서가 아니라 고통스러운 것을 피하기 위하여

---

17) Diomedes. 그리스 신화에 나오는 용사. 트로이 성을 공격한 그리스 전사 중의
    한 사람.
18) Hector. 트로이인 가운데 가장 용감한 사람. 프리아모스의 아들이요, 안드로마
    케의 남편.
19) 『일리아스』, 제22권, 100.
20) 『일리아스』, 제8권, 148, 149. 튀데이데스(Tydeides)는 튀데우스(Tydeus)의
    아들.
21) 제6, 7장.

그런 행위를 하는 것이니만큼, 참 용사보다 열등하다. 헥토르가 그리한 것처럼, 그들의 상전이 그들을 강요하니 말이다. 헥토르는 다음과 같이 말하고 있다.[22]

> 싸움터에서 슬그머니 도망치려는 겁쟁이가 내 눈에 띄기만 하면,
> 개한테 물리지 않으려 해도 헛수고이리라.

그리고 그들에게 지킬 부서를 정해주고 후퇴하면 구타하는 사람들도 헥토르와 같은 일을 하고 있는 것이요, 또 참호나 그 비슷한 구덩이 앞에 포진시키는 사람들도 그와 같은 일을 하고 있는 것이다. 즉 이들은 모두 강요하고 있다. 그러나 사람은 강요되어서가 아니라 용감한 행위를 하는 것이 고귀한 일인 까닭에 용감해야 한다.

  (2) 또 개개의 사실들에 관한 경험도 용기라고 생각되고 있다. 소크라테스가 용기를 인식(즉 참된 지식)이라고 본 것은 사실 이 때문이다.[23] 다른 사람들은 이 성질을 여러 가지 다른 위험에서 나타내는데, 직업 군인은 이것을 전쟁의 위험에서 드러낸다. 사실 전쟁에 있어서는 공연한 공포심이 많이 있는 것으로 생각되는데, 이런 방면에서 가장 풍부한 경험을 가지고 있는 사람은 직업 병사이다. 그러므로 그들이 용감하게 보이는 것은, 다른 사람들이 사실들의 성질을 모르기 때문이다. 그리고 그들이 공격과 방어에 가장 유능한 것도 그들이 무기를 사용할 능력을 가지고 있고, 또 공격하는 데나 방어하는 데 다 같이 가장 좋은 무기를 가지고 있기 때문이다. 그러므로 그들은 마치

---

22) 아리스토텔레스의 이 인용은 『일리아스』, 제2권, 391~93에서 아가멤논 (Agamemnon)이 하고 있는 말이다. 헥토르의 말이 있는 제15권, 348~51과 혼동하고 있는 것 같다.

23) Xenophon, *Memorabilia*, 제3권 제9장 4절 이하와 제4권 제6장 10절 이하; Platon, *Protagoras*, 350, 360 참조.

무장한 사람이 무장하지 않은 사람과 싸우듯 혹은 훈련받은 운동선수가 아마추어와 싸우듯 싸운다. 이런 시합에 있어서 가장 잘 싸우는 사람은 가장 용감한 사람이 아니고, 무장을 가장 잘 갖추고, 또 신체의 단련이 가장 잘 되어 있는 사람이다. 하지만 직업 병사들은 위험률이 많고 수와 장비가 뒤떨어지는 경우에는 겁쟁이가 된다. 실제로 헤르메스 신전에서 일어났던 바와 같이,24) 그들은 도망치는 데는 선두에 서지만 이에 반하여 시민 병사는 그 자리를 지키다가 죽으니 말이다. 그러므로 후자에게는 도주가 부끄러운 일이요, 이렇게까지 해서 목숨을 보전하는 것은 차라리 죽느니만 못한 것인데, 이와 반대로 전자는 애당초부터 자기네가 우세하다는 심산을 가지고 전쟁에 임했던 것이요, 실지 상황을 알고는 불명예보다도 죽음을 더 두려워하여 그만 도망치고 마는 것이다. 용감한 사람은 이런 인간이 아니다.

(3) 격정25)도 때로는 용기로 생각되고 있다. 즉 자기에게 상처를 입힌 사람에게로 돌진하는 야수 같은 격정에서 행동하는 사람들도 용감한 사람으로 간주되고 있다. 그 까닭은 용감한 사람 역시 격정적이기 때문이다. 사실 격정은 다른 어떤 것보다도 더 힘차게 위험에 뛰어들게 한다. 그래서 호메로스도 "그의 격정에 힘을 주었다."26)거나 "저들의 기운과 격정을 북돋우었다."27)거나 "격렬하게 들먹거리면서 숨쉬었다."28)느니 "그의 피가 끓었다."29)느니 하는 말을 하였다.

---

24) B.C. 353년 코로네이아(Koroneia)의 싸움에서 보이오티아로부터 구원하러 온 용병군은 앞장서서 도주했지만, 국민군은 아크로폴리스의 사수에 힘썼다.

25) 여기서 '격정'이라 옮긴 말의 원서는 '튀모스'(θυμός). 본래 '기운'이라는 뜻이 있는 말인데, 이 뜻에서 번져서 '분격'이란 뜻도 있다.

26) 『일리아스』, 제11권, 11. 또는 제14권, 151을 제16권, 229와 섞은 것이다.

27) 『일리아스』, 제5권, 470; 제15권, 232, 594 참조.

28) 『오딧세이아』, 제24권, 318 이하 참조.

29) 호메로스에게는 이런 말이 없다. Theokritos, 제20권, 15에 있는 말이다. 테오크리토스는 B.C. 3세기의 그리스인.

이런 표현들은 모두 격정이 일어나고 움직이는 것을 나타내는 말로 생각된다. 그런데 용감한 사람들은 명예스러운 일을 위하여 행동하며, 격정은 다만 그들에게 힘을 보태어줄 따름이다. 이에 반하여 사나운 짐승들은 고통 때문에 행동한다. 저들은 상처를 입거나 겁을 먹었기 때문에 공격하니 말이다. 저들은 숲 속에 편안히 있을 때에는 굳이 나와서 사람에게 덤벼들지 않는다. 그러므로 저들이 고통과 격정 때문에 가만히 있을 수 없어서 물불을 가리지 않고 위험에 마구 뛰어든다고 해서 용감하다고 할 수는 없다. 만일 그렇다면 당나귀도 배가 고플 때에는 용감하다고 해야 되기 때문이다. 배고픈 당나귀는 매를 맞아도 목초에서 떠나지 않는다. 또 정욕은 음탕한 사람들로 하여금 여러 가지 대담한 일을 하게 한다. [그러므로 고통이나 격정으로 말미암아 가만히 있지 못하고 덤비는 동물은 용감한 것이 못 된다.] 격정으로 말미암은 용기는 가장 자연스러운30) 것이다. 그리고 격정에 선택과 목적이 가해지면 참된 용기가 된다.

그러므로 사람도 짐승과 마찬가지로, 노여울 때에는 고통스럽고, 복수를 하고 나면 통쾌하다. 하지만 이런 이유 때문에 싸우는 사람은 호전적인 사람이기는 해도 용감한 사람은 못 된다. 이들의 행동은 명예스러운 것을 위함도 아니요, 또 순리에 따르는 것도 아니며, 다만 강렬한 감정 때문이다. 하지만 이들은 용기와 흡사한 것을 가지고 있기는 하다.

(4) 낙관적인 사람들도 용감하지 않다. 왜냐하면 이들은 다만 여러 차례 이긴 일이 있고, 또 많은 적을 물리친 일이 있기 때문에, 위험에 처하여 태연하다. 하지만 이들도 용감한 사람들과 매우 닮아 있다. 둘 다 태연하기 때문이다. 그러나 용감한 사람들은 앞서 말한 이유31)

---

30) 혹은 '본성적인'. 제2권의 17 참조
31) 1115b 11~24.

때문에 태연하지만, 이에 반하여 낙관적인 사람들이 태연한 것은 자기가 가장 강하고 아무 해도 받지 않으리라 생각하고 있기 때문이다 (술에 취한 사람들도 이와 같이 행동한다. 그들은 낙관적으로 된다). 하지만 일이 뜻대로 되지 않을 때 이들은 도망쳐 버린다. 앞서 본 바와 같이, 인간에게 무섭고 또 무서워 보이는 것을 견디는 것이 고귀하며 견디지 않는 것이 수치스러운 일이기 때문에, 용감한 사람의 특징은 견디는 데 있다. 따라서 용감한 사람의 특징은 예측된 일에서보다도 돌발적인 일에서 더욱 두려움 없고 마음이 흔들리지 않는 데 있다고도 생각된다. 왜냐하면 이런 경우 그런 태도는 마음의 준비에서 생긴다기보다는 오히려 성품에서 우러나오는 것이기 때문이다. 예측된 행위는 타산과 이치에 의하여 선택될 수 있지만, 돌연한 행위는 자기의 성품에 일치하는 것이다.

(5) 위험에 관해서 아는 바 없는 사람들도 용감해 보인다. 그들은 낙관적인 사람들과 별로 다른 점이 없어 보인다. 그러나 낙관적인 사람들은 자신을 가지고 있는 데 반하여 그들은 자신을 가지고 있지 않으므로 그만큼 낙관적인 사람들보다 못하다. 그러므로 낙관적인 사람들은 한 동안 제 자리를 지키지만, 실제 상황을 잘 몰랐던 사람들은 이를 알게 되거나 혹은 그 상황이 자기네가 생각했던 바와 다르지 않나 하는 생각이 들자마자 도망친다. 이런 일은 아르고스 군이 실제로는 스파르타 군과 대진하였으면서 시퀴온 군인 줄 잘못 알았을 때에 정말 있었다.[32]

---

[32] B.C. 392년에 코린토스의 장성(長城)에서 벌어진 싸움에서. *Xenophon, Hellenika*, 제4권, 제4장, 10 참조.

제9장 고통과 쾌락에 대한 용기의 관계

이상으로 우리는 용감한 사람들의 성격과 용감하게 보이는 사람들의 성격을 논하였다.

용기는 태연한 감정과 공포의 감정에 관계하는 것이지만, 이 양자에 대하여 똑같은 정도로 관계하는 것은 아니고, 공포감을 자아내는 일들에 더욱 많이 관계한다. 왜냐하면 이런 일들에 부딪쳐서 마음의 안정을 잃지 않고 또 이런 일들을 떳떳이 잘 견디는 사람이, 태연한 태도를 가질 수 있게 하는 일들에 대하여 그렇게 하는 사람보다 더 용감하기 때문이다. 그러므로 이미 말한 바와 같이,[33] 용감한 사람이라는 말을 듣는 것은 고통스러운 일에 부딪쳐서 그것을 잘 견디어내기 때문이다. 따라서 용기는 고통을 내포하는 것이요, 칭찬받아 마땅한 것이다. 즐거운 것으로부터 피하는 일보다는 고통스러운 일을 참고 견디는 것이 더욱 힘든 일이기 때문이다. 물론 앞을 내다보는 용기의 목적은 즐거운 것이나, 그것을 둘러싼 여러 가지 사정으로 말미암아 이 사실이 가려지곤 하는 것이 보통이다. 이런 일은 체육 경기에서도 흔히 볼 수 있다. 예컨대, 권투 선수가 노리는 목적은 즐거운 것—월계관이나 명예—이지만, 얻어맞는 것은 몸에 해롭고 고통스러운 것이요, 또 그들이 하는 모든 수고도 고달픈 것이다. 그리하여 얻어맞는 일과 수고는 대단한데 바라보이는 목적은 하찮은 것이므로 그 목적에는 즐거운 것이 전혀 없어 보인다. 용기의 경우에도 이와 비슷하다고 하면, 죽음과 부상은 용감한 사람에게 고통스러운 일이고, 또 그가 원하는 바는 아니지만, 그는 그런 것을 견디는 것이 고귀한 일이고, 혹은 그런 것을 견디지 않는 것은 비루한 일이기 때문에, 용감히 나아가

---

33) 1115b 7~13.

는 것이다. 그리고 그는 온전히 덕을 가지고 있고 행복할수록 죽음을 생각하면 더욱 괴로울 것이다. 이런 사람에게는 인생이 더할 나위 없이 좋은 것이고, 또 그는 뻔히 알면서 다시 없이 소중하고 좋은 것들을 잃고 있으며, 또 이렇게 되는 것은 괴로운 일이기 때문이다. 그러나 이런 형편에서도 그는 용감하다. 아니 이럴수록 그는 더욱 용감할 것이다. 왜냐하면 이만한 희생을 치르면서도 전쟁에서 고귀한 행위를 선택하기 때문이다. 그러므로 목적에 도달한 경우를 제외하고는, 덕을 행하는 것이 언제나 즐거운 것은 아니다. 그러나 군인으로서는 이런 종류의 사람들이 아니라, 오히려 이런 사람들보다는 덜 용감하고 이 밖에 다른 장점이 하나도 없는 사람들이 최선의 군인일 수 있는 경우가 충분히 있을 수 있다. 왜냐하면 이들은 위험에 나아갈 마음의 준비가 되어 있고, 자기의 생명을 하찮은 이득과 교환하기 때문이다. 용기에 대해서는 이만큼 말하기로 하자. 하여간 지금까지 말한 것에 비추어 그 본성의 윤곽을 파악하는 것은 그다지 어렵지 않을 줄 안다.

B. 절 제

제10장 절제는 촉각의 몇 가지 쾌락에 국한되어 있다

용기 다음에는 절제에 대하여 말해 보기로 하자. 이것들은 다 같이 정신의 비이성적 부분의 덕으로 생각되기 때문이다.

절제가 쾌락에 관하여 중용인 것은 이미 말한 바와 같다34) (절제는 쾌락만큼 고통과 관계가 깊지 못한 때문이다). 방종도 같은 영역에서 드러난다. 그러므로 먼저 절제와 방종이 어떤 종류의 쾌락과 관계하는가를 규정해 보기로 하자. 우리는 육체적 쾌락과 정신적 쾌락을 나누어볼 수 있다. 정신적 쾌락이란 명예를 좋아하는 것, 혹은 학문을 좋아하는 것 따위이다. 명예를 좋아하는 사람이나 학문을 좋아하는 사람은 자기가 좋아하는 것을 하면서 기쁨을 느끼지만 이 기쁨은 육체와는 아무 상관이 없고 다만 정신만이 맛보는 것이다. 이러한 쾌락에 관계하는 사람은 절제 있는 사람이라고도 방탕한 사람이라고도 불리지 않는다. 또 이 밖에 육체적 쾌락 아닌 다른 쾌락에 관계하는 사람들도 절제가 있다거나 방종하다거나 하는 말을 듣지 않는다. 가령 이야기를 듣거나 남에게 해주는 것을 좋아하며 날마다 하잘것없는 이야기로 소일하는 사람들을 우리는 잡담꾼이라고 하지만, 방종한 사람이라고는 하지 않으며, 또 돈이나 친구를 잃고 괴로워하는 사람에 대해서도 마찬가지이다.

---

34) 1107b 4~6.

절제는 육체적 쾌락에 관계하는 것이 아닐 수 없으나, 그 전부에 관계하는 것은 아니다. 시각의 대상, 가령 색채나 모양이나 그림 같은 것에서 기쁨을 맛보는 사람들에 대해서는 절제가 있다고도 방종하다고도 하지 않으니 말이다. 물론 이런 것들에서 기쁨을 맛보는 일도 그 정도에 있어서 알맞을 수도 지나칠 수도 부족할 수도 있기는 하다.

청각의 대상에 있어서도 이와 마찬가지이다. 즉 아무도 음악이나 연극을 지나치게 즐기는 사람들을 방종하다고는 하지 않으며, 또 알맞게 즐기는 사람들을 절제 있다고도 하지 않는다.

또 우리는 냄새에서 기쁨을 맛보는 사람들에 대해서도 절제가 있다든가 방종하다든가 하는 말은 하지 않는다. 물론 이때 냄새에서 기쁨을 맛보는 것이 부수적인 경우에는 문제가 다르지만, 즉 우리는 사과나 장미꽃이나 향료의 냄새에서 기쁨을 맛보는 사람들을 방종하다고 하지는 않지만, 불고기나 화장품의 냄새에서 기쁨을 맛보는 사람들에 대해서는 방종하다는 말을 한다. 왜냐하면 방종한 사람들이 이런 것들에서 기쁨을 맛보는 것은, 이런 것들이 그들의 욕망의 대상을 상기시켜주기 때문이다. 또 우리는 가끔 배고픈 사람들이 음식물의 냄새에서 기쁨을 맛보는 것을 보는데, 이런 종류의 것에 기쁨을 맛보는 것은 방종한 사람의 특징이다. 왜냐하면 이런 것들은 그에게 욕망의 대상이기 때문이다.

인간 이외의 동물에는 이상의 여러 감각에 결부된 쾌락이라는 것이 없다. 물론 부수적으로는 있을 수 있지만. 가령 개는 토끼의 냄새에 기쁨을 맛보는 것이 아니고 그것을 먹어 치우는 데 기쁨을 맛보는 것이다. 그리고 그 냄새는 토끼가 어딘가 그 근처에 있다는 것을 그 개에게 알려주었을 따름이다. 또 사자는 소의 울음소리에 기쁨을 맛보는 것이 아니라 소를 잡아먹는 데 기쁨을 맛보는 것이다. 그리고 다만 그 울음소리에 의하여 소가 자기 근처에 있다는 것을 알아차리며, 따라서 그 소의 울음소리에 기쁨을 느끼는 듯이 보이는 것이다. 이와 마찬가지로 사자는 〈노루나 염소〉35)를 보는 데 기쁨을 느끼는 것이 아니라, 이것을 맛있게 먹게 되기 때문에 기쁨을 느끼는 것이다. 하지만 절제와 방종에 관계가 있는 쾌락은 인간 이외의 다른 모든 동물도 역시 참여할 수 있는 성질의 것이므로 노예적이고 금수적인 것으로 보인다. 그것은 즉 촉각과 미각의 쾌락이다. 그러나 미각도 절제와 방종과 별로 관계가 없어 보인다. 혹은 전혀 없어 보이기도 한다. 왜냐하면 미각이란 본래 맛을 가려보기 위해서 있는 것으로서 이것은 술맛을 검사하는 사람이나 음식의 간을 맞추는 사람이 맡아보는 일인데, 이렇게 맛을 가려보는 일에서 기쁨을 느끼는 사람은 거의 없고, 방종한 사람도 이런 일에서는 기쁨을 느끼지 않기 때문이다. 사람들이 기쁨을 맛보는 것은 언제나 촉각에서 오는 실제적 향락, 즉 음식물이나 성교 같은 향락에서이다. 어떤 미식가가 그의 목구멍이 학의 목구멍보다 길게 될 것을 기구한 것도 이 때문이다.36) 이것은 그가 감촉에서 쾌락을 얻었음을 의미한다. 그리하여 방종이 결부되어 있는 감각은 모든 감각들 가운데 가장 널리 모든 동물이 공유하고 있는 것이다.

그리고 그것은 인간으로서의 우리가 아니라 동물로서의 우리에게 속하는 것이기 때문에, 방종은 비난을 받아 마땅한 것으로 여겨져 온 것이다. 그러므로 그런 일에 기쁨을 느끼는 것, 그리고 다른 무엇보다도 그런 일을 좋아하는 것은 금수적인 일이 아닐 수 없다. 왜냐하면 이렇게 되면 촉각에서 오는 쾌락들 가운데서도 가장 점잖은 것들, 가령 체육에서 몸을 비비거나 또 이렇게 해서 몸을 따뜻하게 함으로써 얻게 되는 쾌락 같은 것은 배제되기 때문이다. 무릇 방종한 사람의 특색을 이루는 감촉은 몸 전체를 쓰는 것이 아니라 어떤 부분만을 건드

---

35) 『일리아스』, 제3권, 24.

36) 필로크세노스(Philoxenos)라는 사람이 그랬다고 한다.

리는 것이다.

제11장 절제와 이에 반대되는 방종 및 '무감각'의 특징

모든 욕망 가운데 어떤 것은 일반적 · 공통적이고, 어떤 것은 개인적 · 후천적인 것으로 보인다. 예컨대 음식물에 대한 욕망은 본성적이다. 음식물이 없을 때에는 누구나 먹을 것이나 마실 것을 찾아 허덕이고, 때로는 이 두 가지 것을 다 갈구하며, 또 젊고 기운 있는 사람이면 누구나(호메로스가 말하고 있는 바와 같이)37) 동침할 짝을 갈구하기 때문이다. 그러나 음식물이나 사람에 있어서 어떤 종류의 것을 갈구하느냐 하는 데 이르면 누구나가 다 똑같지는 않다. 또 누구나 다 똑같은 것을 갈구하는 것도 아니다. 그러므로 이러한 갈구는 전적으로 우리들 각자에 속하는 것으로 보인다. 물론 이러한 갈구에도 본성적인 것이 얼마간 깃들어 있다. 왜냐하면 서로 다른 여러 가지 것이 서로 다른 여러 종류의 사람에게 쾌락을 주고, 또 어떤 것은 우연한 물건보다 모든 사람에게 더 많은 쾌락을 주기 때문이다. 그런데 본능적인 욕망에 있어서 잘못된 데로 나아가는 사람은 극소수요, 그 방향은 오직 하나인데 곧 과도의 방향이다. 즉 먹기 싫을 때까지 닥치는 대로 먹고 마시는 것은 본성적인 한도를 넘어서는 것이다.

본성적인 욕망이란 모자란 것을 채우는 것이다. 그러므로 이런 사람들은 대식가라는 말을 듣는다. 이것은 이런 사람들이 적당한 양 이상으로 배를 채우는 것을 의미한다. 이렇게 되는 사람은 아주 노예적인 성격의 사람이다. 그러나 개인적인 성질을 띤 쾌락에 있어서는 많은

---

37) 『일리아스』, 제24권, 130.

사람들이 잘못된 데로 나아가고 또 잘못되는 모양도 여러 가지이다. 즉 무엇에 미쳤다는 소리를 듣는 사람들은 그릇된 일에서 기쁨을 맛보거나 세상사람 이상으로 기쁨을 맛보거나 혹은 옳지 못한 모양으로 기쁨을 맛본다. 한편 방종한 사람들은 이 모든 면에서 지나치다. 즉 이들은 기쁨을 맛보아서는 안 되는(즉 가증한) 것들에서 기쁨을 맛보며, 또 기쁨을 맛보아도 괜찮은 것들에서는 마땅히 지켜야 할 도를 넘어서 그리고 대부분의 사람들 이상으로 기쁨을 맛본다.

그러므로 쾌락에 관하여 지나친 것은 방종이요, 비난할 일임은 분명하다. 고통에 관해서는, 용기의 경우에서와 마찬가지로, 고통을 참고 견딘다고 해서 절제가 있다는 말을 듣는 것도 아니다. 다만 방종한 사람이 방종하다는 말을 듣는 것은 쾌락을 주는 것을 얻지 못하고서(그의 고통은 심지어 쾌락으로 말미암아 생겼는데도) 지나치게 괴로워하기 때문이요, 절제하는 사람이 절제 있다는 말을 듣는 것은 쾌락을 주는 것이 그에게 없고, 또 그가 그런 것을 멀리하고서도 괴로워하지 않기 때문이다.

그러므로 방종한 사람은 쾌락을 가져다주는 온갖 것, 혹은 가장 즐거운 일들을 갈구하며, 또 욕망에 이끌려 다른 모든 것을 젖혀 놓고 이런 것을 선택하게 된다. 따라서 그는 이런 것들을 얻지 못할 때에도, 또 이것들을 그저 갈구하기만 하고 있을 때에도 괴로워한다(욕망은 고통을 수반하므로). 그런데 쾌락 때문에 괴로워하고 고통을 느낀다는 것은 맹랑한 일이 아닐까? 쾌락에 관하여 부족하고 당연히 기쁨을 맛볼 만큼 맛보지 않는 사람은 극히 보기 드물다. 무릇 그런 무감각은 인간적인 것이 못 되기 때문이다.

인간 이외의 동물들도 여러 가지 다른 종류의 음식물을 가려서 어떤 것은 좋아하고 어떤 것은 좋아하지 않는다. 만일 아무것도 마음을 기쁘게 하는 것이 없고, 아무 것도 다른 어떤 것보다 더 마음에 드는 것이 없다고 하는 사람이 있다면, 그 사람은 아무래도 보통 사람과는 아주 거리가 먼 사람이 아닐 수 없다. 이런 종류의 사람은 흔히 있는 것이 아니기 때문에 명칭이 없다. 절제하는 사람은 이런 것들에 관하여 중간적 위치를 지킨다. 즉 그는 방종한 사람이 가장 즐기는 것들을 즐기지도 않으며—오히려 이런 것들을 혐오하며—좋아해서는 안 되는 것들을 대체로 좋아하지 않으며, 또 좋아해도 무방한 것이라 해도 지나치게 좋아하지는 않으며, 이런 것들이 자기에게 없을 때 고통을 느끼거나 갈구하지 않으며, 설사 고통을 느끼거나 갈구한다 해도 적당한 도를 넘지 않으며, 자기의 처지 이상으로 또 마땅치 않은 때에 그리하지는 않는다. 다만 그는 유쾌한 일로서 건강이나 좋은 상태에 도움이 되는 것들을 적당하게 자기 분수에 맞게 욕구하며, 또 이 밖의 다른 것들도 이러한 목적에 방해가 되지 않고 고귀한 것에 대립하지 않으며, 또 자기 힘으로 미칠 수 없는 것이 아닌 한, 또한 적당하게 욕구한다. 왜냐하면 이 조건들을 무시하는 사람은 이러한 쾌락들을 그 가치 이상으로 사랑하지만, 절제하는 사람은 이런 종류의 사람이 아니고 순리대로 행하는 사람이기 때문이다.

제12장 방종은 비겁보다 더 유의적이다. 방종한 사람을 버릇없는 아이에 비김

방종은 비겁보다 더 유의적인 상태인 것 같다. 왜냐하면 전자는 쾌락에 의하여 생기고 후자는 고통으로 말미암아 생기는 것인데, 쾌락은 우리가 선택하는 것이고 고통은 우리가 피하는 것이기 때문이다. 그리고 고통은 이를 느끼는 사람의 본성을 뒤집고 파괴하는 데 반하여 쾌락은 이런 일을 전혀 하지 않는다. 그러므로 방종이 더 유의적이다. 따라서 그것은 또한 더욱 비난의 대상이 될 수 있다. 왜냐하면 인생에는 방종의 대상이 되는 것이 많이 있어서 그런 것에 습관화되기가 쉽고, 또 이 습관화의 과정은 위험을 내포하고 있지 않지만, 무서운 것들에 있어서는 사정이 반대되기 때문이다. 그러나 비겁 자체는 개개의 비겁한 행위와는 다른 정도로 유의적인 듯싶다. 왜냐하면 전자는 고통이 없는 데 반하여, 후자는 우리가 고통으로 말미암아 정신을 잃고 그리하여 무기를 버리거나 이 밖의 추태를 보이기 때문이다. 따라서 이런 경우 우리의 행위는 강제된 것이라고도 생각된다. 이와 반대로, 방종한 사람에게는 개개의 행위가 유의적이지만(그가 이런 행위를 갈구하며 또 욕구하면서 하므로), 그의 전체 상태는 덜 유의적이다. 무릇 아무도 방종하게 되기를 갈구하지는 않으니 말이다.

방종이라는 명칭은 제멋대로 자란 아이들의 여러 가지 잘못에도 적용된다. 양자가 어떤 유사성을 가지고 있기 때문이다. 어느 것이 근본이 되어서 그런 명칭이 생겼는지는 여기서 문제 삼을 바 아니지만, 분명히 후자는 전자에서 온 것이다. 그런데 이 명칭의 전용(轉用)은 나쁘지 않아 보인다. 왜냐하면 비루한 것을 욕구하고 이것을 급속히 성장케 하는 것은 줄곧 징계해야 하는 것인데, 이런 것은 다른 무엇보다도 욕망과 아이들에게 속하는 것이기 때문이다. 사실 아이들은 항상 욕망에 끌려서 살고 있고, 또 쾌락을 주는 것에 대한 욕망이 가장 강하기 때문이다. 그러니 만일 그들이 말을 잘 듣지 않고 이치에 순응하지 않게 되면 무슨 일을 저지르게 될지 알 수 없다. 왜냐하면 비이성적 존재에게 쾌락에 대한 욕구는 아무리 채우려 해도 채울 수 없을 만큼 그칠 줄 모르는 것이요, 욕망의 활동은 그 속에 내재하는 힘을 증가시킬 뿐만 아니라 욕망이 강하고 격렬할 때에는 이성적 사량(思量)의 힘마저 몰아내기 때문이다. 따라서 이 욕망들은 적당한 도를 지키며 그 수가 적어야 하며, 또 어느 모로나 이치에 어긋나는 것이어

서는 안 되며—말을 잘 듣고 순하다는 것은 바로 이러한 상태이다
—또 어린이가 그 선생의 지도를 따라야 하는 것과 마찬가지로 정신
의 욕망적 부분도 이치를 따르지 않으면 안 된다. 따라서 절제하는 사
람에게 그 욕망적 부분은 이치와 조화를 이루어야 한다. 왜냐하면 고
귀한 것이야말로 이 양자가 목표로 삼는 것이요, 또 절제하는 사람은
그가 마땅히 갈구해야 할 것을 마땅히 갈구해야 할 정도로, 그리고 마
땅히 갈구해야 할 때에 갈구하기 때문이다. 그리고 이것이야말로 이
치가 명하는 것이다.

이것으로 절제에 대한 우리의 설명을 맺기로 한다.

제 4권

덕과 악덕

C. 돈에 관계되는 덕

제1장 관후 · 방탕 · 인색

다음에는 관후(寬厚)에 관해서 이야기해 보자. 관후는 재물에 관한 중용으로 여겨진다. 관후한[1] 사람이 칭찬을 받는 것은 군사적인 일에 있어서도 아니고, 절제 있는 일에 있어서도 아니며, 또 판단을 잘함으로써도 아니라, 재물을 주고받는 일, 특히 주는 일에 있어서이기 때문이다. 재물이란 무릇 그 가치가 돈으로 계산될 수 있는 것이다. 그리고 방탕과 인색은 재물에 관한 과도와 부족이다. 그리고 우리는 재물에 대해서 지나치게 염려하는 사람들에게 인색이라는 명칭을 붙이지만, <방탕>이라는 말은 가끔 다른 뜻이 섞인 복잡한 의미에서 쓰인다. 즉 우리는 자제력이 없는 사람들이나 방종한 생활에 돈을 쓰는 사람들을 방탕하다고 한다. 또한 방탕한 사람들은 가장 못된 사람들로 생각된다. 그들은 하나 이상의 악덕을 동시에 가지고 있기 때문이다. 그러므로 이런 사람들에게 '방탕'이라는 말을 쓰는 것은 <방탕>이라는 말의 본래 용법이 아니다. 왜냐하면 본래 의미의 방탕한 사람이란 오직 한 가지 나쁜 성질, 즉 재산을 낭비하는 성질을 가진 사람을 의미하기 때문이다. 사실 방탕한 사람이란 자기 잘못으로 패가망신하

---

1) 여기에 '관후한'이라 옮긴 말의 어원인 '엘레우테리오스'(ἐλευθεριος)란 본래 '자유인적인'('노예적인'의 반대인)이라는 뜻을 가지고 있는 말이다. '인색한'이라 옮긴 '아넬레우테로스'(ἀνελευθερος)는 그 부정형으로 '비자유인적인'이라는 의미를 가지고 있다.

는 사람이요, 또 생활은 재산의 소유에 의존하는 것이므로 재산의 낭비는 일종의 패가망신으로 생각되는 것이다.

그러므로 우리는 〈방탕〉이라는 말을 이런 의미로 생각하기로 한다. 쓰일 데가 있는 물건들은 잘 쓰일 수도 잘못 쓰일 수도 있다. 그리고 재물은 이와 같이 쓰일 데가 있는 물건이다. 그런데 무슨 물건이나 그것을 가장 잘 쓸 수 있는 사람은 그것에 관한 덕을 가지고 있는 사람이다. 재산은 부에 관한 덕을 가지고 있는 사람에 의하여 가장 잘 사용될 수 있는 것인데, 이러한 사람이 다름 아닌 관후한 사람이다. 재물의 사용이란 소비하는 것과 주는 것을 의미하고, 취하고 지키는 것은 오히려 재물의 소유로 생각된다. 따라서 당연히 취할 데서 취하고 그렇지 않은 데서는 취하지 않는 것보다는, 받아서 마땅한 사람에게 주는 것이 오히려 더욱 관후한 사람의 특징이 된다. 왜냐하면 덕이 미덕이 된 까닭은 남이 나에게 잘 해주는 것보다도 내가 남에게 잘 해주는 데 있고, 또 비루한 일을 하지 않는 것보다도 고귀한 일을 하는 데 있기 때문이다.

그리고 준다는 것은 좋은 일을 해주고 고귀한 일을 한다는 것을 내포하며, 취한다는 것은 남이 나에게 잘 해주는 것과 비루하게 행하지 않는다는 것을 내포함을 어렵지 않게 알 수 있다. 뿐만 아니라 감사는 취하지 않는 사람에게가 아니라 주는 사람에 대해서 느끼는 것이요, 칭찬도 역시 그에게 하는 것이다. 또 취하지 않는다는 것은 준다는 것보다 쉬운 일이다. 사람들은 남의 것을 취하는 것보다 자기 자신의 것을 내어주는 것에 더욱 인색하기 때문이다. 주는 자는 또 관후하다는 말을 듣기도 하지만, 취하지 않는 자는 관후하다는 칭찬을 받는 일은 없고 다만 공정하다는 칭찬을 받을 뿐이다. 한편 취하기만 하는 자는 어느 모로나 칭찬받는 일이 거의 없다. 그리고 관후한 사람은 모든 덕 있는 사람들 가운데서도 가장 남에게 사랑을 받는데, 이것은 그들이 유익한 존재이기 때문이요, 또한 주는 자이기 때문이다.

그런데 유덕한 행위는 고귀하고, 또 고귀한 일 때문에 행해지는 것이다. 그러므로 관후한 사람은, 다른 유덕한 사람들과 마찬가지로 고귀한 일을 위하여 주며, 또 올바르게 주는 사람이다. 즉 그는 줄 만한 사람에게 줄 만한 양을, 줄 만한 때에, 그리고 이 밖에 올바르게 주는 일에 합당한 모든 조건을 충족시키면서 주는 것이다. 그리고 그는 기쁜 마음으로 혹은 고통을 느끼지 않으면서 준다. 왜냐하면 덕이 있는 것은 기쁜 것이 아니면 고통이 없는 것이요, 하여튼 세상에서 가장 덜 고통스러운 것이기 때문이다.

이러한 사람들과는 반대로, 옳지 못한 사람에게 혹은 고귀한 일 때문이 아니라, 어떤 다른 원인 때문에 주는 사람은 관후하다고 불리지 않고 어떤 다른 이름으로 불린다. 또 고통을 느끼면서 주는 사람도 관후한 사람이 못된다. 왜냐하면 그는 고귀한 행위보다도 재물을 더 소중히 여기는데, 이것은 관후한 사람의 특징이 아니기 때문이다.

또 관후한 사람은 취해서는 안 될 데서는 취하지 않는다. 취해서는 안 될 데서 취하는 것은 재물을 소중히 여기지 않는 사람에게는 합당한 일이 못되기 때문이다. 또 그는 걸핏하면 청하는 따위의 일을 하지 않는다. 왜냐하면 남이 주는 것을 쉽게 받는 것은 남에게 잘 해주는 사람에게 합당한 일이 못되기 때문이다. 그러나 그는 취할 만한 데서 취한다. 즉 자기 자신의 소유물 가운데서 취하는 것이다. 그가 이와 같이 자기 자신의 소유물 가운데서 취하는 것은 취하는 일 자체가 고귀한 일이어서가 아니라, 남에게 주기 위하여 부득이 하는 것이다. 또 그는 자기 자신의 소유물을 소홀히 하지 않는다. 이것은 그가 이 소유물로써 남을 돕고자 하기 때문이다. 그리고 그는 아무에게나 또 누구에게나 주지는 않는다. 이것은 그가 줄 만한 사람들에게, 주어야 할 때에, 그리고 주는 것이 고귀한 일인 경우에 줄 것을 지니고 있기 위해서이다. 또 주는 일이 과도에 흘러서 자기 자신을 위해서는 남는 것이 별로 없는 것이 관후한 사람의 커다란 특징이다. 자기 자신을 돌보지 않는 것이 관후한 사람의 본성이니 말이다.

<관후>하다는 말은 그 사람의 재산에 대하여 상대적으로 쓰인다. 즉 관후란 주는 액수의 많고 적음에 있는 것이 아니라, 주는 사람의 성품에 달려 있다. 그리고 이 성품은 그 사람의 재산 정도에 대해서 상대적인 것이다. 그러므로 자기가 가지고 있는 것이 적어서 남보다 적게 주는 사람이 남보다 더 관후한 사람인 경우가 충분히 있을 수 있다.

자수성가하여 자기 힘으로 재산을 모은 사람보다 재산을 물려받은 사람들이 더 관후한 것 같다. 이것은 첫째로 이들은 궁핍했던 경험이 없고, 둘째로는 부모나 시인과 마찬가지로, 누구를 막론하고 자신이 지은 것을 보다 더 좋아하며 사랑하기 때문이다.

관후한 사람이 부유하기는 쉽지 않다. 이것은 그가 재물을 얻거나 모으는 데 능하지 못하고 오히려 잘 내어주며, 또 재물을 그 자체 때문에 소중히 여기지 않고 남에게 주는 수단으로 소중히 여기기 때문이다. 그래서 재물을 지닐 자격이 가장 많은 사람이 실제로는 가장 적게 재물을 얻는다 하여 운명을 나무라는 말이 생긴 것이다. 그러나 세상 일이 이렇게 돌아가는 것은 까닭 없는 일이 아니다. 다른 경우에도 그렇지만, 재물을 얻으려고 애쓰지 않는 사람이 재물을 소유할 수는 없기 때문이다. 그렇다고 해서 그는 줄 필요가 없는 사람에게, 또 필요가 없는 때에, 그리고 이 밖에 이 비슷한 여러 가지 조건하에서 주지는 않는다.

이렇게 하는 것은 관후한 성품을 따라 행동하는 것이 아니요, 또 이러한 일에 재물을 쓰고 나면 막상 써야 할 때에 아무것도 남지 않으니 말이다. 이미 말한 바와 같이 자기 재산 정도에 따라 당연한 일에 재물을 쓰는 사람이 관후한 사람이다. 그리고 이런 면에서 과도에 흐르는 사람은 방탕한 사람이다. 따라서 우리는 전제군주들을 방탕하다고는 하지 않는다. 왜냐하면 그들이 자기의 소유량 이상으로 주거나 소비하는 일은 쉽지 않은 것으로 생각되기 때문이다.

그리고 보면 관후란 재물을 주는 일과 받는 일에 있어서의 중용이므로, 관후한 사람은 적당한 양을 당연한 일에 대해서 그것이 작은 일이든 큰일이든 기쁜 마음으로 주며, 또 소비할 것이다. 그는 또 당연히 취할 곳에서 마땅한 양을 취할 것이다. 즉 덕이란 이 양자의 중용이기 때문에, 그는 이 양자를 마땅히 해야 할 만큼 하는 것이다. 이렇게 올바로 취하는 일에는 올바로 주지 못하는 일이 따른다. 따라서 주는 일과 취하는 일이 다같이 올바로 될 때에는 한 사람 속에 이 양자가 다같이 함께 잘 있을 수 있으나,2) 그렇지 못할 때에는 서로 함께 잘 있을 수 없다.3) 그리고 만일 올바르지 못하게 또 고귀하지 못하게 소비하는 일이 있으면 그는 괴로워한다. 물론 이런 때 그의 괴로움은 적당한 도를 잃지 않는다. 왜냐하면 합당한 일에 합당한 모양으로 기뻐하거나 괴로워하는 것이 덕의 특징이기 때문이다. 그리고 또, 관후한 사람은 금전 문제에 있어서 다루기가 쉬운 사람이다. 왜냐하면 그는 돈을 모으는 데에는 관심이 없고, 써서는 안 될 일에 씀으로써 괴로워하는 이상으로 써야 할 곳에 쓰지 못한 것을 더욱 안타깝게 여기는 사람이요, 또 시모니데스가 한 말4)에는 동의하지 않는 사람인 까닭에 쉽사리 남에게 속기 때문이다.

방탕한 사람은 이런 점들에서 과오를 저지른다. 즉 그는 합당한 일을 합당하게 기뻐하지도 않고 괴로워하지도 않는다. 이것은 우리의 이야기가 진전됨에 따라 더욱 명백해질 것이다.

---

2) 이런 사람이 바로 관후한 사람이다.
3) 이런 사람은 관후한 사람이라 할 수 없다.
4) 시모니데스가 꼭 여기에 들어맞는 말을 했는지는 알 수 없다.

방탕과 인색은 두 가지 일, 즉 주는 일과 취하는 일에 있어 과도와 부족이라 함은 이미 말하였다.[5] 그런데 방탕은 취하는 일에서가 아니라 주는 일에는 과도하고 취하는 데 부족한 반면, 인색은 작은 일에 예외는 있지만, 대체로 주는 일에 부족하고 취하는 데 과도하다.

　방탕의 두 특징, 즉 주는 면의 과도와 취하는 면의 부족은 가끔 결부되어 있지 않다. 아무 데서도 취득하지 않고서 누구에게나 준다는 것은 쉬운 일이 아니기 때문이다. 사인(私人)은 자꾸 주기만 하면 쉽게 그 재산을 탕진하게 되며, 또 방탕한 사람이라는 명칭이 적용되는 것은 이런 사인에 대해서인 것이다. 물론 이 두 특징이 다 갖추어져 있을 때에는 이런 사람이 인색한 사람보다 훨씬 나아 보인다. 왜냐하면 나이를 먹고 가난하게 됨에 따라 그 못된 버릇이 쉽게 없어질 수 있고, 또 그리하여 중간의 상태로 옮아가게 될 수도 있기 때문이다. 그는 관후한 사람의 특징도 가지고 있다. 그는 주기를 잘 하고 취하는 일은 잘 하지 않으니 말이다. 다만 그는 이 두 가지 일 어느 것이나 올바르게 잘 하지 못할 따름이다. 그러므로 만일 그가 습관이나 이 밖의 다른 방법으로 이러한 일을 올바르게 잘 할 수 있도록 교육만 받으면, 충분히 관후한 사람이 될 수 있다. 이렇게 되는 날엔 그는 합당한 사람들에게 주며, 또 취해서는 안 될 데서 취하지는 않게 된다. 이런 까닭에 그는 나쁜 성격을 가지고 있다고 생각되지 않는다. 주는 일이나 취하지 않는 일에 과도로 흐르는 것은 사악하거나 야비한 사람의 특징이 아니라, 어리석은 자의 특징일 따름이다. 이런 의미에서의 방탕한 사람이 인색한 사람보다 훨씬 낫다고 생각되는 것은, 앞에 든 이유 때문에도 그렇거니와, 또한 전자가 많은 사람에게 혜택을 주는 반면, 후자는 아무에게도, 심지어 자기 자신에게도 아무 유익을 주지 못하기 때문이다.

---

5) 1119b 27.

그러나 방탕한 사람들은 대개 옳지 못한 데서 취한다는 점에서 치사하고 인색하다 할 수 있다. 그들은 쓰고 싶기는 하고, 쉽게 그렇게 할 수는 없어서 이렇게 취하기가 쉽게 된다. 이것은 그들의 소유물이 쉽게 탕진되기 때문이다. 그리하여 그들은 다른 데서 쓸 것을 마련하지 않으면 안 된다. 동시에 그들은 명예 같은 것을 전혀 문제 삼지 않는 까닭에, 어디서든지 무턱대고 취한다. 왜냐하면 그들은 남에게 주려는 욕망은 가지고 있으나, 또 어디서 어떻게 취하는가는 문제 삼지 않기 때문이다. 따라서 그들이 남에게 주는 것은 관후한 행위가 아니다. 그 이유는 그들이 고귀하지도 못하고, 고귀한 것을 목적으로 삼은 것도 아니며, 또 올바르게 행한 것도 아니기 때문이다. 때로 그들은 가난해야 할 사람들을 부유하게 하며, 훌륭한 인격을 가진 사람들에게는 아무 것도 주지 아니하며, 오히려 아첨하는 자나 자기에게 다른 어떤 쾌락을 주는 자에게 많은 것을 준다. 따라서 그들 대부분은 방종하다. 왜냐하면 그들은 마구 소비하며, 자기들의 여러 가지 방종한 일을 위하여 돈을 낭비하며, 또 고귀한 것을 목적으로 삼고 생활하지도 않으며, 또한 여러 가지 쾌락의 방향으로 마음이 기울어지기 때문이다.

그러므로 방탕한 사람을 지도하지 않고 그대로 내버려두면 위에 기술한 방향으로 나아가게 되지만, 세심한 주의를 기울여 지도해 주면 중간적인 올바른 상태에 도달할 수 있다. 그러나 인색한 성질은 고칠 수도 없고(나이를 먹는 일이나 모든 무능력은 사람들을 인색하게 하는 것으로 여겨지므로), 또 방탕한 성질보다도 더 인간의 본성에 깊이 뿌리박고 있는 것 같다. 왜냐하면 대부분의 사람은 돈을 남에게 주는 것보다 받는 것을 더 좋아하기 때문이다. 인색한 성질은 그 방향도 많고 모양도 많다. 그 종류가 많기 때문이다.

인색도 본래 두 가지 일, 즉 주는 면에서의 부족과 취하는 면에 있어서의 과도에서 성립하는 것인데, 언제나 반드시 이 두 방면이 갖추어져 있는 완전한 인색이란 없고, 자주 이 두 방면이 분리되어 있다. 즉 어떤 사람들은 취득하는 데 과도에 흐르고, 또 어떤 사람들은 주는 데 부족하다. '인색한', '구두쇠', '수전노' 같은 칭호를 듣는 사람들은 모두 주는 면에서 부족한 사람들이지만, 남의 소유물을 부러워하거나 탐내지는 않는다.

어떤 사람들에게 있어서는 이것이 일종의 정직 그리고 수치스러운 일의 회피로 말미암는다(후에 어쩔 수 없이 수치스러운 일을 하게 되지 않도록 돈을 모아둔다고 생각되는, 혹은 적어도 이런 이유로 돈을 모아둔다고 공언하는 사람들이 더러 있으니 말이다. 깍쟁이라든가 무엇이든지 몹시 아껴 쓰는 사람이 이런 부류에 속한다. 이들이 이런 칭호를 얻는 것은 무엇이든지 지나치게 남에게 주기를 싫어하기 때문이다). 그러나 한편 다른 어떤 사람들은 공포심에서 남의 물건에 손을 대지 않는다. 이것은 남의 물건을 취하면 자기 자신의 물건도 쉽사리 빼앗기리라는 염려 때문이다. 그러므로 이들은 취하지도 주지도 않는다.

또 다른 어떤 사람들은 무엇이든지 그리고 어디서든지 취함으로써 취득의 면에서 과도로 달린다. 예컨대 뚜쟁이와 같은 추잡한 영업을 하거나 적은 돈을 높은 이자를 받고 빌려 주는 사람들이 여기에 속한다. 이런 사람들은 모두가 취해서는 안 될 곳에서 취하며, 취해야 할 분량 이상의 것을 취하고 있다. 이들에게 공통되는 것은 분명히 추악한 이득욕(利得慾)이다. 이들은 모두 이득 때문에, 그것도 얼마 안 되는 이득 때문에, 더러운 욕을 먹는다. 옳지 못한 데서 정당치 않은 이득을 크게 보는 사람들, 가령 뭇 도시 국가를 침략하고 신전들을 약탈하는 전제 군주들에 대해서 우리는 인색하다고는 하지 않고, 오히려 악독하다든가 경건하지 못하다든가 부정하다고 한다. 그러나 투전꾼과 길목을 지키는 도둑이나 마적은 추악한 이득욕을 지닌 인색한 자의 부류에 속한다. 즉 이들은 다 같이 이득욕 때문에 계교를 써 가면서 부끄러운 일을 감행하는데 후자는 도둑질해서 얻을 물건 때문에 최대의 위험을 무릅쓰며, 또 전자는 제 것을 주어야 할 친구에게서 도리어 이득을 취하고 있다. 이들은 모두 그릇된 데서 이득을 보고자 하는 추악한 이득욕에 사로잡힌 자들이다. 그러므로 이런 모양의 취득은 모두 인색한 것이다.

인색이 관후에 반대되는 것으로 이야기됨은 당연한 일이다. 왜냐하면 인색은 방탕보다도 더 큰 악덕일 뿐만 아니라, 또한 사람들은 우리가 규정한 바와 같은 의미의 방탕에서보다도 이 방면 즉 인색의 방면에서 과실을 더 자주 저지르기 때문이다.

관후와 이에 반대되는 악덕들에 대해서는 이 정도 하기로 한다.

제2장 호탕 · 속악 · 쩨쩨함

다음으로는 호탕(豪宕)6)을 논하는 것이 옳은 순서일 것이다. 호탕 역시 재물에 관한 덕으로 생각되기 때문이다. 그러나 호탕은 재물에 관계되는 모든 행위에 미치는 관후와는 달라서, 다만 소비적인 행위에만 관계한다. 그리고 이런 행위에 있어 그 규모는 관후를 능가한다. 왜냐하면 그것은 <메갈로프레페이아>라 하는 명칭이 시사하는 바와 같이, <큰 규모에 맞는 알맞은 소비>이기 때문이다. 그러나 그 규모는 물론 상대적이다. 삼단(三段)으로 노가 달린 배를 장만하는 데 소요되는 비용과 델로스에 제사지낼 배를 보내는 데 소요되는 비용은 같지 않으니 말이다.7) 그러므로 그것은 소비의 당사자, 그리고 그때

---

6) 원어는 '메갈로프레페이아(μεγαλοπρέπεια), 영역에는 magnificence로 되어 있다.

의 사정과 소비의 대상에 대한 관계에서 잘 어울리는 것이어야만 한다. 작은 일이나 그다지 크지 않은 일에서 경우에 맞게 소비하는 사람(가령 "나는 나그네에게 많은 것을 주었다."8)라고 말할 수 있는 사람)도 호탕한 사람이라고는 불리지 않는다. 다만 큰일에 있어서 그렇게 하는 사람만이 호탕하다고 불리는 것이다. 즉 호탕한 사람은 관후하지만, 관후한 사람이라고 해서 반드시 호탕한 것은 아니다. 이런 성품의 결여는 '쩨쩨함'9)이라 불리고, 그 과도는 <속악>(俗惡)10)내지 <몰취미>11) 등의 명칭으로 불린다. 이 중에 후자는 마땅한 일에 있어서 과도로 흐르는 것이 아니고 옳지 못한 상황에서 옳지 못한 모양으로 지나치게 사치스러운 소비를 하는 것이다. 이 악덕들에 관해서는 조금 뒤에12) 말하기로 한다.

호탕한 사람은 마치 예술가와 같다. 그는 어떻게 하는 것이 어울리는가를 알며, 또 많은 비용을 적절히 사용하여 취미를 살리기 때문이다. 맨 처음에 말한 바와 같이13) 성품은 그 활동 및 그 대상에 의하여 결정된다. 그런데 호탕한 사람이 쓰는 비용은 많고 충분하다. 그러

---

7) 직역하면 "트리에라르코스(τριήραρχος)와 아르키데오로스(ἀρχιθείρος)에게 있어서 그 비용은 같지 않다." 전자는 삼단의 노가 달린 군선 한 척의 유지비를 분담하는 사람들의 책임자. 후자는 델로스(Delos)의 제사(플라톤 『파이돈』, 58a~c 참조)에 아테나이를 대표하여 파견되는 사절단인 테오리아(θεωρία) 단장으로 그 항해에 소요되는 비용을 국가와 분담하였다. 이 비용을 장만하는 것은 일정한 재산을 가지고 있는 사람들의 공공의 의무였다.

8) 『오딧세이아』, 제17권, 420.

9) 원어는 '미크로프레페이아'(μικροπρέπεια). 영역에는 niggardliness라 되어 있다. '쩨쩨함'이라 옮긴 것은 시속(時俗)을 따라 본 것인데 '옹졸함'이라 해도 좋을 것이다.

10) 원어는 '바나우시아'(βαναυσία). 영역에는 vulgrarity라 되어 있다. 그저 크기만 한 것을 이르는 말이다.

11) 원어는 '아페이로칼리아'(ἀπειροκαλία). 영역에는 lack of taste, tastelessness (제2권, 제7장에서)라 되어 있다. '멋없는 사치'라 할 수도 있다.

12) 1123a 19~33.

13) 1103b 21~23; 1104a 27~29 참조.

므로 그 결과 또한 그렇다. 그리하여 큰 지출이 있고 또 거기에 알맞은 결과가 생기는 것이다. 그러므로 그 결과는 그만한 비용을 쓴 보람이 있어야 하는 것이요, 또 그 비용은 그만한 결과를 낼 만도 하고 또 그만한 결과를 낼만한 이상의 것이 아니어서는 안 된다. 그리고 호탕한 사람은 그만한 액수를 명예스러운 일을 위하여 쓴다. 이것이 모든 덕에 공통되는 일이기 때문이다. 그리고 그는 이런 일을 매우 기쁜 마음으로 아낌없이 한다. 따져서 계산하는 것은 쩨쩨한 짓이기 때문이다. 그리고 그는 어떻게 하면 가장 아름답고 가장 훌륭한 결과를 얻을 수 있는가를 신중히 생각하기는 하지만, 일을 마치려면 돈이 얼마나 들며 어떻게 하여야 가장 싸게 할 수 있는가 하는 따위는 고려하지 않는다. 그러므로 호탕한 사람은 또한 반드시 관후하기도 하다. 왜냐하면 관후한 사람도 그가 마땅히 써야 할 비용을 마땅히 쓸 만큼 쓰기 때문이다. 그리고 호탕한 사람이라는 명칭에 내포된 위대성—이를테면, 통이 큰 것—이 드러나는 것은 바로 이런 점에 있어서이다. 즉 마땅히 써야 할 데에 쓰는가, 그리고 마땅히 쓸 만큼 쓰는가 하는 점에 있어서이다. 그런데다가 관후가 또한 이런 점에 관계되는 것이므로 결국 호탕한 사람이 또한 관후하기도 한 것이다. 그리고 그는 똑같은 비용을 가지고도 더 호탕한 성과[14]를 만들어낼 것이다. 재물과 성과는 그 우수성이 같지 않기 때문이다. 재물에 있어서는 가장 값이 많이 나가는 것—가령 황금 같은 것—이 가장 귀하지만, 성과의 경우에는, 크고 아름다운 것이 귀하다(이와 같은 성과를 얻게 되면 경탄을 금할 수 없는데 호탕도 그렇다). 즉 성과의 우수성—다시 말하면 호탕함—은 규모가 큰 데 있다. 호탕은 우리가 영광스러운 일이라고 보는 일에 대한 지출의 속성이다. 가령 신들에 관계된 여러 가지 지출—신에게 서약하고 드리는 여러 가지 헌납·건축 및 희생—과

---

14) 로스는 이것을 work of art 즉 '예술품'이라 새기고 있다.

또 신들 이외의 다른 어떤 숭배 대상에 대해서 내는 지출, 그리고 또 사람들이 합창단이나 삼단노(三段櫓)의 배를 장만하겠다든가, 국가적인 잔치를 크게 베풀어야겠다고 생각하는 때처럼 공공의 명예심을 만족시키는 온갖 지출의 속성이다.

그러나 조금 전에 말한 것처럼,[15] 어느 경우에 있어서나 우리는 또한 그 지출 당사자를 기준으로 삼는다. 그리하여 그가 어떤 사람이며 얼마만한 재력을 가지고 있는가를 고려한다. 왜냐하면 지출은 그의 재력에 합당한 것이어야 하며, 또 그 성과에 어울릴 뿐만 아니라, 그 당사자에게도 어울리는 것이어야 하기 때문이다. 따라서 가난한 사람은 호탕할 수가 없다. 그는 많은 돈을 멋지게 쓸 만한 재력을 가지고 있지 않기 때문이다. 그러면서도 구태여 그렇게 해보려는 자는 어리석은 자이다. 올바른 지출만이 덕이 있는 일인데 그는 자기가 쓸 수 있는 합당한 액수 이상을 쓰고 있다. 큰 지출은 자기 자신의 노력에 의하여, 혹은 조상이나 친척으로부터 얻은 것이 있어 그만한 지출을 할 만한 재력을 가지고 있는 사람들, 그리고 명문귀족 출신의 사람들 등에 합당한 것이다. 왜냐하면 그래야 규모가 큰 것과 값진 것을 바랄 수 있기 때문이다.

그리하여 호탕한 사람은 무엇보다 먼저 이런 종류의 사람이요, 또 호탕한 성질은, 조금 전에 말한 바와 같이, 이런 종류의 지출에 나타난다. 이런 지출이야말로 가장 크고 또한 가장 영광스러운 것이기 때문이다. 사사로운 지출 가운데서 가장 호탕한 것은 일생에 한번밖에 없는 일—가령 결혼식이나 이와 비슷한 일—혹은 사적이라 하더라도 온 나라 혹은 온 국민이 관심을 가지는 일, 그리고 외국의 귀한 손님을 영접하고 환송하는 일, 그리고 또 선물을 보내는 일과 답례하는 일이다.

---

15) 1122a 24~26.

호탕한 사람은 자기 자신의 일로 돈을 쓰지 않고 공공의 일로 돈을 쓰며, 또 선물이란 신들에 대한 헌납과 비슷한 데가 있기 때문이다. 호탕한 사람은 또 자기의 집을 자기의 부에 알맞게 꾸밀 것이며(집도 일종의 공공 장식물이므로), 가장집물(家藏什物)이나 장식용 예술품에 있어서는 영속성이 있는 것에 비용을 들일 것이며(이런 것들이 가장 아름다운 것이므로), 또 온갖 물건에 알맞게 비용을 들일 것이다. 똑같은 것이 신들에게와 인간들에게 한결같이 적합한 것이 아니요, 또 신전에서와 묘지에서 한결같이 적합한 것이 아니니 말이다. 그리고 영역마다 서로 다른 지출이 큰 지출이요, 무조건 호탕한 것은 큰일에 대한 큰 지출이지만, 어떤 특정한 경우에 호탕한 것은 그 여러 가지 사정에서 큰 지출이요, 또 성과의 크기는 비용의 크기와 다르다(가장 아름다운 공이나 병은 한 아이에게 주는 선물로서는 호탕하지만, 그 값은 적고 보잘 것 없으므로). 그렇기 때문에, 무엇을 만들어내든지 호탕하게(그 이상의 것은 쉽사리 만들어질 수 없는 정도로) 만들어내고 그 지출에 보람이 있도록 만들어내는 것이 호탕한 사람의 특징이다.

과도에 흘러 속악한 사람은, 이미 말한 바와 같이16) 합당한 정도 이상을 씀으로써 과도에 흐른다. 즉 그는 지출을 조금 해야 될 일에 많이 하며, 천박한 사치를 과시한다. 예를 들면 조그마한 회식을 마치 혼례식 잔치나 하는 양 차리며,17) 희극의 합창단을 위하여 그 비용을 장만하기로 했을 때에,18) 메가라 사람들이 하는 것처럼 보라색 의상을 합창 단원에게 입혀 맨 처음에 등장시킨다. 그리고 이 모든 것

---

16) 1122a 31~33.

17) 각자가 돈을 내서 회식하면 되는 일에 혼자서 비용을 부담해 가지고 크게 식탁을 차린다는 뜻이다.

18) 이런 때에도 델로스의 제사에 가는 사절단의 경우와 마찬가지로, 그 비용의 부담은 일정한 부를 가지고 있는 사람들의 공공의 의무였다(주7, 참조).

을 그는 명예를 위해서가 아니라 그 부를 자랑하기 위해서 한다. 그는 이런 것들로 해서 자기가 존경을 받는 줄 생각하고 있다. 그리고 그는 마땅히 많이 써야 할 곳에는 적게 쓰고 마땅히 적게 써야 할 곳에는 많이 쓴다.

 이에 반하여 쩨쩨한 사람은 무슨 일에나 부족하게 쓴다. 그리고 가장 큰 액수의 비용을 들였을 때에도 사소한 일로 그 성과의 아름다움을 깨뜨려 버린다. 또 무슨 일을 하든지 주저하며, 어떻게 하면 돈을 가장 적게 들일 수 있을까 궁리하고, 그렇게 하고서도 끙끙 앓으며, 또 무슨 일을 하든지 자기에게 합당한 정도 이상의 규모로 하고 있다고 생각한다. 이런 성품들은 다 악덕이지만 수치를 초래하지 않는 것은 이것들이 이웃 사람들에게 유해하지도 않고 아주 보기 흉하지도 않기 때문이다.

D. 명예에 관계되는 덕

제3장 긍지 · 허영 · 겸손

긍지(矜持)는 <메갈로프쉬키아>[19] (정신이 큼)라는 그 명칭으로 보더라도 큰 것에 관계하는 것으로 생각된다. 어떤 종류의 큰 것에 관계하는가 하는 것이 먼저 우리가 알아볼 문제이다. 이것을 알아보는 데는 긍지의 성품을 살펴보나 혹은 이 성품을 가진 사람을 살펴보나 마찬가지이다.

긍지 있는 사람이란 자기 자신을 큰일에 합당하다고 생각하며, 또 사실 그러한 사람이다. 자기의 가치 이상으로 자기 자신을 생각하는 자는 어리석은 사람이지만, 자기의 덕에 의거해서 그렇게 생각하는 자는 어리석은 사람도 아니요, 이성이 없는 사람도 아니다. 그러므로 긍지 있는 사람이란, 방금 우리가 말한 바와 같은 사람이다. 작은 일에 합당하고 또 스스로 그렇게 생각하는 사람은 절제 있는 사람이기는 해도 긍지 있는 사람은 못된다. 마치 아름다움은 웬만큼 큰 몸집을 예상하므로, 조그마한 사람은 단아하고 균형이 잘 잡혀 있을 수는 있으나 아름다울 수는 없는 것과 마찬가지로, 긍지에는 큰 것이라 할까 위대성이라 할 것이 내포되어 있다. 한편 큰일에 합당하다고 스스로

---

19) μεγαλοψυχία. "pride라는 역어는 물론 megalopsychia와는 어원적으로 아무 상관이 없는 말이지만, 다른 여러 면에서는 가장 좋은 역어로 생각된다."(로스 의 주)

생각하지만 사실 그렇지 않은 사람은 허오(虛傲, 지나치게 교만)한20) 사람이다. 물론 자기의 진가 이상으로 자기 자신을 생각하는 사람이라고 해서 누구나 다 허오한 것은 아니다. 자기의 진가보다 낮게 자기 자신을 생각하는 사람은 비굴한21) 사람이다. 그 진가가 대단히 큰 것이든, 혹은 그저 보통쯤 되는 것이든, 또 혹은 그 진가가 적은데 그보다도 더 낮게 자기 자신을 생각하는 경우든, 어떻든 자기 자신의 진가보다 못하게 스스로를 평가하는 것은 비굴한 사람이 하는 짓이다. 그리고 그 진가가 대단히 큰 사람이 비굴하면 그 비굴은 가장 큰 비굴이라 아니 할 수 없다. 이런 사람은, 만일 그 진가가 그만 못했을 경우 무슨 일을 할지 모르니 말이다. 그러므로 긍지 있는 사람은 자부(自負)하는 바가 큰 점에서도 극단이지만 그 자부가 옳은 점에서는 중용이다. 그의 자부는 그 가치에 합당한 것이지만, 다른 사람들은 과도나 부족에 흐른다.

　그리하여 만일 그가 큰일에, 그리고 특히 가장 큰 일에 합당하고 또 그런 자부심을 가지고 있다고 하면, 그는 특별히 한 가지 일에 관심을 둘 것이다. 자기가 무엇에 합당하다든가 얼마만한 가치가 있다든가 하는 것은 외적인 선과의 관계에서 말해지는 것이다. 이런 외적인 선은 여러 가지가 있는데, 그 중 가장 큰 것은 신들에게 우리가 돌리는 것, 높은 지위에 있는 사람들이 가장 절실하게 희구하는 것, 가장 고귀한 행위에 주어지는 상이라 할 수 있다. 명예가 바로 이런 것이다.

---

20) ‘허오한’이라는 말은 우리말에서는 흔히 쓰이지 않지만 원문의 의미를 잘 드러내는 성싶어 지은 말이다. 영역에는 vain으로 되어 있다. ‘속없는’, ‘공연히 거만한’이라 해도 좋을 것이다.

21) 원어는 ‘미크로프쉬코스’(μικρόψυχος). 명사 ‘비굴’은 ‘미크로프쉬키아’ (μικροψυχία). 어원적으로 보면 앞에 나온 ‘긍지’의 원어 ‘메갈로프쉬키아’의 반대어로 ‘정신이 작음’ 내지 ‘속이 작음’을 의미한다. 영역에는 unduly humble이라 되어 있으니 ‘지나치게 겸손하다’라고 하든가 ‘까닭 없이 겸손하다’라고 해도 좋을 것이다.

즉 명예야말로 외적인 선들 가운데 가장 큰 것이다. 그러므로 명예와 불명예는 긍지 있는 사람이 응당 깊은 관심을 기울이는 대상이다. 그리고 긍지 있는 사람들이 명예에 마음을 쓰는 것은 두말할 필요가 없다. 그들은 주로 명예에 관해서 자기가 합당하거나 가치가 있다고 생각하기 때문이다. 다만 이때 그들의 생각은 그들의 가치에 부합하는 것이다. 비굴한 사람은 자기 자신의 진가에 비하여, 또 긍지 있는 사람의 자부에 비하여 부족한 사람이다. 허오한 사람은 자기 자신의 진가에 비하여 과도에 흐르지만, 긍지 있는 사람의 자부에는 미치지 못한다.

그런데 긍지 있는 사람이란, 가장 큰 가치를 지닌 사람인 까닭에 또한 반드시 최고도로 선한 사람이다. 왜냐하면 보다 더 선한 사람은 보다 더 큰 가치를 지니며, 가장 선한 사람은 가장 큰 가치를 지니기 때문이다. 그러므로 참으로 모든 덕의 위대성이 긍지 있는 사람의 특징이기도 하다. 또 자기의 무기를 내버리고 위험에서 도망치거나, 혹은 남에게 해를 끼치거나 하는 일은 긍지 있는 사람에게 가장 어울리지 않는 일이다. 사실 아무 것도 크다고 보지 않는 사람이 무엇 때문에 창피한 일을 저지르겠는가? 우리가 그를 자세히 살펴본다면, <선하지 않고서 긍지 있는 사람>이란 전혀 이치에 맞지 않는 생각임을 알 수 있다. 또 나쁜 사람이 명예를 얻을 가치가 있다고도 생각되지 않는다. 왜냐하면 명예란 덕에 대한 보상이요, 명예를 얻는 것은 선한 사람들이기 때문이다. 그리고 보니, 긍지란 온갖 덕이 차지하는 일종의 월계관과 같은 것으로 생각된다. 그것이 이것들을 더욱 큰 것이 되게 하며, 또 이것들 없이는 생기지 않기 때문이다. 그러므로 참으로 긍지 있는 사람이 된다는 것은 힘든 일이다. 성격의 고귀함과 선함이[22]

---

22) '성격의 고귀함과 선함'이라 새긴 것은 원어로 '칼로카가티아'($\kappa\alpha\lambda o\kappa\alpha\gamma\alpha\theta\acute{\iota}\alpha$) 이다. 즉 '칼론'($\kappa\alpha\lambda\acute{o}\nu$, 아름다움)과 '아가톤' ($\dot{\alpha}\gamma\alpha\theta\acute{o}\nu$, 선함)이 합해진 말이

없이는 불가능하기 때문이다.

그러므로 긍지 있는 사람이 관심을 두는 것은 주로 명예와 불명예이다. 그리고 그는 큰 명예나 혹은 선한 사람들이 주는 명예에 대해서는, 그것이 자기에게 어울리는 것이라 생각하며, 혹은 자기에게 좀 어울리지 않더라도 적지 않은 기쁨을 느낄 것이다. 어울리지 않는다고 하는 이유는 완전한 덕에 합당한 명예란 있을 수 없기 때문이다. 그래도 그는 이것을 어떻든 받아들일 것이다. 그에게 줄 더 큰 명예를 사람들이 가지고 있지 않기 때문에. 그러나 그는 평범한 사람들로부터 사소한 내용을 가지고 주어지는 명예는 아주 멸시할 것이다. 그런 것은 그의 진가에 합당한 것이 아니니까. 불명예에 대해서도 마찬가지이다. 도대체 불명예란 그의 경우에 옳은 것이 못 되기 때문이다.

그러므로 이미 말한 바와 같이,23) 긍지 있는 사람은 무엇보다도 명예에 관심을 두지만, 그러면서도 또한 그는 부나 권세나 모든 행운이나 불운에 대해서, 이것들이 어떻게 들이닥칠지라도 자기 마음을 잘 가누어, 행운을 만났다고 해서 지나치게 좋아하지 않을 것이며, 불운을 만났다고 해서 지나치게 괴로워하는 일도 없을 것이다. 그는 명예에 대해서도 마치 그것이 큰일이나 되는 양 처신하지 않으니 말이다. 권세나 부는 명예 때문에 바람직한 것이지만(적어도 이것들을 가지고 있는 사람들은 이것들로 해서 명예를 얻고 싶어 한다), 명예조차 작은 것으로 보는 사람들에게는 다른 것들은 더욱 보잘것없는 것이

다. 그러므로 그냥 '아름다우며 선함'이라 하는 것이 정확한 역어일 것이다. 그러나 여기에서 '아름다움'이라 함은 물론 마음이나 성품의 아름다움이다. 그러므로 로스는 nobility and goodness of character라 새기고 있다. 로스가 nobility라 옮긴 '칼론'이라는 말은 지금까지 이 책에서 쭉 '고귀함' 이라 옮겨 왔다. '성격의 고귀함'이라 한 것은 너무 직역인 것 같아 좋아 보이지 않지만 '마음의 고귀함'이라 하는 것과 다름없는 의미라 할 수 있을 것이다. 그리고 '마음의 아름다움'은 곧 '마음의 고귀함'이라 할 수 있을 것이다.

23) 1123b 15~22.

다. 그러므로 긍지 있는 사람은 거만하다고 생각된다.

 행운으로 생기는 여러 가지 좋은 조건도 역시 긍지에 대해서 기여하는 것으로 생각되고 있다. 왜냐하면 좋은 집안에 태어난 사람들이 존경을 받기에 합당하다고 생각되며, 또 권세나 부를 누리고 있는 사람들도 그렇게 생각되기 때문이다. 이런 사람들은 우월한 지위에 있는데, 어떤 좋은 일에서 우월성을 가지고 있는 것은 어느 것이나 그만큼 더 존경을 받고 있기 때문이다. 따라서 이러한 여러 좋은 조건도 사람들을 더욱 긍지 있게 한다. 이런 것들을 가진 사람들을 존경하는 사람이 더러 있기 때문이다. 그러나 사실은 선한 사람만이 존경을 받아야 한다. 물론 이런 것들도 가지고 있는데다가 다시 선까지 가지고 있는 사람은 더욱 존경받을 만하다고 생각된다. 덕이 없으면 그러한 좋은 조건들을 가지고 있는 사람들은 아무리 자기의 가치가 크다고 생각해도 소용없으며, 또 긍지 있는 사람이라는 말을 들을 만하지도 못하다. 이렇게 되려면 완전한 덕이 있어야 하기 때문이다. 그런데 그러한 좋은 조건들을 가지고 있는 사람들도 거만하게 되고 불손하게 된다. 덕이 없으면 행운으로 말미암은 좋은 조건들을 의젓하게 받아들여 점잖게 처신하기가 쉽지 않기 때문이다. 그리고 이렇게 처신할 수가 없고, 또 스스로 남보다 우월하다고 생각하는 가운데 그들은 남을 멸시하고 제멋대로 행동한다. 그들은 긍지 있는 사람과 닮은 데가 없으면서 긍지 있는 사람을 흉내 내되, 자기들이 할 수 있는 일에서 흉내 낸다. 그리하여 그들은 덕 있는 행위를 하지 않으면서 그저 남을 멸시한다. 긍지 있는 사람의 멸시는(그의 생각이 옳기 때문에) 정당하지만, 세상 사람들은 공연히 남을 멸시하는 일이 많다.

 긍지 있는 사람은 하찮은 위험에 뛰어들지도 않으며 또 위험을 좋아하지도 않는다. 왜냐하면 그는 아주 소수의 일밖에는 존경하지 않기 때문이다. 그러나 그는 큰 위험에는 몸소 나아가며, 또 위험을 당하여

서는 목숨을 아끼지 않는다. 이것은 그가 어떤 조건에서는 목숨이 아
까울 것이 못됨을 알고 있기 때문이다. 그리고 그는 남에게 혜택을 주
기를 좋아하는 성질의 사람이요, 남에게 혜택을 받는 것을 부끄럽게
여긴다. 왜냐하면 전자는 우월한 사람에 속하고 후자는 열등한 사람
에 속하기 때문이다. 그리고 그가 남에게 혜택을 받았을 때에는 그보
다 더 큰 혜택을 그 사람에게 베풀기를 좋아한다. 이렇게 해야 처음에
혜택을 베푼 사람이 도리어 그에게 빚진 셈이 되며, 또 그 거래에서
보다 많은 혜택을 받은 자가 되기 때문이다. 또 그들은 자기가 남에게
잘 해준 일은 모조리 기억하지만, 남이 자기에게 잘 해준 일은 전혀
기억하지 않는 것 같다(남의 봉사를 받는 사람은 봉사를 한 사람보다
못한 사람인데, 긍지 있는 사람은 우월하기를 원하므로). 그리고 그
는 전자에 관해서는 기쁨을 가지고 듣지만, 후자에 대해서는 불쾌하
게 생각하는 것 같다. 테티스[24]가 제우스에게 행한 여러 가지 좋은
일을 그에게 말하지 않은 것[25]도, 또 스파르타 사람들이 아테나이
사람들에게 행한 여러 가지 좋은 일을 되뇌지 않고 오히려 자기들이
당했던 선행을 말한 것도 모두 이 때문이라고 생각된다.[26] 그리고
아무 것도 혹은 거의 아무 것도 요구하지 않고, 자진해서 남을 도와주
는 것과, 또 높은 지위와 행운을 누리고 있는 사람들에 대해서는 위엄
있는 태도를 취하지만, 평범한 사람들에 대해서는 겸손한 태도를 취
하는 것도 긍지 있는 사람의 특징이다. 왜냐하면 전자에 대해서 우월
한 태도를 가지는 것은 어렵고 고매한 일이지만, 후자에 대해서 그렇

---

24) Thetis. 그리스 신화에 나오는 바다의 여신. 아킬레스의 어머니.
25) 사실은 그녀가 말했던 것이다. 『일리아스』, 제1권, 503 참조. 아리스토텔레스
  가 잘못 기억한 것이다.
26) B.C. 369년 테바이군의 침입에 즈음하여, 스파르타가 아테나이에 원조를 청했
  을 때의 일인 듯하다. 그런데 크세노폰의 *Hellenika*, 제6권 제5장, 35 이하에
  의하면, 사실은 아리스토텔레스의 기술과는 반대이다. 이것도 아리스토텔레스
  의 잘못된 기억일 것이다.

게 하는 것은 쉬운 일이요, 또 전자에 대해서 고매한 태도를 취하는 것은 교육을 잘못 받은 증거는 아니지만, 하층 계급의 사람들에게 그렇게 하는 것은 마치 약자에게 완력을 휘두르는 것처럼 속없는 짓이기 때문이다. 뿐만 아니라, 세상에서 흔히 명예스럽다고 여기는 것들이나, 혹은 남들이 뛰어나게 잘 하고 있는 일들을 목표삼지 않는 것이 긍지 있는 사람의 특징이다. 또 큰 명예나 성과가 문제인 경우를 내놓고는 행동이 느리고 머뭇거리는 것, 그리고 하는 일이 많지는 않지만 일단 하는 날엔 크고 고귀한 일을 하는 것도 그의 특징이다. 그는 또 한 반드시 공공연히 미워하며 공공연히 사랑한다(자기의 감정을 감추는 것, 즉 자기의 감정을 솔직히 털어놓는 것보다 사람들이 어떻게 생각할까를 더 염려하는 것은 비겁한 자가 하는 짓이므로). 또 내놓고 말하며 내놓고 행동한다. 왜냐하면 그는 남을 경멸하는 까닭에 자유롭게 말하며, 또 속없는 사람들에게 비꼬아[27] 말할 때를 제외하고는 언제나 있는 대로의 사실을 말하기 때문이다. 그는 자기의 생활을 남 중심으로 — 친구의 경우에는 또 모를 일이지만 — 맴돌게 할 수가 없다. 이렇게 하는 것은 노예와 같으며, 또 자존심이 없는 사람들은 아첨꾼인 것이다. 긍지 있는 사람은 또 별로 경탄하는 일이 없다. 그에게는 어떤 것도 큰 것이 못되기 때문이다. 또 그는 온갖 언짢은 일을 기억하지도 않는다. 지난 일을 오래 기억하고 있는 것, 특히 언짢은 일을 언제까지나 기억하는 것은 긍지 있는 사람의 할 일이 아니기 때문이다. 그는 또 소문을 좋아하여 한담(閑談)을 즐기는 자도 아니다. 그는 자기가 칭찬을 듣는 일이나 남이 욕을 먹는 일에 대해서 신경을 쓰지 않는 까닭에, 자기 자신에 관해서나 타인에 관해서 말하지

---

27) 원어로는 '에이로네이아'라고 되어 있다. 즉 '반어법(反語法)으로'라는 뜻이다. 이 '에이로네이아'라는 말을 쓸 때 아리스토텔레스는 소크라테스의 모습을 염두에 두고 있는 것 같다. '에이로네이아'는 그런 의미의 '비꼼' 내지 '빈정댐'이다.

않기 때문이다. 또 그는 무턱대고 남을 칭찬하지 않는다. 그리고 이와 똑같은 이유에서, 무턱대고 남을 나쁘게 말하지도 않는다. 남을 위압하기 위한 경우면 또 몰라도, 하여튼 그는 자기의 적에 관해서도 나쁜 말을 하지 않는다. 필연적인 일이나 작은 일에 관해서 그는 누구보다도 슬퍼하거나 남의 도움을 청하는 일이 적다. 이런 일들에 관해서 슬퍼하거나 남의 도움을 청하는 것은 이런 일들을 심각하게 생각하는 사람들이 하는 짓이기 때문이다. 그는 이익이 많고 유용한 것들보다는 오히려 이익은 없지만 고귀한 것들을 소유하고자 한다. 이렇게 하는 것이 자족적인 성질에 더욱 합당한 일이기 때문이다.

좀더 깊이 추궁하건대, 긍지 있는 사람에게는 조용한 걸음걸이와 차분한 음성과 찬찬한 말투가 어울리는 것으로 생각된다. 대개 웬만한 일을 대단한 것으로 여기지 않는 사람은 서두르는 일이 별로 없으며, 아무것도 큰일이라고 보지 않는 사람은 별로 흥분하는 일이 없기 때문이다. 이에 반하여, 날카로운 음성과 빠른 걸음걸이는 서두름과 흥분의 결과인 것이다.

그러니 이러한 사람이 긍지 있는 사람이다. 긍지가 그만 못한 사람은 비굴하고, 그보다 지나친 사람은 허오(噓傲)하다. 그런데 이 양자도 악한 사람은 아니고(악의를 품고 있는 것은 아니므로), 다만 생각이 잘못되었을 뿐이다. 비굴한 사람은 여러 가지 선한 일을 하기에 합당한 사람인데도 자기의 진가를 스스로 떼어 버린다. 그리고 자기 자신이 여러 가지 선한 일에 합당하다고 생각하지 않음으로써 자기에 대해서 잘못을 저지르고 있는 것 같고, 또 자기 자신을 알지 못하는 것 같기도 하다.

그렇지 않고서야 그는 자기에게 합당한 것들이 좋은 것들인데도 이것들을 바라지 않았을 리 없기 때문이다. 그렇지만 이런 사람들은 어리석은 사람으로는 생각되지 않고, 오히려 지나치게 소극적인 사람이라고 생각된다. 하지만 이런 평가는 그들을 실제로 악화시키는 것 같다. 왜냐하면 사람마다 자기의 가치에 어울리는 것을 희구하는 터인데, 이 사람들은 스스로 가치 없다고 생각하며, 고귀한 행위와 사업에 나아가기를 주저하며, 또 외적인 여러 가지 선에 대해서도 그리하기 때문이다. 한편 허오한 사람들은 어리석은 자요, 자기 자신을 모르는 자이다. 그리고 이들이 어리석고 자기 자신을 모르는 것은 뻔히 드러난다. 이들은 그만한 가치가 없으면서 명예스러운 일에 손을 대는데 금방 실력이 드러난다.

그들은 자신을 치장하고, 자기 행운의 여러 결과를 널리 자랑하고 싶어 하며, 이런 것들로 인하여 자기가 사람들에게 존경이라도 받을 줄 아는지 이런 것들에 관해서 말한다. 그러나 허오보다는 비굴이 긍지에 더 반대되는 것이다. 왜냐하면 비굴이 더 흔하고 더 좋지 않은 것이기 때문이다. 그리하여 앞서 말한 바와 같이,28) 긍지란 큰 규모에서의 명예에 관한 것이다.

제4장 야심, 야심 없음, 그리고 이 둘의 중간

명예의 문제에 관해서 맨 처음에 몇 마디 했을 때에 말한 바와 같이,29) 명예의 영역에도, 호탕에 대한 관후의 관계와 같은 관계를 긍지에 대해서 가지는 어떤 덕이 있어 보인다. 왜냐하면 이것들, 즉 관후와 이 덕은 둘 다 큰 규모와는 상관이 없는 것이요, 또 둘 다 우리로 하여금 평범하고 사소한 일에 관해서 올바르게 처신하게 하는 것이기 때문이다. 마치 재물을 주는 일이나 받는 일에 중용이 있고 또

---

28) 1107b 26; 1123a 34~b 22.
29) 1107b 21~27.

과도와 부족이 있는 것과 마찬가지로, 명예를 바라는 일에도 적당한 정도와 부족한 정도가 있고, 또 당연한 출처와 당연한 방도가 있을 수 있는 것이다. 우리는 적당한 정도 이상으로, 그리고 옳지 않은 곳에서 명예를 얻고자 하는 사람을 야심가30)라 하여 비난하지만, 고귀한 이유가 있음에도 불구하고 명예를 얻고자 하지 않는 사람도 야심 없는 자31)라 하여 또한 비난한다. 그러나 맨 처음에도 말한 바와 같이32), 우리는 때로 야심가를 비범하다 하고, 또 고귀한 일을 사랑한다 하여 칭찬하며, 한편 야심 없는 자를 온건하고 자제한다 하여 칭찬하기도 한다. <무엇을 좋아한다>는 것은 한 가지 이상의 의미를 가지고 있으므로, 분명히 <야심> 즉 <명예욕>이라는 말은 언제나 똑같은 것을 의미하는 것은 아니지만, 이 성질을 칭찬할 때 우리는 명예를 대부분의 사람들보다 더 사랑하는 사람을 생각하며, 이 성질을 비난할 때 우리는 적당한 정도 이상으로 명예를 사랑하는 사람을 생각한다. 중용은 명칭이 없기 때문에 양 극단이 중용의 위치를 마치 이것이 비어 있기나 한 듯 제각기 차지하려고 다투고 있는 듯이 보인다. 그러나 과도와 부족이 있으므로 또한 중간의 것이 없을 수 없다. 그런데 사람들은 명예를 적당한 정도 이상으로 혹은 그 이하로 갈망한다. 그러므로 또한 적당한 정도로 갈망하는 것도 가능하다. 하여튼 명칭은 없지만, 이것이 명예에 관해서 중용인 까닭에, 또한 이것이 칭찬받는 상태33)이다. 명예욕에 비하면 이것은 명예를 싫어하는 것 같아 보이고, 명예를 싫어하는 것에 비하면 이것은 명예욕 같아 보인다. 한편 이 양자와 각각

---

30) 원전에는 ‘명예를 좋아하는 사람’이라는 말로 되어 있으나, 로스가 ambitious man이라 한 것을 따라 ‘야심가’라 옮겼다.

31) 원전에는 ‘명예를 사랑하지 않는 사람’이라 되어 있으나, 로스가 unambitious man이라 한 것을 따라 ‘야심 없는 자’라고 옮겼다.

32) 1107b 33.

33) ‘성품’이라 해도 좋을 것이다. 이 말의 원어는 물론 ‘헤크시스’로서 지금까지 쭉 ‘성품’이라 새겨 온 것이다. 제2권, 주13 참조

비교해 보면 이것은 어느 의미에서 이 양자를 합친 것 같기도 하다. 이것은 다른 덕들에 대해서도 마찬가지이다. 그러나 이 경우는 중용에 명칭이 없기 때문에 양 극단이 서로 정반대로 대립하고 있는 듯이 보인다.

E. 노여움에 관계되는 덕

제5장 온화, 화를 잘 내는 성미, 화를 낼 줄 모르는 성미

온화[34]는 노여움에 관한 중용이다. 이 중용에는 꼭 알맞은 명칭이 없고, 또 양 극단에도 적절한 명칭이 없기 때문에, <온화>라는 말은 부족 쪽에 가까운 것이지만 이것으로 중간 상태를 지시하는 말로 삼기로 한다. 그 부족 쪽도 적절한 명칭이 없다. 과도 쪽은 일종의 <성급함>[35] 곧 <화를 잘 냄>이라 부를 수 있다. 그 원인은 많고, 또 다양하게 다르지만, 그 감정은 노여움이다.

당연히 노여워할 일에 대해서, 또 당연히 노여워할 사람들에 대해서 그리고 또 적당한 정도로 적합한 때에, 그리고 적당한 시간 동안 노여워하는 사람은 칭찬을 받는다. 이런 사람이 온화한 사람이고, 그의 온화함은 칭찬을 받는다. 즉 온화한 사람이란 쉽사리 마음이 흔들리지 않으며, 감정에 좌우되지 않고, 다만 순리를 따라 옳은 태도로, 노여워 할 일에 적당한 시간 동안만 노여워하는 사람이다. 그러나 따져보면 그는 오히려 부족의 방향에서 과오를 저지르는 것으로 생각된다. 왜냐하면 온화한 사람은 원수를 잘 갚기보다는 오히려 너그럽게 용서를 잘하는 사람이기 때문이다.

부족은 일종의 <무성미>(無性味), 즉 <화낼 줄 모름>이든 이 밖의

---

34) 원어는 '프라오테스'(πραότης). 로스는 good temper라 옮기고 있다. 이것을 따라 '좋은 성미'라고 해도 좋을 것이다.
35) '사나운 성미'라고 해도 좋을 것이다.

다른 어떤 것이든 비난을 받는다. 당연히 노여워해야 할 일에 대해서 노여워하지 않는 사람은 어리석다고 생각되며, 또 올바른 자세로 마땅한 때에, 혹은 노여워해야 할 대상에 대해서 노여워하지 않는 사람도 바보로 여겨진다. 왜냐하면 이런 사람은 감각도 없고 고통도 느낄 줄 모르는 사람이라고 생각되며, 또 노여워할 줄 모르는 자는 자기 자신을 지켜낼 수 있을 것 같지 않은 사람으로 생각되기 때문이다. 그리고 모욕을 당하고도 참으며 자기의 친구가 모욕당하는 것을 참는 것은 노예적인 일이다.

과도는 이상에 지적한 모든 점에서(즉 노여워해서는 안 될 상대에게, 노여워할 때가 아닌 때에, 적당한 정도 이상으로, 너무 빨리 혹은 너무 오래 등등의 점에서) 생길 수 있지만, 이것들이 모두 함께 한 사람에게서 생기는 것은 아니다. 사실 이렇게는 될 수 없는 법이다. 왜냐하면 악은 자기 자신도 파괴하는 것이요, 만일 악이 완전한 것이면 도저히 견딜 수 없기 때문이다. 그러므로 성미가 아주 급한 사람들은 빨리 화를 내며, 또 화를 낼 상대가 안 되는 사람이나 일에 대해서, 그리고 지나치게 화를 내지만, 한편 그들의 노여움은 쉬 가신다. 이것이 그들의 가장 좋은 점이다. 그들이 이렇게 되는 까닭은, 노여움을 누르지 않고, 오히려 성미가 급하기 때문에 대뜸 드러내 놓고 화풀이를 하게 되므로 노여움이 멎는 데 있다. 담즙질(膽汁質)의 사람(화를 잘 내는 사람)들은 격하는 것이 지나치므로 성미가 급하고, 또 무슨 일에서나 걸핏하면 노여워한다. 그 명칭은 이래서 생긴 것이다. 음울한 사람들은 쉽사리 노여움을 풀 수 없고, 또 오래 노여움을 품는다. 이것은 그들이 그 감정을 억누르기 때문이다. 그러나 분풀이를 하면 노여움은 풀린다. 이것은 복수가 노여움을 가시게 하고 또 마음속에 고통 대신 쾌락을 생기게 하기 때문이다. 이렇게 되지 않을 경우에는 그들은 무거운 짐을 걸머지게 된다. 그 노여움이 무엇인지 뚜렷하지 않으므로 아무도 그들을 달래주지 못하며, 또 자기의 노여움을 스스로 삭이는 데는 시간이 걸리기 때문이다. 이러한 사람들은 자기 자신에 대해서나 또 가장 친한 친구들에 대해서나 가장 골치 아픈 존재이다. 노여워할 것이 못되는 것에 대해서 노여워하며, 지나치게 그리고 오래 노여움을 품으며, 또 복수를 하거나 벌을 줄 때까지 노여움을 풀 수 없는 사람들을 우리는 '나쁜 성미'의 사람이라고 부른다.

온화의 덕에 대해서 우리가 대립시키는 것은 노여움의 부족보다는 오히려 과도이다. 왜냐하면 이것이 세상에 더 흔할 뿐만 아니라(복수하는 것이 보다 더 인간적이므로), 또한 더불어 살기에는 나쁜 성미의 사람들이 더욱 거북하기 때문이다.

노여움을 처음에 다룰 때에 우리가 말한 것[36]은 지금 여기서 우리가 말하고 있는 것으로 미루어 보아도 자못 분명하다. 즉 어떻게, 누구에게, 무엇에 대해서, 그리고 얼마 동안 노여움을 품을 것인가, 그리고 어디까지가 올바른 행위이고 어디부터가 그릇된 행위인가를 규정하기란 쉬운 일이 아니다. 사실 지나친 쪽으로나 모자란 쪽으로 조금밖에 정도를 벗어나지 않은 사람은 비난을 받지 않는다. 때로는 부족을 드러내는 사람들을 칭찬하여 온화한 사람이라 부르고, 또 때로는 노여워하고 있는 사람들을 남을 통솔할 능력이 있으므로 남성답다고 하기도 하기 때문이다. 그러므로 어느 정도까지 그리고 어떻게 정도를 벗어나야 비난을 받게 되는가 하는 것은 쉽사리 말할 수 없다. 여기에 대한 판단은 개별적인 사실들과, 또 이것들을 어떻게 보는가에 달려 있다. 그러나 적어도 중간의 상태가 칭찬할 만한 것임은 명백하다. 즉 우리로 하여금 당연히 노여워해야 할 사람들에 대하여, 또 이러한 일들에 대하여 당연한 태도로 등등, 노여워하게 하는 상대가 칭찬받을 만하고 이보다 지나친 것과 이에 미치지 못하는 것은 비난

---

36) 1109b 14~26.

받아 마땅하다. 그 지나치고 미치지 못하는 정도가 작으면 작게 비난
받고, 크면 그만큼 더 비난 받고, 아주 크면 혹독하게 비난 받아 마땅
하다. 그러므로 분명히 우리는 중간 상태에 꼭 머물러 있어야 한다.
노여움에 관한 여러 상태에 대해서는 이 정도 해도 충분할 것이다.

F. 사교상의 덕

제6장 우애 · 아첨 · 버릇없음

사람들과 교제함에 있어서, 즉 사회생활을 하거나 남과 말이나 행위를 서로 주고받음에 있어, 아첨하는 사람들이 간혹 있다. 이런 사람들은 상대방을 기쁘게 해주기 위해서 칭찬만 하고 반대하는 일이 없으며, "자기가 만나는 사람들에게 절대로 괴로움을 주지 않는 것"을 신조로 삼고 있다. 이와 반대로 무엇이든지 덮어놓고 반대하며, 남을 괴롭히는 것을 아무렇지도 않게 생각하는 사람들이 있는데, 이런 사람들은 버릇없는 자라든가 말썽꾼이라고 불린다. 이상에 말한 상태들이 나무랄 만한 것이고, 그 중간의 상태가 칭찬할 만한 것임은 자못 명백한 일이다. 이 중간의 상태는 시인할 만한 것은 올바르게 시인하고 꾸짖을 만한 것은 올바른 태도로 꾸짖는 것이다. 이 상태는 아직 명칭이 없지만, 우애와 가장 많이 닮은 데가 있다. 왜냐하면 이 중간의 상태를 지니고 있는 사람이 이 상태에 다시 애정마저 가지면, 좋은 친구라는 말로 우리가 생각하는 사람과 매우 흡사하기 때문이다. 그러나 이 중간의 상태는 교제하는 사람들에 대한 정의(情意)나 애정을 내포하지 않은 점에서 우정과는 다르다. 왜냐하면 이러한 상태에 있는 사람이 만사에 올바른 태도로 임하는 것은 누구를 사랑하거나 미워해서가 아니라, 다만 그가 그러한 사람이기 때문이다. 그는 아는 사람에게나 알지 못하는 사람에게나, 또 친한 사람에게나 친하지 않은 사람에게나 똑같은 태도를 취한다. 물론 이 여러 경우에 그는 형편에 따라 적절한 태도를 취한다. 친한 사람들에 대해서나 전혀 모르는 사람에 대해서도 아주 똑같은 마음을 쓴다는 것은 마땅한 일이 아니요, 또 이들을 괴롭혀도 괜찮은 조건이 서로 다르기 때문이다. 그리하여 지금까지 말해온 바와 같이, 일반적으로 말하건대, 그는 올바르게 사람들과 사귀는 사람이다. 그러나 그는 남에게 고통을 주지 않고 쾌락을 주려고 마음을 쓸 때, 고귀함과 유익함을 고려한다. 사실 그는 교제에서 생기는 여러 가지 쾌락과 고통에 관심을 둔다. 그리고 쾌락을 주는 것이 명예로운 일이 못되거나 해로울 경우에는 언제나 그렇게 하기를 그만두고, 오히려 고통을 주는 것을 택할 것이다. 또 만일 어떤 사람의 행위에 대해서 그가 묵인하게 되면 그 사람에게 불명예가―그것도 대단한 불명예가―되거나 또는 큰 해가 있으나, 그 행위에 반대하더라도 그 사람에게 별로 많은 고통은 없을 경우, 그는 묵인하지 않고 오히려 하지 말라고 말릴 것이다. 그는 높은 지위에 있는 사람들과 일반 사람들에 대해서, 또 친한 사람들과 그렇지 않은 사람들에 대해서 각기 다르게 대할 것이며, 이와 같이 다른 모든 차이에도 임할 것이다. 어떻든 그는 상종하는 사람의 신분과 처지에 따라 적당하게 사귈 것이다. 그리고 될 수 있는 대로 쾌락을 주려하며, 고통을 주지 않으려 하지만, 결과를 더 중시하여 명예와 유익의 면을 살펴 이것들을 살리는 방향으로 행동할 것이다. 또 그는 미래의 큰 쾌락을 위하여 작은 고통을 주는 것을 꺼리지 않을 것이다.

이리하여 중용에 이른 사람은 이상에 말한 바와 같은 사람인데 그런 사람에 대한 명칭은 아직 없다. 남을 기쁘게 해주는 것을 위주로 하는 사람들 가운데, 다른 더 깊은 의도는 없이 그저 기쁘게만 해주는 사람은 아첨하는 자이고, 돈이나 돈으로 살 수 있는 것에서 이득을 보려고 기쁘게 해주는 사람은 아첨꾼이다. 한편 무슨 일에 대해서나 덮어놓고 다투는 사람은, 이미 말한 바와 같이37) 버릇없는 사람 내지 말썽 꾼이다. 그리고 중용에 명칭이 없는 까닭에 양 극단이 서로 대립하고 있는 것처럼 보인다.

제7장 진실성 있음, 허풍떠는 것, 비꼬기를 잘 하는 것

허풍을 떠는 것에 대립하는 중용도 위에서 말한 것과 거의 같은 영역에 속한다. 이 중용에도 명칭이 없다. 이 경우를 좀 자세히 살펴보는 것도 나쁘지 않을 것이다. 이 상태들을 면밀히 검토하면 성품에 관한 사실들을 더 잘 알게 될 것이요, 또 중용이 결국은 덕이라는 것을 모든 경우에서 알게 되면 여기 대해서 확신을 가지기 때문이다. 사회 생활에서 남과 사귈 때 남에게 쾌락 혹은 고통을 주는 것을 위주로 하는 여러 종류의 사람들에 관해서는 이미 말한 바 있다.38) 이제는 말이나 행위나 혹은 무슨 주장이나 진실을 추구하는 사람과 허위를 추구하는 사람을 살펴보기로 하자. 허풍선이란 세상 사람들이 존중하는 것들을 사실은 지니고 있지 않으면서 지닌 체하며, 또 실제로 자기가 지니고 있는 이상으로 지닌 체하는 경향이 있는 사람이요, 이와 반대로 비꼬기를 잘하는 사람39)은 자기가 지니고 있는 것을 완전히 부

---

37) 1125b 14~16.

38) 제6장.

39) 원어로는 '에이론'(εἴρων)인데, 여기서 '비꼬기를 잘 하는 사람'이라 한 것도 적절한 번역이 못 된다. 본래의 뜻은 '속에서 생각하는 것보다 적게 말하는 사람'이라는 뜻이다. 1127b 23~26에서도 시사하고 있는 바와 같이, 여기서도 '에이로네이아'를 문제 삼을 때, 소크라테스의 고귀한 교육적 에이로네이아를 의식하고 있는 것 같다. 제2권 제7장에서는 로스가 mock-modest man이라고 한 것을 따라 '거짓 겸손한 자로 했으나, 물론 이것도 적절한 번역이 아니다. 로스는 여기서도 mock-modest man이라 옮기고 있다(제2권 주 22 ; 제4권 주 27 참조).

인하거나 혹은 낮추어 말하는 경향이 있는 사람이요, 한편 이것들의 중용을 지키는 사람은 이를테면 타고난 대로 있는 사람이요, 행동이나 말이나 자기가 가지고 있는 것만을 자기 것이라 하고, 그 이상의 것도 그 이하의 것도 자기의 것으로 내세우지 않는 사람이다. 그런데 이러한 태도를 취하는 것은 어떤 목적이 있어서 그럴 수도 있고 아무런 목적 없이 그럴 수도 있다. 그러나 어떤 딴 생각이 있으면 몰라도, 그렇지 않은 경우에는 사람마다 자기 성격대로 말하고 행동하며 생활한다. 그리고 허위는 그 자체에 있어서40) 비열하고 또 비난할 만한 것이요, 진실은 고귀하고 칭찬할 만한 것이다. 그리하여 진실성 있는 사람은 역시 하나의 중용의 상태에 있기 때문에 칭찬받을 만한 사람이요, 두 가지 형태의 진실성 없는 사람은 비난받을 만한 사람이다. 특히 허풍을 떠는 사람은 더욱 많은 비난을 받아 마땅하다.

　우리는 진실성 있는 사람과 진실성 없는 사람을 다 논해 보기로 하자. 먼저 전자에 관해서 생각해 보자. 여기서 우리가 문제 삼고 있는 것은 계약한 일에 대하여 진실한 사람, 즉 정의나 부정에 속하는 일에서 진실한 사람이 아니라(이런 것들은 다른 덕에 속하는 것이므로), 이러한 것들과는 아무 상관없는 일들에서 그의 성격이 반영되어 말에서나 생활에서 진실한 사람이다. 이러한 사람은 정말 공정한 사람이라고 생각된다. 왜냐하면 아무 것도 자기의 운명에 중대한 영향을 끼칠 것이 없을 경우에도 진실성이 있는 사람은 어떤 중대한 일이 있을 때보다 진실하게 되기 때문이다. 그는 허위를 그 자체에 있어서도 피한 바 있었으므로, 더군다나 운명이 좌우되는 중대한 순간에는 그것을 비루한 것으로 보고 피할 것이다. 이러한 사람은 칭찬 받아 마땅하다. 그는 진실을 말할 때에도 다소 소극적으로 말하는 경향이 있다. 그러나 이렇게 하는 것이 오히려 더 속이 깊어 보인다. 과장은 역겨운

---

40) 즉 그것이 이바지할 수도 있는 어떤 다른 목적을 떠나서.

것이기 때문이다.

속에 아무 다른 뜻이 없이 사실 이상으로 보이려 하는 자는 멸시를
받아 마땅한 인간이지만(이런 인간이 아니라면 허위를 좋아할 리가
만무하기 때문이다), 악한 사람이라기보다는 오히려 허튼 사람 같아
보인다. 그러나 어떤 목적이 있어서 큰소리를 친다고 하면 사정은 달
라진다. 세상의 호평이나 명예 때문에 큰소리치는 자는(허풍선이로
서) 그래도 그다지 크게 비난할 것이 못되지만, 돈이나 돈으로 바꿀
수 있는 것들 때문에 큰 소리 치는 자는 보다 추악한 인간이다(허풍
선이가 허풍선이 되는 까닭은 그 능력에 있는 것이 아니라 그 목적에
있다. 왜냐하면 그는 그 성품으로 말미암아 그리고 그러한 사람으로
서 허풍선이인 때문이다). 이상의 구별은, 마치 거짓말하는 것 자체
를 좋아하기 때문에 거짓말하는 사람과 세상의 호평 내지 이익을 원
하기 때문에 거짓말 하는 사람과의 구별과 같다. 그런데 자기에 대한
세상의 호평 때문에 허풍을 떠는 사람들은 남한테서 칭찬이나 축하
인사를 받을 만한 여러 가지 성질을 자랑하며, 이익을 얻으려고 하고
있는 사람들은 이웃 사람들에게 가치가 있으면서 사실은 자기가 그런
것들을 가지고 있지 않다는 것이 쉽사리 폭로되지 않는 여러 가지 성
질—가령 예언자 · 현인 · 의사의 능력—을 자랑한다. 이런 까닭에
대부분의 사람들이 큰소리치며 자랑하는 것이 바로 이런 것들에 대해
서인 것이다. 이런 것들에서 이상에 말한 여러 가지 성질이 드러난다.

비꼬기를 잘하는 사람들, 즉 모든 일을 사실보다 낮추어 말하는 사
람들은 성격상 매력이 더 있어 보인다. 그들은 이익을 위해서가 아니
라 과시를 피하기 위해서 말하고 있는 것으로 여겨진다. 그리고 소크
라테스가 그랬던 것처럼, 그들이 가장 못마땅하게 생각하는 것은 세
상의 호평을 가져오는 여러 가지 성질들이다. 사소하고 뻔한 일들을
못마땅하게 말하는 사람들은 사기꾼이라 불리며 또 더욱 멸시받을 만

하다. 그리고 이것은 가끔 스파르타 사람들의 의복처럼 허풍선이로 보일 때가 있다. 과도나 큰 부족은 양자 모두 허풍을 떠는 것이기 때문이다. 그러나 정당하게 비꼬아 자기를 낮추며 그다지 뻔하지 않은 일에 관해서 자기를 낮추는 사람들은 멋있는 사람들이다. 진실성 있는 사람들에 대립하는 것은 허풍선이로 생각된다. 허풍선이가 더 나쁜 성격이기 때문이다.

제8장 재치 있는 것, 익살스러운 것, 촌스러움

인생에는 활동도 있지만, 또한 휴식도 있고, 또 휴식에는 한가로이 재미있게 지내는 일도 있으므로, 이런 때에는 또한 풍류 어린 교제가 있음직도 한 일이다. 그리하여 말하는 일이나 남의 말에 귀를 기울이는 일에 있어서, 마땅히 말할 것과 귀를 기울일 것이 있고, 또 이렇게 함에 있어서 올바른 태도가 있다. 어떤 사람에게 말하고 있는가, 그리고 어떤 사람에게 귀를 기울이고 있는가에 따라 또한 차이가 생길 것이다. 이런 일에도 중용에 대한 과도와 부족이 있음은 명백한 일이다. 지나치게 익살을 부리는 사람들은 속없는 익살 광대라 생각된다. 이들은 무턱대고 익살을 부려 사람들을 웃기려고만 하며, 무엇이 그 자리에 적합한 것인가 하는 것, 그리고 웃음거리가 되고 있는 사람에게 고통을 주지 않으려 하는 것 같은 일은 조금도 개의치 않는다. 이에 반하여 농담을 할 줄도 모르고 남의 농담을 참고 들어줄 줄도 모르는 사람은 촌스럽고 완고한 사람으로 생각된다. 그러나 멋들어지게 농담을 하는 사람들은 기지 있는 사람이라고 불린다. 이것은 임기응변의 재주를 의미하는 것이다. 이러한 재주는 성품의 활동으로 생각된다. 그리고 마치 여러 신체가 그 활동에 의하여 서로 구별되는 것처럼 성품도 이 활동에 의하여 구별된다. 하지만 사물의 우스운 측면이란 가까운 곳에 있는 것이요, 또 대부분의 사람들은 재미있는 일과 농담을 적당한 정도 이상으로 즐기는 까닭에, 하다못해 익살꾼도 재미는 있기 때문에 기지 있는 사람이라 불리고 있다. 그러나 이 양자가 서로 다르되 그 차이가 적지 않음은 지금까지 말한 것에서 미루어 보아도 명백하다.

　이 중간의 상태에는 또한 의젓함41)이 속한다. 의젓한 사람의 특징은 점잖은 사람이라든가, 좋은 교육을 받으면서 자란 사람에게 어울리는 것을 말하며, 또 이런 것에 귀를 기울이는 것이다. 이러한 사람에게는 농담 삼아 말하는 데도 또 농담을 듣는 데도 그렇게 해서 무방한 것이 있고, 또 점잖은 사람의 농담은 속된 사람의 그것과 다르며, 교육받은 사람의 농담은 교육받지 못한 사람의 그것과 다르다. 이 것은 낡은 희극과 새로운 희극에서도 엿볼 수 있는 일이다.42) 즉 전자에 있어서는 추잡한 언사가 재미있으나 후자에 있어서는 은근하게 비치는 풍자가 더 재미있다. 이 양자는 그 기품에 있어 적지 않게 서로 다르다. 그런데 우리는 농담을 잘 하는 것을 점잖은 사람에게 어울리는 것이라고 정의를 내려야 할 것인가? 그렇지 않으면 듣는 사람에게 고통을 주지 않거나 기쁨을 주는 것이라고 정의를 내려야 할 것인가? 그런데 이 후자의 정의는 좀 막연한 것이 아닐까? 비위에 맞지

---

41) 원어는 '에피데크시오테스'(ἐπιδεξιότης). '재치 있는' 내지는 '영리한' 같은 의미의 말이지만, 본문의 전후 관계를 생각하여 '의젓함'이라고 옮겼다. 꼭 맞게 옮긴 것은 아닐 것이다. '재치'라 해도 좋을지 모르겠다. 혹은 '단정'(端正)이라 옮기기도 하는데, 이것도 원어의 본래 의미와는 거리가 멀다.

42) 아테나이의 희극의 역사는 후세의 구분을 따르면, 전기(B.C. 5세기), 중기(B.C. 336년경까지), 후기(B.C. 250년경까지), 3기로 나뉜다. 그리고 여기에 각각 속하는 것을 '낡은 희극', '중기 희극', '새로운 희극'이라 부른다. 여기서도 '낡은 희극'이란 아리스토파네스(Aristophanes)에 의하여 대표되는 B.C. 5세기의 희극이고, '새로운 희극'이란 아리스토텔레스 자신의 시대의 희극을 가리킨다.

않는 것 혹은 유쾌한 것은 사람에 따라 제각기 다르기 때문이다. 그가 귀를 기울이는 농담도 역시 그가 말하는 농담과 종류가 같을 것이다. 그는 자기가 참고 들을 수 있는 농담과 같은 종류의 농담을 하는 듯싶다. 그러므로 그가 하지 않는 종류의 농담이 있다. 야유는 일종의 우롱인데, 입법자들이 우롱을 금하는 경우가 있다. 아마 그들은 이런 종류의 야유도 우리에게 금했어야 했을지도 모른다. 그러므로 점잖고 교양 있는 사람은 우리가 기술한 바와 같은 사람일 것이다. 그는 이를테면 그 자신에 대한 법률이다.

그리하여 의젓한 사람이라 불리든, 혹은 기지 있는 사람이라 불리든, 바로 이러한 사람이 중용을 지키는 사람이다. 이에 반하여 익살꾼은 자기 해학의 노예이다. 그는 남을 웃길 수 있는 경우에는 자기 자신이나 남을 견제하지 않는다. 그리고는 교양 있는 사람이라면 절대로 입에 올리거나 또 귀를 기울이지도 않을 말을 한다. 또 촌스러운 사람은 이러한 사교에서 아무 쓸데가 없다. 그는 기여하는 바가 전혀 없고, 또 만사를 언짢게 여기고 있기 때문이다. 그러나 휴양과 오락은 인생에서 불가결한 것이라 생각된다.

그리하여 지금까지 기술해 온 바와 같은 인생에의 중용은 셋이 있다. 그리고 이 셋은 모두 어떤 종류의 언사와 행위에 관계하는 것이다. 하지만 이것들 중 하나는 진실에 관계하고 다른 두 가지는 유쾌함에 관계하는 점에서 서로 다르다. 오락에 관계하는 중용들 가운데 하나는 농담에서 발휘되고, 다른 하나는 인생의 사회적 교제 전반에서 발휘된다.

G. 덕과 비슷하나 덕이 되지 못하는 것

제9장 부끄러워할 줄 아는 것, 수줍어하는 것, 부끄러워할 줄 모르는 것

수치는 하나의 덕으로 볼 것이 아니다. 그것은 성품이라기보다 오히려 감정인 듯싶기 때문이다. 그러므로 그것은 불명예에 대한 일종의 공포라 정의되고 있으며, 또 위험에 대한 공포로 말미암아 생기는 결과와 비슷한 결과를 낳는다. 부끄럽다고 느끼는 사람들은 얼굴을 붉히고, 죽음을 무서워하는 사람들은 창백하게 된다. 그러므로 이 둘은 어느 의미에서 신체적인 것이라고 여겨지는데, 이것은 성품보다도 오히려 정념에 속한다.

이 정념은 본래 모든 연령층의 사람에게 어울리는 것이 못되고, 다만 젊은이들에게 어울리는 것이다. 우리의 생각으로는 젊은 사람들이란 정념으로 살고, 따라서 과오를 많이 저지르지만 수치로 말미암아 이를 억제하는 까닭에 모름지기 염치심(廉恥心)을 잘 길러야 한다. 그리고 우리는 염치심이 있는 젊은이들을 칭찬하지만, 나이를 먹은 사람이 부끄러워할 줄 안다고 해서 그를 칭찬하는 이는 한 사람도 없다. 나이를 먹은 사람은 부끄러운 느낌을 가지게 할 일을 전혀 해서는 안 되는 것으로 생각되고 있다. 부끄러운 느낌은 좋지 못한 행위의 결과이기 때문에 좋은 사람에게는 속할 수 없는 것이다(이러한 좋지 못한 행위는 해서는 안 된다. 그것이 참으로 추악한 행위이든 그저 세상 사람이 일반적으로 보기에만 추악한 행위이든 다를 바 없다. 어떻든 부끄러운 일을 아예 당하지 않기 위하여 이런 행위는 어느 것이나 해서는 안 된다). 그리고 어떤 것이든지 이러한 행위를 하는 것은 좋지 못한 사람의 특징이다. 이러한 행위를 하고서 부끄럽다고 느끼는 상태에 있고, 그리고 이러한 상태에 있다고 해서 자기 자신을 선한 사람이라고 생각하는 것은 엉뚱한 일이다. 왜냐하면 수치를 느끼는 것은 유의적 행위에 대해서인데, 선한 사람은 유의적으로는 절대로 악한 행위를 하지 않기 때문이다. 그러나 수치는 가언적으로는(즉 어떤 조건하에서는) 좋은 것이라 할 수 있을지도 모른다. 즉 만일 선한 사람이 그런 행위를 하면, 그는 부끄럽게 생각할 것이다. 그러나 덕이란 이러한 조건에 얽매이지 않는다. 그리고 부끄러워할 줄 모르는 것 ─ 즉 비루한 행위를 하고도 부끄러워하지 않는 것 ─ 이 나쁜 일이라고 해서 그러한 행위를 하고 부끄러워하는 것은 좋은 일이 될 수 없다. 그리고 억제도 덕은 아니고, 하나의 혼합된 상태이다. 이것은 나중에 밝혀질43) 것이다.

이제는 정의에 관하여 논해 보기로 하자.

---

43) 제7권 제1~10장.

제 5권

덕과 악덕

H. 정 의

(I) 그 범위와 외부적 성질. 어떤 의미에서 정의는 중용인가?

제1장 합법적인 것으로서의 정의(보편적 정의)와 공정하고 평등한 것으로서의 정의(특수한 정의). 전자의 고찰

정의(正義)와 부정의(不正義)에 관해서 우리는 (1) 어떤 성질의 행위에 이 양자가 관계하며, (2) 정의란 어떤 종류의 중용이며, (3) 옳은 행위[1]란 어떤 두 극단 사이의 중간인가를 고찰하지 않으면 안 된다.

모든 사람이 생각하는 정의란 사람들로 하여금 옳은 일을 하게하고, 옳은 태도로 행동하게 하며, 또 옳은 것을 원하게 하는 성품이다. 그러므로 우리도 대체로 이것을 우리의 논의의 기초로 삼기로 하자.

무릇 학식이나 능력의 경우와 성품의 경우는 사정이 서로 다르다. 능력이나 학식의 경우에는 같은 한 가지 능력 혹은 학식이 서로 정반대되는 대상에 관계할 수 있지만, 성품의 경우에는 서로 정반대되는 두 성품 중 하나는 반대되는 결과를 낳을 수 없다. 예를 들면, 건강의 결과로서는 건강에 반대되는 것이 있을 수 없고, 다만 건강해 보이는 것만이 있을 수 있다. 우리는 건강한 사람처럼 걷는 사람을 보고서만 "그 사람 걷는 것이 참 건강해 보인다."고 말한다.

---

1) 여기에 '옳은 행위'라 한 것은 원어로는 '디카이온'(δίκαιον)이다. 그냥 '옳음'이라 해도 좋을 것이다.

그런데 어떤 한 상태는 그에 반대되는 상태를 통해서 알 수 있는 경우가 자주 있으며, 또 상태를 드러내어 보여주는 주체(主體)를 통하여 상태를 알 수 있는 경우가 또한 자주 있다. 가령 <강건>(强健)이 무엇인지 알게 되면, <불강건>(不强健)이 무엇인지도 알게 되며, 또 강건은 여러 가지 강건한 것들을 통해서 알 수 있고, 또한 강건한 것들은 <강건>을 통해서도 알 수 있다. 만일 '강건'이 살의 단단함이라면, 필연적으로 <불강건>이란 살의 무름이어야만 하며, 또 강건하게 하는 것이란 살에 단단함을 주는 것이어야 한다. 따라서 대체로 반대되는 것들의 한쪽이 모호하면 다른 한쪽도 역시 모호하다. 예컨대 <옳다>는 것이 다의적이어서 모호하면 <옳지 않다>는 것도 역시 다의적이고 모호하다.

그런데 <정의>와 <부정의>는 다의적(多義的)이고 모호한 듯싶지만, 서로 다른 그 여러 의미가 피차 접근하는 까닭에 그 다의성은 눈에 잘 띄지 않으며, 또 그 여러 의미가 아주 동떨어져 있을 때 그 다의성이 명백히 드러나는 것만큼 분명히 드러나지는 않는다. 가령 <클레이스>(κλείς)라는 단어가 동물의 목 밑에 있는 뼈에 대해서도, 또 문을 잠그는 자물쇠에 대해서도 쓰이는 경우(이런 경우에는 외형적인 차이가 크다)와 같은 다의성만큼 명백히 드러나지는 않는다. 그러니 우리는 부정한 사람의 여러 가지 다른 의미를 출발점으로 삼기로 하자. 무법(無法)한 사람과 욕심이 많고 불공정(不公正)한 사람은 모두 부정하다고 생각되며, 따라서 법을 준수하는 사람과 공정한 사람은 옳은 사람일 것이 분명하다. 이와 같이 보면, 옳음이란 준법적인 것과 공정한 것을 포함하고, 부정이란 무법적인 것과 불공정한 것을 포함한다.

부정한 사람은 욕심이 많으므로 반드시 여러 가지 선2)에 마음을 쓴

---

2) 우리말에서는 '선'과 '악'이 도덕적인 의미로만 쓰이는 것이 보통이지만, 그리스

다. 그러나 그는 모든 선에 마음을 쓰지는 않고, 다만 행운이나 불운과 관계된 선에만 마음을 쓴다. 그런데 이런 선들은 무조건적으로 언제나 좋은 것이지만, 어떤 사람에게는 언제나 좋은 것이 되지는 못한다. 사람들은 이런 것들을 기구하고 또 추구하지만, 사실은 그래서는 안 된다. 그들은 모름지기 무조건 좋은 것이 또한 자기들에게도 좋은 것이 되도록 기구해야만 하며, 또 정말 자기들을 위하여 좋은 것들을 선택해야 한다. 부정한 사람은 언제나 보다 더 큰 것을 택하는 것이 아니라 보다 작은 것을 택하기도 한다. 무조건 나쁜 것들의 경우에 있어서는 더욱 그러하다. 그러나 보다 더 작은 악은 그 자체 어느 의미에서는 선한 것이라고도 생각되며, 또 욕심이 많다는 것은 보다 더 많은 선을 탐내는 까닭에 아무래도 부정한 사람은 욕심 많은 사람이라고 생각된다. 그리고 그는 불공정하다. 왜냐하면 불공정은 부정과 욕심 많음을 모두 포함하며, 또 이 둘에 공통되는 것이기 때문이다.

　무법한 사람은 부정한 사람이요, 법을 따르는 사람은 옳은 사람임이 분명한 까닭에, 또한 합법적으로 행하는 모든 일은 어느 의미에서 옳은 일임이 분명하다. 무릇 입법에 의하여 정해진 모든 일은 합법적이며, 또 우리는 이것들 하나하나를 옳다고 말한다. 그런데 법은 모든 문제에서 사람들 모두, 혹은 가장 훌륭한 사람들, 혹은 권력을 쥐고 있는 사람들, 혹은 이런 무리의 사람들의 공동 이익을 목표로 삼고 제정된다. 그러므로 어떤 의미에서 우리는 국가적 공동체를 위하여 행복 혹은 행복의 조건들을 산출하고 보전하게 되는 행위를 옳은 행위라고 부른다. 그리고 법은 우리에게 용감한 사람의 행위(가령 지켜야

사람들이 '아가톤'(ἀγαθόν, 선)과 '카콘'(κακόν, 악)이라는 말로 생각한 것은 광범위한 것이다. 즉 건강·부·명예 같은 것들은 선이요, 이 반대의 것들은 악이다. 대체로 '아가톤'은 우리말로 '좋은 것,' '카콘'은 '나쁜 것'이라 할 수 있다. 플라톤이나 아리스토텔레스도 이러한 의미에서 이 말들을 사용하고 있다. 여기서 '선'이라 한 것도 이렇게 넓은 의미를 가진 것으로 이해해야 될 것이다.

할 자리를 버리지 않는다든가 도망치지 않는다든가 또한 무기를 내어버리지 않는다든가 하는 것 따위)와 절제 있는 사람의 행동(가령 간음을 하지 않는다든가 하는 것 따위)과, 온화한 사람의 행동(가령 남을 구타하지 않는다든가 남을 욕하지 않는다든가 하는 것 따위)을 명령하고, 또 이와 마찬가지로 다른 덕과 악덕에 관해서도 어떤 일은 명령하고 어떤 일은 금한다. 그리고 올바로 만들어진 법은 올바르게, 급하게 만들어진 엉성한 법은 이 일을 좀 덜 바르게 한다.

그러므로 이러한 의미로서의 정의는 완전한 덕이다. 그러나 그것은 무조건적으로는 아니고, 우리 이웃에 대한 관계에서만 그렇다. 그리하여 정의는 가끔 모든 덕 가운데 가장 큰 덕이라 생각되며, 또 저녁의 별이나 새벽별도 그만큼 놀라운 것은 못 된다. 그래서 "정의 속에는 모든 덕이 다 들어 있다."는 속담이 있는 것이다. 그리고 그것은 완전한 덕의 활용이기 때문에 충만한 의미에 있어서의 완전한 덕이다. 그것이 완전한 까닭은 그것을 소유하고 있는 사람이 그 덕을 자기 자신 속에서만 아니라 또한 자기 이웃 사람에 대해서도 활용할 수 있기 때문이다. 많은 사람이 자기 자신의 일에서는 덕을 발휘할 수 있으나 이웃 사람에 대한 관계에서는 그렇지 못하니 말이다. 이런 까닭에 "지배자의 자리에 있게 되면 그 인품이 드러난다."고 한 비아스[3]의 말은 옳다고 생각된다. 지배자는 반드시 다른 사람들과 관계하며, 또 사회의 일원이니 말이다. 이와 같은 이유에서 모든 덕 가운데 정의만은 〈타인의 선〉이라고 생각되고 있다.[4] 그것은 이웃 사람에 관계하는 것이기 때문이다. 사실 그것은 지배자이든 동료이든, 하여튼 자기 아닌 타인에게 유익한 일을 하는 것이다. 그러므로 최악의 사람이란 자기의 사악함을 자기 자신에게 뿐만 아니라 자기의 친구들에게도 미

---

3) Bias. 그리스의 7현인의 한 사람(B.C 6세기).
4) 플라톤, 『국가』, 343c.

치는 사람이요, 최선의 사람이란 자기의 덕을 자기 자신에게 미치는 자가 아니라 타인에게 미치는 사람이다. 이것이 어려운 일이다. 그러므로 이런 의미에서의 정의는 덕의 일부가 아니라 덕 전체요, 또 이에 반대되는 부정의는 악덕의 일부가 아니라 악덕 전체이다. 덕과 이런 의미의 정의가 어떻게 다른가는 지금까지 말한 것에서 명백하게 드러났다. 이 둘은 서로 같은 것이지만 그 존재 양식5)은 같지 않다. 즉 타인과의 관계에서는 정의인 것이 무조건 하나의 상태인 한에서는 덕이다.

제2장 후자의 고찰. 분배적 정의와 시정적(是正的) 정의의 구분

그러나 여기서 우리가 탐구하고 있는 것은 덕의 한 부분인 정의일 따름이다. 사실 이런 종류의 정의가 있고 우리는 이것을 긍정한다. 이와 마찬가지로 우리가 관심을 두고 있는 부정의도 특수한 의미에서의 그것이다.

이런 의미의 정의가 있다는 증거로는, 행동에 있어서 여러 가지 다른 악덕을 보여주는 사람이 사실 악한 행위를 하고 있기는 하나 욕심을 부리는 것이 아닐 경우(가령 비겁해서 방패를 내던지거나 성미가 나서 욕지거리를 하거나 혹은 인색해서 친구에게 돈으로 도와주지 못하는 사람의 경우)가 있는 반면, 욕심을 부리는 사람이 이런 여러 가지 악덕을 전혀 보여주지 않는 일이 가끔 있지만 다른 어떤 종류의 악덕(우리는 그를 비난하므로)을 보여주는 사실을 들 수 있다. 이 악덕이 다름 아닌 부정의이다. 그리고 보면, 넓은 의미에서의 부정의의

---

5) 원어는 '토 에이나이'(τὸ εἶναι).

일부분인 또 하나 다른 종류의 부정의가 있고, <법에 어긋난다>고 하는 넓은 의미의 부정의 일부로서의 어떤 부정이 또한 있을 수 있다. 그리고 이득을 위하여 간음을 행하고 그로 인하여 돈을 버는 자가 있고, 한편 돈을 내고 손해를 보면서도 욕망 때문에 간음하는 자가 있다고 하면, 후자는 욕심이 많다기보다는 오히려 방종하다고 여겨질 것이요, 전자는 부정하지만 방종한 것은 아니다. 그러므로 이 전자가 부정하다고 하는 것은 그 행위로 이득을 보기 때문임이 분명하다. 그리고 다른 모든 부정한 행위는 반드시 어떤 특수한 악덕으로 말미암는 것으로 볼 수 있다. 가령 간음은 방종으로, 싸움터에서 전우를 버리고 도망치는 것은 비겁으로, 폭행은 분노로 말미암는 것으로 볼 수 있다. 그러나 어떤 사람이 이득을 본다면 그의 행동은 다른 어떤 악덕으로 말미암는 것도 아니고 다만 부정의로 말미암는 것으로밖에 볼 수 없다. 그러므로 분명히 넓은 의미의 부정의 이외에 또 하나 다른 부분적인 부정의가 있으며, 이것의 명칭과 본성은 앞의 것과 같다. 왜냐하면 그 정의(定義)가 동일한 유(類)에 속하기 때문이다. 이 둘은 다 같이 이웃 사람에 대한 관계에서 성립하는 것이다. 다만 좁은 의미의 부정의는 명예나 금전이나 보신(保身) —혹은 이 모든 것을 포함하는 것에 대한 명칭이 있다면 그것—에 관계하며, 그 동기는 이득에서 오는 쾌락에 있는 반면, 넓은 의미의 부정의는 선한 사람이 관련된 모든 일에 관계하는 것이다. 그러니 정의에는 한 가지 이상의 종류가 있고, 또 전반적인 덕이 아닌 또 하나 다른 정의가 있다는 것은 분명하다. 우리는 이것의 본질과 특성을 파악하려 해야 한다. 앞서 우리는 부정을 위법적인 것과 불공정한 것으로 나누고, 옳음을 합법적인 것과 공정한 것으로 나눈 바 있다. 위법적인 것에는 앞에서 말한 의미의 부정의가 대응한다. 그러나 불공정이라는 것과 위법이라는 것은 같은 것이 아니고, 마치 부분과 전체가 다른 것처럼 서로 다르기 때문에(불공정한 것은 모두 위법적이지만 위법적인 것이 모두 불공정한 것은 아니므로), 불공정이라는 의미에서의 부정의는 앞에서 말한 의미의 그것과는 같은 것이 아니며, 오히려 부분이 전체와 다른 것처럼 다른 것이다. 그런 의미로서의 부정의는 넓은 의미의 부정의의 일부분이다. 정의에 있어서도 이와 마찬가지이다. 그러므로 우리는 부분적인 정의와 부분적인 부정의에 관하여 그리고 또 부분적인 옳음과 부분적인 옳지 않음에 관하여 말하지 않으면 안 된다. 그러자니 우리는 덕 전체에 대응하는 정의와 이것에 대립되는 부정의는 논외로 하지 않으면 안 된다. 이 둘은 모두 대타적(對他的)인 것인데, 전자는 덕 전반의 나타남이요, 후자는 악덕 전반의 나타남이다. 그리고 이것들에 대응하는 <옳음>과 <옳지 않음>의 의미가 어떻게 구별될지는 자못 명백하다. 무릇 실제에 있어서의 법적 규정은 대부분 덕 전반의 견지에서 명령되는 것이기 때문이다. 즉 법은 모든 덕을 실천할 것을 명령하고 악덕은 어느 것이나 그 실천을 금한다. 그리고 덕 전반을 생기게 하는 것들은 법적 규정 가운데서도 특히 공공의 선을 위한 교육을 염두에 두고 제정된 것들이다. 그러나 개인을 무조건적 의미에서 선한 사람이 되게 하는 개인 교육이 정치에 속하는 것인지는 나중에[6] 결정해야 할 문제이다. 아마도 훌륭한 사람이라고 하는 것과 임의의 어떤 국가의 훌륭한 국민이라고 하는 것은 같은 것이 아닐지도 모른다.

부분적인 정의와 거기 대응하는 옳음 가운데, (A) 한 종류는 명예나 금전이나 이 밖에 국가의 공민(公民) 간에 분배될 수 있는 것들의 분배에서의 그것이요(이런 것들에 있어서는 한 사람이 다른 사람과 더불어 불균등하게 취득할 수도 있고, 균등하게 취득할 수도 있다), (B) 다른 한 종류는 사람과 사람의 상호 교섭에 있어서 시정(是正)하

---

6)   1179b   20~1181b   12; 『정치학』,   1276b   16~1277b   32;   1278a   40~b   5;
      1288a   32~b   2; 1337a   11~14.

는 구실을 하는 그것이다. 이 후자는 다시 둘로 나뉜다. 상호 교섭 가운데 어떤 것은 유의적이고 또 어떤 것은 무의적이다. 유의적인 것으로는 판매·구매·대금(貸金)·전당·대여·위탁·대가(貸家) 같은 것이 있고(이것들을 유의적이라고 하는 까닭은 이 상호 교섭들의 시초가 유의적이기 때문이다), 무의적인 것 가운데는 (a) 절도·간음·독살·유괴·노예 유출(誘出)·암살·위증처럼 은밀한 가운데 행해지는 것과 (b) 구타·감금·살인·강탈·치상(致傷)·학대·모욕처럼 폭력적인 것이 있다.

제3장 기하학적 비례에 일치하는 분배적 정의

(A) 우리는 부정한 사람과 부정한 행위가 다 같이 불공정하거나 불균등하다는 것을 밝혔다. 그리고 보면 이 둘의 어느 경우에서나 두 개의 불균등한 것들 사이에 또한 하나의 중간의 것이 있음은 분명하다. 이것은 다름 아닌 균등이다. 과다와 과소가 있는 모든 행위에는 또한 균등한 것이 있다. 그러니 만일 부정이 불균등이라고 하면, 옳음은 균등이다. 이것은 새삼스레 따질 것도 없는 일이요, 누구나 다 인정하는 것이다. 그리고 균등이 중간 것이므로 옳음도 중간 것이 아닐 수 없다. 그런데 균등은 적어도 두 개의 사물을 내포한다. 그러므로 옳음은 중간이며 균등이지만 상대적으로(즉, 어떤 사람들에 대하여) 그런 것이 아닐 수 없다. 그리고 중간인 한에서 그것은 어떤 것들(즉, 과다와 과소) 사이에 있어야 하고, 또 균등인 한에서는 두 개의 사물을 내포하지만, 또한 옳음인 한에서는 어떤 사람들에 대한 그것이 아닐 수 없다. 그러므로 옳음은 적어도 네 개의 항으로 성립한다. 그것은 누구를 위하여 옳아야 할 터인데 그 당사자는 적어도 둘 있어야 하고, 또 그

것이 나타나는 것, 즉 그것이 배분되는 사물이 둘이기 때문이다. 그리고 동일한 균등성이 사람들 사이와 사물들 사이에 존재할 것이다. 문제되는 사물들 사이에서와 같이 사람들 사이에도 동일한 균등성이 있으니 말이다. 균등하지 않은 사람들은 균등한 것을 취득해서는 안 된다. 이렇게 하는 경우 — 균등한 사람들이 균등치 않은 것을 받게 되거나, 균등치 않은 사람들이 균등한 몫을 차지하게 되는 경우 — 분쟁과 불평이 생긴다. 그리고 이것은 가치에 따라 상을 주어야 한다는 생각에서 보아도 자명한 일이다. 분배에 있어서의 옳음은 어떤 의미에서의 가치를 따라야 한다는 데 대해서는 누구나 동의하기 때문이다. 물론 그 가치가 어떤 것이어야 하느냐에 대해서는 모든 사람이 생각을 같이 하는 것은 아니다. 민주주의는 그것을 자유민의 신분이라 하고, 과두 정치를 지지하는 사람들은 그것을 부(富, 혹은 좋은 가문)라 하고, 귀족 정치를 지배하는 사람들은 그것을 덕이라고 한다.

그러고 보니 옳음이란 비례적인 것의 일종이다(비례란 추상적인 수에만 고유한 것이 아니고, 수 일반에 속한다). 비례는 비와 비의 균등성이요, 또 적어도 네 개의 항으로 성립한다. 불연속 비례는 분명히 네 개의 항으로 되어 있다. 그러나 연속 비례도 역시 그러하다. 한 항이 결국 두 번 쓰이고 있으니 말이다. 예를 들면 "선분 A가 선분 B에 대하여 갖는 관계는 선분 B가 선분 C에 대하여 갖는 관계와 같다."고 하는 것이 그것이다. 여기서 선분 B는 두 번 언급되고 있으며, 따라서 선분 B가 두 번 나온 것을 다 합하면 결국 비례의 항은 넷이다. 옳음은 역시 적어도 네 개의 항으로 성립하며, 한쪽의 비는 다른 한쪽의 비와 같다. 사람과 사람 사이, 그리고 사물과 사물 사이에는 비슷한 구별이 있기 때문이다. 그리하여 A항의 B항에 대한 관계는 C항의 D항에 대한 관계와 같고, 또 치환(置換)하면 A항의 C항에 대한 관계는 B항의 D항에 대한 관계와 같다. 그러므로 또한 전체가 전체에 대하여 똑같은 비를 가진다.7) 그리고 이 전체란 분배에 있어서 결합함으로 생기는 것이요, 만일 이렇게 결합되기만 하면 옳게 분배되는 것이다.8) 그리하여 A항을 C항에 결합시키고 B항을 D항에 결합시키는 것이 분배에서의 옳음이며, 또 이런 종류의 옳음이 중간적인 것이며, 부정이란 이 비례를 깨뜨리는 것이다.9) 비례적인 것은 중간적인 것이고, 옳음은 비례적인 것이기 때문이다(수학자들은 이런 종류의 비례를 기하학적 비례라 부른다. 왜냐 하면 기하학적 비례에서는 전체와 전체의 비가 분자 항끼리 혹은 분모 항끼리의 비와 같기 때문이다).10) 이 비례는 연속 비례가 아니다. 사람과 물건이 함께 단일한 항을 이룰 수 없기 때문에 그러하다.

그러므로 옳은 것이란 비례적인 것이고, 옳지 않은 것이란 비례를 깨뜨리는 것이다. 따라서 부정이 행해질 때에는 어떤 항이 지나치게 커지고 다른 항이 지나치게 작아지는 일이 실제로 생긴다. 즉 부정을 행하는 사람은 너무 많은 선을 취득하고, 부정을 당하는 사람은 너무 적은 선을 취득한다. 악에 있어서는 사정이 거꾸로 되어 있다. 보다 작은 악은 보다 큰 악에 비하면 선으로 여겨지기 때문이다. 보다 작은 악이 보다 큰 악보다 더 선택할 만한 것인데, 또 선택할 만한 것은 선이며 더욱 선택할 만한 것은 보다 큰 선이다.

그러니 이것이 옳음의 한 종류이다.

---

7) 사람A + 사물C는 사람B + 사물D와 똑같은 비(比)를 가진다.
8) A와 B를 사람, C와 D를 분배될 물건이라고 하자. A : B = C : D이면 치환에 의하여 A : C = B : D이고, 또 A : B = C : D, A + C : B + D이다. A + C, B + D는 A가 C를 얻고 B가 D를 얻은 상태를 가리킨다. 이와 같이 A와 B가 각기 C와 D를 얻기 전이나 얻은 후에나 그 비가 일정해 있을 때 A · B에 대한 C · D의 분배가 옳은 것이다.
9) 분배에 있어서의 정의의 문제는 분배할 만한 명예나 보수를 관련된 사람들의 가치에 따라 나누어주는 것이다.
10) A : B = C : D = A + C : B + D.

제4장 등차급수에 일치하는 시정적(是正的) 정의

(B) 나머지 한 종류는 시정적 정의이다. 이것은 유의적인 교섭과 무의적인 교섭에서 다 같이 볼 수 있는 것이다. 이러한 옳음은 앞에서 말한 형태의 그것과는 종류가 아주 다르다. 공공의 소유물을 분배함에 있어서 성립하는 정의는 위에서 말한 바와 같은 비례를 따르는 것이다. 즉 공공의 재화를 분배하는 경우에도 당사자들이 거기에 기여한 것의 비와 같은 비로 분배하는 것이 옳은 분배이다. 이런 종류의 정의에 반대되는 부정의는 이 비례를 깨뜨리는 것이다. 그런데 사람과 사람 사이의 교섭에서의 정의도 사실 일종의 균등이며, 부정의는 일종의 불균등이지만, 이 때의 비례는 앞서 말한 바와 같은 기하학적 비례가 아니고, 오히려 산술적 비례이다.11) 선한 사람이 악한 사람한테서 사취(詐取)하는 경우나, 악한 사람이 선한 사람한테서 사취하는

---

11) A/B = C/D의 관계뿐만 아니라, A − B = C − D의 관계도 넓은 의미에서는 비례라고 불린다. 그리고 전자를 기하학적 비례라 하고 후자를 산술적 비례라 하여 구별한다. 본래 '비례'라 하면 전자를 의미하며, 전자가 제일의적 의미의 '비례'이다. '중항'(中項)에도 '기하학적 비례에 있어서의 중항'과 '산술적 비례에 있어서의 중항'의 구별이 있다. 이것은 연속 비례의 경우에 생긴다.

A/B = B/C, A − B = B − C의 연속 비례에 있어 그 중항이 문제된다. '연속 비례'란 현대 수학의 용어로는 다름 아닌 '급수'이다. '산술적 비례에 있어서의 중항'이란 현대의 용어로는 '산술 중항' 혹은 '등차 중항'이다.

시정적 정의의 문제는 형벌과는 아무 상관이 없고 다만 이미 행한 부당한 행위에 대하여 배상하게 함으로써 시정하는 일에만 관계하는 것이다. 즉 시정적 정의는 민법상의 정의요, 형법상의 정의가 아니다. 법정은 당사자들을 평등하게 다루며(법정은 도덕을 심판하는 곳이 아니므로) 부당한 행위는 그 행위를 한 사람과 그 행위를 당한 사람에게 각기 똑같은 소득과 손실을 준 것으로 여겨진다. 그래서 A는 A + C의 처지에 서게 되며, B는 B − C의 처지에 서게 된다. 재판관의 임무는 이 둘 사이의 산술적 중간을 찾아내는 것인데, 그는 A에게서 B로 C를 옮김으로써 이 임무를 수행한다. 이렇게 하면 (A와 B는 동등하다고 여겨져) 다음과 같은 산술적 비례가 성립한다.

$(A + C) − (A + C − C) = (A + C − C) − (B − C)$

혹은 $(A + C) − (B − C + C) = (B − C + C) − (B − C)$.

경우나, 결국 사취는 마찬가지 사취이고, 또 선한 사람이 간음을 하거나 악한 사람이 간음을 하거나, 결국 간음은 마찬가지 간음이기 때문이다. 누가 악을 행하고 누가 악행을 당했든, 또 누가 해악을 끼치고 누가 그 해악을 당했든, 법은 다만 그 해악의 뚜렷한 성격만을 문제 삼으며, 그 당사자들을 균등하게 취급한다. 그러므로 이런 종류의 부정의는 하나의 불균등인 까닭에 재판관은 이것을 균등화하려고 노력한다. 어떤 사람이 상처를 입히고 다른 어떤 사람이 상처를 입었을 경우, 혹은 어떤 사람이 살해하고 다른 어떤 사람이 살해되었을 경우, 가해와 피해는 불균등하게 분배되었기 때문이다. 이런 경우 재판관은 가해자 측으로부터 이득을 빼앗아 손실의 균등화를 꾀한다. <이득>이라는 말은 대체로 이런 경우에 적용된다. 물론 어떤 경우에는 꼭 들어맞지 않는 수도 있다. 가령 상처를 입힌 사람에게는 이 말이 꼭 들어맞지 않는다. 또 '손실'이라는 말은 상처를 입은 사람에게 꼭 들어맞는 것이 못 된다. 하여간 피해가 측정되면, 한쪽은 이득이라 불리고 다른 한쪽은 손실이라 불린다. 그러므로 균등이란 과다와 과소의 중간이지만, 이득과 손실은 각기 반대 방향을 취하는 과다와 과소이다. 즉 선의 과다와 악의 과소를 얻는 것이 이득이요, 이와 반대되는 것이 손실이다. 이 양자 사이의 중간에 있는 것이 균등이라 함은 이미 고찰한 바와 같다. 그리고 이 균등이 옳음을 또한 우리는 말하는 것이다. 그러므로 시정적 정의는 이득과 손실의 중간일 수밖에 없다. 이런 까닭에 분쟁이 생기면 사람들은 재판관에게 소송을 제기한다. 재판관이란 일종의 살아 있는 정의라 할 수 있기 때문이다. 그리고 이때 사람들이 재판관을 찾는 것은 재판관을 하나의 중간으로 보기 때문이요, 또 어떤 지방에서는 재판관을 조정자(중간을 얻는 자)라고 부르는데, 이것은 중간의 것을 얻으면, 따라서 옳음을 얻으리라고 가정하기 때문이다. 그러므로 재판관이 하나의 중간인 까닭에 옳음 역시 하나의 중간적인 것이다. 그런데 재판관은 균등을 회복한다.

이것은 마치 한 선분이 불균등한 두 부분으로 나뉘어졌을 때, 큰 쪽에서 절반 이상의 것을 떼 내어 작은 쪽에 붙이는 것과 같다. 그리하여 전체가 균등하게 나뉘어졌을 때, 즉 당사자들이 균등한 것을 갖게되었을 때 저들은 "자기 몫을 차지했다."고 말한다. 균등은 보다 큰 선(線)과 보다 작은 선 사이의 산술적 비례를 따른 중간이다. 그것이 <디까이온>(di/kaion, 즉 옳음)이라 불리는 이유도 이 때문이다. 왜냐하면 그것은 <디카>(di/xa, 즉 균등한 두 부분)로 나누는 것이요, 사람들은 <디카이온>(di/xaion, 즉 절반적, 다시 말하면 균등한 두 부분으로 나누는)이라고 말할 생각에서 <디까이온>이라는 단어를 쓰고 있기 때문이다. 그리고 재판관, 즉 <디까스테스>(dkasth/j)는 절반을 가르는 자, 즉 <디카스테스>(dixath/j)이다.12)

무릇 균등한 두 개의 것의 하나에서 X를 떼 내어 다른 하나에 보태면, 후자는 전자보다 2X만큼 더 커진다. 전자에서 떼 낸 것을 후자에게 보태지 않으면 후자는 X만큼 더 크다. 그러므로 후자는 중간적인 것보다 X만큼 더 많으며, 중간적인 것은 X를 떼어낸 전자보다 X만큼 더 많다. 그러므로 이것으로써 우리는 더 가진 쪽에서 얼마만큼을 떼 내야 하며, 덜 가진 쪽에 얼마를 더 보태야 하는지 잘 알 수 있다.

즉 우리는 적은 쪽에다 중간 것보다 모자라는 것을 보태야 하고 최대의 것으로부터는 그것이 중간 것을 넘는 만큼을 떼 내야 한다. AA', BB', CC'의 세 선분이 서로 균등하다고 하자. 선분 AA'로부터 AE를 떼 내고, 선분 CC'에 CD13)를 보탠다고 하면, 선분 DCC'는 EA'보다

---

12) δίκαιον, δίχα, δίκαιον, δκαστής, διχατής에 있어서, κ, χ의 발음 표기를 각기 'ㄲ', 'ㅋ'으로 한 것은 편의상의 것이다. 과거에 그리스 사람들이 실지로 이 문자들을 어떻게 발음했는지는 미상이나, κ는 χ보다 더 강하고 거친 유기음이 아니었던가 싶다.

13) CD와 AE는 같은 길이로 한다.

CD와 CF를 합한 것만큼 더 길다. 그러므로 그것은 선분 BB'보다 CD 만큼 더 길다.

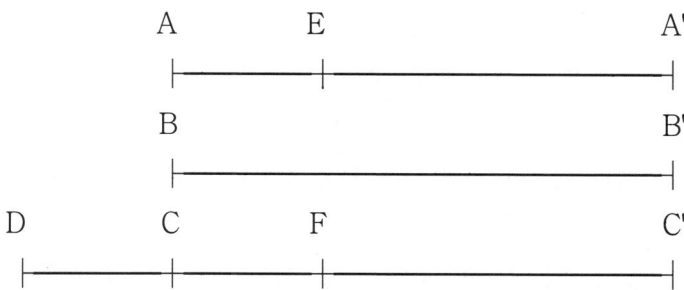

손실이니 이득이니 하는 명칭은 모두 유의적 교역(交易)에서 온 것이다. 가령 매매나 이 밖에 법이 인정하고 있는 다른 모든 일에서 자기 자신의 것 이상을 얻는 것을 이득이라 하고, 본래 자기에게 속했던 것보다 적은 것을 얻는 것을 손실이라 하니 말이다. 한편 더 얻은 것도 없고 밑진 것도 없으며, 본래 자기에게 속했던 것을 그냥 그대로 가질 때에는 자기 몫을 차지했다고 말하며, 손실이니 이득이니 하는 용어를 쓰지 않는다. 그러므로 옳음이란 어떤 의미에서 손실과 이득의 중간이다. 즉 손해를 본 사람의 뜻에 어긋나는 이득과 손실의 중간이다. 그것은 거래하기 전과 거래한 후의 양이 균등함에서 성립한다.

제5장 교환에 있어서의 정의, 비례에 일치하는 호혜 관계

피타고라스 학파가 주장한 것처럼 보상적(報償的)인 것이 무조건 옳은 것이라고 생각하는 사람들이 더러 있다. 이 사람들은 정의는 곧 보상이라고 무조건 정의하였다. 그러나 보상이란 분배적 정의에도 시정적 정의에도 다 들어맞지 않는다. 그럼에도 불구하고 사람들은,

행한 대로 당하게 하는 것이 정당한 심판이니라.

라고 말하는 라다만튀스[14]식의 정의도 시정적 정의를 의미하는 것으로 생각하는 경향이 있다. 그러나 많은 경우 보상과 시정적 정의는 일치하지 않는다. 가령 (1) 지배적 위치에 있는 사람이 남에게 상처를 입힌 경우, 그 자신은 상처를 입지 않으나, 만일 어떤 사람이 지배자에게 상처를 입히면 그는 상처를 입을 뿐만 아니라 그 위에 다시 처벌까지 받는다. 그리고 (2) 유의적 행위와 무의적 행위 사이에는 커다란 차이가 있다. 그러나 교환적인 여러 공동 관계에서는 이런 성질의 정의가 사람들을 서로 연결시킨다. 물론 이 때의 보상적 정의는 비례를 따른 것이지, 꼭 균등하게 반환되는 것을 기초로 하는 것은 아니다. 무릇 국가는 비례적인 보상 관계에 의하여 유지되고 있다. 사람들은 악에는 악으로 갚으려 한다. 이렇게 하지 못하면 그들은 자기 처지가 노예적인 것이라고 생각한다. 그리고 선에는 선으로 갚으려 한다. 이렇게 하지 못하면 서로 주고받는 일이 전혀 없다. 그런데 사람들이 공동생활을 영위하는 것은 서로 주고받음으로써 이루어진다. 이런 까닭에 카리스, 곧 호의(好誼)의 여신들[15]의 신전이 사람들의 눈

---

14) Rhadamanthys. 제우스와 에우로페의 아들. 죽은 후에 지옥의 재판관의 한 사람이 되었다. "눈은 눈으로"라고 하는 것이 그의 심판의 원칙이다.

에 잘 띄는 곳에 세워져 있는 것이다. 그리하여 상호 보상을 촉진한다. 이렇게 하는 것이 다름 아닌 호의이기 때문이다. 우리는 우리에게 호의를 베푼 사람에게 보답하는 봉사를 해야 하며, 또 어떤 때는 우리 쪽에서 호의를 베푸는 주도권을 취해야 한다.

그런데 비례적인 보답은 대각선적인 연결에 의하여 분명히 드러나게 할 수 있다. 예컨대 A를 집짓는 사람, B를 구두 만드는 사람, C를 집, D를 구두라고 하자.16) 이 경우 집 짓는 사람은 구두 만드는 사람에게서 그 소산을 얻어야 하고 그 대신 자기 자신의 소산을 그에게 주어야 한다. 그러므로 처음에 소산의 비례적 균등이 있고, 그 다음에 보상적 행위가 있으면 우리가 언급하는 결과가 생길 것이다. 이렇게 되지 않으면 거래는 균등하지 않고, 또 성립되지도 못한다. 한쪽의 소산이 다른 쪽의 소산보다 나은 것이 되게 함을 막는 것은 전혀 없기 때문이다. 그러므로 양자의 소산은 균등화되어야만 한다(이것은 다른 기술들의 경우에도 마찬가지이다. 왜냐하면 능동 쪽에서 일정한 양과 그리고 일정한 성질의 일을 하면, 수동 쪽에서도 그와 똑같은 양과 똑같은 성질의 일을 꼭 그대로 얻는다고 하는 일이 없다면 도대체 기술이라는 것이 성립하지 못했을 것이기 때문이다).17) 사실, 교환을 위

---

15) χάρις. 복수는 '카리테스'(χάριτες). 온갖 은혜를 베푸는 여신들. 경기에서 승리를 가져다주기도 한다. 호메로스에서는 그 수가 일정치 않다.

16) 다음과 같은 그림이 그려졌으리라 짐작된다.

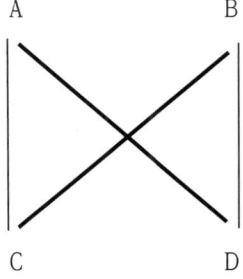

17) 이 절은 앞뒤가 맞지 않지만, 후대 사람들의 삽입이 아닌 것만은 분명하다.

하여 서로 관계하는 것은 두 의사가 아니라 한 의사와 한 농부요, 혹은 일반적으로 서로 다르고 균등하지 않은 사람들끼리이다. 그러나 이들은 균등화되어야 한다. 이런 까닭에 교환되는 모든 것은 어느 모로든 비교가 가능한 것이어야 한다. 이 목적을 위하여 돈이 생겼으며, 또 돈은 어떤 의미에서 하나의 매개자 노릇을 한다. 왜냐하면 돈은 모든 것을 따라서 초과와 부족도 측정하기 때문이다. 그리하여 그것은 몇 켤레의 구두가 집 한 채와 혹은 일정한 양의 식량과 맞먹는가를 측정한다. 그러므로 집 한 채(혹은 일정한 양의 식량)와 교환할 수 있는 구두의 수효는 집 짓는 사람과 구두 만드는 사람의 비에 대응하는 것이어야 한다. 그렇지 않으면 도대체 교환이니 공동 관계니 하는 것이 있을 수 없으니 말이다. 그리고 물품이 어떤 방식으로든 균등하지 않는 한, 이러한 비례는 성립되지 않을 것이다. 그러므로 앞서 말한 바와 같이, 모든 물품은 어떤 한 가지 척도에 의하여 측정될 필요가 있다. 그런데 바로 이 한 가지 것은 실상 모든 것을 연결시켜주는 수요(需要)이다(만일 사람들이 피차 서로의 물품을 필요로 하지 않거나, 혹은 균등하게 필요로 하는 일이 없다면, 도대체 교환이란 게 또는 같은 교환이란 게 있을 수 없기 때문이다). 다만 돈이 계약에 의하여 이를테면 수요의 대표자가 되었다. 그리고 이 때문에 그것이 〈돈〉(노미스마, $\nu\acute{o}\mu\iota\sigma\mu\alpha$)이라는 명칭을 가지고 있는 것이다. 이것은 돈이 자연에 의하여 저절로 생긴 것이 아니고 법(노모스, $\nu\acute{o}\mu o\varsigma$)에 의하여 인위적으로 생긴 것이요, 또 우리의 힘으로 변경시킬 수도 있고, 소용없게 할 수도 있는 것이기 때문이다. 그러므로 농부와 구두 만드는 사람의 경우, 이들이 교환하는 소산이 균등하게 되었을 때, 그 거래는 서로 더하고 덜함이 없는 보상적인 것이 될 것이

전후 관계로 보아 이 구절이 어디 들어가야 할지 편자들에게도 명확하지 않았기 때문에 여기에 이렇게 보존한 것 같다.

다. 물론 우리는 교환이 끝난 직후에 비례가 어떻게 되었는가를 따져볼 것이 아니라, 교환에 앞서 비례가 잘 되도록 생각해야 한다. 이렇게 하지 않으면 한쪽의 초과 이득이 다른 쪽의 부족분의 두 배가 될 것이다. 그리하여 이런 경우 이상과 같은 균등성이 있음으로써 비로소 저들은 균등하며, 또 공동 관계적일 수 있다. 이제 A를 농부, C를 식량, B를 구두 만드는 사람, D를 B의 소산으로서 C에 맞먹는 것이라고 하자. 만일 이런 식으로 보상이라는 것이 성립하지 못하면, 당사자들 간의 공동 관계란 있을 수 없다.

 수요가 하나의 단일한 것으로서 사물들을 연결시킨다는 것은 다음과 같은 사실을 통하여 잘 알 수 있다. 즉 상호적인 수요가 없는 경우 —쌍방 혹은 일방에 수요가 없는 경우—에는 어떤 사람이 우리가 가지고 있는 것을 필요로 할 때와 같은 교환은 성립되지 않는다. 가령 술을 수입해 오는 대신 곡물의 수출을 허가하는 경우와 같은 교역이 되지 않는다. 그러므로 이러한 균등화가 확립되어야 한다. 그리고 미래의 교역을 위하여, 즉 지금은 우리에게 필요가 없어도 언젠가 필요하게 될지 모르는 것을 그때 가서 손에 넣을 수 있도록, 이를테면 보증으로서 돈이 있는 것이다. 돈을 가지고 가면 그것을 얻을 수 있으니 말이다. 그런데 돈도 다른 물품과 마찬가지 경향을 가지고 있다. 즉 언제나 똑같은 가치를 가지고 있는 것이 아니다. 그래도 돈은 다른 물품들보다는 더 오래 지속하는 법이다. 이런 까닭에 모든 물품에는 가격을 정해 놓아야 한다. 그래야만 언제나 교역이 가능하고, 또 교역이 가능하면 따라서 사람과 사람과의 공동 관계가 성립할 수 있다. 그러면 돈은 하나의 척도의 역할을 하는 것으로서, 물품들을 통약적(通約的)인 것이 되게 하며, 또 균등화시킨다. 사실 교역이 없으면 공동 관계가 있을 수 없고, 균등성 없이는 교역이 있을 수 없으며, 또 통약적인 것이 없으면 균등성이 있을 수 없다. 물론 그토록 서로 아주 다른 물건들이 통약적인 것이 된다는 것은 불가능한 일이지만, 수요라는 것에 비추어 보면 충분히 그렇게 될 수도 있다. 그리하여 하나의 단위가 있지 않으면 안 된다. 그리고 그것은 협정에 의하여 결정되는 것이어야 한다(이런 까닭에 그것이 노미스마, 즉 돈이라 불리는 것이다). 모든 물건을 통약적인 것이 되게 하는 것은 바로 이것이다. 모든 물건은 돈에 의하여 계량되기 때문이다. 이제 A를 집, B를 10므나,[18] C를 침대라고 가정하자. 만일 집이 5므나의 값이 있다면, A는 B의 절반이다. 그리고 침대, 즉 C는 B의 1/10이다. 이와 같이 볼 때 침대 몇 개가 집 한 채와 맞먹는가는 분명하다. 즉 다섯 개의 침대가 집 한 채와 균등하다. 돈이 생기기 전에는 교역이 이와 같이 행해졌다는 것은 분명하다. 다섯 개의 침대를 집 한 채와 바꿀 수 있다는 것과 돈으로 따져서 다섯 개의 침대가 집 한 채의 값이 나간다는 것은 똑같은 이야기이기 때문이다. 이상으로 우리는 부정이 무엇이며 옳음이 무엇인지 정의한 셈이다. 이와 같이 규정해 놓고 보니, 옳은 행위란 부정한 행위를 하는 것과 부정한 행위를 당하는 것 사이의 중간적인 것임이 분명하다. 무릇 부정한 행위를 한다는 것은 너무 많이 취하는 것이고, 부정한 행위를 당한다는 것은 너무 적게 취하는 것이다. 정의란 일종의 중용이지만 다른 덕들과 같은 식의 중용은 아니다. 그것이 중용인 까닭은 부정의가 양 극단에 관계하는 것인 데 반하여 그것은 하나의 중간적인 것에 관계하기 때문이다. 그리고 정의란 옳은 사람으로 하여금 그 선택에 의하여 옳은 일을 하게 하는 덕이다. 이런 사람은 자기 자신과 남 사이에 혹은 남과 남 사이에 분배하는 일이 있을 경우에 좋은 것은 자기가 더 많이 차지하고 남에게는 적게 주는 사람이 아니라(또 해로운 것에 있어서는 이와 반대로 나누어 주는 사람이 아니라), 비례를 따라서 균등하게 나누어 주는 사람이다. 남과 남 사이

18) 1므나는 100드라크마(드라크마는 고대 그리스의 은화).

에 분배하는 일에 있어서도 그는 이와 비슷하게 행한다. 한편, 부정의
는 부정에 관계한다. 그것은 곧 유익한 것 혹은 유해한 것의 비례에
어긋나는 과다 혹은 과소이다. 이런 까닭에 부정의는 과도이고, 부족
이다. 즉 과도와 부족에서 생긴다. 자기 자신의 경우는 무조건적으로
유익한 것의 과다요, 유해한 것의 부족이며, 타인들의 경우에는 전체
적으로는 자기 자신의 경우와 비슷하지만, 비례는 어느 방향으로나
깨질 수 있다.19) 부정한 행위 가운데 너무 적게 가지는 것은 부정을
당하는 것이요, 너무 많이 가지는 것은 부정을 행하는 것이다.

이상으로 정의와 부정의, 그리고 일반적으로 옳음과 옳지 않음의 본
성에 대하여 설명한 것으로 하자.

제6장 정치적 정의와 그와 유사한 종류의 여러 가지 정의

부정한 행위를 한다고 해서 반드시 그 사람이 부정한 사람인 것은
아니므로 우리는 어떤 종류의 부정한 행위를 하면 곧 그 사람이 각종
부정한 사람, 즉 도둑, 음탕한 사람, 혹은 강도가 되는가 하는 것을 따
지지 않으면 안 된다. 그러나 확실히 이러한 각종 부정행위를 가지고
곧 그 사람이 부정한 사람이라고는 할 수 없을 것 같다. 왜냐하면 어
떤 사람이 그 여자가 누군지 알고서 동침했을 경우 그 행위는 숙고한
끝에 선택된 것이 아니고 정욕으로 말미암은 것일 수가 있기 때문이
다. 그러므로 이런 경우 그 사람은 부정한 행위를 한 것이지만, 그렇
다고 그 사람이 곧 부정한 사람인 것은 아니다. 즉 그 사람은 훔치기
는 했으나 도둑은 아니요, 간음은 했으나 음탕한 사람은 아니며, 또

---

19) 자기 자신이 관여할 때에는 언제나 자기 자신에게 유리하게만 하는 것이 부
   정의이지만, 타인들만이 관여할 때에는 반드시 어느 한 쪽에 유리하게 하도록
   정해져 있는 것은 아니다.

다른 모든 경우에도 이와 마찬가지이다.

앞서 우리는 보상이 어떻게 옳음에 관계하는가에 대하여 말한 바 있다.[20] 그러나 우리가 찾고 있는 것은 무조건 옳은 것만이 아니요, 또한 정치적인 옳음이기도 하다는 것을 잊어서는 안 된다.

이 정치적인 옳음은 자족을 목적삼고 공동생활을 누리고 있는 사람들—즉 자유를 가지고 있고, 또 비례적으로나 산술적으로 균등한 사람들—간에서만 찾아볼 수 있는 것이므로, 이 조건을 갖추지 못한 사람들 간에는 정치적인 옳음은 없고, 다만 특별한 의미에서 유사성을 띤 옳음이 있을 따름이다. 정의란 법이 그 상호 관계를 다스리고 있는 사람들 간에만 존재하기 때문이다. 그리고 법은 피차간에 부정의가 있는 사람들을 위해서 있다. 무릇 법의 심판이란 옳음과 옳지 않음(不正)을 판정하는 것이기 때문이다. 그리고 피차간에 부정의가 있는 사람들 간에는 또한 부정한 행위가 있는 법이다(물론 피차간에 부정한 행위가 있는 사람들 전부 간에 부정의가 있는 것은 아니다). 이것은 무슨 말인가 하면, 무조건 좋은 것은 자기 자신이 너무 많이 취하고 무조건 나쁜 것은 너무 적게 취한다는 것이다. 이런 까닭에 우리는 어떤 사람으로 하여금 지배하게 하지 않고 옳은 이치[21]로 하여금 지배하게 한다. 사람이라는 것이 이렇듯 자기 자신의 이익을 위해서 움직이며, 그리하여 폭군이 되기까지 이르기 때문이다. 한편 지배자는 정의의 수호자이며, 만일 그가 정의의 수호자라고 하면 또한 균등의 수호자이기도 하다. 그리고 만일 그가 옳은 사람이라면 자기의 몫에 들어오는 것 이상을 취하지 않을 것이므로(그는 무조건 좋은 것을 지나치게 많이 취하지 않기 때문이다. 물론 이렇게 취하는 것이 그의 공적에 어울릴 때에는 이야기가 다르지만. 이런 까닭에 그는 남을 위

---

20) 1132b 21~1133b 28.
21) 원어로는 '로고스'. 로스는 rational principle(이성적 원리)이라고 옮겼다.

하여 수고한다. 앞서 우리가 지적한 바와 같이22) 사람들이 "정의란 타인의 선이다."라고 말함은 이 때문이다), 그에게는 어떤 보수를 주어야 한다. 그 보수란 다름 아닌 명예와 특권이다. 그런데 이런 것들로 충분하지 않은 사람들은 폭군이 된다. 주인이나 아버지의 정의는 국민들의 자유와 비슷하기는 하지만, 같지는 않다. 자기 자신에 속하는 것들에 대해서는 무조건적인 의미에서의 부정의라는 것이 있을 수 없기 때문이다. 노비라든가 일정한 연령이 되어 독립하기에 이르기 전의 자기 자식은, 이를테면 자기 자신의 일부분이요, 아무도 일부러 자기 자신을 해치지는 않는다(그렇기 때문에 자기 자신에 대한 부정의란 도대체 존재하지 않는다). 이러므로 국민으로서의 정의나 부정의는 이런 관계에서는 존재하지 않는다. 조금 전에 살펴본 바와 같이, 이러한 정의나 부정의는 법을 전제하는 것이요, 본성상 법의 지배 아래 있어야 하는 사람들 간에서 성립하는 것이며, 또 이런 사람들은 지배하고 지배받음에 있어 균등성을 가지고 있기 때문이다. 따라서 정의는 그 참된 의미에 있어서 자식들이나 노비들에 대해서보다 오히려 아내에 대해서 더 존재하는 것이라 할 수 있다. 이 후자는 집안을 다스리는 정의이기 때문이다. 그러나 이것도 정치적 정의와는 다르다.

제7장 자연적 정의와 법적 정의

정치적 정의에는 본성적23)인 것도 있고 인위적24)인 것도 있다. 본성적인 것이란 어디서나 같은 힘을 가지고 있는 것으로서 사람들이

---

22) 1130a 3.
23) 영어로는 natural이라 새겨지고 있다. '자연적'이라 해도 좋을 것이다.
24) 영어로는 legal이라 새겨지고 있다. 이를 따라 '법률적'이라고 해도 좋을 것이다.

이렇게 혹은 저렇게 생각하는 것과는 상관없이 존재하는 것이고, 인위적인 것이란 본래는 이렇게도 저렇게도 될 수 있었던 것이나, 일단 정해진 다음에는 그럴 수 없는 것이다. 가령 죄수가 석방되려면 1므나를 내야 한다든가, 희생 제물은 산양 한 마리여야 되고 두 마리여서는 안 된다든가 하는 것, 그리고 이 밖에 특별한 경우를 위하여 통과된 모든 법률(예컨대, 브라시다스25)에게 희생을 바쳐야 한다고 하는 것 같은) 및 여러 법령 조항 같은 것이 이런 인위적인 정의이다. 그런데 모든 정의가 이런 성질의 것이라고 생각하는 사람들이 더러 있다. 그들이 이렇게 생각하는 이유는, 본성적으로 존재하는 것은 불변적이고 어디서나 똑같은 힘을 가지고 있는 데(마치 불은 여기서도 타고 페르시아에서도 타는 것 같이) 반하여, 옳다고 인정되는 것들에서는 변화를 볼 수 있기 때문이다. 이것은 무조건 그런 것은 아니고, 다만 어느 의미에서 그럴 따름이다. 즉 신들에게는 아마 절대로 그럴 수 없지만, 우리에게는 본성적으로 옳은 것이면서도 아주 변화하기 쉬운 것이 없지 않다. 그렇다 해도 본성적인 것과 본성에 의거하지 않는 것의 구별은 어디까지나 존재한다. 달리 있을 수도 있는 것들 가운데 어떤 성질의 것이 본성에 의한 것이고, 어떤 성질의 것이 본성에 의한 것이 아니고 인위적이고 계약에 의한 것인가—이상의 양자가 모두 같이 가변적인 것이라 가정하고서 말이다—하는 것은 자못 명백한 일이다. 그리고 다른 모든 일에도 이와 같은 구별이 적용될 수 있을 것이다. 가령 본성적으로는 오른손이 더 세지만, 누구나 두 손을 똑같이 잘 놀릴 수 있게 되는 것이 가능하다. 계약이나 효용으로 말미암는 옳음은 마치 도량형과 같다. 술이나 곡물의 도량은 어디서나 똑같지 않아서 도매에서는 많이 나가고 소매에서는 적게 나가기 때문이다. 이와 마찬가지로 본성에 의해서가 아니라 인간이 시행함으로써 생긴

---

25) Brasidas. Thucydides, 제5권 제11절 참조.

옳음은 어디서나 같은 것이 아니다. 국법도 다 똑같지 않으니 말이다. 그러나 물론 어디서나 본성적으로 최선인 국법은 오직 하나 있을 뿐이다. 옳은 일과 합법적인 일의 하나하나는 그 개별적인 경우들에 대하여 보편자로서 관계하고 있다.

우리가 하는 행위는 여러 가지로 많지만, 그 하나하나는 단일한 것이고 또 저것은 보편적인 것이기 때문이다. 부정행위와 부정은 서로 다르고, 옳은 행위와 옳음도 서로 다르다. 즉 어떤 일이 부정인 것은 본성에 의하여 그럴 수도 있고 법령에 의하여 그럴 수도 있지만, 바로 그 일은 행해진 연후에 비로소 부정행위가 되는 것이요, 행해지기 전에는 아직 부정행위가 아니라 다만 부정할 따름이다. 옳은 행위의 경우도 마찬가지이다. 이것들 하나하나에 대하여 그것이 어떤 성질의 것이며, 그 아래 몇 가지 종류가 있으며 또 어떤 성질의 것들에 관계하는 것인가는 나중에26) 검토해야겠다.

(II) 선택의 내적 성질

제8장 악행의 정도의 척도

옳은 행위와 부정한 행위는 지금까지 우리가 말해 온 바와 같은 것이므로, 사람이 유의적으로 행할 때라야 그 행위는 옳거나 옳지 않다. 무의적으로 행할 때에는 우연히 옳을 수도 있고 옳지 않을 수도 있지만, 그렇지 않는 한 옳게 행위하는 것도 아니고 옳지 않게 행위하는 것도 아니다. 이때에는 그 행위가 결과적으로 옳거나 옳지 않을 수 있

---

26) 아마 『정치학』 중에 법률에 관하여 쓰려 한 곳을 말하는 듯하다. 그러나 이 부분은 현존하지 않는다.

을 따름이기 때문이다. 어떤 행위가 부정행위인가 아닌가(혹은 옳은 행위인가 아닌가)는 유의적인가 무의적인가에 따라서 결정된다. 왜냐하면 유의적인 때에는 비난을 받고 동시에 비로소 부정행위가 되기 때문이다. 그러므로 유의적인 성질이 없을 때에는 부정은 하지만 그러면서도 부정행위라고는 할 수 없는 것이 있다. 유의적이라 함은 앞서도 말한 바와 같이,27) 자기 자신의 능력 안에 있는 것으로서 알고 행하는 것을 말한다. 즉 누구에게, 무엇을 가지고, 무슨 목적으로 행하는가—가령 자기가 때리고 있는 사람이 누구이며, 무엇을 가지고 때리며, 또 무엇 때문에 때리는가—를 모르지 않고서 행하는 것이다. 이런 행위는 모두 우연한 것도 아니요, 강제를 당하여 행하는 것도 아니다. 가령 A라는 사람이 B라는 사람의 손을 잡고 그 손으로 C라는 사람을 때렸다고 하면, B는 유의적으로 행한 것이 아니다. 그 행위는 자신이 좌우할 수 있는 것이 아니기 때문이다. 매를 맞은 사람은 때린 사람의 아버지일 수도 있고, 또 때린 사람은 매 맞은 것이 한 사람이고, 또 마침 그때 거기 있던 사람임을 알 수 있지만, 그 사람이 바로 자기의 아버지임은 모르는 수도 있다. 이와 같은 일은 목적에 관해서도 있을 수 있고 또 행위 전체에 관해서도 있을 수 있다. 그러므로 알지 못하고 행한 일, 혹은 알기는 했지만 자기의 힘으로 어떻게 할 수 없었던 일, 혹은 강제를 당하여 행한 일은 무의적인 것이다(본성을 따라 일어난 일들 중 많은 것도, 우리가 알고서 행하기도 하고 경험도 하지만, 그 어느 것이나 유의적인 것도 아니요, 무의적인 것도 아니니 말이다. 예컨대 늙거나 죽거나 하는 것 따위). 그리고 부정한 행위의 경우에나 옳은 행위의 경우에나 부정이니 정의니 하는 것은 다만 부수적으로만 성립하는 것이다. 가령 어떤 사람이 두려운 생각이 들어 마지못해 맡았던 물건을 되돌려 보내는 경우, 우리가 이런 사람을 두

27) 1109b 35~1111a 24.

고 옳은 행위를 한다든가 옳게 행위한다고 말할 수 있는 것은 다만 수반적인 의미에서만이다. 이와 마찬가지로 강제를 당하여 하는 수 없이 자기가 맡았던 물건을 돌려보내지 않는 사람을 두고 부정하게 행한다거나 부정한 행위를 한다거나 할 수 있는 것도 다만 부수적으로 그럴 수 있을 따름이다. 그런데 유의적인 행위 가운데에는 우리가 선택하여 하는 것도 있고 선택하지 않고 하는 것도 있다. 선택하여 하는 것이란 숙고한 끝에 하는 것이요, 선택하지 않고 하는 것이란 미리 숙고하는 일 없이 하는 것이다. 그리하여 사람과 사람 사이의 공동 관계에는 세 종류의 침해가 있다. 이 가운데 알지 못하고 행한 일은 과실이다. 즉 행위의 상대방, 그 행위, 도구 혹은 나중의 결과가 생각했던 바와 다를 때의 행위가 바로 이런 경우이다. 그 행위자는 자기가 아무도 때리고 있는 것이 아니라고, 혹은 이 연장으로 때리고 있는 것이 아니라고 생각했던 것이요, 또 이 사람을 때리고 있다거나 이 목적 때문에 때리고 있다고 생각하지 않았지만, 자기가 생각했던 바와는 다른 결과가 생긴 것이다(가령 상처를 입힐 생각은 없고 그저 좀 아프게만 하려 했을 경우). 또 맞은 사람이나 혹은 연장이 자기가 생각했던 것과는 달랐던 것이다. 그러니 (1) 상해가 뜻밖에 생겼을 때 그것은 기화(奇禍)요, (2) 뜻밖에 생기지는 않았지만 악덕으로 말미암은 것이 아닌 때 그것은 과실이다(즉 잘못의 원인이 자기에게 있으면 과실이요, 자기의 외부에 있으면 기화이다). (3) 알고서 하되 숙고 끝에 하는 것이 아닌 행위는 부정행위이다. 예컨대 노여움이나, 이 밖에 인간에게 필연적이고 본성적인 정념으로 말미암는 행위가 그것이다. 사람들이 이와 같은 해롭고 그릇된 행위를 할 때 그들은 부정한 행위를 하고 있는 것이고 그 행위는 부정행위이지만, 그렇다고 해서 그 행위를 한 사람이 곧 부정한 사람이거나 악인인 것은 아니다. 그 상해는 악덕으로 말미암는 것이 아니기 때문이다. 그러나 (4) 선택하고서 행할 때 그 사람은 부정한 사람이요, 악인이다. 따라서 노여움에서 생기는 행위는 미리 생각된 악의에서 행한 것이 아니라고 판단함은 정당한 일이다. 왜냐하면 이런 경우 발단이 되는 것은 노여워서 행동하는 사람이 아니고 그 사람을 노엽게 한 사람이기 때문이다. 그리고 이런 경우 쌍방이 서로 다투는 것은 노엽게 할 만한 일이 생겼는가 여부가 아니고, 그 일이 옳은가 옳지 않은가에 대해서이다. 노여움이란 부정의라고 생각되는 것에 대하여 생기는 것이기 때문이다. 가령 쌍방의 한편이 나쁜 마음을 먹고 있는 상거래에서는28) 사실 여부가 문제되고 다툼거리가 되지만, 대체로는 망각 때문에 이렇게 되는 경우를 제외하고는 사실 여부에 관해서 다투는 사람이 없다. 다만 사실에 관해서는 생각을 같이 하면서 어느 쪽이 옳은가에 대해서 다투는 것이다 (한편 숙고하고 나서 남을 해친 사람은 자기가 그렇게 했음을 모를 이유가 없다). 그리하여 한 사람은 자기가 부정하게 취급되었다고 생각하고 다른 한 사람은 여기에 동의하고 있지 않은 것이다.

그러나 만일 어떤 사람이 선택에 의하여 다른 사람에게 해를 끼쳤다면, 그 사람은 부정한 행위를 한 것이 된다. 그리고 이런 경우 그 부정 행위는 그 사람이 부정한 사람임을 내포한다. 다만 이렇게 되는 데는 그 행위가 비례 혹은 균등을 깨뜨리는 것임을 요한다. 이와 마찬가지로 어떤 사람이 선택에 의하여 옳게 행동할 때 그 사람은 옳은 사람이다. 그러나 그저 유의적으로 행하는 데 그치는 것이라면 그 사람은 옳게 행동하고 있는 데 지나지 않는다.

무의적인 행위 가운데에는 용서할 수 있는 것도 있고, 용서할 수 없는 것도 있다. 즉 모르고서 저지르는 것뿐만 아니라 또한 무지 때문에 저지르는 과실은 용서할 수 있는 것이지만, 이에 반하여 무지에서가 아니라(모르고서 한다 할지라도) 본성적인 것도 아니고 인간이 빠지

---

28) 즉 원고가 거짓말로 고발하거나 피고가 참말로 고발을 부인하는 경우.

기 쉬운 것도 아닌 정념 때문에 저지르는 과실은 용서할 수 없는 것이다.

제9장 일부러 부당한 대우를 스스로 취하는 사람이 있을 수 있는가? 분배에 있어서 부정은 분배자의 탓인가, 분배를 받는 자의 탓인가? 정의란 얼핏 보면 분명하고 알기 쉬운 것 같지만, 사실은 그렇지 않다. 이것은 정의가 하나의 행동 양식이 아니고, 마음속의 태도이기 때문이다

부정을 당하는 것과 행하는 것에 대해서는 이상으로 충분히 규정했다 치더라도, (1) 에우리피데스의 역설적인 말,

"나는 어머니를 살해하였다.—요컨대 이것이 내 이야기의 전부이다."
"너나 어머니나 자진해서 그랬단 말인가, 부득이 그랬단 말인가?"[29]

에 진리가 표현되었는가가 문제된다. 자진해서 부정한 취급을 받는 것이 정말 가능한 일인가? 그렇지 않으면, 모든 부정한 행위가 유의적인 것처럼, 부정한 일을 당하는 것은 모두 무의적인 것인가? 그리고 도대체 부정을 당한다는 것은 모두 자진해서 그렇게 되거나 모두 원치도 않는데 당하는 것인지, 그렇지 않으면 어떤 때는 유의적이고 어떤 때는 무의적인지? 옳은 취급을 받는 경우에도 마찬가지이다. 옳게 행하는 것은 모두 유의적인 까닭에, 옳게 행하는 것과 옳은 취급을 받는 것에는 각기 비슷한 대립이 있다고 보는 것은 당연하다. 즉 부정한 취급을 받는 것과 옳은 취급을 받는 것은 다 같이 유의적인 것이

---

29) 『알크마이온』의 1절. 제3권 주2 참조

아니면 다같이 무의적인 것이 아닐 수 없다. 그러나 옳은 취급을 받는 경우에도 그것이 언제나 유의적인 것이라 봄은 이치에 맞지 않는다고 생각된다. 원치 않는데도 옳은 취급을 받는 사람이 더러 있기 때문이다. (2) 이런 문제가 제기될 수 있다. 부정한 일을 당한 사람은 누구나 부정하게 취급받고 있는 것인지, 혹은 부정한 일을 당하는 것도 부정한 일을 행하는 것과 마찬가지로 자기에게 생각이 있어서 그러는 것인지? 자기가 행하는 것이나 남이 행하는 것을 당함이나, 다 같이 우연히 정의에 참여하는 일이 가능하고 또 이와 마찬가지로 부정의에 참여하는 일도 분명히 가능하다. 이것은 부정한 일을 하는 것과 부정하게 행하는 것도 같은 것이 아니요, 또 부정한 일을 당하는 것과 부정하게 취급당하는 것이 같지 않으며, 또 옳게 행하는 것과 옳게 취급받는 것에 있어서도 이와 마찬가지이기 때문이다. 남이 나에게 부정하게 행하는 일이 없다면 부정하게 취급당하는 일이 있을 수 없고, 또 그가 나에게 옳게 행하는 일이 없다면 옳게 취급되는 일이 있을 수 없기 때문이다.30) 그런데 만일 부정하게 행한다는 것이 단지 어떤 사람을 일부러 해치는 것이라고 한다면, 그리고 <일부러>라는 것이 <상대방이 누구인지, 도구가 무엇인지, 자기의 행위의 모양이 어떠한지를 알고서>라는 것을 의미한다고 하면, 그리고 또 자제하지 못하는 사람이 일부러 자기 자신을 해친다면, 이런 사람은 일부러 부정하게 취급될 뿐만 아니라 또한 자기 자신을 해치는 것이 가능하기도 할 것이다(사람이 자기 자신을 부정하게 취급할 수 있는가 하는 것도 문제가 되는 것의 하나이다). 그리고 자제하지 못해서 일부러 행하는 사람으로부터 일부러 해를 받을 수도 있다. 그리하여 일부러 부정하게 취급을 받는 것도 가능하다. 그러나 우리의 이 규정은 정확하지 못한

---

30) 자기가 한 행위가 우연히 옳았던가 부정했던 경우가 있을 수 있고, 또 남에게서 당한 일이 우연히 옳았던가 부정했던 경우가 있을 수 있다.

것이 아닐까? 우리는 <상대방이 누구인지, 도구가 무엇인지, 자기의 행위의 모양이 어떠한지를 알고서 남을 해친다>고 하는 것에다 <상대방의 바람에 어긋나게>라는 것을 덧붙여야만 하지 않을까? 이렇게 되면, 사람은 일부러 해를 받을 수도 있고 일부러 부정한 일을 당하기도 하지만, 아무도 일부러 부정하게 취급되기를 원치 않으니 말이다. 자제하지 못하는 사람은 자기의 소원에 어긋나게 행동하기는 한다. 아무도 자기가 좋다고 생각하지 않는 것을 원하지는 않지만 자제력이 없는 사람은 자기가 마땅히 해야 한다고 생각하지 않는 것을 행하기 때문이다. 그리하여 자기 자신의 것을 주는 사람, 가령 호메로스가 말한 것처럼,

그 값은 소 아홉 마리와 소 백 마리의 차가 있지만, 청동 갑옷과 황금 갑옷을 바꿔.[31]

디오메데스에게 준 글라우코스와 같은 사람은 부정하게 취급받는 것이 아니다. 주는 것은 자기 마음대로 할 수 있지만 부정하게 취급받는 것은 그렇지 않고, 부정하게 취급하는 사람이 있어야만 하기 때문이다. 그러니 부정하게 취급받는다는 것은 유의적인 것이 아님이 분명하다.

우리가 논하고자 한 문제 가운데 아직 두 가지가 남아 있다. (3) 남에게 그에게 합당한 몫 이상을 준 사람이 부정하게 행한 것인가, 그렇지 않으면 지나치게 많은 것을 받은 사람이 부정하게 행한 것인가? (4) 자기 자신을 부정하게 취급하는 것이 가능한가 가능하지 않은가? 이 두 문제는 서로 연결되어 있다. 왜냐하면 만일 전자에 있어서 어느 한 가지 일이 가능하여, 가령 준 사람이 부정을 행한 것이고 받은 사

31) 『일리아스』, 제6권, 236.

람이 부정하게 행한 것이 아니라고 한다면, 어떤 사람이 자기 자신에게보다도 남에게 더 많은 것을 주되, 알면서 그리고 유의적으로 그렇게 주는 경우에 그는 자기 자신을 부정하게 취급하고 있는 것이 되기 때문이다. 이와 같은 일은 매우 겸허한 사람들이 하고 있는 듯싶은 일이다. 덕 있는 사람은 자기에게 오는 몫보다 적게 취하곤 하니 말이다. 그러나 이와 같이 말하는 것은 무조건적으로 성립하지 않는 것이 아닐지? 왜냐하면 아마 그는 다른 어떤 선, 가령 명예나 내심의 고귀한 성품을 자기 몫 이상으로 얻고 있으니 말이다.

이 문제는 우리가 부정한 행위에 대하여 적용한 구별32)을 적용함으로써 해결될 수 있다. 즉 그는 자기 자신의 소원에 반대되는 것을 전혀 당하지 않고 있다. 그래서 자기 몫보다 적은 것을 취한다고 해서 그가 부정하게 취급받고 있는 것은 아니요, 단지 기껏해야 손해를 입고 있을 따름이다.

그리고 주는 사람이 부정하게 행한다는 것은 있을 수 있으나, 지나치게 많은 몫을 차지한 사람이 언제나 반드시 부정하게 행한 것이라고는 할 수 없음이 분명하다. 부정하게 행하는 것은 부정한 몫을 차지하는 사람에게 속하는 것이 아니라, 일부러 부정한 행위를 하는 사람에게, 즉 행위의 단초(端初)를 쥐고 있는 사람에게 있기 때문이다. 그런데 행위의 이 단초는 주는 사람에게 있지, 받는 사람에게 있지 않다. 뿐만 아니라 <한다>라는 말은 애매한 점이 있고, 무생물이나 손이나 명령에 복종하는 노예도 어떤 의미에서 살해하는 일이 있고 보면, 과다한 몫을 차지하는 사람이라고 해서 부정하게 행하고 있는 것이 아니라 다만 부정한 일을 <하고> 있는 것이다.

만일 주는 사람이 무지한 가운데 판정을 내렸다고 하면, 법률적 정의(正義)의 면에서는 부정하게 행하고 있는 것이 아니요, 이런 의미

---

32) 1136b 3~5.

에서 그의 판정은 부정한 것은 아니지만, 어느 의미에서는 부정하기도 하다(법률적 정의와 제1의적 정의는 서로 다르므로). 그러나 알고서 부정하게 판정했다고 하면 그는 감사나 보복의 면에서 과다한 몫을 스스로 노리고 있는 것이다. 그러니 이런 것들 때문에 부정하게 판정한 사람이 과다하게 탐하는 것은 부정한 분배물을 차지한 것과 조금도 다름없는 것이다.

그가 얻는 것이 그가 주는 것과 다르다는 것은 여기서 문제가 되지 않는다. 분배물을 나눔에 있어 비록 토지의 소속을 판정함으로써 토지를 내어 놓는다 해도 그는 토지 대신에 돈을 얻으니 말이다.

사람들은 부정하게 행하는 것이 자기들 마음대로 할 수 있는 것이므로 옳은 사람이 된다는 것은 쉬운 일이라고 생각한다. 그러나 사실은 그렇지 않다.

남의 아내와 동침하거나, 남에게 상처를 입히거나, 뇌물을 주는 것은 쉬운 일이고 우리의 마음대로 할 수 있는 일이지만, 어떤 성품의 결과로 이런 일을 한다는 것은 쉬운 일도 아니고 우리의 마음대로 되는 것도 아니기 때문이다. 이와 마찬가지로 무엇이 옳고 무엇이 부정한가를 아는 것은 그리 대단한 지혜가 없어도 할 수 있는 일이라고 사람들은 생각하고 있다. 그들은 법률에서 다루어지고 있는 문제들이 이해하기에 어렵지 않다고 생각하고 있다(사실은 이것들은 부수적인 의미에서만 옳은 것이다).

그러나 어떻게 행하고 어떻게 분배하는 것이 옳은가—이것을 아는 것은 무엇이 건강에 좋은가를 아는 것보다 더 큰일이다. 물론 후자의 경우에서도, 꿀·술·엘레보로스33)·뜸·절개(切開) 같은 것이 건강에 좋다는 것을 아는 것은 쉬운 일이지만, 어떻게 누구에게 그리고

---

33) 엘레보로스(ἐλλέβορος) 약용 식물의 이름, 광기 같은 정신병의 특효약으로 쓰였다.

언제 이런 것을 주거나 베풀어야 건강을 회복시킬 수 있는지 아는 것은 의사가 되는 것 못지않게 어려운 일이다. 바로 이러한 이유로 해서 사람들은 부정하게 행하는 것이 부정한 사람에게 못지않게 또한 옳은 사람에게도 그 특징이 된다고 생각한다. 왜냐하면 옳은 사람도 부정한 일의 어느 것이든지 부정한 사람 못지않게 혹은 그 이상으로 할 수 있기 때문이다. 옳은 사람도 남의 아내와 동침할 수 있고, 혹은 남에게 상처를 입힐 수도 있기 때문이다. 용감한 사람도 방패를 내던지고 임의의 방향으로 도망치는 수가 있다.

그러나 비겁하게 군다든가 부정하게 행한다는 것은—부수적인 의미에서 이렇게 하는 경우를 제외하고는—이런 일을 하는 것에서 성립하는 것이 아니라, 어떤 성품의 결과로 이런 일을 하는 것에서 성립한다.

그것은 마치 의료에 종사한다든가 병을 고친다든가 하는 일이, 단지 절개를 한다든가 투약하고 안 하고 한다든가 하는 것에서 성립하는 것이 아니라, 일정한 방식으로 이런 일을 하는 데서 성립함과 같다.

옳은 행위란 무조건적 의미에서의 선[34]에 참여하면서 그것을 너무 많이 혹은 너무 적게 가질 수 있는 사람들 사이에 일어나는 것이다. 어떤 존재들(가령 신들)은 이런 선을 너무 많이 가질 수 없고, 어떤 사람들(도저히 고칠 수 없을 정도로 나쁜 사람들)에게는 그것을 조금이라도 얻는 것마저 유익하지 않고, 오히려 그 모든 선이 해로우며 또 어떤 사람들에게는 그것이 어느 정도까지 해롭다. 그러므로 정의란 본질적으로 인간적인 것이다.

---

34) 로스의 번역을 따르면 '그 자체에 있어서 좋은 것들.'

제10장 법적 정의의 부족한 점을 보충하는 옳음

다음으로는 공평과 공평한 것에 관해서,35) 공평이 정의에 대해서 어떤 관계에 있으며 공평한 것이 옳은 것에 대해서 어떤 관계에 있는지 말해야 할 것이다. 잘 살펴보면, 이것들은 무조건 똑같은 것도 아니고, 또 그렇다고 해서 종류를 달리 하는 것도 아니다. 그런데 우리는 가끔 공평한 일과 그런 일을 하는 사람을 칭찬하여, 그런 가운데 이 말을 다른 여러 가지 덕의 경우에 대하여 〈좋다〉라는 말 대신에 쓰며, 〈보다 공평하다〉고 하면 〈보다 좋다〉는 의미로 쓰는 때가 있다. 그런가 하면 또 어떤 때에는 곰곰이 생각해 볼 때, 공평한 것이 옳은 것과 다른 어떤 것인데도 칭찬할 만하다고 하는 것이 이상하게 여겨질 때도 있다. 옳은 것과 공평한 것이 서로 다른 것이라면 그 중 하나는 좋지 않은 것이어야 할 것이고, 또 그것들이 둘 다 좋은 것이라면 그것들은 같은 것이어야 하기 때문이다.

그러니까 이런 것들을 잘 생각하는 가운데 공평한 것에 관한 문제가 생긴다. 공평한 것이니 옳은 것이니 하는 논의는 모두 어느 의미에서는 옳고, 또 서로 반대되는 것이 아니다. 왜냐하면 공평한 것은 어떤 한 종류의 정의보다는 나은 것이기는 하지만, 그래도 결국 정의 속에 포함되는 것이요, 또 그것이 정의와는 종류를 달리함으로써 정의보다 나은 것은 아니기 때문이다. 그러므로 같은 한 가지 것이 옳으며 또 공평한 것이요, 또 두 가지 것이 다 좋은 것이로되 공평한 것이 우월한 것이다. 그런데 여기서 문제가 되는 것은 공평한 것이 옳은 것이기는 하지만, 그것이 법적으로 옳은 것이 아니고 법적 정의의 시정이라는 점이다. 이렇게 되는 까닭은 모든 법이 보편적인 것인 데 대하여

---

35) '공평'은 원어로 '에피에이케이아'(ἐπιείκεια). '공평한 것'은 '토 에피에이케스' (τὸ ἐπιεικής).

어떤 일에 관해서는 정확하게 보편적 규정을 지을 수가 없는 데 있다. 그러므로 보편적 규정을 세워 놓기는 해야겠는데 정확하게 그렇게 할 수 없는 경우에는 법률이 오류에 빠질 가능성이 있음을 모르는 바는 아니지만, 불가불 흔히 있는 경우를 기준으로 하여 규정을 세운다. 그렇다고 해서 법률이 바르지 않은 것은 아니다. 왜냐하면 잘못은 법률이나 입법자에게 있는 것이 아니라, 사물의 본성 속에 있기 때문이다. 실생활의 여러 가지 일은 본래 이런 성질을 띠고 있다. 그래서 법률이 보편적 규정을 세우고 또 그런 보편적 규정으로는 다스릴 수 없는 경우가 생길 때, 따라서 입법자가 미처 생각하지 못하여 간단하게 처리함으로써 과오를 범한 점에서 그 부족한 점을 바로잡는 것이 옳다. 만일 입법자가 그런 경우를 당했더라면 그 자신도 그것을 그 규정 속에 포함시켰을 것이요, 또 그가 그것을 알고 있었다면 거기에 대한 입법을 해두었을 것이다. 이런 까닭에 공평한 것은 정의에 속하기는 하나 어떤 종류의 정의보다는 나은 것이다. 즉 그것은 무조건적인 정의보다는 못한 것이지만, 그 정의에 관한 무조건적인 규정에서 생기는 과오보다는 나은 것이다. 그리고 이것이, 즉 법이 그 보편성으로 말미암아 부족한 점을 바로잡는 것이 곧 공평한 것의 본성이다. 사실 여기에 모든 일이 법으로만 결정될 수 없는 까닭이 있다. 즉 어떤 일에 관해서는 법을 제정할 수가 없어서 명령으로 정하는 것이 필요하다. 사물이 일정하게 있지 않을 때에는 레스보스의 건축36)에서 쓰이는 납으로 만든 자처럼, 그것을 재는 자도 일정하지 않기 때문이다. 이런 때에는 자가 돌의 모양을 따라 변화하여 고정되어 있지 않은데, 이처럼 또한 명령도 여러 사실에 맞도록 되어 있다. 이상으로 공평한 것이 어

---

36) 레스보스(Lesbos)는 소아시아의 서해안에 있는 섬. 레스보스의 건축이라 함은 다각형의 거대한 돌을 쌓아 올려서 지은 건축을 말하는 듯싶다. 이런 건축은 그리스의 선주민인 펠라스기(Pelasgi)인이 시작한 것이다.

떠한 것인가를 알 수 있는데, 즉 그것은 옳은 것이요, 또 어떤 종류의 정의보다는 나은 것임이 분명하게 되었다. 여기서 또 어떤 사람이 공평한 사람인가 함이 분명하게 된다. 즉 그러한 일을 선택하며 행하는 사람, 또 까닭 없이 자기의 권리를 너무 고집하지 않고 오히려 법률상 자기가 취할 수 있는 몫보다 덜 취하는 경향이 있는 사람은 공평한 사람이요, 이러한 상태는 공평이다. 그것은 곧 일종의 정의요, 이와 다른 어떤 상태는 아니다.

제11장 사람은 자기 자신을 부당하게 취급할 수 있는가

사람이 자기 자신에게 부정한 일을 할 수 있는가 없는가 하는 것은 지금까지 말한 것37)에서 분명하게 드러나 있다. 즉 (a) 어떤 부류의 옳은 행위는 법률로 정해진 덕에 일치하는 행위이다. 가령 법률은 명백히 자살을 허용하지 않는데, 법률은 명백하게 허용하지 않는 것을 금지한다. 또 어떤 사람이 법률을 어겨(보복할 까닭이 없는데도) 유의적으로 남을 해친다면, 그 사람은 부정한 일을 행하고 있는 것인데, 유의적 행위자는 자기가 해를 가하고 있는 상대방이 누군지 또 자기가 사용하고 있는 연장이 무엇인지를 알고 있는 사람이다. 또 분노하여 자기 자신을 칼로 찔러 죽는 사람은 옳은 이치를 어기면서 그런 일을 하고 있는 것인데, 법률은 그런 일을 허용하지 않는다. 그러므로 그 사람은 부정한 일을 행하고 있는 것이다. 그런데 그 사람은 누구에게 부정한 일을 하고 있는 것일까? 분명히 나라에 대해서요, 자기 자신에 대해서가 아니다. 왜냐하면 그 사람은 자의로 고통을 겪고 있지

---

37) 1136a 10∼1137a 4참조.

만, 아무도 자의로 부정한 일을 당하지는 않기 때문이다. 이런 까닭에 또한 나라가 그 사람을 처벌하는 것이다. 자기 자신을 죽이는 사람에 대해서는, 나라에 대하여 부정한 일을 행하고 있다는 이유로 그 공민권의 일부를 빼앗는다.

또 (b) 〈부정한 일을 당한다〉는 것은 부정한 일을 행하는 사람이 부정한 사람일 따름이요, 모든 면에서 나쁜 사람이 아니라는 의미에서 보더라도 자기 자신에게 부정한 일을 행한다는 것은 있을 수 없는 일이다(이 때의 의미는 앞의 의미와 다르다. 부정한 사람이란 어떤 의미에서는 비겁한 사람과 마찬가지로 어떤 특수한 점에서 나쁜 사람이지, 모든 점에서 사악하다는 의미에서의 나쁜 사람은 아니다. 이와 마찬가지로 그의 부정한 행위도 모든 면에서 사악을 지니고 있는 것이 아니다). 왜냐하면 ① 자기 자신에게 부정한 일을 행한다는 것은 어떤 같은 것이 그것으로부터 감해지는 동시에 또한 그것에 가해질 수 있다는 것을 의미하여야 할 터인데, 이것은 있을 수 없는 일이기 때문이다. 옳다거나 부정하다거나 하는 것은 언제나 한 사람 이상의 당사자를 예상한다. 또 ② 부정한 행동은 유의적이요, 선택으로 말미암는 것이며, 또 자기 쪽에서 먼저 하는 것이다. 왜냐하면 남에게서 먼저 부정한 일을 당하였기 때문에 그 보복으로 그와 똑같은 일을 하는 것은 부정한 일을 행하는 것이라 생각되지 않기 때문이다. 그런데 어떤 사람이 자기 자신을 해치는 경우에는 그가 같은 일을 행하는 동시에 당하고 있는 것이다. ③ 또 만일 어떤 사람이 자기 자신에게 부정한 일을 할 수 있다고 하면, 그는 또한 자의로 부정한 일을 당할 수도 있는 것이 된다. 이 밖에 또 ④ 아무도 특수한 부정행위를 범하지 않고서 부정한 일을 할 수는 없다. 그런데 아무도 자기 자신의 아내와는 간통할 수 없으며 자기 자신의 집에는 주거 침입을 할 수 없으며, 또 자기 자신의 재산을 도둑질할 수는 없다.

일반적으로 "사람이 자신에게 부정한 일을 할 수 있는가?" 하는 문제는 "사람이 자의로 부정한 일을 당할 수 있는가?"라는 문제에 대한 우리의 규정을 통해서도 해결될 수 있다.38)

부정한 일을 당하는 것과 부정한 일을 행하는 것은 둘 다 나쁘다는 것도 자명한 일이다(전자는 적정한 중간적 분량보다 덜 가지는 것이고, 후자는 그보다 더 가지는 것이기 때문이다. 이 중간적 분량은 의술에 있어서의 건강, 체육에 있어서의 강건한 상태와 같은 역할을 여기서 하는 것이다). 그러나 아무래도 부정한 일을 하는 것이 더욱 나쁜 일이다. 왜냐하면 그것은 악덕을 전제로 하는 것이요, 또 비난할 만한 일이니까. 이 때의 악덕은 궁극적이고 무조건적인 것인 경우도 있고 대체로 그에 가까운 것인 경우도 있다(여기서 악덕을 두 가지로 잡고 여유를 두고 말하는 것은 자의적인 부정한 행위가 모두 악덕으로 말미암는 것은 아니기 때문이다).

그러나 한편, 부정한 일을 당하는 것은 그 일을 당하는 사람 자신 속에 악덕과 부정이 있는 것이 아니다. 그러므로 그 자체에 있어서는 부정한 일을 당하는 것이 덜 나쁜 것이다. 그러나 결과적으로는 그것이 더욱 큰 해악이 될 수 있다. 그런데 이렇게 결과적으로 우연히 생기는 일에 대해서는 과학이 전혀 관여하지 않는다. 과학은 다만 늑막염이 비틀거려서 넘어진 것보다 더 중대하다는 것을 가르칠 따름이다. 그런데 때로는 후자가 더 중대한 결과를 초래하는 수도 있다. 가령 비틀거리다가 넘어져 포로가 되는 수도 있고, 또 적에게 맞아 죽을 수도 있기 때문이다.

그러나 물론 비유적으로 또 어떤 유사성에 비추어 말한다면 어떤 사람과 그 사람 자신 사이라기보다는 그 사람의 여러 부분 사이에 어떤 정의가 있다고는 할 수 있다. 하지만 이것은 충분한 의미의 정의는 아

---

38) 1136a 31∽b 5참조

니고 주인과 종 사이의 정의, 혹은 남편과 아내 사이의 정의이다.39)
정신의 이성적 부분과 비이성적 부분은 바로 이런 비례를 취하고 있
기 때문이다. 이 두 부분에 비추어 사람들은 또한 우리가 자기 자신에
게 부정할 수 있다고 생각하기도 하는 것이다. 즉 이 두 부분은 각기
자기가 바라는 것에 반대되는 일을 당하는 경우가 있다. 이리하여 그
것들 사이에는 지배자와 피지배자 사이에서와 같은 어떤 상호적 정의
가 있는 것으로 생각되고 있다.

이상으로 정의와 그 밖의 다른 모든 윤리적인 덕에 대해 우리의 해
명으로 삼기로 한다.

---

39) 1134b 15~17참조.

제 6 권

지적인 덕

A. 개 설

제1장 지적인 덕을 고찰하는 이유. 지성을 인식적 부분과 사량적(思量的) 부분으로 나눔

앞서 우리는, 모름지기 사람은 과도나 부족이 아닌 중간적인 것을 선택해야 한다는 것1)과, 중간적인 것은 올바른 이치가 이르는 대로라는 것2)을 말한 바 있으므로, 이제는 이 올바른 이치가 무엇인가를 논하기로 하자. 우리가 이제까지3) 언급한 심성의 모든 상태는 다른 모든 문제처럼 하나의 표적이 있어서, 이치를 가지고 있는 사람은 이것에 따라 자기의 행동을 살펴보며 자신의 진퇴를 가감한다. 즉 중용을 결정하는 기준이 있다. 그리고 이 중용은 올바른 이치를 따른 것이므로 우리는 이것을 과도와 부족 사이의 중간이라 한다. 그러나 이렇게 말하는 것은 물론 사실에 어긋나는 것은 아니지만, 전혀 명석하지가 않다. 왜냐하면 여기서 뿐만 아니라 학적 인식이 성립할 수 있는 다른 모든 연구 분야에서도, 노력을 너무 지나치게 해도 안 되고 너무 적게 해도 안 되며 다만 중용을 지켜 올바른 이치가 지시하는 대로 해야 한다고 말하는 것은 사실상 잘못이 아니지만, 이 지식밖에 가지고 있지 않은 사람은 그 이상 지혜로울 수는 없기 때문이다. 가령 어떤 사람이 <의술이나 의사가 명하는 모든 것을>이라고 말하더라도,

---

1) 1104a 11~27, 1106a 26~1107a 27참조.
2) 1103b 32, 1114b 29 참조.
3) 제3권 제6장~제5권 제11장에서.

우리는 어떤 약을 써야 할지 알 도리가 없다. 따라서 정신 상태에 관해서도, 이런 당연한 말을 할 뿐만 아니라, 또한 어떤 것이 올바른 이치이며 또 이 이치의 기준은 어떤 것인지를 결정할 필요가 있다. 우리는 정신의 덕을 나누어, 그 중 어떤 것은 성품의 덕이고, 다른 어떤 것은 지능의 덕이라고 말한 바 있다.4) 그리고 윤리적인 덕에 관해서는 지금까지 자세히 논하였다. 다른 여러 덕에 관해서는, 먼저 정신에 관해서 몇 가지 생각하는 바를 말하고 나서, 다음과 같이 우리의 견해를 표명하려 한다. 앞서5) 우리는 정신의 두 부분—즉 이치 내지 이성적 원리를 파악하는 부분과 비이성적인 부분—이 있다고 말하였다. 이제는 이성적 원리를 파악하는 부분 자체 안에서 그와 비슷한 구분을 세워 보기로 하자. 그리고 이성적 원리를 파악하는 부분이 두 개 있다고 가정하자. 그 중 하나는 <그 단초(端初)가 달리 있을 수 없는 모든 존재자>를 성찰하는 것이며, 다른 하나는 <달리 있을 수도 있는 것들>을 성찰하는 것이다. 대상의 종류가 다르면 그에 대응하는 정신의 부분도 달라진다. 무릇 인식은 정신과 대상 사이에 어떤 유동성(類同性)이라든가 근친성(近親性)이 있음으로써 성립하기 때문이다. 이 두 부분 가운데 전자를 인식적 부분, 후자를 사량(思量)적 부분이라 부르기로 하자.6) 숙고하는 것과 사량하는 것은 같은 것인데, 아무도 불변하는 것, 즉 달리 있을 수 없는 것에 관해서는 숙고하지 않는다. 사량적 부분은 이성적 원리를 파악하는 능력의 일부분이다. 이리하여 우리는 이 두 부분 각각의 최선의 상태가 어떠한 것인지 파악하

---

4) 1103a 3~7.

5) 1102a 26~28.

6) 여기서 '인식적 부분'이라 한 것은 원어로 '토 에피스테모니콘'(τὸ ἐπιστημο
-νικόν), '사량적 부분'이라 한 것은 '토 로기스티콘'(τὸ λογιστικόν). 로스는
전자를 the scientific이라 하고, 후자를 the calculative라 옮기고 있다.
'사량적'이라는 말이 좀 낯설고 꼭 적합할지는 알 수 없으나 더 좋은 말이 생
각나지 않아 그대로 쓰기로 한다.

지 않으면 안 된다. 이 최선의 상태가 그 각 부분의 덕이요, 또 덕이란 그 고유한 기능과의 관계에서 성립하는 것이기 때문이다.

제2장 전자의 대상은 진리, 후자의 대상은 올바른 욕망에 대응하는 진리이다

정신 안에서 행위와 진리를 다스리는 것은 감성·이성·욕구(欲求)의 세 가지이다. 이 중에서 감성은 전혀 행위의 단초가 되지 못 한다. 이것은 짐승이 감성은 가지고 있으나, 행위라 할 만한 것에 참여하지 못한다는 사실에 비추어 분명하다.[7)]

사유(思惟)의 긍정과 부정에 대응하는 것으로, 욕구에는 추구와 회피가 있다. 따라서 윤리적인 덕은 선택에 관계된 성품의 상태이고, 선택이란 심사숙고한 욕구이므로 좋은 선택을 하려면 이치도 옳아야 하지만 욕구도 바른 것이어야만 한다. 그리하여 후자는 전자가 주장하는 것을 추구해야만 한다. 그런데 이런 종류의 지능과 진리는 실천적(實踐的)인 성질의 것이다. 실천적이거나 제작적(制作的)인 것이 아닌 관조적(觀照的)인 성질의 지능에서는 좋은 상태는 진리이고, 나쁜 상태는 거짓이다(이것이 결국 모든 사유에 의해 일어나는 것이므로). 한편, 실천적이고 사유적인 부분에서 좋은 상태란 올바른 욕구와 일치하는 진리이다.

행위의 단초—그 운동의 시원으로서의 단초이고 목적인(目的因)으로서의 단초가 아닌—는 선택이고, 선택의 단초는 욕구와 목적을 가

---

7) 여기서 '행위'라 한 것은 원어로 '프라크시스'(πρᾶξις)인데, '프라크시스'는 로고스를 수반하는 것이어야 하므로 인간에게 고유한 것이다. 모든 동물이 할 수 있는 직접적, 반사적 행동은 엄밀하게 말하면 행위가 아니라 그저 기계적인 '장소적 운동'에 지나지 않는 것이다.

진 이치이다. 그러므로 이성과 사유가 없거나 또는 윤리적인 성품이 없다면 선택은 있을 수 없다. 좋은 행위와 그 반대의 행위는 사유와 성품의 결합이 없이는 존재할 수 없으니까. 하지만 사유 자체는 아무 것도 움직이지 못하며, 오직 목적적이고 실천적인 사유만이 무언가를 움직일 수 있다. 사실 또 이 사유는 제작적 사유도 지배한다. 무엇을 제작하는 사람은 누구나 어떤 목적이 있어서 그것을 제작하기 때문이다. 그리고 제작된 것은 무조건적인 의미에서의 목적일 수는 없다(그것은 다만 어떤 특수한 관계에서의 목적이요, 또 특수한 작업의 목적일 따름이다). 그러나 실천된 것은 무조건적인 의미에서의 목적이다. 좋은 행위는 그 자체가 목적인데, 또 욕구는 이것을 목표로 삼고 있다. 따라서 선택은 욕구적 이성 내지 사유적 욕구이고, 그러한 행위의 단초는 인간이다(여기서 주의할 것은, 이미 지나간 것은 선택의 대상이 될 수 없다고 하는 점이다). 가령 아무도 일리온8)을 함락시켜 놓고서 새삼스레 그 성을 함락시킬 것을 선택하지는 않을 것이다. 아무도 과거의 일에 대해서는 사료(思料)하지 않으며, 다만 미래의 일, 그리고 달리 있을 수도 있는 일에 대해서만 사료할 테니 말이다. 과거의 일은 도저히 일어나지 않았을 수가 없다. 따라서 아가톤이,

> 이미 일어난 일을 일어나지 않게끔 하는 것 ─ 이것만은 신도 할 수 없는 일이니.

라고 한 것은 지당한 말이다. 그런데 이성적인 두 부분의 기능은 다 같이 진리 인식이다. 그러므로 이 두 부분의 각자로 하여금 가장 훌륭하게 진리 인식에 도달하게 하는 모든 상태는 이 두 부분의 덕이다.

---

8) 일리온(Illion)은 트로이아의 별명.

B. 지적인 덕의 주요한 것들

제3장 학문 — 필연적이고 영원한 것에 대한 확증이 있는 지식

그러면 처음부터 시작하여, 이 상태들을 다시 한번 논의하기로 하자. 정신으로 하여금 긍정과 부정을 통하여 진리를 소유하게 하는 상태는 다섯이 있다고 볼 수 있다. 즉 기술·학적(學的) 인식·실천지(實踐智)·지혜·이성이다.9) 속단과 억견은 여기에 포함되지 않는다.10) 이런 것들로는 오류에 빠지는 경우가 있으니까.

학적 인식이란 무엇인가 하는 것은 다음에서 명백하게 될 것이다. 그런데 우리는 엄밀하게 말하여 그저 비슷한 것을 그럴 듯하게 말하는 일을 피하지 않으면 안 된다.

우리들 모두가 상정하는 바와 같이, 학적으로 인식되는 것은 <다른 식으로도 존재하는 것이 가능하지 않은 것>이다. <다른 방식으로도 존재하는 것이 가능한 것>들에 관해서는, 그것들이 우리의 관찰 범위

---

9) 원어로 '기술'은 '테크네'(τέχνη), '학적 인식'은 '에피스테메' (ἐπιστήμη), '실천지'는 '프로네시스'(φρόνησις). '지혜'는 '소피아'(σοφία), '이성'은 '누우스'(νοῦς). 로스는 이것을 각기 art, scientific knowledge, practical wisdom, philosophic wisdom, intuitive reason이라 옮기고 있다. '기술', '학문', '사려', '지(知)', '이성' 이라 번역할 수도 있겠다. '에피스테메'는 보통 '인식'이라 새기는 것인데, 여기서는 '학적 인식'이라 해보았다. 또 '프로시네스'는 '실천지'로, '소피아'는 '지혜' 라 하기로 한다.

10) 여기서 '속단'이라 한 것은 원어로 '휘폴레프시스'(ὑπόληψις), '억견'은 '도크사' (δόξα). '휘폴레프시스'는 '추정', '상정'이라 할 수도 있다. 로스는 전자를 judgment, 후자를 opinion이라 옮기고 있다.

밖에서 일어난 경우에는 실제로 존재하는 것인지 존재하지 않는 것인지 우리는 알지 못한다. 그러므로 학적 인식의 대상은 필연적이며 따라서 영원한 것이다. 무릇 무조건적인 의미에서 필연적인 것은 모두 영원한 것이기 때문이다. 그리고 영원한 것들은 생성되거나 소멸하는 것이 아니다. 한편 모든 학적 인식은 가르칠 수 있는 것이요, 그 대상은 배워서 알 수 있다고 생각된다.

그런데 무엇을 가르친다는 것은 우리가 『분석론』에서도 말한 바와 같이,11) 그 어느 경우에나 <이미 알려진 것>에서 출발하는 법이다. 왜냐하면 그것은 때로는 귀납을 통해서 또 때로는 연역12)을 통해서 행해지기 때문이다. 그런데 귀납은 보편적인 것의 인식조차도 거기서 출발하지 않을 수 없는 출발점인데, 한편 연역은 보편적인 것들로부터 출발한다. 그러므로 연역으로는 도달할 수 없으면서 거기서 연역이 출발하는 출발점들13)이 있다. 그런데 이 출발점들은 귀납에 의하여 획득된다.

또 한편 학적 인식이란 논증할 수 있는 능력이 있는 상태요, 또 우리가 『분석론』에서14) 규정한 다른 여러 가지 특징을 가지고 있다. 즉 어떤 사람이 일정한 방식으로 확신을 가지고 있고 또 모든 근본 전제가 분명히 그에게 인식되어 있을 때 그는 학적 인식을 가지고 있는 것이다. 만일 그에게 근본 명제들이 결론보다도 더 분명하게 인식되고 있지 않다면, 그는 다만 우연히 학적 인식을 가진 셈이 되기 때문

---

11) 『분석론 후편』(*Analytica Posteriora*), 71a 1.
12) 원어는 '쉴로기스모스'(συλλογισμός). 원래 전제로부터의 추론을 의미하는 말이다. 삼단논법이 그 전형적인 것이었으므로, 그냥 삼단논법이라 해도 무방할 것이다. 로스는 syllogism이라 하고 있다.
13) 여기서 '출발점'이라 한 것은 로스가 starting-point라 한 것을 따른 것이다. 여기서 '근본명제'라 한 것도 로스는 역시 starting-point라 하고 있다. 원어로는 모두 다 같이 '아르카이'(ἀρχαί)이다.
14) 『분석론 후편』, 71b 9~23.

이다. 학적 인식에 관해서는 이 정도 하기로 한다.

제4장 기술―물건을 만들어 낼 줄 아는 지식

<다른 방식으로도 있을 수 있는 것>에는 제작의 영역에 속하는 것도 있고, 행동의 영역에 속하는 것도 있다. 제작과 행동은 서로 다른 것이요(여기 대해서 우리는 우리 학파의 외부에서 말하고 있는 것과 같은 생각을 가지고 있다), 따라서 이치를 따라 행동할 수 있는 상태와 이치를 따라 제작할 수 있는 상태도 서로 다른 것이다. 그러므로 또한 이것들은 그 중 하나가 다른 것에 포함되지도 않는다. 행동이 제작인 것도 아니고 제작이 행동인 것도 아니기 때문이다.

그런데 건축술은 하나의 기술이요, 또 본질적으로 <이치를 따라 제작할 수 있는 상태>의 하나이다. 그리고 또 어떤 기술치고 이러한 상태가 아닌 것이 없고, 또 이러한 상태치고 기술 아닌 것이 없다. 그러므로 기술이란 <참된 이치를 따라 제작할 수 있는 상태>와 같은 것이다.

모든 기술은 생성에 관계한다. 즉 그것은 <존재할 수도 있고 존재하지 않을 수도 있는, 그리고 그 단초가 제작자에게 있고, 제작되는 물건에 있지 않은 것들>을 어떻게 하면 만들 수 있는가 궁리하고 살피는 데 관심을 둔다. 기술은 <필연적으로 존재하거나 생성하는 것>들과 관계하지도 않으니 말이다.

후자는 자체 속에 단초를 가지고 있다. 제작과 행동은 서로 다른 것이므로 기술은 제작에 상관하는 것이지 행동에 관계되는 것이 아니다.

그리고 어느 의미에서는 운(運)과 기술은 같은 것에 관계한다. 아가톤이 "기술이 운을, 운은 기술을 사랑하였네."라고 말한 대로.

이리하여 위에서 말한 바와 같이, 기술이란 <참된 이치를 따라 제작할 수 있는 상태>요, 이와 반대로 기술이 없는 것은 <그릇된 이치를 따라 제작할 수 있는 상태>이다. 이 둘은 다 같이 <다른 방식으로도 존재할 수 있는 것들>에 관계한다.

제5장 실제 생활의 지혜

실천지(實踐智)에 관해서는, 실천지를 가진 사람이 어떤 사람인지 살펴봄으로써 그것이 어떤 것인지 알 수 있다. 실천지를 가진 사람의 특징은 <자기 자신에게 유익하고 좋은 것에 관해서 잘 살필 수 있는 것>이라 생각된다. 더욱이 그것은 어떤 특수한 점에서, 가령 어떤 것이 건강과 체력에 유익한가 하는 것들에 관해서가 아니라, 전체적으로 좋은 생활에 유익한 것이 무엇인가에 관해서 훌륭하게 살피고 생각하는 것을 뜻한다.

이것은 가령 어떤 사람이 기술의 영역에 속하지 않는 어떤 좋은 목적을 실현하기 위해서 잘 사량(思量)한 바 있는 경우, 우리가 그 사람을 실천지가 있는 사람이라고 하는 사실에 비추어 보아도 분명한 일이다. 따라서 일반적으로 깊이 잘 생각할 수 있는 사람은 실천지를 가진 사람이다.

그런데 <다른 방식으로는 있을 수 없는 것들>이나 <자기가 할 수 없는 것들>에 관해서는 아무도 사량하지 않는다. 그러므로 학적 인식은 논증을 내포하는 반면 그 근본 전제가 <다른 방식으로도 있을 수 있는 것들>에 관해서는 논증이 성립할 수 없다(이런 것들은 모두 다른 방식으로도 있을 수 있는 것이므로). 그리고 또 필연적인 것들에 관해서는 사량하는 것이 불가능하므로, 실천지는 학적 인식일 수도 없고, 기술일 수도 없다.

학적 인식이 아닌 까닭은 개개의 행위가 다른 방식으로도 행해질 수 있기 때문이요, 기술이 아닌 까닭은 행동과 제작이 서로 다른 일이기 때문이다. 그러므로 결국 그것은 〈인간을 위해서 좋은 것과 나쁜 것에 관해서 참된 이치를 따라 행동할 수 있는 상태〉이다. 제작은 그 자체가 아닌 다른 어떤 목적을 가지고 있는 데 반하여 행동은 그럴 수 없기 때문이다. 좋은 행동은 그 자체가 목적이다.

이런 까닭에 우리는 페리클레스나 그와 비슷한 사람들을 실천지를 가지고 있는 사람이라고 본다. 즉 이들은 자기 자신을 위해서 좋은 것, 그리고 또 일반적으로 모든 사람을 위해서 좋은 것이 무엇인지 아는 사람이다. 우리는 이런 사람들이야말로 집안일이나 나라일을 잘 다스리는 사람들이라고 본다.

절제를 〈소프로쉬네〉(swfrosu/nh)라고 한 것도 여기에 기인한다. 그것은 〈소주우산 텐 프로네신〉(sw?/zousan th\n fro/nhsin), 즉 〈실천지를 보전한다〉는 뜻을 가진 말이다. 그런데 그것이 보전하는 것은 우리가 기술해온 바와 같은 종류의 판단이다. 어느 판단이나 쾌락 혹은 고통으로 말미암아 그르쳐지고 왜곡되는 것은 아니다. 가령 삼각형의 내각의 합은 두 직각과 같다든가 같지 않다든가 하는 판단은 쾌락이나 고통으로 말미암아 그르쳐지고 왜곡되는 것이 아니다. 그러나 무엇을 할 것인가에 관한 판단들은 경우가 다르다.

왜냐하면 우리가 무엇을 할 것인가를 판단할 때에 그 단초가 되는 것은 그 행동의 목적인데, 지금까지 쾌락이나 고통으로 낭패를 본 적이 있는 사람은 이 단초를 보지 못하기 때문이다. 즉 이런 사람은 자신이 무슨 일을 선택하거나 행하든지 이 목적 때문에 그리고 이 목적을 위해서 선택하며 해야 한다는 것을 알지 못한다. 사실 악덕은 행동의 단초를 파괴하는 힘을 가지고 있다.

그러므로 실천지란 <인간적인 선에 관해서 참된 이치를 따라 행동할 수 있는 상태>가 아닐 수 없다.

그러나 기술에는 우수성이라는 것이 있지만, 실천지에는 그런 것이 없다. 그리고 기술에서는 고의로 과실을 범하는 사람이 오히려 더 낫지만, 실천지에서는 다른 덕에서와 마찬가지로 그와 정반대이다. 그러므로 분명히 실천지는 일종의 덕이지 기술은 아니다. 그런데 정신에는 이성적인 부분이 두 개 있으므로 그것은 이 둘 중 하나의 덕, 즉 억견적 부분의 덕이 아닐 수 없다.

억견(臆見, do/ca)은 <다른 방식으로도 있을 수 있는 것>에 관한 것이요, 또 실천지도 그런 것이기 때문이다. 하지만 그것은 그저 이치를 따르는 상태에 그치지 않는다. 이런 상태는 망각될 수 있는 것이지만, 실천지에는 망각이 없다.

제6장 직관적 이성 — 학문을 우러나게 하는 원리의 지식

학적 인식은 보편적이고 필연적인 것들에 관한 이해인데, 논증의 결론들과 모든 학적 인식은 여러 근본 명제15) 위에 서 있다(학적 인식은 이치를 따르는 것이므로). 그렇다면, 학적 인식의 근본 전제 자체를 인식하는 것은 학적 인식일 수도 없고, 기술일 수도 없고, 실천지일 수도 없다. 학적 인식은 논증될 수 있는 것이고 기술이나 실천지는 <다른 방식으로도 있을 수 있는 것들>을 다루는 것이기 때문이다. 또 이 근본 명제들은 지혜의 대상이 되는 것도 아니다.

---

15) 원어는 '아르카이'. 로스는 first principles(제1원리)라고 옮기고 있다.

지자(智者)의 특징은 어떤 사물들에 관하여 논증할 수 있는 능력에 있다. 그러니 만일 우리로 하여금 <다른 방식으로는 있을 수 없는 것들> 혹은 심지어 <다른 방식으로도 있을 수 있는 것들>에 관해서 진리를 얻게 하며 절대로 잘못 생각하지 않게 하는 것이 학적 인식·실천지·지혜 및 이성이라고 하면 이중의 셋(즉 실천지·학적 인식·지혜)은 그 어느 것이나 그런 것일 수 없으므로, 결국 근본 명제들을 파악하는 것은 이성뿐이다.

제7장 철학적 지혜 ― 직관적 이성과 학문의 일치

여러 가지 기술에는 그 방면을 가장 잘 완성한 기술자에게 지혜라는 말이 적용된다. 가령 석조가(石彫家)로는 훼이디아스를, 조상가(彫像家)로는 폴뤼클레이토스를 우리는 지자(智者)라 부른다.16) 이 때에 우리가 <지혜>라는 말로써 의미하는 것은 <기술에 있어서의 탁월성> 이외의 다른 어떤 것이 아니다.

그러나 우리는 어떤 사람을 어떤 특수한 분야나 그 밖의 어떤 제한된 영역의 지자가 아니라, 오히려 전반적인 의미의 지자로 보는 경우가 있다. 마치 호메로스가 『마르기테스』17)에서 다음과 같이 말한 것처럼.

신들은 그를 땅 파는 사람이나 농부로 만들지 않았고,
또 다른 어떤 일에 지혜 있는 자로도 만들지 않았다.

---

16) 훼이디아스(Pheidias)는 B.C. 5세기 그리스의 조각가. 폴뤼클레이토스 (Poly-kleitos)는 B.C. 5세기 그리스의 조각가이자 건축가.
17) 『마르기테스(*Margites*)』는 호메로스가 지었다고 전하는 시. 이 시는 영웅으로 자처하는 자를 흉내 내어 조롱한 것으로서, 그 주인공 마르기테스는 미치광이다.

그러므로 지혜는 분명히 온갖 학적 인식 가운데 가장 완성된 것이라 할 수 있다. 따라서 지자는 근본 명제들로부터 도출된 것을 알 뿐 아니라, 또 근본 전제들 자체에 관한 진리를 파악하고 있지 않으면 안 된다. 그러므로 지혜는 이성과 학적 인식이 합쳐진 것이요, 가장 고귀한 일들에 관해서 소위 머리가 되는 학적 인식이다.

여기서 우리는 지혜를 <가장 고귀한 것들에 관한> 것이라 했다. 정치술이나 실천지를 최선의 지식으로 보는 것은 옳지 않기 때문이다. 인간이 우주에서 최선의 존재가 되는 것은 아니기 때문이다. 그런데 <건강한 것>이나 <좋은 것>은 인간에게나 물고기에게는 서로 다르지만, <흰 것>이나 <직선적인 것>은 언제나 같은 것이라고 하면, 누구나 지혜가 다루는 것은 언제나 같은 것이요, 실천지가 다루는 것은 그렇지 않고 수시로 변하는 것이라 할 것이다.

왜냐하면 자신에 관해서 수시로 변하는 여러 가지 것을 잘 관찰하는 사람을 실천지를 가진 사람이라 하며, 또 이런 사람에게 이런 여러 가지 일을 맡기기 때문이다. 이런 까닭에 또한 우리는 하등 동물조차 어떤 것들은 실천지를 가지고 있다고 본다. 즉 자기 자신의 생명에 관해서 앞을 내다보는 능력을 가진 하등 동물에게는 실천지가 있다고 본다. 또한 (철학적) 지혜와 정치술이 같은 것일 수 없는 것도 분명하다.

만일 한 인간이 자기 자신의 이익에 머리를 쓰는 정신 상태가 지혜라고 한다면, 하나 둘이 아닌 다수의 지혜가 있을 터이니까. 또 (모든 존재자들에 대해서 오직 하나의 의술이 있는 것처럼) 모든 동물이 선에 관심을 두는 지혜는 없을 것이고, 다만 각각의 동물 종에 대해서 각기 다른 지혜가 있기 때문이다.

그러나 인간이 동물 가운데 최선의 동물이라고 주장해 보아도 결국 마찬가지이다. 왜냐하면 그 본성이 인간보다 훨씬 더 신적인 존재들이 따로 있기 때문이다. 그 중 가장 두드러진 것은 천체를 구성하고 있는 물체들이다.

그러므로 지금까지 말한 것에서 분명한 것은, 지혜란 본성상 가장 고귀한 것들에 관한 이성이 결부된 학적 인식이라는 것이다. 그래서 우리는 아나크사고라스나 탈레스나 이 밖에 이와 비슷한 사람들이 자기들 자신의 이익이 되는 것에 관해서는 무지한 것을 보고서, 그들은 (철학적) 지혜는 가졌으나 실천지가 없다고 한다. 그리고 우리는 또 그들이 놀랍고 훌륭하고 어렵고 신적이기는 하나 쓸데없는 것들을 알고 있다고도 말한다. 이것은 그들이 추구하는 것이 인간적인 선이 아니라는 이유에서다.

이와 반대로 실천지는 〈인간적인 것들〉 및 〈거기 관해서 사량(思量)하는 것이 가능한 것들〉에 관계한다. 왜냐하면 무엇보다도 잘 사량한다는 것이 실천지를 가진 사람의 특징일 터인데, 아무도 〈다른 방식으로는 있을 수 없는 것들〉에 관해서나 또 〈목적 ─ 그것도 행동에 의하여 실현할 수 있는 어떤 선 ─ 이 없는 것들〉에 관해서는 사량하지 않기 때문이다. 무조건적으로 사량에 능한 사람이란 행동에 의하여 달성할 수 있는 것들 가운데서 인간에게 가장 좋은 것에 생각이 미치는 사람이다.

또 실천지는 보편적인 것들에만 관계하는 것이 아니다. 그것은 또한 개별적인 것들도 알아야만 하는 것이다. 왜냐하면 실천지는 실천적인 것인데, 실천은 개별적인 것들에 관여하는 것이기 때문이다. 간혹 지식 없는 사람들이 지식 있는 사람들보다 더 실천에 유용한 것은 이 때문이다.

특히 경험 있는 사람인 경우에 더욱 그렇다. 그러므로 연한 고기가 소화에 좋고 또 건강에 좋은 것은 알지만, 어떤 종류의 고기가 연한 것인지 알지 못하면 그 사람은 건강을 얻을 수 없고, 오히려 날고기가 건강에 좋다는 것을 알고 있는 사람이 더 건강하기 마련이다.

　실천지는 행동에 관계하는 것이다. 그러므로 보편적인 방면과 개별적인 방면을 다 포함해야 하지만, 후자에 더 치중해야 한다. 그러나 지혜에 있어서와 마찬가지로 실천지에 있어서도 총체적 기획이 있어야 한다.

제8장　실제 생활의 지혜와 정치학의 관계

　정치적 지혜와 실천적 지혜(즉 실천지)는 마음의 상태로서는 같은 것이지만, 그 존재 양식18)은 다른 것이다. 국가에 관한 지혜 가운데, 총체적 기획의 일을 하는 실천지는 입법적 지혜요, 개별적인 것들이 그것들의 보편자와 관계하듯이, 이 실천지에 관계하는 것은 일반적으로 <정치적 지혜>라 불린다. 이 후자는 직접적으로 실천적이고, 사량적이다. 사실 명령이란 개별적인 행위의 형식으로 수행되어야 하는 성질의 것이기 때문이다. 그러므로 이 방면에 능숙한 사람들만이 수공의 일을 하는 직공과 같은 일을 한다.

　실천지는 특히 자기의 한 몸에 관계되는 지혜로 여겨지고 있는데, 실상 이 실천지(내지 사려)19)는 다른 여러 가지 것에도 공통되는 일반적인 명칭이다. 이밖에 이 명칭으로 불릴 수 있는 것은 첫째는 가정(家政), 둘째는 입법(立法), 셋째는 정치(政治)인데. 정치에는 행정과 사법이 있다.20) 그런데 자기 자신에게 좋은 것을 아는 것도 물론

---

18) 원어는 '토 에이나이'(τὸ εἶναι). 제5권 주5 참조.
19) 괄호 안의 것은 옮긴이가 첨부한 것이다. '지려(智慮)'라는 번역도 있으나, 이 책에서는 로스 및 기타의 학자를 따라 줄곧 '실천지'라고 했는데, 때로는 '사려'라 하는 것이 더 좋을 것 같은 경우도 있다.
20) 여기서 말한 것을 이해하기 쉽도록 표로 만들면 다음과 같이 될 것이다.

일종의 인식이긴 하지만, 다른 종류의 것들과는 아주 다른 것이다. 그리고 자기 자신의 이해(利害)를 알고 거기에만 마음을 쓰는 사람이 흔히 실천지가 있는 사람으로 간주되고, 정치가들은 공연히 남의 일로 동분서주하는 사람으로 여겨지고 있다. 그래서 에리우피데스 같은 사람은 이렇게 말했던 것이다.

그런데 어찌 내가 현명하다 할 수 있겠는가.
무수한 병졸 틈에 끼어, 그들과 같은 것을 배급받을 수도 있는데,
남달리 높은 자리를 차지하고 남달리 많은 일을 하려 하는데……

그러므로 이러한 생각을 가지고 있는 사람들은 자기 자신의 선을 추구하며 또 마땅히 그래야만 한다고 여겨지기 때문에 그러한 사람들이 실천지를 가지고 있는 것으로 생각되기에 이른 것이다. 하지만 자기 자신의 선이란 가정이나 국가 사회를 떠나서는 존재할 수 없는 것이라 할 수 있다. 또 자기 자신의 일을 어떻게 하면 잘 되게 할 수 있는가 하는 것은 그 자체만으로 분명치 않고 여러 가지 탐구를 요하는 것이다.

이상에서 말한 것은, 젊은 사람들은 기하학자나 수학자, 그리고 비

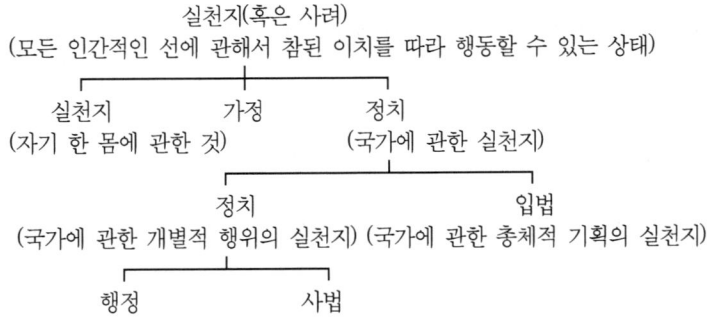

숫한 방면에서의 지자가 될 수는 있으나, 실천지를 가진 사람은 될 수 없다는 사실이 잘 입증해 준다. 이렇게 되는 까닭은 실천지가 보편적인 것들뿐만 아니라 개별적인 것들에도 관계하는 것이며, 후자는 경험을 통해서 잘 알게 되는 것인 데 반해 젊은이는 경험이 없기 때문이다. 경험은 오랜 세월을 통해서 얻어지기 때문이다.

사실, 우리는 "왜 소년은 수학자가 될 수는 있어도 철학자[21]나 자연학자가 될 수는 없는가?"라고 물을 수 있다. 수학의 대상은 추상(抽象)에 의하여 존재하는데, 철학이나 자연학 같은 것의 근본 명제들은 경험에서 오기 때문이며, 또 젊은 사람들은 후자에 관하여 아무런 확신 없이 그저 적합한 말을 사용할 따름이지만 수학적 대상의 본질은 그들에게 아주 명백한 것이기 때문이 아닐까?

또 사량에 있어서의 과오는 보편적인 것에 관해서도 있을 수 있고 개별적인 것에 관해서도 있을 수 있다.

예컨대, 우리는 무거운 물이 모두 좋지 못한 물이라는 것, 혹은 내 앞에 있는 바로 이 물이 무거운 물이라는 것을 알지 못하는 경우가 있다. 실천지가 학적 인식이 아님은 분명하다. 왜냐하면 위에서 말한 바와 같이,[22] 그것은 궁극적으로 개별적인 것과 관계하는 것이기 때문이다. 행동해야 할 일은 이런 성질을 띠고 있다.

그러므로 그것은 또한 직관적 이성과도 대립한다. 이 이성은 근거를 따질 수 없는 근본 전제에 관계하는 것인데, 이에 반하여 실천지는 궁극적으로 개별적인 것에 관계하는 것이다. 그리고 이러한 개별적인 것은 학적 인식의 대상이 아니라 지각의 대상이다. 여기서 지각이라 하는 것은 개별 감각적인 지각이 아니고, 우리의 눈앞에 있는 이 특수

---

21) 원어는 '소포스'(σοφός)로 되어 있다. '지자'(智者)라는 직역이 더 좋을지도 모르겠다. 로스가 philosopher라 한 것을 따른다.

22) 1141b 1~22.

한 형상(形狀)이 삼각형이라고 하는 것을 우리가 지각할 때의 그것과 같은 지각이다.[23] 개별의 방향에도 한계가 있기 때문이다. 그러나 이 것은 실천지라기보다는 오히려 지각이다. 물론 개별 감각과는 다른 종류의 지각이기는 하지만.

---

[23] 개별 감각과 공통 감각의 차이에 관해서는 《영혼론》(*De Anima*), 제3권 제2장 참조.

C. 행위에 관계되는 여러 가지 작은 지적인 덕

제9장 사려를 잘하는 것. 이것과 실제 생활의 지혜와의 관계

그런데 <탐구한다>와 <사량한다>는 같은 것이 아니다. 왜냐하면 사량은 어떤 특수한 종류의 것에 대한 탐구이므로. 우리는 사량의 탁월성이 어떠한 것인지도 파악하지 않으면 안 된다. 즉 그것이 학적 인식인지, 억견인지, 짐작을 잘 하는 것인지, 또 이 이외의 다른 어떤 것인지 파악하지 않으면 안 된다.

그것은 <학적 인식>은 아니다. 왜냐하면 사람들은 자기가 알고 있는 것들에 관해서는 탐구하지 않는 법인데, 탁월한 사량도 결국 일종의 사량이요, 또 사량하는 자는 탐구하며 헤아리기 때문이다. 그것은 또 <짐작을 잘 하는 것>도 아니다. 왜냐하면 <짐작을 잘 하는 것>은 이치를 따지는 일이 없고, 또 그 활동이 신속한 것인데, 사량한다는 것은 장시간을 요하기 때문이다. 그래서 흔히들 말하기를, 사량의 결과는 신속히 이를 실행에 옮기되 사량하는 일 자체는 천천히 해야 된다고들 하는 것이다. 또 <기지(機智)>도 사량의 탁월성과는 다르다. <기지>는 <짐작을 잘 하는 것>의 일종이다. 또 사량의 탁월성은 그 어느 종류의 <억견>도 아니다.

그러나 잘못 사량하는 사람은 과오를 범하며, 이에 반하여 잘 사량하는 사람은 올바르게 사량하고 있는 것이라고 하면, 사량의 탁월성은 분명히 일종의 올바름이다. 그러나 이 올바름은 학적 인식의 그것도 아니요, 억견의 그것도 아니다. 왜냐하면 학적 인식에는 도대체 올바름이란 것이 없으며 학적 인식의 과오란 것도 없기 때문이다. 또 억견의 올바름은 곧 진리성이니까. 그리고 이와 동시에 또 억견의 대상이 되는 모든 것은 이미 결정되어 있다. 그러나 사량의 탁월성에는 합리적 근거가 있다. 그러므로 결국 그것은 <사고의 올바름>일 수밖에 없다. 그런데 이것은 아직 입언(立言)은 아니다. 억견도 탐구는 아니지만 입언의 단계에 이른 것인 데 반하여, 사량하고 있는 사람은 잘 사량하고 있건 서투르게 사량하고 있건, 무엇인가를 탐구하고 있고 헤아리고 있으니 말이다.

그러나 사량의 탁월성은 하나의 <사량의 올바름>이다. 그러므로 우리는 먼저 사량이 무엇이며 무엇에 관계하는지 탐구하지 않으면 안 된다. 그런데 올바름에는 한 가지만 있는 것이 아니므로, 사량의 탁월성은 다른 모든 올바름과는 다른 특유의 성질을 가지고 있음이 분명하다. 사실 (1) 자제력이 없는 사람과 악한 사람도 영리하기만 하면 여러 가지로 궁리함으로써 자신이 세운 목적을 달성할 수 있다. 이런 경우 그 사람은 올바르게 사량한 셈이다. 그러나 그는 큰 악을 얻은 셈이다. 그런데 잘 사량했다는 것은 좋은 일로 여겨진다. 이런 종류의 <사량의 올바름>, 즉 좋은 것을 얻게 하는 올바름이야말로 <사량의 탁월성>이다. 그러나 (2) 그릇된 추론에 의하여 올바름에 도달하는 수도 있다. 즉 무엇을 할 것인가에 관한 결론은 옳아도 추론의 중간 명제가 잘못되어 있는 수도 있고 매개 명사(名辭)가 잘못되어 있는 수도 있다.24) 그러니 이것도 아직 <사량의 탁월성>에는 이르지 못한

---

24) 실천에 관한 추론은 대체로 다음과 같은 형식을 취한다.
　　① 대전제 - 일반적으로 이러이러한 행위는 좋은 것이다.
　　　소전제 - 이 행위는 바로 그러한 행위일 것이다.
　　　결 론 - 이 행위를 실행하는 것이 좋을 것이다.
　　② 대전제 - 이러이러한 것은 바람직하다.

것이다.

이런 상태에서는 목표 삼은 것을 달성할 수는 있어도 그 수단이 옳지 않으니까. (3) 어떤 사람은 오랫동안 사량함으로써 목표에 도달할 수도 있지만, 어떤 사람은 빨리 그 목표에 도달한다. 그러므로 전자의 경우는 아직 〈사량의 탁월성〉에 이르지 못한 것이다. 무릇 〈사량의 탁월성〉은 유익한 것에 관해서 올바르게─목적, 행동 방식, 시간에 있어서 올바르게─사량하는 것이기 때문이다. (4) 또 〈올바르게 사량했다〉는 것은 무조건적인 의미에서도 가능하고, 어떤 특수한 목적에 관해서도 가능하다. 그러므로 무조건적 의미에서의 사량의 탁월성은 무조건적 의미에서의 목적을 성취시키는 것이요, 어떤 특수한 의미에서의 〈사량의 탁월〉은 어떤 특수한 목적을 성취시켜주는 것이다. 이리하여 탁월하게 사량했다는 것이 실천지를 가진 사람의 특징이라고 한다면, 〈사량에 있어서의 탁월성〉은 목적의 성취에 유용한 것들에 관한 올바름이고, 이 목적의 참된 파악은 다름 아닌 실천지이다.

소전제 - 이 수단은 그 목적을 달성시켜 줄 것이다.
결 론 - 이 수단을 채택해야 되겠다.
그러나 내용으로 보면 이 두 형식은 똑같은 것이다. 모든 행위는 어떤 목적을 위해서 있는데, 대전제 속에는 언제나 목적이 제시되어 있기 때문이다. 또 윤리적 원칙의 적용인 개별적 행위는 모두 그 원칙의 실현을 위해서 필요한 수단이다. 여기서 '추론'이라 한 것은 원어로 '쉴로기스모스' 위의 주 12 참조 또 '중간 명제'라 한 것은 '메소스 호로스'($\mu\acute{\epsilon}\sigma\sigma\varsigma\ \acute{o}\rho\sigma\varsigma$). '메소스 호로스'는 삼단논법의 추론에서 중간항, 즉 매개 명사를 의미하기도 하는데 여기서는 중간 명제 즉 소전제를 의미하는 것으로 볼 수 있다.

제10장 이해력 — 실제 생활의 지혜의 명령적 성질에 대응하는 비판적 성질

〈이해력이 있는 사람〉이라든가 〈이해력이 탁월한 사람〉이라고 우리가 말할 때의 〈이해력〉이나 〈이해력의 탁월〉은 억견이나 학적 인식과 똑같은 것은 아니다. 똑같은 것이라면 누구나 다 이해력이 있는 사람일 테니 말이다. 또 건강에 관계되는 의학이나, 공간적 양(量)을 다루는 기하학과 같은 특수 과학의 하나도 아니다. 사실 이해력이 관계하는 것은 영원하며 불변하는 것이 아니요, 또 생성하는 모든 것도 아니요, 다만 의심이 가고 사량하게 되는 것들이다. 따라서 그것이 관계하는 것은 실천지가 관계하는 것과 같은 것이다. 그러나 〈이해력〉과 〈실천지〉는 같은 것이 아니다.

왜냐하면 실천지의 목적은 무엇은 해야 하고 무엇은 해서 안 된다는 것을 규정하는 것이므로 실천지란 결국 명령을 내리는 것인데, 이에 반하여 이해력은 단지 판단만 하는 것이기 때문이다. 이 점에서는 〈이해력〉이나 〈이해력의 탁월〉이나 마찬가지이고, 또 〈이해력 있는 사람〉이나 〈이해력이 탁월한 사람〉이나 마찬가지이다.

그런데 이해력이 있다는 것은 실천지를 가지고 있는 것도 아니요, 또 실천지를 획득하는 것도 아니다.

오히려 학적 인식의 경우 〈배워 안다〉는 것을 〈이해한다〉고 하듯이, 억견의 경우에도 실천지가 관계하는 것들에 관해서 남이 말하는 것을 〈판단한다〉. 그것도 훌륭하게 〈판단한다〉는 의미에서 〈이해한다〉고 할 수 있다. 〈훌륭하게〉라는 것과 〈잘〉이라는 것은 같은 것이니까. 뿐만 아니라 이러한 사정에서, 즉 〈이해한다〉라는 말을 〈배워 안다〉라는 뜻으로 쓰는 데서, 〈이해력이 탁월〉한 사람이라고 하는 경우의 〈이해력〉이라는 명칭도 생긴 것이다. 사실 우리는 〈배워 안

다>고 할 것을 가끔 <이해한다>고 한다.25)

제11장 판단—옳은 것을 잘 분간하는 것. 도덕에서 직관의 위치

<동정적(同情的) 판단자>라든가 <판단력이 있는 사람>이라든가 할 때의 판단력은 공평한 것을 올바로 분간하는 힘이다.26) 이것은 우리가 공평한 사람을 무엇보다도 동정적 판단을 잘 내리는 사람으로 보며, 또 공평하다는 것을 어떤 사실들에 관해서 동정적 판단을 가지는 것과 동일시하는 것을 보아 잘 알 수 있는 일이다.

동정적 판단이란 공평한 것을 분별하는 판단이요, 또 그것을 올바로 분별하는 판단이다. 그리고 올바르게 판단한다는 것은 참된 것을 판단한다는 뜻이다.

이상에 말한 모든 상태가 다 한 가지 점에 모이는 것은 당연한 일이다. 즉 우리는 판단력과 이해력과 실천지와 이성을 같은 사람들에게 돌려, "<판단력이 있다>, <이제 이성을 가질 나이가 되었다>, <실천지가 있다>, <이해력이 있다>"고 한다. 이 능력들은 모두 궁극적인, 즉 개별적인 것들을 다루기 때문이다.

---

25) 여기서 '배워 안다'고 한 것은 원어로 '만타네인'(μαντανειν). 로스는 learning 이라고도 하고 grasping of scientific truth라고도 하고 있다. 이 장에서 '이해력'이라 한 것은 원어로 '쉬네시스'(σύνεσις). '이해력의 탁월'이라 한 것은 '에 우쉬네시아'(εὐσυνεσία). 실천지는 명령적인 데 대하여 '이해력'은 그저 이해하기만 하는 것이다. 이 양자가 관계하는 것은 같은 것이지만, 그 태도는 다르다. '이해한다'는 것은 관조적인 '학적 인식'과 비슷하다.

26) 여기서 '동정적 판단자'라고 한 것은 원전에 '쉬그노모나스'(συγγνώμονας) 라 되어 있고, '판단력 있는 사람'이라 한 것은 '그노멘'이라 되어 있다. '판단력'은 '그노메'(γνώμη). 로스는 '쉬그노모나스'를 sympathetic judgement라고 하고, '그노메'를 judgement라 하고 있다. '그노메'를 '정리'(情理)라 옮기는 사람도 있는데, '쉬그노메'와의 연관에서 일리가 있을 것도 같지만 선뜻 납득할 수가 없다.

이해력이 있는 사람과 좋은 판단자 내지 동정적 판단자가 그런 사람이 되는 까닭은 실천지가 관계하는 것들에 관해서 판단할 수 있는 데 있다. 공평함은 모든 선한 사람들이 남에 대한 관계에서 공통적으로 가지고 있는 것이기 때문이다.

그런데 행해야 할 모든 일은 개별적인 것, 즉 궁극적인 것에 속하는 것이다. 실천지 있는 사람만이 개별적인 사실들을 알아야 하는 것이 아니라, 또한 이해력과 판단력도 행해야 할 일들에 관계하는 것인데, 이 일들은 궁극적인 것들이다.

그리고 (직관적) 이성도 두 가지 방향에서 다같이 궁극적인 것들에 관계한다. 즉 모든 최초 명제와 최종 명제는 이성의 대상이지 사유의 대상이 아니다. 그리하여 이성은 논증의 경우에는 불변적인 첫째 명제에 관계하고, 실천의 경우에는 마지막의 가변적(可變的)인 그리고 전자의 경우와는 방향이 다른 전제에 관계한다. 이 가변적인 것들은 목적을 설정하는 출발점이 된다. 보편적인 것들은 개별적인 것들로부터 생기기 때문이다. 그러므로 우리는 이것들에 대한 지각을 갖지 않으면 안 되는데, 이 지각은 다름 아닌 이성이다.27)

이런 까닭에 이 여러 상태는 본성적인 것으로 생각된다. 즉 아무도 본성에 의하여 지자(智者)가 된 사람은 없으나 판단력이나 이해력이나 이성은 본성에 의하여 가지게 되는 것으로 생각된다.

그 증거로는 이것들이 연령과 부합하는 것으로 생각되고 있는 것을 들 수 있다. 즉 어떤 연령에 이르면 이성과 판단력을 갖추게 된다는 사실은 본성이 그 원인임을 보여주는 것이다.

이런 까닭에 이성은 처음이요 나중이다. 논증은 이것들로부터 출발

---

27) 이 책 제6장에서 이성은 근본 전제를 파악하는 것으로 규정되었는데, 여기서는 실천적 근본 명제 형성의 기초가 되는 개별적인 것들의 파악도 이성이 하는 일에 포함된다. 그러나 그 어떤 경우에나 이성은 직관적인 능력으로 생각되고 있다.

하며, 또 이것들에 관해서 있기 때문이다. 그러므로 우리는 여러 가지 논증에 못지않게 경험 많고 연로한 사람들 혹은 실천지를 가진 사람들의 논증되지 않은 말과 의견에 귀를 기울여야 한다. 경험은 그들에게 올바로 보는 눈을 주었으니까.

이리하여 우리는 실제적 지혜 즉 실천지 내지, 사려와 철학적 지혜가 어떤 것이며, 그것들이 각기 어떤 것에 관계하는 것인가를 논하였고, 또 그것들이 각기 정신의 서로 다른 부분의 덕임을 말하였다.

D. 철학적 지혜와 실천적 지혜의 관계

제12장 철학적 지혜와 실천적 지혜는 어떤 데 쓰이는가? 철학적 지혜는 행복의 형상인(形相因)이다. 실천적 지혜는 도덕적인 덕이 원하는 적절한 목적에 대하여 적절한 방법을 쓰게 한다

그런데 정신의 이 여러 성질의 효용이 무엇인가 하는 데 대해서는 여러 가지 난제가 제기될 수도 있다. (1) (철학적) 지혜는 인간을 행복하게 해주는 것들을 성찰하는 것이 아니다(그것은 어떤 종류의 생성에도 관심을 두지 않으니 말이다). 그런데 실천지는 이것을 그 특색으로 하고 있기는 하나, 도대체 무엇 때문에 실천지가 필요할까? 실천지는 인간을 위해서 옳고 아름답고 좋은 것들에 관계하는 정신의 성질이지만, 이것들은 그것을 행하는 것이 좋은 사람의 표적이 되는 것이요, 덕이란 것이 (성격의) 상태라고 할 때, 이것들을 안다고 해서 곧 그것을 행하는 경향이 조금이라도 증가하게 되지는 않는다. 이것은 마치 건강하고 건전한 것들—이런 것들을 만들어낸다는 의미에서가 아니라 그러한 상태에 기초를 두고 있다는 의미에서의 그런 것들—의 경우와 같다. 즉 우리는 의술이나 체육을 알고 있다고 해서 반드시 그 실천적 경향이 증가하는 것은 아니다. 그런데 (2) 만일 우리가, 실천지는 도덕적 진리를 알기 위해서 필요한 것이 아니라, 좋은 사람이 되기 위해서 필요한 것이라고 말해야만 한다면, 이미 좋은 사람에게는 실천지가 필요 없는 것이 되고 만다. 또 이것은 실천지를 가지고 있지 않은 사람들에게도 마찬가지이다. 왜냐하면 실천지를 자기 자신이 가지고 있는 것과 그것을 가지고 있는 사람의 말을 순종하는 것은 결국 마찬가지 일이고, 또 우리로서는 건강의 경우에 우리가 하는 것처럼 하면 충분하기 때문이다. 건강에 관계되는 경우 우리는 건강하게 되기를 원하면서도 의술을 배우지는 않는다. (3) 이 밖에 실천지는 (철학적) 지혜보다 못한 것인데, 그것이 지혜를 지배한다고 하면 이상한 일이라 생각되지 않을 수 없다. 사실 무엇인가를 만들어내는 것은 만들어지는 것에 관해서 지배하고 명령하는 것이다.

이리하여 우리는 이것들을 논하지 않으면 안 된다. 여기까지는 다만 난제가 어디 있는지를 밝힌 것뿐이다.

(1) 첫째로, 이 상태들(지혜와 실천지)은 각기 정신의 어떤 부분의 덕이기 때문에, 아무 것도 만들어내지 않는다 하더라도 그 자체로 바람직한 것임을 말해두기로 하자.

(2) 둘째로, 그것들은 무엇인가를 만들어내는 것이다. 그러나 의술이 건강을 만들어내는 것처럼 무엇을 만들어내는 것이 아니고, 오히려 건강이 건강을 만들어내듯 무엇인가를 만들어내는 것이다.[28] 이런 식으로 (철학적) 지혜는 행복을 산출한다. 그것은 전체의 덕의 일부이기 때문에, 그것을 마음의 상태로 소유하고 또 활동시키면 사람을 행복하게 해주는 것이다.

(3) 또 무슨 일이나 실천지와 윤리적인 덕을 다 같이 따라서 해야 성취되는 법이다. 왜냐하면 덕은 우리에게 올바른 목적을 목표로 삼게 하고 실천지는 우리로 하여금 올바른 수단을 사용하게 하기 때문이다. 정신의 넷째 부분,[29] 즉 영양 섭취의 부분에는 이런 덕이 없다.

---

28) 즉 내적 상태로서의 건강이, 건강을 성립시키고 있는 것으로 볼 수 있는 여러 가지 활동을 산출하는 것처럼.

29) 다른 제3부분은 '인식적 부분', '욕구적 부분', '사량적 부분.'

왜냐하면 그것은 자기 마음대로 하거나 하지 않거나 할 수 있는 것이 전혀 없기 때문이다.

⑷ 실천지가 있다고 해서 아름답고 옳은 것을 더 잘 할 수 있는 것이 아니라는 데 대해서는 좀더 근본으로 돌아가 다음과 같은 원리에서 출발하지 않으면 안 될 것이다.

어떤 사람이 옳은 일을 할 때에도 우리는 반드시 그 사람을 옳은 사람이라고는 하지 않는다. 즉 법이 명하는 것을 혹은 생각이 없으면서, 혹은 무식해서, 또 혹은 다른 어떤 이유로 행하지만, 그 행위가 옳은 행위이기 때문에 행하지는 않는 사람을 우리는 옳은 사람이라 하지 않는다(물론 그들은 그들이 마땅히 해야 할 일, 그리고 선한 사람이 으레 해야 할 일을 하고 있기는 해도 말이다). 이와 마찬가지로 선한 사람이 되는 데는 여러 가지 행위를 함에 있어서 어떤 상태에 있는 것이 필요하다. 다시 말하면 선택의 결과로, 또 그 행위들 자체 때문에 행해야 하는 것이다. 그런데 덕은 올바르게 선택하게 하는 것이지만, 우리의 선택을 수행하기 위해서 할 일이 무엇인가 하는 문제는 덕의 영역에 속하는 것이 아니라, 오히려 또 하나 다른 능력의 영역에 속한다. 우리는 여기에 주의를 집중하여 좀더 명확하게 말하지 않으면 안 된다.

사람들은 <영리(怜悧)>라고 부르는 능력을 갖고 있다. 이것은 우리가 우리 앞에 스스로 세워 놓은 표적으로 향하는 일들을 잘 하며 또 그 표적에 잘 도달할 수 있게 하는 능력이다. 그런데 만일 그 표적이 아름다운(즉, 고귀한) 것이면, 그때의 영리함은 칭찬할 만한 것이지만, 만일 그 표적이 나쁜 것이면, 그때의 영리함은 한갓 간지(奸智)일 따름이다. 따라서 우리는 실천지 있는 사람들도 혹은 영리하다 하고, 혹은 간지가 있다고 하는 것이다. 실천지는 바로 이 능력인 것은 아니지만, 이 능력 없이는 존립할 수 없는 것이다. 그리고 이 정신의 눈이 실천지라고 하는 뚜렷한 상태를 획득하는 데는, 이미 말한 바와 같이, 그리고 또한 명백한 바이지만, 덕의 도움이 없을 수 없다.

왜냐하면 무엇을 행해야 할 것인가를 다루는 추론은 <목적 즉 최고 선은 이러이러한 성질의 것―그것이 무엇인가는 여기서 상관없다 (여기서의 논의를 위해서는 그것이 무엇이든 좋으니까)―이기 때문에>라고 하는 것을 출발점으로 삼는 법인데, 이것은 선한 사람에게 밖에는 명백하지 않기 때문이다. 사악한 마음은 우리를 도착(倒錯) 케 하고, 또 우리로 하여금 행동의 출발점에 관하여 기만당하게 하기 때문이다. 그러므로 선한 사람이 되지 않고서 실천지 있는 사람이 되기란 불가능함이 분명하다.

제13장 실천적 지혜가 자연적인 덕, 도덕적인 덕 및 올바른 규칙에 대해서 가지는 관계

그러므로 우리는 다시 한번 덕에 관해서 고찰하지 않으면 안 된다. 덕의 경우에도 실천지와 영리와의 관계와 같은―같지는 않지만 비슷한―관계가 있으니 말이다. 즉 본성적인 덕과 엄밀한 의미에서의 덕의 관계가 그러하다.

모든 사람은 갖가지 윤리적 성품을 본성상 어느 정도는 가지고 있는 것으로 생각된다. 그리하여 우리는 나면서부터 옳으며, 혹은 절제할 줄도 알고, 혹은 용감하며, 또 혹은 이 밖의 다른 도덕적 성질을 가지고 있다.

그러나 우리는 이와는 다른 어떤 것을 엄밀한 의미에서 좋은 것으로 추구한다. 즉 우리는 그러한 여러 가지 성질을 본성적인 방식과는 다른 방식으로 갖출 것을 추구하는 것이다. 아이들이나 짐승은 다 같이 이러한 본성적인 상태들을 가지고 있지만, 이성이 없으면 이것들은 분명히 유해한 것이기 때문이다. 어떻든 이것만은 분명한 것 같다. 즉 시력 없이 움직이는 강한 신체는 시력이 없는 탓으로 넘어져도 세게 넘어지는 것과 마찬가지로, 이상의 여러 가지 성질 내지 상태로 말미암아 오히려 길을 잃어버리는 경우도 있는 반면, 일단 이성을 획득하고 보면, 행동에 차이가 생긴다. 이렇게 되면 그의 상태는 여전히 그전과 같은 상태이기는 하나 또한 엄밀한 의미에서의 덕이 되기도 하는 것이다. 그러므로 정신의 억견적 부분에 영리함과 실천지라고 하는 두 가지가 있듯이, 윤리적 부분에도 본성적인 덕과 엄밀한 의미에서의 덕의 두 가지가 있다. 그리고 이 중 후자는 실천지 없이는 생기지 않는다.

이런 까닭에 어떤 이는 말하기를, 모든 덕은 결국 실천지라고 하며, 또 소크라테스가 탐구한 것은 일면에서는 옳고 다른 일면에서는 잘못되었던 것이다. 즉 모든 덕이 결국 실천지라고 생각한 것은 잘못이었고, 실천지 없이는 덕이 존립하지 못한다고 한 것은 지당한 말이었던 것이다. 이것은 오늘날도 모든 사람이, 덕을 정의할 때면, (성품의) 상태와 그 영역을 지적하고 나서 그 상태가 <올바른 이치를 따른> 것임을 덧붙여 말하는 사실에 의하여 확증되는 것이다. 그런데 올바른 이치란 실천지를 따른 이치이다. 그러므로 모든 사람은 대체로 이런 상태—즉 실천지를 따른 상태—가 덕임을 알고 있는 듯도 싶다.

그러나 우리는 좀더 깊이 추궁하지 않으면 안 된다. 즉 덕은 올바른 이치를 따른 상태일 뿐만 아니라, 또한 올바른 이치를 머금고 있는[30] 상태이기도 하다. 그리고 이런 것들에 대한 올바른 이치가 다름 아닌

---

30) '올바른 이치를 따른'의 '따른'은 그리스어로 '카타'(κατά). '올바른 이치를 머금고 있는'의 '머금고 있는'은 '메타'(μετά). 전자에는 남의 말의 이치에 대해 듣고 따르는 경우도 포함되지만, 후자는 올바른 이치를 따르는 태도가 자주적이며, 자신 속에 로고스 즉 이치를 가지고 있는 것이다.

실천지이다. 그리하여 소크라테스는 모든 덕은 이치 내지 합리적 원리라고 생각했는데(그에게서는 모든 덕이 결국 학적 인식이었으므로), 이에 반하여 우리는 덕은 이치를 지니고 있는 것이라고 생각한다.

지금까지 말한 것에서 미루어 볼 때, 실천지 없이는 엄밀한 의미에서 좋은 사람이 될 수 없고, 또 윤리적인 덕 없이는 실천지 있는 사람이 될 수 없음은 분명하다. 그러나 이와 같이 하여 우리는 또한 모든 덕은 제각기 떨어져서 존립한다고 변증할지 모르는 사람의 논의도 반박할 수 있다.

이 논의의 근거는 이러하다. — "동일인이 모든 덕에 대해서 탁월한 소질을 가지고 있을 수는 없고, 따라서 한 가지 덕은 가지고 있으나 또 다른 한 가지 덕은 아직 가지고 있지 않을 수도 있다." 이것은 본성적인 덕의 경우에는 있을 수 있는 일이다. 그러나 무조건적인 의미에서 좋은 사람이라고 불릴 수 있게 해주는 덕의 경우에는 불가능한 일이다. 왜냐하면 실천지 하나만 있으면 모든 덕이 따라서 존재하기 때문이다. 그리고 실천지가 설사 실천적인 것이 못 된다 하더라도, 그것은 여기서 우리가 문제 삼고 있는 정신적 부분의 덕인 까닭에 없어서는 안 된다는 것이 분명하다. 또 선택은 덕이 없으면 올바를 수 없지만 또한 이에 못지않게 실천지가 없어도 올바를 수 없다는 것도 분명하다. 전자는 목적을 결정하고, 후자는 목적을 실현시켜 주는 것들을 우리로 하여금 행하게 하는 것이니까.

그러나 또 실천지는 (철학적) 지혜를 지배하는 것이 못 된다. 즉 우리 정신의 우월한 부분을 지배하는 것이 아니다. 이것은 의술이 건강보다 우월하지 않은 것과 같은 것이다. 실천지는 지혜를 사용하는 것이 아니라, 지혜가 생기도록 마음을 쓰는 것이다. 실천지는 지혜를 위하여 명령하는 것이지 지혜에 대하여 명령하는 것이 아니다. 또 실천지가 지혜보다 우위에 있다고 주장하는 것은, 정치가 국가의 모든 일에 관해서 명령을 발하는 것이기 때문에 또한 신들을 다스리기도 한다고 말하는 것과 다름없는 의미이다.

제 7 권

자제와 자제하지 못함, 쾌락

A. 자제와 자제하지 못함

제1장 성격의 6가지 종류, 취급방법, 일반적인 여러 견해

이제 우리는 다시 한번 새롭게 출발하여 다음과 같은 것을 말해야 할 것이다. 즉 우리가 피해야 할 윤리적 성품이 셋 있는데, 곧 악덕과 자제력이 없음과 금수 같은 상태이다. 이 중 두 가지 것에 대해서는 그 반대 것이 분명히 있다. 즉 하나는 덕이라고 부르고, 또 하나는 자제라 부르는 것이다. 금수 같은 상태에 대해서는 초인간적인 덕, 영웅적이고 신적인 성질의 덕을 대립시키는 것이 가장 적합할 것이다. 그것은 마치 호메로스가 프리아모의 입을 빌어 헥토르에 대해서 이렇게 말하고 있는 것과 같다.

> 그는 아주 훌륭한 인간이었다. 죽음의 운명을 지닌
> 인간의 아들 같지 않고 신의 아들인 듯싶었으니.[1]

그러므로 만일 세상 사람들이 말하는 바와 같이, 남달리 덕이 뛰어남으로써 인간이 신이 될 수 있다면, 이런 상태야말로 금수 같은 상태에 반대되는 것임은 분명하다. 왜냐하면 금수에게 덕이나 악덕이 없듯이, 신에게도 그런 것들이 없기 때문이다. 신의 상태는 덕보다 더 고귀한 것이고, 금수 같은 상태는 악덕과는 또 다른 종류의 상태이다.

---

[1] 『일리아스』, 제24권, 258이하.

라코니아 사람들[2]이 어떤 사람을 아주 높이 찬미할 때에는 흔히 〈신적인 사람〉이라는 말을 쓰는데, 이런 신적인 사람이 극히 드문 것처럼 금수적인 사람도 별로 많지 않다. 이런 사람은 주로 야만인들 가운데서 볼 수 있는데, 어떤 금수적인 성질이 질병이나 장애로 말미암아 생기는 수도 있다. 그리고 악덕 때문에 너무 엉뚱한 짓을 하는 사람들을 비하해서 이렇게 부르기도 한다. 하지만 이런 종류의 상태에 관해서는 나중에[3] 약간 언급하겠고, 악덕에 관해서는 앞서[4] 말한 바 있다. 지금은 자제력 없음과 참을성 없음에 관하여, 그리고 자제와 인내에 관하여 논해야 될 것이다. 우리는 이상의 두 가지 종류의 것 가운데 하나는 덕과 같고, 다른 하나는 악덕과 같다고 해서도 안 되고, 그 두 가지가 종류를 달리한다고 보아서도 안 된다.

다른 모든 경우에서처럼, 여기서도 우리는 다른 사람들의 소견을 살펴보고, 먼저 그 속에 있는 여러 가지 난점을 논하고 나서, 가능하면 더 나아가 여러 정신적 상태에 관한 세상의 여러 견해 가운데 옳은 것을 밝혀야 한다. 혹 이렇게 할 수 없다면 될 수 있는 대로 많은 견해, 그리고 가장 유력한 견해를 밝혀 보아야 한다. 여러 가지 반대를 물리치고, 또 세상의 여러 견해 가운데 미비한 것을 제거하면 이 문제를 우리가 충분히 밝힌 것이 된다.

그런데 (1) 자제와 인내는 둘 다 좋고 칭찬할 만한 것들에 속하고, 자제력이 없는 것과 참을성이 없는 것은 둘 다 나쁘고 비난할 만한 것에 속한다고 생각된다. 그리고 〈자제할 줄 아는 사람〉과 〈헤아려 살핀 것을 준수하려 하는 사람〉은 같은 것이고, 또 〈자제력이 없는 사람〉과 〈헤아려 살핀 것을 쉽게 포기하는 사람〉도 같은 것으로 생

---

2) 즉 스파르타 사람들.
3) 제5장에서.
4) 제2~4권.

각되고 있다. 뿐만 아니라 (2) 자제력이 없는 사람은 자기가 하는 일이 나쁘다는 것을 알면서도 정념 때문에 하는 반면, 자제할 줄 아는 사람은 자기의 여러 가지 욕정이 나쁘다는 것을 알고 이성으로 그것들을 따르지 않는다.

(3) 모든 사람이 절제 있는 사람을 자제할 줄 알며 참을성 있는 사람이라고 부르지만, 역으로 어떤 이는 자제할 줄 아는 사람을 언제나 절제 있는 사람으로 보지만 다른 어떤 이는 그렇게 보지 않는다. 그리고 어떤 이는 방자한 사람을 자제력이 없는 사람이라 부르고 자제력이 없는 사람을 방자한 사람이라고 부르면서 이 두 종류의 사람을 똑같이 다루지만, 다른 어떤 이들은 이 둘을 구분한다.

(4) 사람들은 가끔 실천지가 있는 사람은 자제력이 없는 사람일 수 없다고 하는데, 때로는 실천지가 있고 영리한 사람 가운데 어떤 이는 자제력이 없는 사람이라고 말해지기도 한다. 그리고 또 (5) 사람들은 분노나 명예나 이득에 관해서는 자제력이 없다는 말을 듣기도 한다. 이상이 세상 사람들이 흔히 하는 말들이다.

제2장 이 여러 견해에 포함되어 있는 여러 가지 모순

그런데 다음과 같은 것이 문제가 될 수 있다.

(1) 판단을 옳게 하는 사람이 자제력 없이 행동하는 경우는 어찌 된 일인가. 여기에 대해서 어떤 사람은 이렇게 주장한다. 즉 인식을 가진 사람이 그렇게 행동하는 것은 있을 수 없는 일이라고. 인식이 어떤 사람 속에 있는데 다른 어떤 것이 그것을 지배하고 그것을 마치 노예처럼 이리저리 끌고 다닌다는 것은 이상한 일이기 때문이다. 이것은 소크라테스의 생각이다.[5]

소크라테스는 자제력이 없는 것은 있을 수 없다고 생각하고, 인식이 다른 어떤 것에 지배되어 이리저리 끌려 다닌다는 견해에 전적으로 반대했다. 그는 누구든지 최선의 것이라고 판단하는 것에 반대되는 행위를 하지는 않는다고 주장하였다. 즉 사람은 오직 무지 때문에 그런 행위를 한다는 것이다. 하지만 이 견해는 관찰된 사실들에 맞지 않음이 분명하다. 그리고 여기서 우리가 정욕이 무지로 말미암은 것이라고 하면, 도대체 이 무지란 어떤 무지인가에 대하여 탐구하지 않으면 안 된다. 자제력이 없는 행동을 하는 사람이 그 정욕에 빠지기 전에 그런 행위를 해야겠다고 생각하지 않음은 명백한 일이다. 그런데 소크라테스의 주장의 일부분에는 동의하지만 다른 부분에는 동의하지 않는 사람들이 더러 있다. 이 사람들은 인식보다 강력한 것은 하나도 없다고 하는 데에는 동의하나, 아무도 자신이 좋게 여기는 것에 반대되는 행동을 하지는 않는다고 하는 데 대해서는 동의하지 않는다. 그리하여 이 사람들은 말하기를, 자제력 없는 사람이 자신의 여러 가지 쾌락에 지배될 때에는 인식을 가지고 있는 것이 아니라 억견(臆見)을 가지고 있는 것이라고 한다. 그러나 만일 그것이 억견이고 인식이 아니라고 하면, 쾌락에 저항하는 것이 — 마치 이럴까 저럴까 주저하고 있는 사람들처럼 — 강한 신념이 아니고 약한 신념이라고 하면, 그런 신념으로 강한 정욕을 이겨내지 못하는 사람들에 대하여 동정하는 것이다. 하지만 우리는 악덕에 대해서나, 또 이 밖의 다른 어떤 비난할 만한 일에 대해서도 동정하지 않는다. 그러면 쾌락에 저항하여 그것에 지배된 것은 실천지인가? 실천지는 모든 상태 가운데 가장 강력한 것이니까. 그러나 이것은 이치에 맞지 않는다. 만일 그렇다면, 같은 사람이 실천지가 있는 동시에 자제력이 없어야 하지만, 아무도 실천지 있는 사람이 가장 추악한 일을 일부러 한다고는 말하지 않

---

5) 플라톤, 『프로타고라스』, 352 b, c참조.

는다. 더군다나 앞에서도 밝힌 바와 같이, 사려(思慮) 있는 사람은 실천하는 사람이요6) (그는 개별적인 것들에 관계하는 사람이므로)7), 또 다른 덕들도 가지고 있는 사람이다.8)

(2) 또 만일 자제할 줄 아는 사람에게 강하고 나쁜 욕정이 없을 수 없다고 하면, 절제 있는 사람은 자제할 줄 아는 사람이 아닐 것이며, 자제할 줄 아는 사람은 절제 있는 사람이 아닐 것이다. 왜냐하면 만일 욕정이 유용한 경우에는, 그 욕정을 따르는 것을 방해하는 (성격의) 상태는 나쁘고, 따라서 자제는 반드시 좋은 것이 아닐 것이기 때문이다.

한편 그 욕정들이 약하기는 하지만 나쁘지 않은 것이라면, 그것들에 저항한다고 해서 훌륭하다고 찬탄할 만한 것이 전혀 없으며, 또 만일 그것들이 나쁘기는 하지만 약한 경우에도 그것들에 저항한다고 해서 대단할 것이 없다.

(3) 또 만일 자제가 사람으로 하여금 어떤 억견이든지 모든 억견을 받아들이게 한다면, 가령 그것이 그릇된 억견마저 받아들이게 하는 경우 그것은 좋지 못한 것이다. 그리고 만일 자제력이 없는 것이 어떤 억견이든지 모든 억견을 버리게 하기 쉬운 것이라면 <훌륭한 자제력 없음 같은 것>도 있을 수 있다. 예컨대 소포클레스의 『필록테테스』에 나오는 네오프톨레모스의 경우처럼.9) 그가 차마 거짓말을 할 수가

---

6) 1140b 4~6.

7) 1141b 16.

8) 1144b 30~1145a 2.

9) 필록테테스(Philoktetes)는 트로이아를 포위하고 공격한 그리스 군의 한 장군. 전설에 따르면, 반신(半神) 헤라클레스가 그에게 화살을 남겨 주었다고 한다. 그는 트로이아로 가는 도중 뱀에 물렸는데, 상처에서 나오는 냄새가 어찌나 고약했던지 렘노스(Lemnos) 섬에 혼자 남게 되었다. 10년 동안 그는 이 섬에 머물렀다. 헤라클레스의 화살이 없이는 트로이아를 함락시킬 수 없으리라는 신탁이 있어서 오딧세우스와 디오메데스(Diomedes)가 그를 찾으러 그 섬으로 갔다. 소포클레스는 이 필록테테스에 관한 이야기에서 영감을 얻어 같은 이름의 비

없어서 오딧세우스가 그를 설득하여 하게 한 일을 준수하지 않은 것은 찬양을 받아 마땅한 일이니까.

(4) 또 소피스트적인 궤변은 곤란한 문제를 제기한다. 사실 소피스트들은 상대방의 견해에서 생기는 여러 가지 역설적 결과를 들추어내는 추론을 전개하여 이에 성공함으로써 사람들의 찬양을 받고자 하는데, 바로 그 추론이 우리를 곤경에 빠뜨린다(도출된 결론에는 만족할 수 없으니까 거기 머물러 있고 싶지는 않은데, 그 논의를 논파하지 못하여 전진할 수도 없는 경우에는 사유가 꼼짝 못하고 옭아매어지고 만다). 이런 논의에서 자제력이 없음과 짝한 사려 없음은 덕이라고 하는 주장이 나온다. 이런 경우 사람은 자제력이 없어서 자기가 좋다고 생각한 것에 반대되는 일을 하는데, 그는 좋은 것을 나쁜 것이고 해서는 안 될 일이라고 생각하며, 따라서 그는 좋은 일은 하되 나쁜 일은 하지 않을 것이라고 한다.

(5) 또 확신하는 바가 있어서 쾌락을 행하고 추구하며 선택하는 사람은 헤아려 살핀 결과로서가 아니라 자제하지 못한 탓으로 그렇게 하는 사람보다 낫다고 생각된다. 왜냐하면 후자는 마음을 돌이킬 수 없으므로 오히려 그 잘못을 고치기가 전자보다 더 어렵기 때문이다. 그러나 자제력이 없는 사람에게는 "물에 빠져 질식한 사람에게 무엇을 더 마시게 할 수 있단 말인가?"라는 속담을 적용할 수 있다. 만일 그가 자기가 하는 일이 옳다는 확신을 가지고 있다면, 마음을 돌이키도록 설득하려 해도 소용이 없고, 아주 다른 일을 하도록 설득해도 여전히 그 일을 한다.

(6) 또 만일 자제력이 없는 것과 자제력이 있는 것이 어떤 일이든

극 『필록테테스』(*Philoktetes*)를 지었다. 네오프톨레모스(Neoptolemos)는 아킬레우스가 포로로 잡힌 미녀 디오메데(Diomede)에게서 난 아들. 『일리아스』, 제19권, 327에는 '신과도 같은 너 네오프톨레모스'라는 말이 보인다.

모든 일에 관계한다면, 무조건적인 의미에서 자제력이 없는 사람은 도대체 어떤 사람인가? 아무도 모든 것에 자제력이 없지는 않은데, 우리는 어떤 사람이 무조건적인 의미에서 자제력이 없다고 말하고 있는 것이다. 대강 위와 같은 몇 가지 난제가 생기는데, 그 중 몇 가지는 이를 논박해야 하고, 다른 어떤 것은 그대로 남겨두고 살펴보아야 한다. 무릇 난제의 해결은 진리의 발견이다.

제3장 어떤 의미에서 자제력이 없는 사람은 알면서 좋지 않은 행동을 하는가 하는 문제의 해결

(1) 그러면 가장 먼저 우리가 고찰해야 할 것은 자제력이 없는 사람이 알고서 행하는 것인가, 그렇지 않으면 모르고서 행하는 것인가, 그리고 어떤 의미에서 알고 행하는 것인가이다.

(2) 그 다음에 자제력이 없는 사람과 자제력이 있는 사람은 어떤 종류의 일에 관계한다고 말할 수 있는가(즉 모든 쾌락과 고통에 관계하는가, 아니면 어떤 특정한 쾌락과 고통에 관계하는가), 그리고 자제하는 사람과 참을성이 있는 사람은 같은가, 아니면 서로 다른가를 고찰해야 한다. 그리고 이와 아울러 이 고구(考究)에 밀접한 관계가 있는 다른 여러 문제도 고찰해야 할 것이다.

우리의 탐구의 출발점이 되는 것은, (a) 자제력이 있는 사람과 자제력이 없는 사람이 구별되는 것은 그들이 상관하는 대상에 의해서인가, 혹은 그들의 태도에 의해서인가, 다시 말하면 자제력이 없는 사람이 그러한 것은 단순히 어떤 특정 대상에 관계하기 때문인가, 아니면 그의 태도 때문인가, 아니면 이 둘 다 때문인가 하는 문제와 (b) 자제 없음과 자제는 어떤 대상이든 모든 대상에 관계하는 것인가, 그렇지 않은가 하는 문제이다. 무조건적인 의미에서 자제력이 없는 사람은 모든 대상에 관계하는 것이 아니고 다만 방종한 사람이 관계하는 것들에만 관계하며 또 단지 이것들에 무조건적으로 관계하는 것이 아니라(만일 그렇다면 그의 상태는 방종한 사람의 그것과 다름이 없을 것이다), 이것들에 어떤 특정한 모양으로 관계하고 있는 것이다. 왜냐하면 방종한 사람은 언제나 눈앞의 쾌락을 추구해야 한다고 생각하고 자신의 선택을 따라 그렇게 하는 데 반하여 자제력이 없는 사람은 이렇게 생각하지는 않으면서도 쾌락을 추구하기 때문이다.

(1) 참된 억견이 아니라 인식에 거역하여 자제력 없는 행동을 한다고 하는 견해에 관해서 말하면, 우리의 논의는 둘 중 어느 것이든지 괜찮다. 왜냐하면 어떤 사람들은 억견을 가지고 있으면서도 주저하지 않으며, 오히려 자기가 정확히 알고 있다고 생각하기 때문이다. 그러므로 억견을 가지고 있는 사람들은 그들의 약한 확신 때문에, 인식하고 있는 사람들보다도 자기 판단에 거역하는 행동을 하기가 더 쉽다고 할지 모르나, 이 점에서는 인식과 억견 사이에 아무런 차이도 없다고 답변하겠다. 왜냐하면 자기가 인식하고 있는 것에 관해서 확신하고 있는 것 이상으로, 자기가 가진 억견에 관해서 더욱 확신하고 있는 사람들이 없지 않으니까. 헤라클레이토스의 경우가 잘 보여준다.10)

(a) 그러나 우리는 <인식하고 있다>라는 말을 두 가지 의미에서 사용하고 있기 때문에(인식을 가지고 있기는 하지만 그것을 쓰지 않는 사람이나 쓰는 사람이나, 우리는 이 둘을 두고 다 같이 <인식하고 있다>고 말하고 있다), 어떤 사람이 해서는 안 될 일을 하는 경우, 그가 인식을 가지고 있지만 사용하지 않는 것과 사용하고 있는 것은 서로 다르다. 후자(즉 인식을 가지고 그것을 사용하여 해서는 안 될 일을

---

10) 헤라클레이토스(Herakleitos)의 말은 자신이 넘치는 단언적 어조로 되어 있다. 그래서 그랬는지 그는 남의 말에 귀를 기울이려 하지 않았다고 한다.

하는 것)11)는 이상하게 보이지만, 전자는 그렇지 않다.

(b) 또 전제에는 두 가지 종류가 있는데, 그 둘을 다 가지고서도 인식에 어긋나는 행동을 하는 일이 절대로 없으란 법도 없다. 다만 '보편적 전제만을 사용하고 특수한 전제는 사용하지 않는다면' 말이다. 실제로 하는 행위는 개별적인 특수한 것이다. 그런데 보편적 전제에도 서로 다른 면이 있다. 즉 자신에 관한 면과 대상에 관한 면이다. 가령 "건조한 식품은 모든 사람에게 유익하다."와 "나는 사람이다."와 "이러이러한 식품은 건조한 것이다."라고 하는 것에서 볼 수 있듯이. 그러나 이 식품이 이러이러한 것인가 혹은 그렇지 않은가에 관해서 사람들은 인식을 가지고 있지 않거나 그 인식을 행사하지 않거나 한다.12) 그러므로 이와 같은 두 가지 인식의 양식 사이에는 굉장한 차이가 있다. 따라서 그 중 한 가지 양식으로 인식하는 경우 우리가 자제 없는 행동을 해도 조금도 이상할 것이 없지만, 다른 양식으로 인식하고서 자제 없는 행동을 하는 것은 보통이 아닌 일로 생각된다.

(c) 그리고 또 바로 위에서 말한 것과 또 다른 의미에서의 인식을 사람들이 가지는 경우도 있다. 즉 <인식을 가지고 있으면서도 그것을 쓰지는 않는> 경우에 속하면서도 앞의 것과는 다른 상태가 있다. 그리하여 어느 의미에서는 인식을 가지고 있으면서도 또 한편으로는 인식을 가지고 있지 않는 상태가 가능하다. 가령 잠자고 있는 사람, 미친 사람, 술 취한 사람의 경우가 그렇다. 그런데 정욕에 사로잡힌 사람의 상태는 바로 이런 것이다. 왜냐하면 격노(激怒)라든가 성욕이라

---

11) 괄호 안의 말은 이해에 도움이 되도록 역자가 덧붙인 것이다.

12) 즉 ⓐ "건조한 식품은 모든 사람에게 유익하다"라는 명제로부터 "이 식품은 나에게 유익하다."라는 명제를 도출할 수 있으려면, ⓑ "나는 사람이다."라는 전제와 ⓒ ① "식품 X는 건조하다."라는 전제와 ② "이 식품은 X이다."라는 두 전제가 주어져 있어야만 한다. 여기서 ⓑ를 모를 리는 없다. 또 ⓒ의 ①도 알 수 있다. 그러나 ⓒ ②를 모르거나, 또 안다고 하더라도 "잠재적"으로만 알고 있다고 하면, 위의 결론을 도출할 수 없다.

든가 그 밖의 이런 정념 가운데 어떤 것들은 사실 우리의 신체 상태에 변화를 일으키고, 또 어떤 사람에게는 심지어 광기를 일으키기도 하는 것이 분명하다. 그러므로 자제력이 없는 사람들은 잠자고 있는 사람, 미친 사람, 술 취한 사람과 비슷한 상태에 있는 것이라고 말할 수밖에 없다. 그들이 인식에서 우러나오는 언사를 쓴다는 사실은 이때 아무런 도움도 되지 않는다. 그러한 정념에 사로잡힌 사람들도 학적 논증을 하고 엠페도클레스의 시구를 뇌까리며, 또 어떤 학문을 갓 배우기 시작한 사람들도 그 술어들을 제법 잘 연결하여 쓰지만 아직 알지는 못하니 말이다. 알기 위해서는 그것이 몸에 배지 않으면 안 되는데, 이렇게 되는 데는 시간이 걸린다. 따라서 자제력이 없는 사람들이 쓰는 단어는 배우들이 무대 위에서 내는 소리와 다름없는 것이라고 생각하지 않을 수 없다.

(d) 또 우리는 이와 같이 되는 이유를 인간의 본성에 비추어 다음과 같이 살펴볼 수도 있다. 즉 억견에는 보편적인 것에 관한 것이 있고 또 개별적인 것들에 관한 것이 있는데, 이 개별적인 것들은 이미 감성의 지배 영역에 속하고 있다. 이상의 두 억견으로부터 하나의 억견이 도출될 때 이 결론은, 만일 그것이 순전히 관조적인 것들에 관한 것이라면[13] 반드시 우리의 정신이 긍정해야만 할 것이요, 만일 그것이 실천적인 영역에 속하는 것이라면 우리가 반드시 즉시 행해야만 할 것이다. 가령 맛있는 것은 모두 한번 먹어 보아야 하고, 이것이 맛있는 것 —개별적인 맛있는 것들 가운데 하나라는 의미에서 맛있는 것 —이라고 하면, 먹어볼 수 있고 또 거기 대해서 방해를 받지 않는 사람은 동시에 반드시 실제로 먹어볼 것임에 틀림없다. 이리하여 한편에는 맛있는 것은 먹어 보아서는 안 된다는 보편적 억견이 우리 속에

---

13) 여기에 '만일…하면'이라 한 것은 원문에는 '한 가지 경우에는'의 뜻으로 되어 있다. 로스는 이것에 주를 붙여, i.e. in scientific reasoning이라 하고 있다.

있고, 또 한편에는 맛있는 것은 모두 마음을 흡족케 해준다는 억견과 이것은 맛있는 것이라는 억견(행동으로 나아가게 하는 것은 바로 이 억견이다)이 있고, 또 여기에다 마침 우리 속에 욕망이 있고 보면, 한 억견은 우리에게 그 맛있는 것을 피하라고 명하지만, 욕망은 우리를 이끌어 그것으로 나아가게 한다. 욕망은 신체의 각 부분을 움직이게 할 수 있기 때문이다.

따라서 사람이 자제하지 못하고 행동하는 것은 어떤 의미에서 이치와 억견으로 말미암는 것이라 할 수 있다. 물론 이때의 억견 그 자체는 올바른 이치에 반대되는 것은 아니나, 다만 부수적으로 올바른 이치에 반대되는 것이다. 올바른 이치에 반대되는 것은 욕망이지 억견이 아니다. 또 이런 까닭에 모든 금수는 자제력이 없는 것이 아니다. 그들은 보편적인 판단을 하는 법이 없고 개별적인 것들에 대한 상상과 기억만을 가지고 있을 뿐이다.

이러한 의미에서의 무지가 어떻게 하면 해소되며, 자제하지 못하는 사람이 어떻게 하면 그 인식을 회복할 수 있는가 하는 데 대한 설명은 술 취한 사람이나 잠자고 있는 사람의 경우와 같은 것이요, 그 경우에만 특유한 설명이 있는 것은 아니다. 우리는 자연학자에게서 그 설명을 들어야만 한다. 그런데 최후의 전제야말로 감성적 대상에 관한 억견이요, 또 우리의 행동을 결정하는 것이기 때문에, 사람이 정념에 사로잡혔을 때에는 이것을 가지고 있지 않거나, 혹은 술에 취한 사람이 엠페도클레스의 시구를 뇌까리듯이 "인식을 가지고 있다."는 것이 한갓 "입 끝으로 알고 있다."는 뜻에서 가지고 있는 것이다. 그리고 최후의 항14)은 보편적인 것도 아니요, 또 보편적인 항과 같은 의

---

14) '최후의 항'은 조금 뒤에 '감성적 대상에 관한 의견'이라 한 것과 같은 것이다. 즉 실천적 추론에서 최후의 전제요, 개별적인 것에 관한 인식이다. 여기서 '항' 은 '전제'나 '명제'와 같은 것으로 생각하는 것이 좋겠다.

미에서 학적 인식의 대상이 되는 것도 아니기 때문에, 소크라테스가
확립하고자 한 입장15)이 생긴 것 같다. 자제하지 못하는 감정 상태
가 생기는 것은 참된 의미에서의 인식이라 생각되는 것을 가지고 있
을 때도 아니고, 또 인식이 정념에 이리저리 끌려 다닐 때도 아니며,
다만 감성적 인식밖에 가지고 있지 않을 때 그렇게 되는 것이다.16)
　이만하면 알고서 행동하는 것인가 알지 못하고서 행동하는 것인가
하는 문제와, 또 어떻게 알면서도 자제하지 못하는 행동을 할 수가 있
는가 하는 문제에 대한 답이 충분히 되었다고 생각된다.

제4장 자제력이 없는 것의 범위는 어떠한가 하는 문제의 해결. 자제력이 없는 것의 본래의 의미와 확대된 의미를 구별함

　(2) 다음으로는 <무조건적인 의미에서의 자제력이 없는 사람>이라
는 것이 있는지, 그렇지 않으면 자제력이 없는 사람은 모두 어떤 특수
한 의미에서 자제력이 없는 것인지, 그리고 만일 <무조건적인 의미에
있어서의 자제력이 없는 사람>이 있다면 그런 사람이 관계하는 것은
어떤 것인지, 이런 것들에 관해서 논해야 할 것이다.
　자제하는 사람들과 참을성이 있는 사람들, 그리고 자제하지 못하는
사람들과 참을성이 없는 사람들이 모두 쾌락과 고통에 관계하고 있음
은 명백한 일이다. 그런데 쾌락을 낳는 것들 가운데 어떤 것은 필수적
인 것이고, 또 어떤 것은 그 자체가 선택할 만한 것이지만 과도에 흐

---

15) 1145b 22~24.
16) 실천적 추론(삼단논법)의 소전제가 정념으로 말미암아 흐리멍덩해지기 전에도,
　　자제력이 없는 사람은 엄밀한 의미에서 학적 인식을 가지고 있지 않다. 그의
　　소전제는 보편적인 것이 아니고 다만 '이 잔의 술과 같이 감각할 수 있는 개
　　별적인 것을 다루고 있으니 말이다.

를 수도 있는 것이다. 육체적인 쾌락(음식이나 성교에 관한 것들, 즉 위에서17) 우리가 방종과 절제가 관계하는 것으로 규정한 것들을 나는 육체적 쾌락이라고 본다)은 필수적인 것이요, 다른 것들(즉 승리·명예·부, 기타 이와 비슷한 좋고 쾌감을 주는 것들)은 필수적인 것이 아니지만 그것들 자체로는 선택할 만한 것이다.

이런 까닭에 (a) 이 후자에 관련하여 자기 속에 있는 올바른 이치에 거역하여 과도로 나아가는 사람들은 무조건 자제력이 없다고 불리지는 않고 〈돈이나 이득이나 명예나 분노 같은 면에서〉라는 조건하에 자제하지 못하는 것이다. 이런 사람들은 〈자제력이 없는 사람들〉과 다르며, 다만 그들과 비슷한 점이 있어서 자제력이 없다고 불리기 때문에, 무조건 자제력이 없는 것은 아니다. 이것은 마치 올림피아 경기에서 승리한 자가 〈안트로포스〉(즉, 인간)라고 불리는 것과 같다. 이 경우 인간의 일반적 정의는 이 승리한 자에게 고유한 정의와 별로 다르지 않지만 그래도 차이가 있다.18)

이것은 무조건 자제력이 없는 것이나 어떤 특수한 신체적 쾌락에서 자제력이 없는 것이 단지 하나의 과실로 비난될 뿐만 아니라 하나의 악덕으로 비난되는 데 반하여, 후자(즉 돈·이득·명예·분노 같은 것)의 면에서 자제력이 없는 사람은 그런 비난을 받지 않는다는 사실이 잘 증명해 준다. 그러나 (b) 절제하는 사람이나 방종한 사람이 관계한다고 우리가 말하는 육체적 향락에 관하여 자제력이 없는 사람들 가운데 온갖 쾌락을 선택에 의해서가 아니라 자신의 선택과 판단에 거역하면서 추구하는—그리고 굶주림과 목마름이나 추위나 더위나 이 밖에 촉각이나 미각의 모든 대상 가운데 고통을 주는 것들을 피하

---

17) 제3권 제10장.

18) 즉 그 승자에게 적합한 정의는 '이성적 동물'이 아니고, 'B.C. 456년에 올림피아 권투 경기에서 우승한 이성적 동물'이었다.

는—사람은 자제력이 없는 사람이라 불린다. 그것도 <이러이러한 면에서> 가령 <분노의 면에서>라는 조건하에서가 아니고, 무조건 그렇게 불린다. 이것은 이러한 쾌락들에 관해서는 사람들이 <참을성이 없다>는 말을 듣지만, 다른 쾌락에서는 그 어느 것에 관해서나 그런 말을 듣지 않는다는 사실이 확증해 준다. 그리고 이런 이유에서 우리는 자제력이 없는 사람과 방종한 사람을 동일시하고, 자제하는 사람과 절제하는 사람을 동일시한다. 왜냐하면 이들은 어떻든 같은 쾌락과 고통에 관계하고 있기 때문이다. 그러나 아까 말한 바와 같은 사람들을 이들과 동일시하지는 않는다. 물론 그들은 같은 것들에 관계하고는 있으나 똑같은 모양으로 관계하지는 않는다. 그 중 어떤 이는 일부러 선택하고 어떤 이는 그렇지 않다.19)

이런 까닭에 우리는 <강한 욕정 때문에 쾌락을 지나치게 추구하며 대단치 않은 고통을 피하는 사람>보다도 오히려 <욕정이 전혀 없거나 혹은 조금밖에 없으면서 쾌락을 지나치게 추구하며 대단치 않은 고통을 피하는 사람>을 방종한 사람으로 간주해야 한다. 만일 후자에게 다시 강한 욕정과 또 필수적인 것들의 결여로 인한 강한 고통까지 있게 될 때에는 그가 무슨 일을 저지를지 알 수 없기 때문이다.

그런데 욕정과 쾌락 가운데는 본래 고상하고 좋은 부류에 속하는 것이 더러 있다. 앞에서 우리가 구별한 바를 따르면, 어떤 쾌락은 그 본성상 선택할 만하고, 다른 어떤 것은 이런 것들에 반대되며, 또 어떤 것은 이 두 가지 어디에도 속하지 않는 중간적인 것이다.20) 가령 부·이득·승리·명예 등은 중간적이다. 무릇 이러한 고상하고 좋은 쾌락이나 중간적인 쾌락의 경우에는, 그러한 쾌락에 마음이 움직이고

---

19) 즉 절제 있는 사람과 방종한 사람은 일부러 선택하지만, 자제하는 사람과 자제하지 못하는 사람은 그렇지 않다.
20) 1147b 23~31 참조. 그러나 거기서는 본성상 선택할 만한 것들에 반대되는 것은 언급하지 않고 있다.

그것들을 욕구하고 좋아한다고 해서 비난을 받는 일은 없다. 다만 그런 것들을 어떤 모양으로 욕구하고 좋아하는 경우―가령 지나치게 그렇게 하는 경우―에 비난을 받는다. 이런 까닭에 본성적으로 고상하고 좋다고 하더라도 이치에 어긋날 만큼 탐닉하거나 추구하는 사람은 누구나 비난을 받는다. 가령 명예나 자식 혹은 부모에게 지나칠 정도로 열중하는 사람들은 나쁜 사람들이 아니고, 그런 일들은 좋은 일이라서 칭찬을 받지만, 그런 일들에도 과도가 있다. 만일 니오베처럼 신들에게조차 대항하여 싸우거나[21] <효자>라는 별명을 듣는 사튀로스만큼 자기의 아버지를 섬긴다면 말이다.[22] 사실 사튀로스는 이 점에서 너무 지나쳤다. 그러므로 이런 것들에 관해서는, 위에서 말한 이유에서, 즉 그것들은 어느 것이나 본성상 그 자체를 위하여 선택할 만한 것이기 때문에, 악덕이란 결코 존재하지 않는다. 하지만 그것들에 관한 과도는 좋지 못한 것이요, 피해야만 하는 것이다. 이와 비슷한 이유에서 그것들에 관해서는 또한 자제력이 없는 것도 존재하지 않는다. 자제력이 없는 것은 피해야만 하는 것일 뿐만 아니라 비난할 만한 것이기도 하다. 그러나 느끼는 바가 비슷한 까닭에 사람들은 조건을 붙여 가면서 여러 가지 경우에 <자제력이 없는>이라는 명칭을 적용한다. 마치 <나쁜 의사>, <나쁜 배우>라고 하는 경우처럼. 이런 경우 우리는 이 의사나 배우가 무조건 나쁘다고는 보지 않는다. 그리하여,

---

21) 니오베(Niobe)는 탄탈로스(Tantalos)의 딸이자, 테바이의 임금 암피온(Amphion)의 아내. 그리스 신화에 따르면, 니오베에게는 아들이 일곱, 딸이 일곱 있었는데, 두 아들밖에 없는 레토(Leto)를 경멸하고 자식이 많음을 자랑하였다. 레토의 두 아들 아폴론과 아르테미스는 그 어머니가 당한 모욕을 씻기 위해 니오베의 자식을 모두 활로 쏘아 죽였다. 이 고통으로 얼이 나간 니오베는 바위로 변신하였고, 자식 잃은 것을 슬퍼하여 계속 울었다고 한다.

22) 여기의 사튀로스(Satyros)에 관해서는 그리스의 주석가들이 여러 가지 이야기를 전하고 있지만, 모두 믿을 만한 것이 못 된다. B.C. 4세기에 보스포로스(Bosporos)에 사튀로스라는 이름의 왕가가 군림하고 있었는데, 그 왕들 가운데 '효자'라는 별명을 가진 왕이 있었던 것 같다.

이런 경우에 그 의사나 배우의 상태가 각기 무조건 나쁜 것이 아니고, 다만 그것에 비슷하기만 하기 때문에 우리는 무조건 나쁘다는 말은 쓰지 않는다. 이와 마찬가지로 앞의 경우(즉, 자제력이 없는 경우)에도 절제와 방종이 관계하는 것들과 같은 것들에 관계하는 것만이 자제력이 없음이요, 자제라 볼 수 있다. 그러나 우리는 분노에도 이런 용어를 적용하는데 이것은 유동성(類同性)이 있기 때문이다. 이런 까닭에 우리는 <분노의 면에서 자제력이 없는>이라고 조건부로 말하며, 또 <명예나 이득의 면에서 자제력이 없는>이라고도 한다.

제5장 확대된 의미에서 자제력이 없는 것은 금수적 형태와 병적인 형태를 포함한다

 (1) 어떤 것들은 본성상 쾌감을 주는데, 그 가운데는 (a) 무조건 그런 것도 있고, (b) 동물이나 사람의 어떤 특수한 유(類)에 따라서 그런 것도 있다. 한편 (2) 어떤 것들은 본성상으로는 쾌감을 주는 것이 아니지만, (a) 장애나 (b) 습관이나 (c) 좋지 못한 여러 가지 본성 때문에 쾌감을 준다. 그렇기 때문에 후자의 여러 경우에 관해서도 자제력이 없는 것과 비슷한 상태를 찾아볼 수 있다. 즉 그런 유형으로는 ① 여러 가지 금수적 상태가 있다. 가령 잉태한 여인들의 배를 가르고 뱃속의 태아들을 삼켜 먹는다고 하는 여자, 혹은 아주 미개한 흑해 연안의 야만족들 가운데 몇몇 족속들이 좋아한다고들 하는 일들―즉 날고기나 사람 고기를 먹는다든가, 또는 자기들의 자식을 서로 선물로 보내어 잔치를 열고 잡아먹는 일 따위― 혹은 팔라리스에 관해서 전해 오는 이야기23)의 경우가 그런 것이다.

---

23) 팔라리스(Phalaris)는 시켈리아의 아크라가스의 참주. B.C. 570년 경부터 16년

이런 것들은 짐승 같은 일이지만, 이런 것들 외에 ② 병이나24) 광기 (자기 어머니를 제물로 바치는 사람이나, 자기 동료의 간을 먹는 노예의 경우)에 기인하는 것도 있고, 또 ③ 관습에서 생기는25) 병적인 것들도 있다. 이 마지막 것의 예로는 머리털을 쥐어뜯는 관습이나 손톱 혹은 심지어 석탄이나 흙덩어리를 갉아먹는 관습 같은 것이 있다. 남색(男色)도 여기에 넣을 수 있을 것이다. 사실 이런 일들은 어떤 사람에게는 본성적인 것이고, 또 어떤 사람들—가령 어렸을 때부터 정욕의 노예가 되어온 사람들—에게는 습관에서 생긴 것이다.

그런데 본성이 이런 것의 원인을 이루고 있는 사람들을 아무도 자제력이 없다고는 하지 않는다. 이것은 성교에서 여자가 능동적이라 해서 여자가 자제력이 없다고 하지 않는 것과 같다. 또 아무도 습관의 결과로 병적인 상태에 있는 사람들에게 이 명칭을 붙이지도 않는다. 이런 여러 가지 습관을 가지는 것은 악덕의 한계를 넘는 것이다. 마치 금수 같은 상태가 그렇듯이. 그리고 이런 습관들을 극복하거나 그것들에게 지배되는 사람은 무조건적으로 자제력이 있거나 자제력이 없는 것이 아니고, 다만 유사성으로 말미암아 그런 것이다. 이것은 마치 분노에 관해서 이런 상태에 있는 사람이 그 감정의 면에서 자제력이 없다고 말해지고, 무조건 자제력이 없다고 말해지지 않는 것과 같다.

사실 우매한 짓이든, 비겁한 태도든, 방종이든, 또는 좋지 못한 기질이든, 그 지나친 상태는 모두 다 금수적인 것이거나 병적인 것이다. 본성적으로 무엇이나 공포를 느끼되, 심지어 쥐가 찍찍 우는 소리를 듣고도 무서워하는 사람은 그 겁 많은 것이 금수적인 성질을 띤 것이

동안 그 자리에 있었다고 한다. 그는 잔혹하고 포학한 참주의 대표적인 인간으로 오래 기억되었는데, 특히 '청동의 황소' 속에 사람을 넣고 태워 죽인 처형법은 그의 이름과 뗄 수 없이 결부되어 있었다.

24) (2) a에 대응하는 것.
25) (2) b에 대응하는 것.

요, 족제비를 무서워하는 사람은 그 공포가 병에 기인한 것이다. 그리고 우매한 사람들 가운데 본성적으로 사려가 없고 감각만으로 사는 사람들은 금수적이고(먼 지방에 사는 야만인들 가운데 어떤 족속이 그렇다), 한편 전염병 같은 여러 질병이나 광기로 말미암아 그러한 사람들은 병적이다. 그런데 이런 사람들은 간혹 이런 특성들 가운데 어떤 것을 가지면서도 그것들에 의하여 지배되지는 않는 경우가 있다. 가령 팔라리스는 어린 아이의 고기를 먹으려는 욕망과 변태적인 성적 쾌락에 대한 욕정을 억제했을 수도 있었던 것이다.

그러나 그런 감정을 가질 뿐만 아니라 그것들에 지배당하는 수도 있다. 그러므로 인간적인 수준에 있는 악덕은 무조건 악덕이라 불리는 데 반하여, 인간적인 수준에 있지 않는 것은 무조건 악덕이라 불리지 않고, <금수적>이라든가 <병적>이라든가 하는 조건부로 그렇게 불린다.

이런 까닭에 또한 자제력이 없는 어떤 것은 금수적이고 어떤 것은 병적인데, <인간적>인 방종에 대응하는 것만이 무조건 자제력이 없는 것이다. 그러므로 자제력이 없는 것과 자제력이 있는 것은 방종과 절제의 관계와 같으며 이와 다른 것들에 관계하는 것은 자제력이 없는 것과 종류가 다른, 전용적(轉用的)인 의미에서 자제력이 없다고 불리는 것이지, 무조건 자제력이 없다고 불리지는 않음이 명백하다.

제6장 노여움에 관계하여 자제력이 없는 것은 본래의 의미의 자제력이 없는 것보다 덜 추하다

이제 분노에 있어서 자제력이 없는 것이 욕정에 있어서 자제력이 없는 것보다 덜 추하다는 것을 살펴보려 한다.

(1) 분노는 어느 정도 이치에 귀를 기울이지만, 다만 잘못 알아듣는 것과 같다. 마치 성급한 하인이 말을 다 듣기 전에 뛰어나가서는 결국 주인의 뜻을 어기는 것이나, 혹은 개가 대문을 두드리는 소리를 듣기만 하면 친한 사람인지도 알아보지 않고 짖는 것처럼. 그래서 분노는 그 본성이 열렬하고 성급한 탓으로, 듣기는 듣지만 명령의 내용을 듣지는 않고 대뜸 복수를 하는 것이다. 즉 이치나 상상으로 모욕을 당했다거나 멸시를 당했다고 생각되면, 분노는 그런 일에 대해서는 마땅히 싸워야 하는 듯이 추론하고는 대뜸 화를 내고 덤비는 것이다. 한편 욕정은 머리에서 돌아가는 생각이나 감각이 어떤 것을 보고 그것이 쾌감을 주는 것이라고 말하면, 대뜸 덤벼들어 향락하는 것이다. 그러므로 분노는 어느 의미에서 이치에 복종하지만, 욕정은 그렇지 않다. 따라서 욕정이 더 추하다. 왜냐하면 분노에 있어서 자제력이 없는 사람은 어느 의미에서는 이치에 정복당하는 데 반하여, 욕정에 있어서 자제력이 없는 사람은 욕정에 정복당하는 것이지 이치에 정복당하는 것은 아니기 때문이다.

(2) 또 우리는 본성적인 욕구를 따르는 사람들을 더욱 쉽게 용서한다. 심지어 욕정이라 하더라도 모든 사람에게 공통적인 것이라면, 그것이 공통적인 한에서 비교적 용서받기가 더 쉽다. 그런데 분노나 까다롭게 구는 것은 과도에 대한 여러 가지 욕구, 즉 필수적인 것들이 아닌 것들에 대한 욕구보다 더 본성적이다. 가령 다음과 같은 예를 생각해 보라. 어떤 사람이 자기 아버지를 때리고 거기에 대해서 비난하는 사람에게 "내가 아버지를 때렸고, 또 아버지도 자기 아버지(할아버지)를 때렸고, 또 (자기의 자식을 가리키면서) 이 아이도 어른이 되면 나를 때릴 겁니다. 이건 우리 집 내력이에요."라고 변명하는 경우, 또 자식에게 끌려 나가던 아버지가 문간에서 그 자식에게 명하기를, 자기도 자기 아버지를 여기까지만 끌고 나갔으니 너도 여기까지

만 끌고 나가라고 한 경우를 생각해 보라.

(3) 또 음모를 잘 꾸미는 사람일수록 더욱 옳지 않은 사람이다. 그런데 화를 잘 내는 사람은 음모를 잘 꾸미는 사람이 아니다. 또 분노도 그렇다. 그것은 오히려 개방적인 것이다. 이에 반하여 욕정은, 사람들이 아프로디테를 두고 말하는 바와 같이, <간계를 짜는 퀴프로스의 처녀>인 것이다. 호메로스도 그녀의 <수놓은 허리띠>에 관해서 다음과 같이 말하고 있다.

거기엔 사람을 흘리는 속삭임이 있어, 사려 있는 사람의 마음도
감쪽같이 휘어잡도다.[26]

그러므로 이런 모양으로 자제력 없는 것은 분노의 면에서의 그것보다 더 옳지 못하고 추악한 것이며, 무조건적인 의미에서 자제력이 없음이며, 또한 동시에 악덕이기도 하다.

(4) 또 아무도 남을 모멸함에 있어서는 고통을 느끼지 않지만, 분노로 말미암아 행동하는 사람은 고통을 느낀다. 남을 모멸하는 사람은 오히려 쾌감을 느낀다. 그러므로 만일 분노를 사서 마땅한 행위가 다른 어떤 행위보다도 옳지 않은 것이라면, 욕정으로 말미암아 자제력이 없는 것은 분노로 말미암아 자제력이 없는 것보다 더 옳지 않은 것이다. 분노에는 모멸이 없기 때문이다. 그러므로 욕정에 관련하여 자제하지 못함은 분노에 관련하여 자제하지 못함보다 더 추악하며, 자제와 자제하지 못함은 육체적인 욕정과 쾌락에 관련된 것임이 분명하다. 그러나 우리는 물론 이 후자, 즉 육체적인 욕정과 쾌락들 간의 여러 가지 차이를 파악하지 않으면 안 된다. 왜냐하면 처음에 말한 바와 같이,[27] 그 중 어떤 것은 그 종류와 정도에 있어서 인간적이고 본

---

26) 『일리아스』, 제14권, 214, 217.

성적이요, 다른 어떤 것은 금수적이요, 또 다른 어떤 것은 장애나 질병에서 기인하기 때문이다. 이 중에서 절제와 방종이 관계하는 것은 오직 처음 것뿐이다. 이런 까닭에 우리는 금수에 대하여 절제적이라든가 방종하다든가라는 말을 쓰지 않는다. 다만 전용적인 의미로, 그리고 어떤 종류의 동물이 난폭함과 잔인함과 무엇이든지 삼키려는 탐욕에 있어서 다른 종류의 동물보다 더 심할 때에만 그런 말을 쓴다. 사실 금수에게는 선택이나 사량의 능력이 없고, 또 그것들은 사람으로 말하면, 미친 사람과 마찬가지로 본성적인 데서 이탈한 것이다.[28] 그런데 금수 같은 상태는 악덕보다 더 무서운 것이기는 해도 악덕보다 더 나쁜 것은 아니다. 왜냐하면 인간과는 달라서 금수는 그 정신의 좀 더 좋은 부분이 파괴되는 것은 아니기 때문이다. 도대체 그들에게는 좀 더 좋은 부분이란 게 없다. 그러므로 이것은 마치 무생물과 생물의 어느 쪽이 더 악한가를 비교하는 것과 다름없다. 사실 <운동의 시원(始源)을 가지고 있지 않은 것>의 악이 언제나 덜 해로운 것이요, 또 이성은 하나의 시원이다. 이것은 또 추상적인 의미에서의 <부정의>(不正義)와 부정한 사람을 비교하는 것과도 같다. 이 둘은 어느 의미에서 좀더 나쁜 것이다. 악한 사람은 금수보다 천만 배나 더 악한 일을 하기 때문이다.

제7장 부드러움과 참을성 있음, 자제력이 없는 것의 두 가지 형태 — 약함과 성급함

촉각과 미각을 통해서 생기는 쾌락과 고통 및 욕정과 혐오에 관해서는 앞에서[29] 방종과 절제가 거기에 관계하는 것임을 규정한 바 있는

---

27) 1148b 15~31.
28) 따라서 고유한 의미에서 방종하다고 불릴 수는 없고, 전용적인 의미에서만 그렇게 불릴 수 있는 것이다.

데, 대부분의 사람들이 극복하는 것에 지는(실패하는) 사람도 있고,
또 대부분의 사람들이 지는 것을 극복하는 사람도 있다. 이 가운데 쾌
락에 관계하는 것은 <자제력이 없음>과 <자제력이 있음>이고, 고통
에 관계하는 것은 <참을성이 없음>과 <참을성이 있음>이다. 대부분
의 사람들의 상태는 이 중간보다는 좋지 못한 상태로 더 기울어지기
는 하지만.

그런데 쾌락 가운데에는 필수적인 것도 있고 필수적이 아닌 것도 있
으며, 또 필수적인 것이라 하더라도 어느 정도까지 필수적이지만 지
나치면 필수적인 것이 아닌 것도 있다. 또 그 부족도 그렇다. 이것은
욕정이나 고통에 있어서도 마찬가지이다. 그러므로 여러 가지 지나친
쾌락을 추구하거나, 혹은 필수적인 것이라 하더라도 그것을 지나치게
추구하는 사람, 더군다나 선택에 의하여 그 쾌락들 자체 때문에 추구
하며 거기서 나오는 다른 어떤 결과 때문에 추구하는 것이 아닌 사람
은 방종한 사람이다. 무릇 이런 사람은 뉘우치는 법이 없으므로 고칠
수 없다. 뉘우칠 줄 모르는 자를 고칠 수는 없기 때문이다. 또 여러 가
지 쾌락의 추구에 있어서 부족함이 있는 사람은 방종한 사람에 대립
적인 사람이요, 중간적인 사람은 절제하는 사람이다. 또 여러 가지 육
체적인 고통에 굴복했기 때문이 아니라, 선택에 의하여 그것들을 피
하는 사람도 있다. 그런 행위를 선택에 의하여 하는 것이 아닌 사람들
가운데에는 쾌락 때문에 하게 되는 경우와 욕정에서 생기는 고통을
피하려고 하게 되는 경우가 있다. 따라서 이 둘 사이에는 차이가 있
다.

그런데 누구나, 욕정이 전혀 없거나 혹은 약한 욕정 밖에 없는데 어
떤 추악한 일을 하는 사람을, 강한 욕정에 지배되어 그런 일을 하는
사람보다 더 나쁜 사람이라고 생각하며, 또 노엽지도 않은데 남을 때

29) 제3권 제10장.

리는 사람을 노여워서 남을 때리는 사람보다도 더 나쁜 사람이라고 생각한다. 만일 전자가 더 강한 정념(情念)에 사로잡히게 될 때에는 무슨 짓을 할지 모르기 때문이다. 이런 까닭에 방종한 사람은 자제력이 없는 사람보다도 더 나쁘다. 여기서 말하는 두 가지 상태 가운데, 후자는 오히려 일종의 <참을성이 없음>이요, 전자는 방종이라 할 수 있다.

　<자제력이 없는 사람>에게는 <자제력이 있는 사람>이 대립하고 <참을성이 없는 사람>에게는 <참을성이 있는 사람>이 대립한다. <참을성이 있음>은 저항함으로써 성립하고 <자제>는 극복함으로써 성립한다. 그리고 저항과 극복은 서로 다른 것이다. 마치 매를 맞지 않는 것이 승리하는 것과 다른 것처럼. 이런 까닭에 자제가 <참을성이 있음>보다 더 바람직한 것이다.

　그런데 대부분의 사람이 저항하여 능히 이겨내는 것들에 대해 저항력이 부족한 사람은 참을성이 없는 사람이요, 유약한 사람이다. 유약함도 일종의 <참을성이 없음>이니까. 그런 사람은 겉옷을 치켜드는 것이 귀찮아서 질질 끌고 다니는데, 이렇게 환자 같은 행동을 하면서도, 자기 자신이 가엾은 인간이라고 생각하지 않는다.

　자제와 자제력이 없음에 관해서도 이와 마찬가지이다. 어떤 사람이 강렬하고 과도한 쾌락이나 고통에 굴복한다고 하면 그것은 이상히 여길 것이 못된다. 만일 그가 저항을 했는데도 졌다면 우리는 그를 쉽게 용서해 준다. 가령 테오덱테스의 극(劇)에서 필록테테스가 독사에 물렸을 때 저항한 경우나,30) 카르키노스의 『알로페』에 나오는 케르퀴온의 경우31)나, 또 크세노판토스가 그랬던 것처럼 웃음이 나오는 것

---

30) 여기서는 필록테테스에 관해서 테오덱테스(Theodektes)가 지은 극이 언급되고 있는데, 제7권 제2장에서는 소포클레스가 지은 『필록테테스』라는 극이 언급되고 있다. 필록테테스의 이야기에 관해서는 이 권의 주9 참조.

31) 카르키노스(Karkinos)가 지은 극 『알로페』(Alope)에 나오는 케르퀴온(Kerkyon)

을 참으려다 그만 웃음보를 터뜨리는 경우가 그렇다.32) 그러나 견딜
수 있는 쾌락이나 고통에 저항하지 못하고 지는 사람은 한심한 사람
이다. 물론 그것이 유전이라든가 질병 같은 것으로 말미암은 것이라
면 경우가 다르겠지만. 가령 스키타이족33)의 임금들에게 유전된 <참
을성이 없음>이나 남성에 대한 여성의 관계처럼.

오락을 좋아하는 사람도 방종한 것으로 생각되고 있으나, 사실은 참
을성이 없는 사람이다. 오락이란 일하다가 휴식하는 것이기 때문에
사실은 숨을 돌리는 것일 따름이다. 다만 오락을 좋아하는 사람은 이
렇게 휴식하고 숨을 돌리는 데 지나친 사람이다.

자제력이 없는 것에는 <성급함>과 <마음 약함>이 있다. 숙고는 했
는데, 정념 때문에 숙고해서 도달한 결론대로 행하지 못하는 사람이
있는가 하면, 미처 잘 생각하지 못한 탓으로 정념에 이끌리는 사람도
있다. 이것은 먼저 남을 간지럽게 한 사람은 남에게 간지럼을 당하지
않는 것처럼,34) 자기에게 닥쳐오는 것을 미리 내다보고 먼저 정신을
차려 이성적으로 헤아려 살핌으로써, 즐겁거나 괴롭거나 정념에 넘어
가지 않는 사람이 있음을 예상하고 있는 것이다. <성급함>의 성질을

에 관해서는 미상.

32) 여기서 언급되고 있는 크세노판토스(Xenophantos)는 알렉산드로스 대왕의 궁
   정에서 음악가로 있었던 사람인 듯하다. 세네카(Seneca)에 의하면, 크세노판토
   스의 군악은 대왕으로 하여금 불현듯 칼자루를 쥐게 할 정도로 힘찬 것이었다
   고 한다. 그래서 이러한 대왕의 거동을 보고 크세노판토스가 웃음을 참다 못
   해 그만 폭소를 터뜨리게 되었는지도 모를 일이다.

33) 스키타이(Skythai, 영어로는 Skythia)는 흑해의 북방과 동북방, 그리고 아랄
   (Aral)해의 동방에 위치했던 옛 나라. 이 지방은 지금의 러시아 영토 내에 있는
   유럽과 아시아의 여러 지역을 포함하고 있다.

34) 이 구절은 원문을 어떻게 잡는가에 따라, "간지럽히기 내기를 할 때 먼저 상
   대방을 간지럽히면, 자기가 간지럼을 당하지는 않는다."라고 읽을 수도 있고,
   "미리 자기를 간지럽게 해 놓으면 상대방이 나를 간지럽혀도 간지럼을 타지
   않는다."고도 읽을 수 있고, "미리 알고 있으면 간지럼을 타지 않는다."고도 읽
   을 수 있다. 로스의 영역을 따라 첫째 해석을 취하였다.

띤 〈자제력 없음〉은 민감한 사람들과 우울한 기질의 사람들35)에게 특히 많다. 전자는 그 정념이 급함으로써, 그리고 후자는 그 정념이 격렬함으로써, 둘 다 자신의 상상력을 따르기 쉬우므로 이치를 기다리지는 않는다.

제8장 방종은 자제력이 없는 것보다 더 나쁘다

앞에서 말한 바와 같이,36) 방종한 사람은 뉘우칠 줄을 모르는 사람이다. 그는 자기의 선택에 충실하다. 그러나 자제력이 없는 사람은 뉘우칠 줄 아는 것이 보통이다. 이런 까닭에 사실은, 우리가 문제를 제기하면서 말한 바와 같은 것이 아니고,37) 방종한 사람은 고쳐질 가망이 없으나 자제력이 없는 사람은 고쳐질 가망이 있다. 왜냐하면 악덕은 마치 수종(水腫)이나 폐결핵과 같은 질환인 데 반하여, 자제력이 없는 것은 간질병과 같기 때문이다. 사실 전자는 지속적인 불행이고, 후자는 지속적이 아닌 불행이다. 그리고 일반적으로 자제력이 없다는 것과 악덕은 종류가 다르다. 악덕은 가지고 있으면서도 그것을

---

35) 원어는 '멜란콜리코이'(μελαγχολικόι). 단수는 '멜란콜리코스'. '멜란콜리코스'는 체질적으로 흑담즙 때문이라 생각되는 병적인 기질의 사람을 의미하는 말이다. 이런 사람은 격렬한 열정, 강한 감정과 상상력을 특성으로 하며, 이것이 극에 달하면 광기에까지 이른다. 그런가 하면, 또 위험이나 고뇌를 과대시하고 겁을 집어먹거나 우울하게 되는 특성도 있고, 가끔 자살하는 경우도 있다. 이렇게 얼핏 보아 서로 반대되는 듯싶은 두 가지 특성이 모두 이 병든 담즙에 기인하는 편집증의 특성인데, 그 방향이 다를 뿐이라고 생각되었다.

36) 1150a 21.

37) 1146a 31~b 2. 거기서는 '확신하는 바가 있어서 일부러 쾌락을 추구하는 사람'(여기서 방종한 사람으로 취급되고 있는 사람과 같다고 볼 수 있을 것이다)이 '자제력 없는 사람'보다 낮고 고치기 쉽다고 하는 입장이 문제로 제시되었다.

의식하지 못하지만, 자제력이 없는 것은 그렇지 않다. 또 자제력이 없는 사람들 가운데서는, <폭발적인 사람들>이 <이치를 가지고 있으면서도 그것을 따르지 않는 사람들보다> 낫다. 왜냐하면 후자는 아주 약한 정념에도 넘어가고, 또 전자와는 달리 미리 숙고함이 없이 행동하는 것도 아니기 때문이다. 사실 이런 자제력이 없는 사람은 대부분의 사람들보다 훨씬 적은 양의 술을 마시고도 빨리 취하는 사람들과 같다.

그러므로 자제력이 없다는 것이 악덕이 아님은 자못 명백하다(물론 어느 의미에서는 악덕이라고도 할 수 있겠지만). 왜냐하면 자제력이 없다는 것은 선택에 반대되는 것인 데 반하여 악덕은 선택에 따른 것이기 때문이다. 물론 이것들로 말미암은 행위는 서로 비슷한 점이 있기도 하다. 데모도코스가 밀레토스 사람들에 관해서 "밀레토스 사람들은 어리석지는 않으나 하는 짓이 어리석은 사람들과 같다."라고 말하고 있는 것처럼, 자제력이 없는 사람들 역시 부정(不正)하지는 않으나, 부정한 일을 하게 되는 것이다.

그런데 자제력이 없는 사람은 확신 없이 올바른 이치에 어긋나는 지나친 육체적 쾌락을 추구하기가 쉽고, 방종한 사람은 본래 그런 쾌락을 추구하도록 된 사람인 까닭에 확신을 가지고 있다. 그러므로 전자는 쉽사리 마음을 돌리고 태도를 바꿀 수 있지만, 후자는 그렇지 않다. 무릇 덕은 근본, 즉 제1원리를 보전하는 것이요, 악덕은 근본을 파괴하는 것인데, 행동의 영역에서는 목적이 근본이다. 수학에서는 공리38)가 근본이듯이. 그리하여 수학의 영역에서나 행동의 영역에서나 근본을 가르쳐 주는 이치가 아니라 본성적인 혹은 습관에 의해서 생긴 덕이 근본에 관한 올바른 견해를 교시(敎示)해준다. 그러므로 이러한 사람은 절제 있는 사람이고, 그 반대는 방종한 사람이다.

---

38) 즉 직선이나 수량의 단위 같은 수학의 일차적 대상의 존재에 대한 가정.

그러나 또 정념 때문에 어쩔 수 없이 올바른 이치에 거슬리는 데로 나아가는 사람—올바른 이치를 따라 행동하지는 않을 정도까지 정념에 지배되지만, 그러한 여러 가지 쾌락을 무한정 추구해야만 된다고 확신하고 있을 만큼 정념에 지배되지는 않는 사람이 있다. 이런 사람이 바로 자제력이 없는 사람인데, 이런 사람은 방종한 사람보다는 나은 사람이요, 또 무조건 나쁘지는 않은 사람이다. 그의 마음속의 최선의 것, 즉 근본이 그대로 보전되어 있기 때문이다. 또 이런 사람에 반대되는 종류의 사람으로 또 하나 다른 성질의 사람—자기가 확신하는 바를 따르며, 적어도 정념 때문에 탈선하지는 않는 사람—이 있다.

이상의 고찰에서 후자(자제)는 좋은 상태이고, 전자(자제력이 없음)는 좋지 않은 상태임은 분명하다.

제9장 자제력이 있고, 자제력이 없는 것, '냉담·절제와의 관계

자제하는 사람이란 어떤 이치든지 또 어떤 선택이든지 준수하는 사람인가? 그리고 자제력이 없는 사람이란 어떤 선택이든지 또 어떤 이치든지 준수하지 않는 사람인가? 아니면 그릇되지 않은 이치와 올바른 선택을 내버리는 사람인가? 이것이 우리가 앞에서[39] 문제를 제기했을 때 내놓았던 것이다. 혹은 사실은 이렇지 않고, 부수적으로는 어떤 선택이든지를 그러나 즉자적(卽自的)으로는 참된 이치와 올바른 선택을 자제하는 사람은 준수하고, 자제하지 못하는 사람은 준수하지 못하는 것이 아닐까? 만일 어떤 사람이 저것 때문에 이것을 선택하고

---

39) 1146a 16~31.

추구한다고 하면, 그는 즉자적으로는 전자를 그러나 부수적으로는 후자를 선택하고 추구하고 있다. 그러나 즉자적인 것이란 무조건적인 것이다. 그러므로 어느 의미에서는 자제하는 사람은 어떠한 억견에든지 따르고, 자제하지 못하는 사람은 따르지 않는 것이지만, 무조건 참된 억견을 따르는 것이 자제력 있는 사람이다.

자기의 억견을 잘 고수하는 사람들이 있는데 이들은 <고집쟁이>라 불린다. 이들은 설득하기가 힘들고, 또 한번 마음먹은 것은 쉽사리 고치지 않는다. 이들은 자제하는 사람과 비슷한 점이 있다. 마치 방탕한 사람이 어떤 점에서는 관후한 사람과 비슷하고, 무모한 사람이 자신 있고 태연한 사람과 비슷한 것처럼. 그러나 그들은 여러 가지 점에서 서로 다르다. 왜냐하면 자제하는 사람은 정념과 욕정에 넘어가지 않는데(경우에 따라서는 설득하기가 쉬운 사람이니까), 고집쟁이들은 여러 가지 욕정을 따르고, 또 그들의 대부분은 쾌락에 이끌리고 이치에 귀를 기울이지 않기 때문이다. 그런데 고집이 센 사람들은 독선적인 사람들이요, 무식한 사람들이요, 또 촌스러운 사람들이다. 그리고 그들이 독선적으로 되는 원인은 쾌락과 고통이다. 이들은 자기의 확신이 뒤집히지 않았을 때에는 자기가 얻은 승리를 기뻐하고, 또 가끔 법령이 그렇게 되듯 자신들이 결정한 바가 무효가 되면 고통을 느낀다. 그러므로 이들은 자제하는 사람보다도 오히려 자제하지 못하는 사람에 더 가깝다.그러나 자기가 결심한 바를 자제하지 못한 탓도 아닌데 지켜나가지 못하는 사람이 더러 있다. 예컨대 소포클레스의 『필록테테스』에 나오는 네오프톨레모스가 그런 사람이다.40) 그가 결심한 바를 지켜나가지 않은 것은 쾌락 때문이었는데, 그러나 그 쾌락은 고귀한 쾌락이었다. 진실을 말한다는 것은 그에게 고귀한 일이었다. 이에 앞서 오딧세우스는 그로 하여금 거짓말을 하도록 설득한 바 있

---

40) 이 권 주9 참조

었다. 사실 무슨 일이든 쾌락 때문에 하는 사람이면, 모두가 방종한 사람이거나 나쁜 사람이거나 자제력이 없는 사람이 아니고, 다만 추악한 쾌락 때문에 하는 사람만이 자제력이 없는 사람이다.

육체적인 것들에 의당 가질 만한 정도 이하로 기쁨을 가지며, 따라서 이치를 따르지 않는 사람도 있으므로, 이런 사람과 자제하지 못하는 사람의 중간에 있는 사람이 바로 자제하는 사람이다. 왜냐하면 자제력이 없는 사람은 그런 육체적인 것들을 너무 지나치게 좋아하기 때문에 이치를 잘 따르지 못하고, 지금 말하고 있는 종류의 사람은 또 너무 적게 그런 것들을 좋아하기 때문에 이치를 잘 따르지 못한다.

한편 자제하는 사람은 이치를 잘 따르며, 지나침과 모자람 어느 쪽으로도 치우치지 않는다. 그런데 자제가 좋은 것이라면, 이에 반대되는 이상의 두 가지 것은 나쁜 것이 아닐 수 없다. 또 사실 나쁘게 보이기도 한다. 그러나 자제에 반대되는 극단의 상태는 극소수 사람에게서 아주 드물게 밖에 볼 수 없는 것이므로, 절제가 오직 방종에만 반대되는 것으로 생각되듯, 자제는 자제력이 없는 것에만 반대되는 것으로 생각된다. 많은 명칭이 유비적(類比的)으로 쓰이는데, 절제 있는 사람에 대해서 자제 운운하게 된 것도 유비적으로 쓰이고 있는 것이다. 이것은 자제하는 사람이나 절제하는 사람이나 다 같이 육체적인 쾌락 때문에 이치에 어긋나는 일은 절대로 하지 않기 때문이다.

그러나 전자는 좋지 않은 욕정을 가지고 있고 후자는 그렇지 않으며, 또 후자는 이치에 어긋나는 쾌락을 느끼는 일이 없는 사람인 데 반하여, 전자는 그런 쾌락을 느끼기는 해도 끌려가지는 않는 사람이다. 그리고 자제력이 없는 사람과 방종한 사람도 서로 비슷하지만 또한 서로 다르다. 이들은 다같이 여러 가지 육체적 쾌락을 추구한다. 그러나 후자는 당연히 그래야 한다고 생각하면서 추구하는 데 반하여 전자는 그렇게 생각하지는 않는다.

제10장 실천적 지혜는 자제력이 없는 것과 양립할 수 없으나, 영리(怜悧) 함은 자제력이 없는 것과 양립할 수 있다

또 같은 사람이 사려(실천지)가 있으면서 자제하지 못할 수는 없다. 왜냐하면 이미 위에서 밝힌 바와 같이,41) 사려있는 사람은 그저 알기만 해서 되는 것이 아니고, 또한 실천할 수 있어야 하기 때문이다. 그러나 자제력이 없는 사람은 실천할 힘이 없다. 물론 영리한 사람이라고 자제력이 없는 사람이 될 수 없다는 법은 없다. 따라서 가끔 실천지는 가지고 있으면서도 자제력이 없는 사람들이 있다고 생각된다. 이것은 영리함과 실천지(사려)가, 위에서42) 우리가 논한 것처럼, 추리에 있어서는 서로 비슷하지만, 그 목적에 있어서는 서로 다르기 때문이다. 그러므로 또한 자제력이 없는 사람도, 진리를 알며 살펴보는 사람과 비슷하지 않고, 오히려 잠자거나 술 취한 사람과 비슷하다. 그리고 그는 자진해서 행동하지만(그는 어느 의미에서 자기가 무엇을 하며 무엇 때문에 하는가를 알고서 행동하고 있다), 그렇다고 해서 나쁜 사람은 아니다. 그의 선택은 좋은 것이므로 그는 반쯤 나쁜 사람인 것이다. 그리고 또 그는 부정한 사람도 아니다. 미리 악의를 품고 행동하지 않기 때문이다. 두 종류의 자제력이 없는 사람 가운데 하나는 자기가 숙고해서 얻은 결론을 준수하지 않는 사람이요, 신경질적인 기질이 있는 사람43)은 아예 숙고하지도 않는다. 그리하여 자제력이 없는 사람은 마치 모든 올바른 법령과 훌륭한 법률을 가지고는 있으나 그것을 전혀 이용하지 않는 국가와 같다. 마치 아나크산드리데

---

41) 1144a 11~b 32.

42) 1144a 23~ b 4.

43) 원어는 '멜란콜리코스' 이 권 주35 참조. 로스는 여기서 이 말을 excitable(흥분 잘 하는)이라 새기고 있다. 위에서와 같이 '우울한 기질의 사람'이라 해도 무방할 것이다.

스44)가 조롱조로 이렇게 평한 것처럼.

> 그 국가는 법을 원하기는 했으나 전혀 돌보지는 않았다.

그런데 악인은 마치 법을 이용하지만 그 법이 악한 국가와 같다. 그러나 자제력이 없는 것과 자제력이 있는 것은 대부분의 사람들의 상태가 지나친 데로 나아간 것과 관계한다. 즉 자제력이 있는 사람은 대부분의 사람들 이상으로 자기가 결심한 바를 잘 지켜나가는데, 자제력이 없는 사람은 그 결심한 바를 지켜나가는 능력이 대부분의 사람들 수준 이하이다. 여러 형태의 자제력이 없는 것 가운데 흥분하기 쉬운 사람의 그것은 숙고를 하되, 자기가 결심한 바를 지켜나가지는 않는 사람의 그것보다는 고치기가 더 쉽고, 또 습관으로 말미암아 자제력이 없는 사람은 본성적으로 자제력이 없는 사람보다 고치기가 더 쉽다. 본성을 고치는 것보다는 습관을 고치는 것이 더 쉽기 때문이다. 사실 습관을 바꾸는 것이 어려운 것도 그것이 본성을 닮은 탓이다. 에우에노스45)가 이렇게 말한 것처럼.

> 이것이 결국엔 인간의 본성까지 되는 걸세.

이상으로 자제란 무엇이며, 자제력 없음이란 무엇이며, 참을성이 있음이란 무엇이며, 참을성이 없음이란 무엇인가에 대한, 또 이 여러 상태가 서로 어떤 관계에 있는가에 대한 논술은 끝났다.

---

44) 아나크산드리데스(Anaxandrides).
45) 에우에노스(Euenos)

B. 쾌 락

제11장 쾌락을 못마땅하게 여기는 세 가지 견해 및
이 견해들을 뒷받침하는 여러 가지 논의

쾌락과 고통의 고찰은 정치철학자의 영역에 속한다. 그는 우리가 무조건 이것은 좋다, 저것은 나쁘다고 말하는 데 기준이 되는, 우리 생의 목적의 총체적 기획자이기 때문이다. 그리고 또 그것들은 우리가 반드시 고찰해야만 할 것들 가운데 하나이다. 이미 우리가 주장한 바와 같이,46) 윤리적인 덕과 악덕은 고통 및 쾌락에 관계하는 것일 뿐만 아니라, 또한 대부분의 사람들이 행복은 쾌락을 수반한다고 말하기 때문이다. 그러므로 복 있는 사람은 향락을 의미하는 말에서 나온 명칭으로 불린다.47) 그런데

(1) 어떤 이들은 선과 쾌락은 같은 것이 아니므로, 어떤 쾌락이나 모두 선은 아니다―그 자체에 있어서나 또는 부수적으로나―라고 생각하고 있다.

(2) 또 어떤 사람들은 약간의 쾌락은 좋은 것이지만 대부분의 쾌락은 나쁜 것이라고 생각한다.

(3) 또 셋째로 모든 쾌락이 선이기는 하지만 쾌락이 세상에서 제일 좋은 것일 수는 없다고 하는 견해도 있다.

(1) 쾌락은 도대체 선이 아니라고 하는 견해를 주장하는 이유로는 다음과 같은 것이 있다. (a) 모든 쾌락은 본성적인 상태로 지각될 수

---

46) 1104b 8~1105a 13.
47) '복 있는 사람'의 그리스어 '마카리오스'(μακάριος)가 '기뻐한다', '즐거워한다'를 의미하는 '카이레인'(χαίρειν)을 기초로 해서 '말라 카이레인'(μάλα χαίρειν), 즉 '크게 기뻐한다'에서 생겼다고 보는 것이다.

있는 과정인데, 과정치고 그 목적과 같은 것이 없다는 것—가령 집을 짓는 과정은 집 자체와 같지 않다는 것. (b) 절제 있는 사람은 쾌락을 피한다는 것. (c) 사려 있는 사람은 고통이 없는 것을 추구하지, 쾌락을 추구하지는 않는다는 것. (d) 쾌락은 사유하는 데 방해가 되는데, 쾌락을 좋아할수록 더욱 방해가 된다는 것—가령 성적 쾌락의 경우에 그렇다. 아무도 쾌락에 사로잡혀 있는 동안은 제대로 사유할 수가 없기 때문이다. (e) 쾌락에는 기술이 필요 없으나, 모든 선은 어떤 기술의 소산이라는 것. (f) 어린 아이들과 짐승들도 쾌락을 추구한다는 것.

(2) 쾌락이면 어느 것이나 다 좋은 것은 아니다(즉 좋은 쾌락도 더러 있기는 하나 대부분이 좋지 않은 쾌락이다). 이 견해를 주장하는 이유로는 다음과 같은 것들이 있다. (a) 사실 야비하고 비난의 대상이 되는 쾌락이 여러 가지 있다는 것. (b) 해로운 쾌락이 여러 가지 있다는 것. 쾌락 가운데에는 건강에 좋지 않은 것도 더러 있으니까.

(3) 쾌락이 세상에서 제일 좋은 것이 아니라고 하는 견해를 주장하는 이유는 쾌락이 목적이 아니고 하나의 과정이기 때문이다. 이상이 대체로 사람들이 쾌락에 관해서 말하고 있는 것들이다.

제12장 쾌락은 선이 아니라는 견해를 논함

이러한 여러 근거에서 쾌락은 선이 아니고, 또 최고선도 아니라는 귀결이 반드시 나오는 것이 아님은 다음의 여러 고찰에서 분명하다.
(1)48) (a) 첫째로 선에는 두 가지 의미의 선이 있을 수 있기 때문

---

48) (1)은 제11장 (1a)와 (3)에 대한 답이다.

에(즉 무조건적인 선과 어떤 사람에 대한 선도 있다), 온갖 본성과 상태가 좋다고 하는 경우에도 그러한 구별이 있겠고, 따라서 거기 대응하는 운동이나 과정이 좋다고 하는 경우에도 그러한 구별이 없을 수 없다. 나쁘다고 생각되는 것들도 이와 마찬가지여서, 그 중 어떤 것은 무조건 나쁘지만, 어떤 사람에게는 나쁘지 않고 도리어 선택할 가치가 있는 것이요, 또 어떤 것은 어떤 사람에게도 선택할 가치가 없지만, 어떤 특별한 때에 잠깐 동안은 예외로 바람직하되 무조건 그렇지는 않은 것이다. 또 어떤 것은 쾌락도 아닌데 쾌락인 것처럼 보이기도 한다. 고통을 수반하면서 본성의 회복을 목적으로 삼고 행해지는 것이 그런 것이다. 예컨대 환자의 치유 과정처럼.

(b) 또 선에는 활동도 있고 상태도 있는데 우리를 우리의 본성적 상태로 회복시키는 과정들은 부수적으로만 쾌락을 낳는 것들이다. 이런 경우 그러한 본성적 상태를 회복하려는 활동은 아직 손상되지 않은 채 남아있는 우리의 상태와 본성의 욕구로 말미암는 것이다. 사실 쾌락에는 고통이나 욕정이 없는 것이 있다. 예컨대 명상이나 관조의 쾌락 등이 그런 것이다(명상이나 관조도 일종의 활동이다). 이런 경우 우리가 관조하는 것은 본성에 결함이 있어서가 아니다. 이것은 사람들의 본성이 안정되어 있는 때와 그것이 충족한 상태로 되돌아가고 있는 때에 좋아하는 쾌락의 대상이 다르고, 전자의 경우에는 무조건 쾌락을 주는 것들을 좋아하지만, 후자의 경우에는 이런 것들에 반대되는 것들도 좋아하는 것을 보아 잘 알 수 있는 일이다. 이 후자의 경우, 사람들은 신 것과 매운 것들도 좋아하는데, 이것들은 본성적으로 또 무조건 쾌락을 주는 것이 못 된다. 그러므로 이런 것들이 생기게 하는 상태는 본성적인 쾌락도 아니고, 무조건적인 쾌락도 아니다. 쾌락을 생기게 하는 대상들이 서로 다른 것처럼, 그 대상들로 말미암아 생기는 쾌락에도 구별이 있다.

(c) 또, 혹 어떤 사람들은 목적이 과정보다 더 좋다고 말하고 있다고 해서 쾌락보다 더 좋은 것이 반드시 있어야만 한다는 법은 없다. 왜냐하면 쾌락은 과정이 아니고, 또 쾌락이면 모두가 과정을 수반해야 하는 것도 아니기 때문이다.

쾌락은 오히려 활동이고 목적이다. 또 쾌락이란 우리가 무엇이 되고 있을 때에 생기는 것이 아니고, 도리어 우리가 어떤 능력을 행사하고 있을 때 생기는 것이다. 그리고 모든 쾌락이 자기 자신과 다른 목적을 가지고 있는 것이 아니라, 다만 본성의 완성으로 향하고 있는 사람들의 쾌락만이 자기 자신 아닌 목적을 가지고 있는 것이다.

이런 까닭에 "쾌락은 지각될 수 있는 과정이다."라고 말하는 것은 옳지 않은 일이요, 오히려 본성적 상태의 활동이라고 해야 할 것이요, 또 〈지각될 수 있는〉이라고 하는 대신 〈장해를 받지 않는〉이라 해야 할 것이다.

또 어떤 사람들은 쾌락을 과정이라고 생각하고 있는데, 그 이유는 쾌락이 엄밀한 의미에서의 선이기 때문이라고 보고 있다. 사실 그들은 활동이 곧 과정이라고 생각하고 있다. 그러나 활동은 과정이 아니다.

(2)49) 쾌락을 주는 것들 가운데에는 불건전한 것도 있기 때문에, 쾌락은 나쁜 것이라고 하는 견해는, 건강에 유익한 것들 가운데에는 돈벌이하는 데 나쁜 것도 있기 때문에, 도대체 건강을 위한 것은 나쁘다고 하는 것과 비슷하다.

물론 이 둘은 모두 그러한 의미에서는 나쁘지만, 그렇다고 해서 나쁜 것은 아니다. 사실 관조한다는 것 자체도 때로는 건강을 해치기도 한다.

실천지나 그 밖의 어떤 상태도 그것에서 생기는 쾌락으로 말미암아

---

49) (2b)와 (1d)에 대한 답.

장해를 입지 않는다.

장해를 주는 것은 이질적인 쾌락들이다. 관조나 학습에서 생기는 쾌락은 우리로 하여금 더욱 잘 관조하게 하고 학습을 더욱 잘하게 하는 것이기 때문이다.

(3)50) 어떤 쾌락이든 그 어떤 기술의 소산도 아니라는 사실은 아주 당연한 이치이다. 도대체 다른 어떤 활동에도 그것의 기술이라는 것이 없다. 다만 그 활동에 대응하는 능력에는 그 기술이 있다. 물론 이와 관련하여, 향료를 만드는 기술이나 요리하는 기술은 쾌락의 기술로 생각되고는 있지만.

(4)51) 또, 절제 있는 사람은 쾌락을 피하고, 사려있는 사람은 고통 없는 생활을 추구하며, 어린 아이들과 짐승들은 쾌락을 추구한다고 하는 여러 근거에서 전제되는 주장들은 모두 위와 같은 논박으로 해소된다.

우리는 이미52) 어떤 의미에서 쾌락이 무조건 좋으며, 또 어떤 의미에서 쾌락 가운데에는 좋지 않은 것도 있는가를 지적한 바 있다. 그런데 짐승들과 어린 아이들은 후자와 같은 종류의 쾌락을 추구하고, 사려있는 사람들은 이런 것들로부터 조용히 해탈하여 고통 없는 상태에 이르기를 추구한다. 즉 짐승들과 어린 아이들이 추구하는 쾌락은 욕정과 고통이 따르는 쾌락, 즉 육체적 쾌락(바로 이 쾌락이 그런 성질을 띤 것이기에 말이다)과 과도한 것들이다. 그리고 이런 것들이 바로 방종한 사람으로 하여금 방종한 사람이 되게 하는 것들이다. 이런 까닭에 절제 있는 사람은 이런 쾌락들을 피한다. 그는 또 자기 나름의 쾌락을 가지고 있기 때문이다.

---

50) (1e)에 대한 답.
51) (1b), (1c), (1f)에 대한 답.
52) 1152b 26~1153a 7.

제13장 쾌락은 주요한 선이 아니라는 견해를 논함

그러나 그뿐만 아니라 (5) 고통은 나쁜 것이요, 으레 피해야 할 것이라고 함은 사람들의 일치된 견해이다. 어떤 고통은 무조건 나쁘고, 또 어떤 고통은 어떤 점에서 우리에게 장해가 되므로 나쁘기 때문이다. 그런데 피해야 할 것―피해야 할 나쁜 것이 있는 한에서 피해야 할 것―의 반대는 좋은 것, 즉 선이다.

그러므로 쾌락은 필연적으로 하나의 선이다. 사실 스피우시포스의 답, 즉 <보다 큰 것>이 <보다 작은 것>에도 반대되고 <중간 것>에도 반대되는 것처럼, 쾌락도 고통과 선 두 가지 모두에 반대된다고 함은 문제를 해결하는 답이 못 된다.

쾌락이 본질적으로는 바로 악의 일종이라고 말할 사람은 없기 때문이다.

그리고 (6)53) 다만 어떤 쾌락이 나쁜 것이라 하더라도, 그렇다고 해서 어떤 쾌락이 최고선이 되지 말라는 법은 없다. 마치 인식 가운데에는 나쁜 인식도 있으나, 어떤 인식은 최고선이 될 수도 있는 것과 마찬가지로.

그런데 어떤 상태나 장해를 받지 않은 활동을 가지고 있다고 하면, 우리의 모든 상태의 장해 받지 않은 활동이 행복이든, 혹은 그 모든 상태 가운데 어떤 한 상태의 장해 받지 않은 활동이 행복이든, 이것이 우리의 가장 바람직한 것이라고 함은 아마도 필연적인 일이라고도 할 수 있을 것인데, 이 활동은 바로 쾌락이다.

그러므로 대부분의 쾌락은 무조건 나쁜 것일 수도 있으나, 최고선은 어떤 쾌락이 아닐 수 없다. 그래서 또한 모든 사람은 행복한 생활은

---

53) (2a)에 대한 답.

쾌락이 있는 생활이라 생각하여, 행복이란 것에 대한 그들의 이상에 쾌락을 짜 넣었다. 이것은 지당한 일이라 하겠다.

왜냐하면 어떠한 생활이나 그것이 저해를 당하고 있을 때에는 완전한 것이 못 되는데, 행복은 하나의 완전한 것이기 때문이다. 그러므로 행복한 사람에게는 육체에 관계되는 여러 가지 선과 외부적인 선, 즉 운수로 말미암는 선도 있어야 한다. 그래야만 이런 방면에서 저해를 당하는 일이 없기 때문이다.

고문대에 올라서 고문을 당하거나 혹은 큰 불운에 빠진 경우에도 행복하다고 말하는 사람들은 의식하든 의식하지 못하든, 어떻든 무의미한 말을 하고 있는 것이다. 그런데 우리에게는 다른 여러 가지도 있어야 하지만, 또한 운도 있어야 하기 때문에, 어떤 사람은 행운을 행복과 같은 것이라 생각하고 있다. 그러나 사실은 그렇지 않다.

왜냐하면 행운이 지나치면 장해가 되는 수도 있는데 그렇게 되는 날에는 그것은 행운이라고 불리지도 않기 때문이다. 사실 행운의 한계는 행복과의 관계에 의하여 결정된다.

그리고 또, 짐승이나 사람이나 모두가 쾌락을 추구한다고 하는 사실도 쾌락이 어떻든 최고선임을 증명해 주는 것이다.

　　많은 백성의 소리는 결코 헛됨이 없느니라……54)

그러나 어떤 한 본성이나 상태가 모든 사람에게 가장 좋은 것도 아니고, 또 그렇게 생각되고 있지도 않으므로 또한 누구나 같은 쾌락을 추구하지 않는다.

하지만 누구나가 쾌락을 추구하고 있는 것만은 확실한 사실이다. 그리고 아마도 그들이 실제로 추구하고 있는 쾌락은 스스로 추구하고

---

54) 헤시오도스, 『일들과 나날』(*Erga kai Hemerai*), 763.

있다고 생각하고 있는 쾌락도 아니요, 또 추구하고 있다고 스스로 주장하고 있는 쾌락이 아닐지도 모른다.

모든 것은 본능적으로 신적인 어떤 것을 자기 속에 간직하고 있기 때문이다. 그런데 육체적인 쾌락들이 쾌락이라는 명칭을 전적으로 독점하다시피 하였다.

우리가 가장 빈번하게 육체적 쾌락으로 향하고 또 누구나가 그것들을 경험하기 때문이다. 그리하여 그것들만이 낯익은 쾌락이기 때문에, 사람들은 다른 쾌락이 없는 줄로만 생각한다.

또, 만일 쾌락이나 활동이 선이 아니라고 하면 행복한 사람이 즐거운(즉 쾌락 있는) 생활을 한다고 할 수 없음은 명백하다. 쾌락이 선이 아니고 행복한 사람이 고통스러운 생활을 하는 수도 있다고 하면 무엇 때문에 그에게 쾌락이 필요하겠는가? 쾌락이 선도 악도 아니라면, 고통도 역시 선도 악도 아닐 것이다. 그렇다면 그가 고통을 피할 까닭이 무엇인가? 그러므로 만일 선한 사람의 활동이 더 즐거운 것이 아니라면, 그의 생활 역시 다른 어느 사람의 생활보다도 더 즐거운 것이 못 될 것이다.

제14장 대부분의 쾌락은 나쁘다고 하는 견해 및 신체적 쾌락을 쾌락 일반과 동일시하는 경향을 논함

(7)55) 육체적인 쾌락에 관해서 말하건대, 어떤 쾌락, 가령 고상한 쾌락은 아주 바람직한 것이지만, 육체적 쾌락, 즉 방종한 사람이 추구하는 쾌락은 바람직하지 못하다고 논하는 사람들은 모름지기 그러면 왜 그런 쾌락에 반대되는 고통은 나쁜 것인가를 고찰하지 않으면 안

---

55) (2)에 대한 답.

된다. 나쁜 것의 반대는 좋은 것이기 때문이다. 필수적인 쾌락은 나쁘지 않은 것이면 좋은 것이라는 의미에서 좋은 것인가? 그렇지 않으면 그것들은 어느 정도까지만 좋은 것인가? 상태나 과정에 지나침이 있을 수 없는 곳에는 거기 대응하는 쾌락에도 지나침이 있을 수 없으며, 또 그런 것의 지나침이 있는 곳에는 쾌락의 지나침도 있는 것이 아닐지? 그런데 육체적인 여러 가지 선에는 지나침이 있을 수 있고, 또 나쁜 사람은 필수적인 쾌락을 추구함으로써 나쁜 것이 아니라, 지나치게 그것을 추구함으로써 나쁘다(누구나 어느 모로는 맛있는 음식이나 술이나 성교를 좋아하지만, 누구나가 알맞게 좋아하는 것은 아니기 때문이다). 고통의 경우에는 사정이 반대이다. 왜냐하면 그는 지나친 고통을 피하는 것이 아니고, 고통이면 무조건 피하기 때문이다. 사실 지나친 쾌락에 반대되는 것은 고통만이 아닌데, 이런 과도를 추구하는 사람에게만은 쾌락의 과도가 아니면 고통밖에 없다.

우리는 진리만이 아니라 또한 오류의 원인에 대해서도 말해야 한다. 그래야만 확신을 얻는 데 도움이 된다. 즉 그릇된 견해가 왜 참된 것처럼 보이는가 하는 데 대해서 합리적인 설명을 할 수 있게 되면, 참된 견해에 대한 믿음이 증대하게 된다. 그러므로 우리는 왜 육체적 쾌락이 가장 바람직한 것처럼 보이는가를 해명하지 않으면 안 된다.

(a) 첫째로, 육체적 쾌락은 고통을 몰아내기 때문이다. 사람들은 고통을 여러 모로 지나치게 경험하는 까닭에, 그 치유책으로 과도한 쾌락과 일반적인 육체적 쾌락을 추구한다. 그런 여러 가지 치유책은 고통에 대한 반동이기 때문에 강렬한 감정을 낳는다. 그러므로 쾌락이 추구되기도 하는 것이다(사실 쾌락은 이미 말한 바와 같이,56) 이러한 두 가지 이유에서 좋지 않은 것으로 생각되고 있다. 즉 (i) 쾌락 가운데 어떤 것은 나쁜 본성에 속하는 활동이다. 그것이 금수처럼 타고

---

56) 1152b 26~33.

난 것이든, 혹은 나쁜 사람들의 습관의 경우처럼 습관으로 말미암은 것이든. (ii) 또 어떤 쾌락은 본성 속에 결함이 있는 것을 고치기 위해서 추구되는데, 건강한 상태에 있는 것이 건강한 상태로 되어가는 도중에 있는 것보다 더 좋은 것이다. 그런데 이런 경우의 쾌락은 완전한 데로 나아가는 도중에 생기는 것이므로 부수적으로만 좋은 것일 따름이다). (b) 또 육체적 쾌락은 격렬한 것이므로, 다른 쾌락에서 기쁨을 맛보지 못한 사람들에게 추구되고 있다(사실 이런 사람들은 그런 쾌락에 미치다시피 되어 그것들에 대한 갈증을 스스로 일으키고 있다. 이 갈증이 무해할 경우에는 그것을 해소시키는 것이 나무랄 만한 것이 못되지만 유해할 경우에는 그것을 해소함은 나쁜 일이다). 왜냐하면 이런 사람들은 그 밖의 다른 것에서는 전혀 기쁨을 맛볼 수 없는 데다, 또 이것도 저것도 아닌, 즉 쾌락도 고통도 아닌 중성적 상태는 그 본성상 대부분의 사람들에게는 고통스럽기 때문이다. 사실 생물은 그 본성상 끊임없이 일을 한다고 자연학자들이 증언하고 있는 바이다. 이들은 보는 것이나 듣는 것도 고통스러운 것이지만, 다만 우리가 거기 익숙하게 되었을 따름이라고 주장한다. 이와 마찬가지로, 청년기에는 성장이 진행되고 있는 까닭에 청년들은 마치 술에 취한 사람과 같은 처지에 있다. 또 젊음은 쾌(快)한 것이다.57) 한편 본성이 정열적인58) 사람들은 언제나 그 정열을 쏟아야만 한다. 이것은 그들의 신체마저 그 특별한 구조 때문에 몹시 고통스러워하며, 또 그들은 언제나 격렬한 욕망에 사로잡혀 있기 때문이다. 그런데 고통은 거기 반대되는 쾌락에 의해서도 제거되고, 또 강력한 것이기만 하면 그 어떤

---

57) 즉 젊은 사람에게 진행되고 있는 성장이나 영양 공급은 상쾌한 기분과 쾌락을 낳는 것이다.
58) 원어는 '멜란콜리코이.' 이 권 주35, 43 참조. 위에서는 '우울한 사람들' 혹은 '신경질적인 기질이 있는 사람들'이라 했는데, 여기서는 '정열적인 사람들'이라 하는 것이 적당할 것 같다.

쾌락에 의해서도 제거되는 법이다. 이런 여러 이유에서 그들은 방종하게 되고 또 나쁜 사람이 되는 것이다. 그러나 고통과 관계없는 쾌락에는 과도라는 게 있을 수 없다. 그리고 이런 쾌락은 본성적으로 쾌적한 것들 가운데 들어가는 것이지, 부수적으로 쾌적한 것들 가운데 들어가는 것이 아니다.

부수적으로 쾌적한 것이란 치유적으로 작용하는 것들이다(왜냐하면 아직 건강한 채 남아 있는 부분의 어떤 활동을 통해서 치유되는 법인데, 이 과정은 쾌적한 것으로 생각되기 때문이다). 본성적으로 쾌적한 것이란 건강한 본성의 활동을 촉진시키는 것들이다.

항상 쾌적한 것이란 하나도 없다. 우리의 본성은 단순한 것이 아니고, 우리 속에는 또 하나의 다른 요소—우리를 가멸적(可滅的)인 것이 되게 하는—가 있기 때문이다. 그리하여 한 요소가 어떤 일을 하면, 이것은 다른 본성에게는 비본성적인 것이 된다. 그리고 두 요소가 균등하게 균형이 잘 잡히면 그때 행한 일은 고통스러운 것으로도 쾌적한 것으로도 여겨지지 않는다.

사실 어떤 것이든지 그 본성이 단순한 것이라면, 같은 행위가 그것에게는 언제나 가장 쾌적한 것이리라. 그러므로 신은 언제나 오직 하나의 단순한 쾌락만을 즐긴다.

운동의 활동만이 아니라 무운동의 활동도 있는 터인데, 쾌락은 운동 속보다도 오히려 정지 속에 더 많이 있기 때문이다. 그러나 어떤 시인[59]은 어떤 것에 있어서 변화는 달콤한 것이라고 말하고 있는데, 이는 어떤 악덕으로 말미암은 것이다. 변하기 쉬운 사람이 악한 사람인 것처럼, 변화하지 않을 수 없는 본성은 악한 본성이다. 사실 이런 본성은 단순하지도 않고 선하지도 않다. 이상으로 우리는 자제와 자제력이 없음, 쾌락과 고통에 관해서 그것들이 각기 어떤 것이며, 또

---

59) 에우리피데스(Euripides).

어느 의미에서 그 중 어떤 것은 좋고 어떤 것은 나쁜가를 논하였다.
이제 남은 것은 친애에 관해서 논하는 일이다.

제 8 권

친 애

A. 친애의 종류

제1장 친애는 필요하고도 고귀한 것. 친애에 관한 주요 문제

지금까지 말한 것 다음에는 친애(親愛)[1]를 논하는 것이 당연한 순서일 것이다. 친애는 하나의 덕이 아니라 덕을 내포하는 것이며, 또 우리가 살아가는 데에 가장 필수적인 것이기 때문이다. 사실 누구나 친애하는 사람들[2]이 없다면 다른 모든 좋은 것들을 가지고 있다 할지라도 살고 싶지 않을 것이다. 부유한 사람들이나 높은 지위에 있는 사람들이나 또 나라를 다스리는 권세를 가지고 있는 사람들에게도 무엇보다 〈친애하는 사람들〉이 있어야 한다고 생각된다. 사실 그런 재물이나 지위도 남에게 덕을 베풀 기회가 없다면 무슨 소용이 있겠는가? 그러한 덕은 〈친애하는 사람들〉에게 베풀 때 가장 요긴하게 베푼 것이며, 또 가장 찬양할 만한 것이 아닌가? 또 〈친애하는 사람들〉이 없다면 그러한 재물이나 지위가 어떻게 잘 보호되고 유지될 것인가? 그런 것은 크면 클수록 더욱 위태로운 것이다. 그리고 가난할 때나 이밖의 여러 가지 다른 불운을 당할 때면, 사람들은 〈친애하는 사람들〉

---

1) 여기서 '친애'라 한 것의 원어는 '휠리아'(φιλία). 영어로는 보통 friendship이라고 옮겨지고 있다. 그러나 '휠리아'는 '우애'보다는 좀더 넓은 의미를 가지고 있다. 그런 의미에서 '친애'라 했는데, 간혹 경우에 따라 '우애', '우정'이라고도 했다. 1108a 27; 1126b 19~25 참조.

2) '친애하는 사람들'의 원어는 '호이 휠로이'(δι φίλοι). 영어로는 friends로 옮겨지고 있는데, 주1에서 밝힌 바와 같이, 그보다는 더 넓은 의미를 가지고 있는 말이다. 그러나 간혹 '친구', '벗'이라고도 할 수 있다.

이 유일한 피난처라고 생각한다. 또 <친애하는 사람들>은 젊은이에 게는 과실을 범하지 않도록 도와주고, 연로한 사람들에게는 여러 가 지 신변의 일을 보살펴 주며 힘이 약하여 할 수 없는 일을 대신 해줌 으로써 도와주며, 한창 일할 장년기에 있는 사람들에게는 온갖 고귀 한 일을 하도록 격려해 준다. <둘이서 함께 가면>3)이라고 한 것처럼. <친애하는 사람들>과 함께 하면 생각을 더 잘하고 행동을 더 잘할 수 가 있기 때문이다. 뿐만 아니라 부모는 자식에 대하여 그리고 자식은 부모에 대하여 본성적으로 이러한 친애의 감정을 느끼는 듯싶은데, 이것은 인간에게서만 아니라, 또한 새들이나 그 밖의 대부분의 동물 에게서도 볼 수 있는 현상이다. 그것은 같은 종족의 구성원 상호간에 느끼는 것인데, 특히 인간에게는 두드러지게 나타난다. 이런 까닭에 우리는 동포인 인류를 사랑하는 사람들4)을 찬양하는 것이다. 우리는 여행할 때에도 모든 사람이 다른 모든 사람에게 얼마나 가까우며 친 애한가를 볼 수도 있다. 친애는 또한 나라를 단합하게 하는 것으로 보 이며, 또 입법자들은 정의보다도 이것에 더 마음을 쓴다. 왜냐하면 단 합은 친애와 비슷한 것으로 보이며, 입법자들은 이것을 가장 소중한 목표로 내세우며, 또 당파적 대립을 그들의 가장 나쁜 적으로서 몰아 내기 때문이다. 그리고 서로 친애하는 사람들 간에는 정의가 새삼스 레 필요하지 않지만, 이에 반하여 옳은 사람들 간에는 정의 외에 또한 친애도 필요하며, 또 정의의 가장 참된 형태는 친애의 성질을 띤 것으 로 여겨진다.

그러나 친애는 그저 필수적인 것일 뿐만 아니라 또한 고귀한 것이 다. 그러므로 자기의 친구들을 사랑하는 사람은 칭찬을 받으며, 또 친

---

3) 『일리아스』, 제10권, 224.
4) '동포인 인류를 사랑하는 사람'이라 한 것은 원어로 '휠란트로포스'(φιλάνθρωπος). 박애가 혹은 '인류애가 있는 사람'이라 해도 좋을 것이다.

구를 많이 가진 것은 훌륭한 일로 생각된다. 뿐만 아니라, 또한 좋은 사람이라 하면 동시에 친애하는 친구라고도 우리는 생각한다.

그러나 친애에 관해서는 이론(異論)이 많다. 어떤 이는 친애를 정의하여 일종의 유동성(類同性)이라 하며, 비슷한 사람들끼리 친구가 된다고 말한다. 이런 데서 "비슷한 것끼리 모인다."든가, "참새는 참새끼리 몰려다닌다."든가, 이 밖에도 비슷한 말이 생긴 것이다. 다른 어떤 이는 이와 반대로 "같은 일을 하는 사람들끼리 뜻이 맞는 일은 절대로 없다."고 말한다. 바로 이 문제에 관해서 사람들은 좀더 깊고 좀더 자연적인 원인을 추궁하고 있다. 그리하여 에우리피데스는 "바싹 마른 대지는 비를 그리워하고, 장엄한 하늘에 가득 찬 비는 대지에 내리고 싶어 한다."라고 말하며, 헤라클레이토스는 "서로 대립하고 있는 것들은 서로 도움을 주는 법이다."라고 하고 또 "서로 다른 여러 음에서 가장 아름다운 곡조가 나온다." 또 "만물은 투쟁을 통해서 생긴다."고 말한다. 엠페도클레스와 그 밖의 여러 사람은 이와 반대되는 견해를 표명하여 말하기를, "비슷한 것끼리 서로 찾는다."고 한다. 자연적인 문제들은 여기서 다룰 바가 못 된다(그것들은 우리가 지금 여기서 탐구하고 있는 영역에는 속하지 않으니까). 다만 우리는 여기서 인간적이고 또 성품과 정념에 관련된 문제들을 다루는 것이 좋을 것이다. 가령 "친애가 어떠한 사람들 사이에서도 생길 수 있는 것인지, 아니면 악한 사람들은 서로 친구가 될 수 없는 것인지", 그리고 "친애에는 오직 한 가지 종류만 있는지, 아니면 여러 가지 종류가 있는지" 하는 문제를 생각해 보아야 할 것이다. 친애에는 정도의 차이가 있을 뿐이므로 오직 한 가지 종류의 친애가 있다고 생각하는 사람들은 불충분한 증거에 의거하고 있다. 이에 대해서는 앞에서5) 논한 바 있다.

---

5) 여기 해당하는 것은 없다.

제2장 사랑의 세 대상. 친애가 의미하는 것

친애의 종류는 먼저 우리가 사랑의 대상을 알게 되면, 밝게 드러나지 않을까 한다. 어떤 것이나 다 사랑을 받는 것이 아니고 오직 <사랑할 만한 것>만이 사랑을 받는데, <사랑할 만한 것>은 좋은 것이거나 즐거운 것이거나 유용한 것이다. 그런데 유용한 것은 <그것으로 말미암아 어떤 선 혹은 쾌락이 생기는 것>이라 여겨지므로, 그 자체의 목적으로 사랑할 만한 것은 선과 쾌락이다. 그러면 사람들이 사랑하는 것은 <선>인가, 그렇지 않으면 <자신을 위한 선>인가? 이 둘은 간혹 충돌하는 일이 있다. 쾌락에 있어서도 이와 마찬가지이다. 그런데 사람마다 <자기 자신에게 좋은 것>을 사랑하는 것으로 생각하며, 또 <선>은 무조건 사랑할 만한 것이요, 각자에게 좋은 것은 그에게 있어 사랑할 만한 것이라고 생각한다. 그러나 사실은 사람마다 자기에게 좋은 것이 아니라, 자기에게 좋아 보이는 것을 사랑하고 있다. 하지만 사실 이것은 마찬가지 이야기이다. <사랑할 만한 것>은 곧 <사랑할 만한 것으로 보이는 것>이기 때문이다.[6]

그런데 사람들이 사랑하는 데에는 세 가지 근거가 있다. 무생물에 대한 사랑에는 <친애>라는 말을 쓰지 않는다. 서로 사랑하는 것이 아니고, 또 그 무생물에게 선이 있기를 바라는 일도 없기 때문이다(사실 술에 대해서 그 선을 원한다는 것은 확실히 우스운 일일 것이다. 만일 누군가가 술에 대해서 도대체 무엇을 원하는 일이 있다면, 그것은 술이 보전되어 자기가 마실 수 있게 되는 것이리라). 그러나 친구에게 우리는 자신을 위하여 좋은 것을 원해야 한다고들 말한다. 그런데 이와 같이 선을 원하고 있으나 상대방으로부터 똑같은 응답이 없

---

6) 제3권 제4장에서 "소원이 관계하는 것은 선인가 선으로 보이는 것인가"에 관해서 논한 것 참조

는 경우에는, 단지 선의(善意)를 가지고 있다고 말한다. 선의는 상호 응수적(相互應酬的)인 때에야 친애가 된다. 여기에다 우리는 <그것이 인지(認知)되었을 때>라는 말을 보태야 할지도 모르겠다. 사실 많은 사람이 "한 번도 보지는 못했으나 좋은 사람이요, 유용한 사람이라고 판단하는 사람들"에게 선의를 가지고 있고, 또 한편 이 사람들 가운데 어떤 이는 이 감정을 되돌리고 있는 수도 있기 때문이다. 그런데 이런 사람들은 서로 선의를 품고 있는 것으로 보인다. 그러나 그들이 서로 피차간의 감정을 알지 못할 때, 어떻게 친구라 부를 수 있겠는가?

그러므로 친구가 되기 위해서는, 앞에서 말한 이유들 가운데 어느 하나 때문에 선의를 품고 있고 서로 상대방에게 선을 원하고 있는 것으로 피차간에 인지되는 것이 필요하다.

제3장 여기 대응하는 친애의 세 가지 종류. 동기가 좋은 친애의 우월성

그런데 이 여러 이유는 그 종류가 서로 다르다. 따라서 이에 대응하는 애정[7]이나 친애도 그 종류가 서로 다르다. 그러므로 친애의 종류는 <사랑할 만한 것>과 같이 셋이 있다. 사실 이 세 가지 종류의 친애에는 그 어느 것이나 교호적(交互的)이고 상대방에게 알려져 있는 사랑이 있는데, 이때 서로 사랑하고 있는 사람들은 그들이 서로 사랑하고 있다는 점에서 서로 상대방의 선을 바란다.

그런데 상대방의 유용성 때문에 서로 사랑하는 사람들은 상대방 자

---

7) 원어는 '휠레시스'(φίλησις). 로스는 love라 옮기고 있는데, 옥스퍼드 사전에 a feeling of affection이라 한 것을 따라 '애정'이라고 하기로 한다. '휠리아'와 '휠레시스' 사이의 차이에 관해서는 제8권 제5장 참조.

신을 위해서가 아니라, 상대방으로부터 얻을 어떤 좋은 것 때문에 사랑하는 것이다. 쾌락 때문에 사랑하고 있는 이들도 이와 같다. 가령 사람들이 기지(奇智) 있는 사람들을 사랑하는 것은, 이들의 성품 때문이 아니라 이들이 자신들에게 유쾌하기 때문이다. 그러므로 유용성 때문에 사랑하는 사람들은 자기들 자신에게 좋기 때문에 사랑하며, 또 쾌락 때문에 사랑하는 사람들도 자기들 자신에게 유쾌하기 때문에 사랑하며, 또한 그들은 상대방의 인품을 사랑하는 것이 아니라 유용하거나 유쾌한 한(限)에서 사랑한다.

따라서 이러한 친애는 부수적인 것일 따름이다. 이때 사랑받는 사람은 그 사람됨 때문이 아니라 어떤 좋은 것 혹은 쾌락을 제공하기 때문에 사랑을 받는 것이다. 그러므로 이러한 친애는 만일 상대방이 그 전과 달라지면 쉽사리 없어진다.

한쪽이 더 이상 유쾌한 인물이 못 되거나, 유용한 인물이 못 되면, 다른 한쪽이 사랑하기를 그치기 때문이다. 그런데 유용한 것은 영속적인 것이 아니라 늘 변하는 것이다. 그러므로 이런 친애는 동기가 사라지면 곧 소멸한다. 이런 친애는 다만 그와 관련된 목적 때문에만 존재했던 것이니까. 이런 종류의 친애는 주로 노인들 간에 존재하는 것 같이 보이며(노년에 이르면 쾌락을 추구하지 않고 유용한 것을 추구하니 말이다), 또 장년이나 청년에게는, 공리(功利)를 추구하는 사람들 간에 존재하는 것 같이 보인다. 그리고 이런 사람들은 서로 어울려 사는 일이 별로 없다. 왜냐하면 가끔 그들은 피차 상대방이 유쾌하게 느껴지지도 않기 때문이다. 그러므로 피차간에 유용하지 않으면 그들은 그러한 교제를 별로 필요로 하지 않는다. 그들은 서로가 상대방에게 무슨 좋은 일이 있으리라는 희망을 주는 한에서만 서로 유쾌하다. 집주인과 손님의 친애도 이런 종류에 속한다.

한편, 젊은 사람들의 친애는 쾌락을 목표로 삼는 것 같다. 왜냐하면 그들은 감정에 따라 살며, 또 다른 무엇보다도 자기들 자신에게 쾌락을 주는 것, 그것도 바로 눈앞에 있는 것을 추구하기 때문이다. 그러나 나이가 듦에 따라 그들의 쾌락도 달라진다. 그래서 그들은 친구가 되는 것도 빠르고 헤어지는 것도 빠르다.

그들의 친애는 유쾌하게 여겨지는 것이 변함에 따라 함께 변하며, 또 그러한 쾌락은 급히 바뀐다.

젊은이들은 또한 호색적인데, 호색적 친애의 대부분은 정념을 따른 것이며 또 쾌락을 목적으로 삼는 것이다. 그리하여 그들은 사랑하게 되었다가도 금방 사랑하지 않기도 하는데, 심한 경우에는 하루에도 여러 차례 변하는 일이 있다. 그러나 그들은 함께 세월을 보내며 동거하기를 원한다. 그럼으로써 그들은 친애의 목적을 달성하게 되기 때문이다.

완전한 친애는 선하고 덕이 서로 닮은 사람들의 친애이다. 왜냐하면 그들은 상대방이 선한 사람인 한에서 서로 상대방에게 좋은 것을 원하며 또 그들 자신이 선한 사람이기 때문이다. 그런데 자기의 친구를 위해서 좋은 것을 바라는 사람들이야말로 가장 참된 의미에서 친구라 할 수 있다. 이런 사람들은 본성이 그러해서 그렇게 하는 것이지 우연히 그렇게 하는 것이 아니다. 그러므로 그들의 친애는 그들이 선한 동안 내내 지속한다. 그리고 선은 영속하는 성질을 지니고 있다. 그리고 또 그들은 각자 무조건 친구에게 선하다. 선은 무조건 좋으며, 또 피차가 다 좋은 사람이니까. 그들은 또한 즐겁기도 하다. 왜냐하면 선한 사람들은 무조건 피차간 즐겁기 때문이다.

또 그들 각자에게 그 자신의 활동이나 또 그와 비슷한 활동은 즐거운 것이고 또 선한 사람들의 행동은 서로 같거나 비슷한 데가 있기 때문이다.

그리고 그러한 친애는 으레 영속적이다. 거기에는 친구로서 가져야 할 성질이 모두 들어 있기 때문이다. 사실 모든 친애는 선이나 쾌락 —무조건적인 의미에서든, 아니면 친애의 정을 가지고 있는 사람이 얻게 되는 것이든, 어떻든 선이나 쾌락—을 위해서 있는 것이요, 또 어떤 유동성(類同性)에 기초하고 있다. 그리고 선한 사람들의 친애에는 우리가 말한 모든 성질이 친구들 자신의 본성에 속한다.

이런 종류의 친애에 있어서는 다른 여러 성질[8]도 두 친구 사이에 서로 비슷하고, 무조건 선한 것은 또한 무조건 즐거우며, 또 이것들이야말로 가장 사랑할 만한 성질이기 때문이다. 그러므로 사랑과 친애는 이런 사람들에게서 그 가장 엄밀한 의미에서, 그리고 그 최선의 형태에서 찾아볼 수 있다. 그러나 그러한 친애가 흔하지 않다는 것은 당연한 일이다. 사실 그런 사람은 드물다. 더군다나 그러한 친애는 시간과 친숙함을 요한다.

속담에 있는 말처럼 〈소금을 함께 먹은〉 후가 아니고서는 서로 상대방을 알 수 없다. 또 피차 사랑할 만하다고 생각되고 피차 상대방에게 신뢰를 받게 될 때까지는, 서로 마음을 허락하여 친구가 될 수도 없고 친애하게 될 수도 없다. 친애의 정을 서로 급히 표시하는 사람들은 친구가 되기를 원하지만 양자가 모두 사랑할 만하고 또 이 사실을 알고 있지 않는 한 친구가 아니다. 친애를 바라는 것은 금방 생기지만 친애는 그렇지 않기 때문이다.

제4장 최선의 종류의 친애와 그만 못한 여러 종류의 친애와의 비교

그러므로 이런 종류의 친애는 지속이란 점에서나 이 밖의 다른 모든

---

8) 여기서 '다른 여러 성질'이라 함은 곧 무조건적인 즐거움, 상대적인 착함, 그리고 상대적인 즐거움 및 무조건적인 착함이다.

점에서 완전한 것이다. 그리고 이런 친애에서는 각자가 상대방으로부터 모든 점에서 자기가 주는 것과 똑같은 것, 혹은 비슷한 것을 얻는다. 이런 일은 으레 친구들 사이에서 일어나는 일이다.

쾌락을 위한 친애도 이런 종류의 친애와 한 가지 유사점을 갖고 있다. 선한 사람들은 또한 각기 상대방에게 즐거운 사람들이기 때문이다. 또 유용성으로 인한 친애도 그렇다. 선한 사람들은 또한 서로 상대방에게 유용하기 때문이다. 같은 부류의 사람들 간에 친애가 가장 오래 지속되는 것은 친구들이 피차 상대방으로부터 같은 것(가령 쾌락)을 얻으며, 또 그뿐만 아니라, 같은 일에서 그것을 얻게 되기 때문이다. 마치 기지(奇智) 있는 사람들 간에서 일어나는 것처럼. 그러나 이런 일은 사랑하는 자와 사랑받는 자 사이에는 별로 일어나지 않는다.9) 이것은 이들이 같은 일들에서 쾌락을 느끼는 것이 아니고, 전자는 후자를 바라보는 데에서 쾌락을 느끼고, 후자는 전자로부터 주시를 받는 데 쾌락을 느끼기 때문이다. 그리고 젊음의 꽃다움이 사라지면 가끔 그와 함께 친애도 사라진다(왜냐하면 전자는 후자를 보고서도 아무런 쾌락을 느끼지 못하며 후자는 전자로부터 아무런 보살핌도 받지 못하게 되기 때문에). 한편 서로 친숙함으로써 서로 상대방의 성품을 사랑하게 되어, 성품이 서로 닮게 된 경우에는 한결같은 친애를 지속하는 사람들도 적지 않다. 그런데 연애 관계에서 쾌락이 아닌 유용성을 교환하는 사람들은 친애의 진실성도 적고 지속성도 적다. 유용성 때문에 친구가 된 사람들은 이익이 다하면 서로 헤어진다. 사실 그들은 서로 상대방을 사랑하는 것이 아니라 이득만을 사랑하는 사람들이기 때문이다.

그러므로 쾌락이나 유용성을 위해서는 나쁜 사람끼리도 친구가 될 수 있고, 혹은 좋은 사람들이 나쁜 사람과도 친구가 될 수 있고, 또 혹

---

9) '사랑하는 자'(ἐραστής)나 '사랑받는 자'(ἐρώμενος)는 다 같이 남성이다.

은 좋지도 나쁘지도 않은 사람이 어떠한 종류의 사람과도 친구가 될 수 있으나, 서로의 인간 자신을 위해서 친구일 수 있는 것은 분명히 오직 선한 사람들뿐이다. 왜냐하면 나쁜 사람들은 서로 사귐으로써 어떤 이익이 없으면 피차간 상대방에게서 기쁨을 느끼지 않기 때문이다.

또 중상(中傷)에 조금도 흔들리지 않는 것도 오직 선한 사람들의 친애뿐이다. 무릇 자신이 오래 사귀고 잘 알고 있는 사람에 관해서는 누가 무슨 말을 해도 쉽사리 믿지 않기 때문이다. 그리고 이러한 신뢰와, "그 사람이 나를 해친다는 것은 절대로 있을 수 없다."고 하는 느낌과, 이 밖에 참된 친애에 요구되는 다른 모든 것을 볼 수 있는 것도 선한 사람들 중에서이다. 하지만 다른 종류의 친애에는 이러한 좋지 못한 일이 생기지 않으리라는 보장이 전혀 없다.

사실, 사람들은 친구(친애하는 사람)라는 명칭을 유용성이 그 동기인 사람들에게도 적용하고—이런 의미에서 국가 사이의 친애가 운위(云謂)된다(국가들 간의 동맹은 이익을 목적으로 삼는 것 같으므로)—또 쾌락 때문에 서로 사랑하는 사람들에게도 적용하고 있다. 이런 의미에서 아이들 사이의 친애가 운위된다. 그러므로 우리도 아마 이런 사람들을 친구라 불러야 할 것이다. 첫째로는 그 고유한 의미에 있어서의 친애, 곧 선한 사람들의 선한 친애와 유동성(類同性)에 의한 다른 여러 종류의 친애가 있다. 왜냐하면 후자의 경우에도 사람들이 친구인 것은 어떤 선, 즉 참된 친애에서 볼 수 있는 것에 가까운 어떤 것으로 말미암기 때문이다. 쾌락을 주는 것도 쾌락을 좋아하는 사람들에게는 선한 것이기 때문이다. 그러나 이 두 가지 종류의 친애가 결합되는 일은 흔한 일이 아니고, 또 같은 사람들이 유용성 및 쾌락 때문에 친구가 되는 것도 흔한 일이 아니다. 임시로만 결합된 것은 흔히 짝을 이루지 못하기 때문이다.

친애가 이런 여러 종류로 나뉘므로, 나쁜 사람들은 쾌락이나 유용성 때문에 친구가 되지만—이런 점에서 그들은 서로 비슷하니까—선한 사람들은 그들 자신 때문에, 즉 그들이 선한 사람이기 때문에 친구가 된다. 그러므로 후자는 무조건적인 의미에서 친구인데, 전자는 다만 부수적으로 또 후자와 유사함으로써 친구이다.

제5장 친애의 상태를 친애의 활동 및 친애의 감정과 구별함

여러 가지 덕에 있어서 어떤 사람은 그 성품의 상태에 비추어 선한 사람이라는 말을 듣고, 또 어떤 사람은 그 활동에 비추어 선한 사람이라는 말을 듣는데, 친애의 경우도 이와 같다. 왜냐하면 한마디로 친애하는 사람들이라 하더라도, 성향이 같으면서 서로 상대방을 기뻐하며 서로 유익이 되는 사람들이 있는가 하면, 또 잠자거나 서로 헤어져 있어서 친애의 활동을 하고 있지는 않지만, 언제든지 그런 활동을 할 마음의 준비가 되어 있는 사람들이 있기 때문이다. 상호간의 거리는 친애를 무조건 소멸시키는 것이 아니고 다만 그 활동만을 소멸시킨다. 그러나 서로 떨어져 있는 기간이 오래되면, 사실 친애의 정을 잊게 되는 듯싶다. 그러므로 속담에 "서로 이야기하며 사귀는 일이 중단되면 친애도 많이 없어진다."는 말이 있는 것이다. 노인이나 성미가 까다로운 사람들은 쉽사리 친구가 되지 않는 듯하다. 이것은 이들 속에 즐거운 것이 별로 없고, 또 서로 사귀는 것이 즐겁지 않고, 고통스러운 사람과는 함께 소일할 수 없기 때문이다. 고통을 피하고 쾌락을 추구하는 것이 무엇보다도 우리의 본성인 듯싶기 때문이다. 하지만, 피차 상대방을 용납하지만 함께 생활하지 않는 사람들은 실제로 친구라기보다는 오히려 호의적인 사람이라고 해야 할 것이다. 왜냐하면 함께 생활하는 것만큼 친구를 친구되게 하는 두드러진 특징은 달리 없기 때문이다(여러 가지 유익한 것은 그것이 부족한 사람들이 갈망하는 것이지만, 다시 없이 행복한 사람들도 함께 생활하는 것만큼은 갈망하기 때문이다. 사실 고독은 무엇보다도 이런 사람들에게는 어울리지 않는다). 그러나 유쾌하지도 않고 같은 것들을 즐기지도 않는 사람들은 함께 생활할 수 없다. 동료가 친구가 되는 것은 같은 것을 즐기기 때문이다.

그러니 지금까지 여러 번 말한 바와 같이,10) 가장 참된 친애는 선한 사람들의 친애이다. 무조건 선하거나 쾌(快)한 것은 사랑할 만하고 욕구할 만한 것인 듯싶고, 각 사람에게는 그에게 선하거나 쾌한 것이 그에게 사랑할 만하고 욕구할 만한 것인 듯싶다. 선한 사람은 선한 사람에게 이 두 가지 이유 중 어느 것으로 보나 사랑할 만하고 욕구할 만한 것이다. 그런데 애정은 하나의 감정이고 친애는 하나의 상태가 아닌가 한다. 애정은 무생물에 대해서도 느낄 수 있으나 교호적인 애정은 선택을 예상하며, 또 그 선택은 (성향의) 상태에서 솟아나는 것이기 때문이다. 그리고 사람들이 자기가 사랑하는 사람들의 선을 그 사람들 때문에 희구하는 것은 감정의 결과가 아니고 성향의 결과이다. 뿐만 아니라, 친구를 사랑함으로써 사람들은 자기들에게 좋은 것을 사랑하고 있는 것이다. 왜냐하면 선한 사람이 친구가 되어 주는 것은 이쪽에 선이 되기 때문이다. 그러므로 그 어느 쪽이나 자기 자신에게 좋은 것을 사랑하는 동시에, 또한 선의와 유쾌함에 있어서 균등하게 보답하고 있다. 그러므로 <친애는 균등>이라는 말이 있는데, 이것은 선한 사람들의 친애에서 가장 두드러지게 나타난다.

---

10) 1156b 7, 23, 33, 1157a 30, b 4.

제6장 세 종류의 친애 사이의 여러 관계

성미가 까다로운 사람들이나 노경(老境)에 접어든 사람들은 다정한 맛이 별로 없고 친구와 사귀는 것을 별로 좋아하지 않는 만큼, 그들 간에는 친애가 쉽사리 생기지 않는다. 무엇보다도 이런 것은 친애의 큰 특징이요, 또 친애의 생산성으로 생각된다. 그러므로 젊은 사람들은 빨리 친구가 되는데, 노인들은 그렇지 않다. 자기가 기쁨을 느끼지 않는 사람과는 친구가 되지 않기 때문이다. 이와 마찬가지로 성미가 까다로운 사람들도 빨리 친구를 만들지 못한다. 그러나 이런 사람들도 피차 선의를 품을 수는 있다. 왜냐하면 그들도 서로 상대방의 선을 원하며 상대방이 도움을 필요로 할 때면 도와주기도 하기 때문이다. 그러나 그들은 친구가 되는 일은 거의 없다. 이것은 그들이 함께 지내지도 않으며 상대방에게서 기쁨을 찾지도 못하기 때문이다. 그런데 이런 일들이야말로 친애의 가장 큰 특징이라 생각된다.

많은 사람과 완전한 친애를 갖는 친구가 된다는 것은 불가능한 일이다. 이것은 마치 많은 사람과 동시에 연애하는 것이 불가능함과 같다(연애란 일종의 과도한 감정이요, 또 이런 감정은 오직 한 사람에게만 느끼는 것이 그 본성이므로). 그리고 많은 사람이 동시에 한 사람의 마음을 아주 크게 기쁘게 해준다는 것은 쉬운 일이 아니고, 또 아마 좋게 여겨지는 것조차 쉬운 일이 아니다.

또한 사람을 어느 정도 경험하고 그를 잘 알게 되는 것이 필요한데, 이것 역시 매우 어려운 일이다. 그러나 유용성이나 쾌락 때문이라면 많은 사람이 한 사람의 마음을 기쁘게 하는 것은 가능하다. 왜냐하면 많은 사람이 한 사람을 유용하거나 유쾌하게 해준다는 것은 가능한 일이요, 또 그런 것들은 별로 시간이 많이 드는 것도 아니기 때문이다.

이 두 가지 가운데 쾌락 때문에 마음을 기쁘게 해주는 것은 친애에 더 가깝다. 양쪽이 서로 상대방으로부터 같은 것들을 얻으며 피차 기쁨을 주거나 같은 것들에서 기쁨을 가질 때에는 말이다. 마치 젊은 사람들의 친애에서처럼.

왜냐하면 이런 친애 속에 더 많은 관후(寬厚)가 들어 있기 때문이다. 유용성에 기초를 둔 친애는 장사꾼의 마음을 가진 사람들에게 속한다. 지복(至福)한 사람들 역시 유용한 친구들은 없어도 좋으나, 유쾌한 친구들은 필요로 한다. 왜냐하면 아무튼 그들도 누구와 함께 살기를 원하며, 또 잠깐 동안은 고통스러운 것을 견딜 수 있어도, 아무도 오랫동안 계속 견딜 수는 없고, 또 선 자체도 자신에게 고통스러우면 견딜 수 없기 때문이다. 따라서 그들도 유쾌한 친구들을 찾는다. 짐작컨대 그들은 유쾌하면서도 선하며 또 자신들에게 선한 친구들을 찾아야만 할 것이다. 그래야만 친구가 지녀야 할 모든 특징을 지니게 되기 때문이다.

권력의 자리에 있는 사람들은 친구들을 전혀 다른 두 부류로 나누는 것 같다. 즉 그들의 친구들 가운데 어떤 이는 유용한 사람이고, 다른 어떤 이는 유쾌한 사람이며, 같은 사람이 이 두 가지를 겸하고 있는 일은 드물다. 이것은 그들이 유쾌한 성질에 덕이 곁들인 사람들을 찾지도 않고, 또 고귀한 일들을 추구하면서 유용한 사람들을 찾지도 않으며, 다만 쾌락을 욕구하여 단지 기지 있는 사람들을 찾고, 또 자신들이 명령한 것을 영리하게 수행하는 사람들을 선택함에 있어서는 또 다른 친구들을 찾는데, 이 두 가지 특징이 결합되는 일은 매우 드물기 때문이다. 그런데 선한 사람은 유쾌한 동시에 유용한 사람임을 우리는 이미 말한 바 있다.[11] 그러나 이런 사람은 자기보다 지위가 높은 사람과는, 덕에 있어서도 자기보다 탁월하지 않는 한, 친구가 되려 하

---

11) 1156b 13~15; 1157a 1~3.

지 않는다.

만일 그렇지 않으면 그는 자신의 열등한 입장을 비례적으로 균등화할 수가 없다. 그런데 이와 같이 두 가지 면에서 다 그보다 탁월한 사람을 만나기란 그리 쉬운 일이 아니다. 하여튼, 이상에서 말한 여러 친애는 균등성을 내포하고 있다. 왜냐하면 친구들은 피차 상대방으로부터 같은 것들을 얻으며, 피차 상대방을 위하여 같은 것들을 원하며, 혹은 피차간에 서로 다른 것을 교환하기 때문이다. 가령 유용성과 쾌락을 교환한다. 하지만 이미 말한 바와 같이12) 유용성이나 쾌락을 위한 친애는 다 같이 참된 의미에서의 친애도 아니고 그다지 영속적인 것도 못 된다. 그러나 그것들이 친애라고도 생각되고 친애가 아니라고도 생각되는 것은 같은 것(즉 참된 의미에서의 친애)에 닮은 점도 있고 닮지 않은 점도 있기 때문이다. 그것들이 친애인 것처럼 보이는 까닭은 덕에 기초한 친애를 닮고 있기 때문이요(그 가운데 하나는 쾌락을, 다른 하나는 유용성을 내포하고 있는데, 이 두 특징은 덕에 기초한 친애에도 속한다), 한편 이와 반대로 친애가 아닌 듯이 보이는 것은 덕에 기초한 친애는 중상에 의하여 변하는 일이 없고 영속적인 데 반하여, 이런 친애는 빨리 변하며, 또 이밖에도 다른 많은 점에서 전자와 다르기 때문이다. 즉 덕에 기초한 친애를 닮지 않은 탓이다.

---

12) 1156a 16~24; 1157a 20~33.

B. 친애의 상호성

제7장 불평등한 친애에서는 일종의 균형이 유지되어야 한다

그러나 이상에 말한 친애 이외에 또 하나 다른 종류의 친애, 즉 쌍방 사이에 불평등을 내포한 친애가 있다. 가령 아들에 대한 아버지의 친애 및 일반적으로 손아랫사람에 대한 손윗사람의 친애, 그리고 아내에 대한 남편의 친애 및 일반적으로 피지배자에 대한 지배자의 친애 등이 그것이다. 그리고 이 여러 가지 친애는 피차 서로 다르다. 즉 부모와 자식 사이의 친애는 지배자와 피지배자 사이의 친애와 다르고, 또 심지어 아들에 대한 아버지의 친애는 아버지에 대한 아들의 친애와 다르며, 또 아내에 대한 남편의 친애는 남편에 대한 아내의 친애와 다르다. 이것은 이들 각자의 덕과 기능이 서로 다르고, 또 이들이 사랑하는 까닭도 다르므로 그 애정과 친애가 또한 서로 다르기 때문이다. 그리하여 이상의 어느 경우에나 쌍방은 상대방으로부터 같은 것을 얻지도 않으며, 또 같은 것을 얻으려고 해서도 안 되는 것이다. 그러나 자식이 낳아준 부모에게 해야 할 의무를 다하며, 또 부모는 부모대로 자식에게 해야 할 의무를 다할 때, 이런 부자간의 친애는 영속적이고 훌륭한 것이다. 불평등에 입각한 모든 친애에서는 그 애정도 비례적이어야만 한다. 즉 더 훌륭한 사람이 자신이 사랑하는 상대방으로부터 사랑을 더 받아야 하며, 더 유용한 사람이나 이 밖의 여러 경우에도 이와 마찬가지이다. 애정이 그것에 참여하는 쌍방의 가치에 비례하게 되면 거기에 어느 의미의 균등성이 생기는데, 이 균등성이야말로 확실히 친애의 특징이라 생각된다.

그러나 이 균등성은 정의의 경우와 친애의 경우에 서로 같은 것으로는 생각되지 않는다.

여러 가지 정의의 행위에서 균등성은 제1차적으로 가치에 비례하는 것이고 양적인 균등성은 제2차적인 것이다. 이에 반하여 친애의 경우에는 양적인 균등성은 제1차적이고 가치에 비례하는 것은 제2차적인 것이다. 이것은 덕이나, 악덕이나, 부(富)나, 이 밖의 다른 어떤 것과 관련하여 쌍방 사이에 큰 거리가 있을 때 분명하게 된다. 즉 이 때에는 그들은 친구 관계를 끊으며 또 심지어 친구가 될 것을 기대조차 하지 않는다. 그리고 이것은 신들의 경우에 가장 뚜렷이 나타난다. 왜냐하면 신들은 모든 선한 것들에서 가장 결정적으로 우리를 능가하고 있기 때문이다. 그러나 이것은 군주들의 경우에도 역시 분명하다.

군주들에 대해서도 지위가 아주 낮은 사람들은 친구가 될 것을 기대하지 않기 때문이다. 또 변변치 못한 사람들은 아주 선한 사람들이나 아주 현명한 사람들과 친구가 될 것을 기대하지 않는다.

이런 여러 경우에 있어 어느 한도까지 친구들이 친구로 계속 남을 수 있는가를 정확하게 규정하기란 불가능한 일이다. 많은 것을 빼앗기고도 친애가 남는 경우가 있으나, 신처럼 한 쪽이 아주 먼 거리에 떨어져 있을 때에는 친애의 가능성이 없기 때문이다. 바로 여기에서 "친구들이 그들의 친구들을 위하여 선 가운데 최대의 선, 즉 신이 되는 것을 정말 바라는가?"라는 질문이 생기는 것이다. 이렇게 되는 날에는 그들의 친구들은 더 이상 그들에게 친구가 되지 않을 것이고, 따라서 그들에게 좋은 것이 되지 않기 때문이다(친구들이란 좋은 것이므로). 그리하여 비록 우리가 앞에서[13] "친구에게는 우리가 그 친구

---

13) 1155b 31.

자신을 **위**하여 선을 원한다."고 말한 것이 옳다고 하더라도, 그 친구는 현재의 자기가 어떠한 종류의 사람이든 단지 그런 사람인 그대로 머물러 있어야만 한다. 그러므로 사람은 그 친구가 인간으로 머물러 있는 한에 있어서만 그 최대의 선을 원하는 것이다. 그러나 아마도 모든 최대의 선을 원하지는 않을지도 모른다. 사람마다 누구보다도 자기 자신을 위하여 선을 원하기 때문이다.

제8장 사랑하는 것이 사랑받는 것보다 친애의 본질에 더욱 어울린다

세상의 많은 사람들은 명예욕 때문에 자기가 사랑하는 것보다는 상대방으로부터 사랑받기를 더 원하는 것 같다. 아첨을 좋아하는 사람이 많은 것은 이 때문이다. 아첨하는 사람이란 "상대방보다 낮은 지위에 있는 친구, 혹은 이런 친구인 척하면서 자기가 사랑받는 이상으로 상대방을 사랑하는 척하는 사람"인데, 사랑을 받는다는 것은 존경을 받는다는 것과 비슷한 것처럼 보이며, 또 존경을 받는 것은 대부분 누구나 바라는 것이다.

그런데 사람들이 명예를 좋아하는 것은 그 자체 때문이 아니고 다만 부수적인 것으로 생각된다. 왜냐하면 대부분의 사람들이 권세의 자리에 있는 사람들에게 존경받기를 좋아하는 것은 여러 가지 기대 때문이다(사실, 그들은 자기가 무엇을 원하는 경우에 그것을 이 사람들로부터 얻을 수 있으리라 생각하고 있다. 그러므로 앞으로 있을 좋은 일의 징조로서 이 존경을 기뻐하고 있다).

한편 선하고 지식이 있는 사람들로부터 존경받기를 원하는 사람들은 그들 자신에 관한 자신의 견해를 확증할 것을 목표로 삼고 있다.

그러므로 명예를 얻고서 기뻐하는 것은 그들에 관해서 말하는 사람들의 판단에 힘입어 자신의 선함을 믿기 때문이다. 이런 것들에 반하여, 사람들이 사랑을 받는 경우에는 사랑을 받는 것 자체 때문에 기쁨을 느낀다.

이런 까닭에 그것은 존경을 받는 것보다도 더 좋은 것이요, 또 친애는 그 자체가 바람직한 것으로 여겨진다. 그런데 친애는 사랑을 받는 것보다는 오히려 사랑하는 것에 깃들어 있는 듯싶다. 사랑하는 것을 기쁨으로 삼고 있는 어머니들이 그 증거이다.

어떤 어머니는 자신의 자식을 남에게 맡겨 기르게 하는 경우가 있는데, 이때 그들은 자신의 운명을 아는 만큼 그 자식을 사랑하되, 그 자식으로부터 도로 사랑을 받으려 하지는 않고(이 두 가지를 다 가질 수 없으므로), 오직 그 자식들이 잘 되는 것을 보기만 하면 만족한다. 그리고 그들은 비록 자식들이 사정을 알지 못하여 당연히 그 어머니에게 해드려야 할 일을 전혀 하지 못하더라도 그 자식을 사랑한다.

그런데 친애는 사랑한다는 것에 더 깃들어 있고, 또 친구를 사랑하는 사람들은 찬양을 받는 까닭에, 사랑한다는 것이야말로 친구의 특징을 이루는 덕으로 여겨진다.

따라서 이런 것을 충분히 간직한 사람들만이 영속적인 친구요, 또 이런 사람들의 친애만이 영속할 것이다.

무엇보다도 이런 방식으로 균등하지 못한 사람들도 친구가 될 수 있다. 이렇게 함으로써 그들은 균등화될 수 있기 때문이다. 그런데 친애란 다름 아닌 균등성과 유동성(類同性)이요, 특히 덕이 서로 닮은 사람들의 유동성이다. 이 사람들은 워낙 신실하여 한결같이 굳은 의리로 사귀며, 또 피차 상대방에게 비루한 요구를 하지 않고, 도리어 이런 일은 미리부터 하지 못하게 한다고도 할 수 있기 때문이다.

사실 자기 스스로도 잘못된 일을 하지 않고, 또 친구들도 그런 일을 하지 못하게 하는 것이 선한 사람들의 특징이다. 그러나 악인들에게는 신실함이 없고(그들은 심지어 자기 자신과도 한결같이 유동적이지 못하다), 다만 그들은 서로 상대방의 약함을 기뻐하여 잠깐 친구가 될 뿐이다. 유용한 친구나 유쾌한 친구들은 이보다 더 오래 간다. 즉 그들이 피차간에 쾌락이나 이익을 주는 동안은 친구가 된다.

유용성으로 인한 친애는 서로 반대되는 사람들 가령 가난한 사람과 부자, 무식한 사람과 유식한 사람 사이에 가장 쉽게 존재하는 친애인 듯싶다. 왜냐하면 사람이란 자기에게 결여된 것을 구하고, 그 대신 다른 어떤 것을 상대방에게 주기 때문이다.

사랑하는 사람과 사랑받는 사람, 아름다운 사람과 추한 사람도 여기에 속한다고 볼 수 있다. 사랑하는 쪽의 사람들이 자기들이 사랑하는 것처럼 또한 상대방으로부터 사랑을 받겠다고 요구할 때 가끔 그들이 우습게 여겨지는 것은 이 때문이다.

만일 그들이 상대방 못지않게 사랑스럽다면 그들의 요구는 당연한 것이 될 수도 있으나, 사랑할 만한 것이 전혀 없으면서 그런 요구를 한다는 것은 우스운 일이 아닐 수 없다. 하지만, 아마도 서로 상반되는 것을 구하는 까닭은 그 본성에 의한 것이 아니고, 다만 부수적으로 그렇게 구하는 것이요, 그것이 욕구하는 것은 실상 중간적인 것일지도 모른다.

여기서 중간적인 것이란 곧 선인데, 가령 마른 것에게는 젖게 되는 것이 선이 아니라[14] 그 중간적 상태에 이르는 것이 선이고, 또 더운 것이나 이 밖의 모든 경우에도 이와 같이 되는 것이 선이다. 이런 여러 문제에 대해서는 그만 논해도 될 것이다.

이것들은 사실 우리가 지금 고찰하는 것과는 별로 상관이 없기 때문이다.

---

14) 1155b 2~3.

C. 친애의 상호성과 공동체의 상호성과의 관계

제9장 친애와 정의의 평행성. 국가는 그보다 약소한 모든 공동체를 내포한다

처음에 말한 바와 같이[15] 친애와 정의는 같은 것들에 관계하며, 또 동일한 사람들에게서 볼 수 있는 것으로 여겨진다.

어느 공동체에나 어떤 형태의 정의가 있고 또 친애가 있는 것으로 생각되기 때문이다. 어떻든 사람들은 동료 선원이나 동료 병사를 친구라고 부르고, 또 다른 어떤 공동체에서는 자기와 더불어 공동 생활하는 사람들을 친구라고 부른다. 그리고 사람들이 공동 생활하는 범위는 곧 그들의 친애의 범위이다.

정의에 있어서도 마찬가지이다. 그리고 또 "친구가 가지고 있는 것은 공동의 재산이다."라는 속담은 참으로 옳은 말이다. 친애는 공동 생활하는 가운데 있기 때문이다. 그런데 형제들이나 친구들은 모든 것을 공동으로 소유하지만, 그 이외의 다른 사람들의 경우에는 일정한 것이 공유되지만, 어떤 사람은 더 많이 가지고 다른 어떤 사람은 적게 가진다.

모든 친애 가운데도 어떤 것은 더 친밀하고 어떤 것은 덜 친밀한 것이기 때문이다. 온갖 정의에도 차이가 있다. 자식들에 대한 부모의 의무와 형제들 상호간의 의무는 서로 다르고, 또 친구들이나 동료 간의

---

15) 1155a 22~28.

의무도 다르며, 또 이 밖의 다른 여러 가지 종류의 친애에 있어서도 마찬가지이다. 그러므로 이런 여러 가지 관계에 있는 사람들에 대한 부정한 행위에도 역시 차이가 있어서, 더욱 친밀한 사람들에 대한 부정일수록 그 부정의 정도가 더욱 증가한다.

가령 같은 국민보다는 자기의 친구에게서 재물을 사취(詐取)하는 것이 더 고약한 일이요, 알지 못하는 사람보다는 자기의 형제를 돕지 않는 것이 더욱 고약한 일이며, 또 다른 누구보다도 자기의 아버지에게 상처를 입히는 것이 더욱 고약한 일이다. 그리고 정의에 대한 요구도 친애의 정도에 따라 증가하는 것 같다.

이것으로 미루어 친애와 정의는 같은 사람들 사이에 존재하며 또 그 미치는 한도가 같은 것임을 잘 알 수 있다.

그런데 모든 공동체는 국가적인 공동체의 일부처럼 보인다. 사람들은 어떤 특정한 이익을 바라고, 또 그들의 생활에 필요한 어떤 것을 서로 공급할 것을 염두에 두고 길을 함께 가는데, 국가 공동체도 본래 이익 때문에 결성되고 또 지속하는 것으로 생각되며, 사실 입법자들도 이익을 목적으로 삼으며, 또 정의란 다름 아니라 공동의 이익이라고 말하고들 있기 때문이다.

그런데 국가 이외의 모든 공동체는 부분적으로 이익을 구한다. 가령 뱃사공들은 돈을 벌거나 돈이 될 만한 것을 벌려고 항해의 이익을 구하고, 병사들은 재물이든 승리이든 혹은 그들이 원하는 나라를 탈취하는 일이든 하여튼 전쟁의 이익을 구하고, 또 같은 종족에 속하는 사람들이나 같은 지역구에 사는 사람들도 이와 비슷하게 행동한다.

[공동체들 가운데에는 쾌락 때문에 생긴 것도 있는 것 같다. 종교적인 조합이나 사교 모임 등이 그런 것이다. 이것들은 각기 제사를 드리거나 사교를 위해서 존재한다. 그러나 이런 모든 공동체는 국가적 공동체의 하부 구조로 여겨진다. 국가 공동체는 눈앞에 있는 이익을 구

하지 않고 우리의 생활 전체를 위해서 이익이 되는 것을 구하기 때문이다.]

그리하여 국가 공동체는 이런 목적을 위해서 희생 제물을 드려서 제사를 지내고, 여러 가지 모임을 가져서 신들에게 영광을 돌리며, 그 백성들을 위해서는 즐거운 휴식을 마련한다. 사실 옛날의 제사나 여러 가지 행사는, 초물제(初物祭) 같은 경우에서 보는 바와 같이, 곡물을 수확한 다음에 베풀어졌던 것 같다. 이것은 이러한 계절에 사람들이 가장 많은 여가를 가졌기 때문이다.

그러므로 모든 공동체는 국가적 공동체의 일부처럼 보인다. 그런데 이러한 여러 공동체의 하나하나에는 각기 대응하는 친애가 따로 있다.

제10장 국가 체제의 분류, 가족 관계와의 유비

그런데 국가체제16)에는 세 가지가 있고, 이것들이 파괴된 것인 타락한 형태도 세 가지가 있다.

세 가지 국가체제란 군주제, 귀족제 그리고 셋째로 재산 능력에 기초를 둔 것—이것은 유산자제(有産者制)라 하는 것이 적절한 듯한데, 대부분의 사람들은 공화제라 부르고 있다—이다.

이것 가운데 가장 좋은 것은 군주제이고, 가장 나쁜 것은 유산자제이다. 군주제가 타락한 것은 참주제(僭主制)이다. 이 둘은 1인 지배의 정치 체제이지만 또한 엄청난 차이가 있다. 즉 참주는 자기 자신의

---

16) 여기서 국가체제라 한 것이나 '공화제'라 한 것도 다 같이 원어로는 '폴리테이아(πολιτεία)이다. 이와 같이 '폴리테이아'는 넓은 의미에서는 '국가체제'를 뜻하고 좁은 의미에서는 국가체제의 특수한 형태를 가리키는 말이다.

이익을 구하고, 군주는 그 신민(臣民)의 이익을 구한다. 사실 자족적이고 모든 선한 것들에 있어서 신민을 능가하지 않고서는 군주가 아니다. 이런 사람은 더 이상 필요한 것이 없다. 그러므로 그는 자신의 이익을 돌보지 않고 신민의 이익만을 돌본다. 이와 같지 않은 군주는 한갓 추첨에 의한 군주와 다름없다.17) 참주제는 이것에 정반대되는 것이다. 참주는 자기 자신의 선을 추구하기 때문이다. 그리고 참주제의 경우, 최악의 타락 형태임이 다른 경우보다18) 더 분명하다. 그런데 최악의 것은 최선의 것의 반대이다.19)

군주제는 참주제로 이행한다. 참주제는 1인 통치의 나쁜 형태인데, 또 나쁜 군주는 참주가 되기 때문이다. 귀족제는 그 통치자들의 악덕으로 말미암아 과두제(寡頭制)로 이행한다. 이들은 국가에 속하는 것을 제멋대로 분배한다. 즉 좋은 것을 전부 혹은 대부분 자기가 취하고 관직을 언제나 같은 사람들에게 주며, 또 무엇보다도 재물에 혈안이 된다. 그리하여 이 통치자들은 가장 가치 있는 사람이 아니고, 소수이면서 나쁜 사람들이다. 유산자제는 민주제로 이행한다. 사실 이 둘은 서로 경계를 접하고 있다. 유산자제도 다수의 지배를 이상으로 하며, 또 재산 형태들 가운데서 그 나쁜 정도가 가장 적은 것이다. 왜냐하면 그 경우에는 국제의 본래의 형태로부터 타락한 정도가 매우 적기 때문이다.

이상에 말한 것이 여러 국가체제에 가장 일어나기 쉬운 여러 가지 변화이다. 이렇게 이행하는 것이 가장 간단하고 가장 쉬운 것이기 때

---

17) '추첨에 의한 군주'란 짐작컨대, 아테나이에서 1년 만에 교체하곤 하던 '아르콘 (ἄρχον)을 말하는 것 같다. 이것은 추첨에 의하여 선출되며, 군주로서의 기능은 전혀 가지고 있지 않으면서도, 군주제 시대부터 전해 오는 제사를 맡아 본다고 해서 군주라고 불린 것이다. 로스가 mere titular king이라고 옮긴 것을 따라 '한갓 이름만의 군주'라고 의역할 수도 있다.
18) 즉 군주제가 최선의 진정한 형태라는 것이다.
19) 그러므로 군주제는 최선의 것이 아닐 수 없다.

문이다.

우리는 이 여러 국가체제와 비슷한 것들, 이를테면 그 모형을 가정 안에서 찾아볼 수 있다. 즉 아버지와 그 아들들의 공동체는 군주제의 형태를 띠고 있다. 아버지는 자녀들을 돌보기 때문이다. 이런 이유로 호메로스는 제우스를 <아버지>라 불렀다. 사실 군주제의 이상은 가부장적 지배이다. 그러나 페르시아에서 아버지의 지배는 참주적이다. 페르시아 사람들은 아들을 노예로 사용한다. 노예에 대한 주인의 지배도 역시 참주적이다. 그 지배로 말미암아 생기는 것은 주인의 이익이기 때문이다.

그런데 이것은 옳은 지배 형태로 생각되지만, 페르시아의 체제는 그릇된 것으로 보인다. 여러 가지 서로 다른 관계를 따라 거기 적합한 지배양식도 여러 가지로 서로 다른 까닭이다. 부부의 공동체는 귀족제적으로 보인다. 왜냐하면 남편은 그 가치를 따라 지배하며 또 남편이 으레 지배해야만 할 일에 있어서는 지배하되, 아내에게 합당한 일은 아내에게 맡기기 때문이다. 만일 남편이 만사에 있어서 지배하게 되면 그 부부 관계는 과두제로 이행한다. 그렇게 하는 것은 그가 부부 각자의 가치를 따라서 행동하거나 자기의 우수성을 가지고 지배하는 것이 아니기 때문이다.

하지만 아내가 상속인이기 때문에 지배하는 경우도 간혹 있다. 이러한 지배는 우수성으로 말미암는 것이 아니고, 과두제의 경우에서와 같이 재력과 권력으로 말미암는 것이다.

형제들의 공동체는 유산자제와 비슷하다. 왜냐하면 그들은 연령만 다를 뿐이지 그 나머지 점에서는 모두 균등하기 때문이다. 그러나 연령의 차가 크면 그들의 친애는 형제적인 친애가 될 수 없게 된다.

민주제는 주로 주인 없는 가정에서 찾아볼 수 있고(거기서는 누구나 균등하므로), 또 지배자가 약하여 누구나 제멋대로 행동하는 곳에서 찾아볼 수 있다.

제11장 여기 대응하는 여러 가지 형태의 친애 및 정의

이 여러 국가체제는 각기 정의를 내포하는 바로 그만큼 친애를 내포하고 있는 것으로 보인다. 군주와 신민들 사이의 친애는 베풀어지는 복리(福利)의 과도에 의존한다. 만일 군주가 좋은 군주여서, 마치 목자가 그 양을 돌보듯, 백성들의 복지를 생각하고 돌본다면, 그는 백성들에게 복리를 주고 있는 것이 된다. 이런 까닭에 호메로스는 아가멤논을 <백성들의 목자>라 불렀다.

아버지의 친애도 이와 같은 성질의 것이지만, 이것은 전자보다도 그 주는 복리가 훨씬 더 크다. 왜냐하면 아버지는 자녀들을 이 세상에 낳아서 존재하게 해주었고―이것은 최대의 선으로 생각된다―또 양육하며 교육해 주었기 때문이다. 이런 일은 또한 조상의 덕으로도 여겨지고 있다. 또 본성적으로 아버지는 자식을, 조상은 자손을, 군주는 그 백성을 지배하게 마련이다.

이 여러 친애는 거기 관계하는 한쪽이 다른 한쪽보다 우월할 것을 예상한다. 이런 까닭에 조상들도 존숭(尊崇)되는 것이다. 그러므로 이런 관계에 있는 사람들 사이에 존재하는 정의도 그 양쪽에 있어서 같은 것이 아니고, 그 모든 경우에 있어서 가치에 비례하는 것이다. 친애에 있어서도 그렇다. 즉 남편과 아내의 친애는 귀족제에서 볼 수 있는 것과 같은 친애이다. 거기서는 덕을 따라서, 좀더 선한 사람이 선한 것을 더 많이 가지며, 또 각자가 자기에게 어울리는 것을 취한다.

이런 여러 관계에 있어서는 정의도 마찬가지이다. 형제들 간의 친애는 동료들 간의 친애와 비슷하다. 왜냐하면 그들은 평등하고 나이가 비슷하며, 또 이러한 사람들은 대체로 그 느끼는 바와 성격이 비슷하기 때문이다.

유산자제적인 국가체제의 경우의 친애도 이와 비슷하다. 왜냐하면 이러한 국가체제에서는 국민이 평등하고 공평한 것을 이상으로 삼기 때문이다. 그래서 지배하는 일도 교대로 하며 또 평등한 조건을 가지고 하는 것이다. 그 친애도 이러한 성질을 띠고 있다.

그러나 이상의 모든 타락 형태에는 정의가 거의 존재하지 않는 것처럼 친애도 거의 존재하지 않는다.

최악의 형태의 국가체제 속에는 친애가 가장 적게 존재한다. 즉 참주제 속에는 친애가 거의 없거나 혹은 전혀 없다. 왜냐하면 지배자와 피지배자 사이에 공통적인 것이 전혀 없는 곳에는 정의도 없으므로 친애도 없기 때문이다. 가령 기술자와 도구, 정신과 신체, 주인과 노예 사이에는 정의도 친애도 없다.

이 여러 경우의 각각에 있어서 후자는 그것을 사용하는 자에게서 이익을 얻기는 하지만, 무생물에 대해서는 친애도 없고 정의도 없다. 그러나 말이나 소에 대해서도 친애는 없고, 또 노예에 대해서도 노예인 한에서는 그러하다. 노예와 주인 사이에는 공통적인 것이 전혀 없기 때문이다.

사실 노예는 생명 있는 도구요, 도구는 생명 없는 노예이다. 그러므로 노예인 한에서의 노예와는 친애가 있을 수 없다. 그러나 인간인 한에서는 그럴 수가 없다. 왜냐하면 어떠한 사람을 막론하고 법률 제도를 같이 할 수 있고 피차 계약할 수 있는 사람들 사이에는 어느 정도 정의가 있다고 생각되며, 따라서 상대방이 인간인 한에 있어서 친애도 있을 수 있기 때문이다. 그러므로 참주제에는 친애와 정의가 거의 없으나, 민주제에는 친애와 정의가 훨씬 많다. 무릇 국민이 평등한 곳에는 공통적인 것이 또한 많기 때문이다.

제12장 친족간의 친애의 가지각색 형태

그러므로 이미 말한 바와 같이,[20] 모든 친애는 공통성에서 성립한다. 하지만 친척들 간의 친애와 동료들 간의 친애를 이 밖의 다른 모든 친애와 특별히 구별하여 생각할 수 있다. 같은 국민들, 동업자들, 동선자(同船者)들 및 이 밖에 이와 비슷한 사람들 간의 친애는 단지 공동체적인 친애라는 성질이 농후하다. 이것들은 이를테면 일종의 합의에 의거하고 있는 것으로 보인다. 손님과 주인 사이의 친애도 이 부류에 속하는 것으로 볼 수 있다.

혈연적 친애는 그 종류가 다양한 것처럼 보이지만, 그 자체에서는 어느 경우를 막론하고 부자적(父子的) 친애에 연유하는 것으로 생각된다. 왜냐하면 부모는 자식을 자신의 일부처럼 사랑하고, 자식은 부모를 자기들이 거기서 나온 어떤 것으로 사랑하기 때문이다. 그런데 (1) 부모는 그 자식이 자기에게서 난 자식이라는 것을 자식이 그 부모에게서 출생했다는 것을 아는 것 이상으로 더 잘 알고 있고, 또 (2) 낳은 자는 그 소생이 자기 자신의 것임을, 소생은 자기를 낳은 자에 대해서 자기 자신을 낳아 주었다고 느끼는 이상으로 느낀다. 피생산자는 생산자에게 속하지만(가령 치아나 모발이나 이 밖의 어떤 것이나 이것을 소유하는 사람의 것이다), 생산자는 피생산자에게 속하지 않으며, 혹은 속한다 해도 그 정도가 아주 적다. 그리고 (3) 시간의 길이도 같은 여러 결과를 낳는다. 즉 부모는 그 자식이 출생하자마자

---

20) 1159b 29∼32.

사랑하지만, 자식들은 시간이 경과하여 이해하는 힘이 생기고, 또 지각할 줄 알게 된 후에라야 그 부모를 사랑할 것이다. 이런 여러 가지 점에서 미루어 볼 때 왜 어머니가 아버지보다 더 자식을 사랑하는가 하는 것도 분명해진다.

이리하여 부모는 자식들을 자기 자신처럼 사랑하며(자기의 소생은 자기를 떠나 독립적인 생존을 가짐으로써, 이를테면 일종의 '다른 자기'이기 때문이다), 한편 자식들은 자기들이 그 부모의 소생이므로 그 부모를 사랑하며, 또 형제들은 같은 부모에게서 났으므로 서로 사랑하는 것이다. 부모를 닮아서 또한 서로 닮게 되기에 말이다(이런 까닭에 사람들이 '같은 피'니, '동기(同氣)'니 하는 말을 하는 것이다). 그러므로 형제는 서로 분리된 개인이지만, 어느 의미에서는 같은 것이다. 함께 교육을 받은 것과 나이가 비슷한 것도 친애에 크게 이바지하는 것들이다. 왜냐하면 "나이가 같은 사람들끼리 서로 짝을 지으며," 또 함께 교육받은 사람들이 아주 가까운 친구가 되기 쉽기 때문이다. 이런 까닭에 형제들의 친애는 아주 가까운 친구들의 친애와 닮은 데가 있다. 그리고 사촌 형제들과 이 밖에 다른 친척들도 이것에 의하여—즉 같은 조상으로부터 나왔다고 하는 것에 의하여—함께 결합된다. 이들은 그 시조가 가까운가 혹은 먼가에 따라 혹은 더 가깝게 결합하기도 하고 혹은 서로 멀어지기도 한다.

부모에 대한 자식의 친애, 신들에 대한 인간의 친애는 선하고 우월한 어떤 것에 대한 친애라는 의미를 갖는다. 그들이 여러 가지 최대의 혜택을 베풀어 주었기 때문이다. 사실 그들은 출생 시부터 자식들의 존재, 양육, 교육의 원인이 되기 때문이다. 그리고 이런 종류의 친애는 남남끼리의 친애보다 즐거움과 유용성도 더 많이 지니고 있다. 부모와 자식들의 생활은 더욱 공동체적인 생활이기 때문이다. 형제들의 친애는 가까운 친구들의 친애에서 볼 수 있는 여러 특징을 가지고 있고(특히 친구들이 선한 사람들인 경우에 이들이 가지고 있는 특징을 가지고 있고), 또 일반적으로 서로 비슷한 사람들 사이의 친애에서 볼 수 있는 여러 특징을 가지고 있다. 형제는 누구보다도 더 밀접하게 피차에 속하고 나면서부터 서로 사랑하면서 지내게 되었으며, 또 같은 부모에게서 나서 함께 양육을 받고 비슷한 교육을 받은 사람들은 그 성격이 누구보다도 더 비슷하기 때문이다. 그리고 그들의 경우에는 오랜 세월이 그들의 친애를 가장 충분하게 그리고 가장 확실하게 입증해 준다.

이 이외의 혈연관계에 있어서도 그 여러 가지 친애는 일정한 비례관계를 가지고 있다. 남편과 아내 사이에는 친애가 본성에 의하여 존재하는 것 같다. 왜냐하면 인간은 본성상 짝을 이루려는 경향을 가지고 있기 때문이다. 사실 인간은 국가를 형성하는 이상으로 배우자와 짝을 이루려는 경향이 더 농후하다. 이것은 가정이 국가보다 앞서며, 또 더 필요하며, 생식이 모든 동물에 있어서와 마찬가지로 인간에게도 더욱 공통적인 것이기 때문이다. 그런데 다른 동물과의 공통점은 여기까지요, 인간이 가정을 이루어 함께 사는 것은 생식만을 위한 것이 아니라, 또한 생활의 여러 가지 목적을 위해서이기도 하다. 즉 처음부터 인간의 여러 기능은 분화되어 있고, 남자와 여자의 기능은 서로 다르다. 이런 여러 이유에서 이런 종류의 친애에는 유용성과 쾌락이 들어 있는 것으로 여겨진다. 그러나 남편과 아내가 선한 사람일 때에는 그 친애가 또한 덕에 기초를 두는 것일 수도 있다. 즉 각자가 자기 자신의 덕을 가지고 서로가 이것에 기쁨을 느끼게 될 수도 있다. 그리고 자녀는 결합의 연줄로 보인다(그러므로 자식이 없는 사람들은 더 쉽사리 헤어진다). 자녀는 부부 모두에게 공통적인 선이요, 공통적인 것은 서로를 결합시킨다. 남편과 아내가 그리고 일반적으로 친애하는 사람이 서로 어떻게 대해야 하는가는 어떻게 대하는 것이 옳은가의 문제와 같은 것으로 보인다. 친구에 대한 의무, 남에 대한 의무, 동료에 대한 의무, 학우에 대한 의무는 서로 다르기 때문이다.

D. 친애의 여러 난점

제13장 봉사 교환의 원칙. (a)동등한 입장의 사람들 사이의 친애

처음에 말한 것처럼[21] 친애에는 세 종류가 있고, 그 어느 것에 있어서나 피차가 균등한 친구도 있고 한 쪽이 다른 쪽보다 우월함으로써 친구가 되는 수도 있다(똑같은 정도로 선한 사람들만이 친구가 될 수 있는 것이 아니라 또한 선한 사람이 악한 사람과 친구가 될 수도 있고, 또 마찬가지로 쾌락이나 유용성으로 말미암는 친애에서 친구들은 그들이 주는 혜택이 균등할 수도 있고 균등하지 않을 수도 있으므로). 이런 까닭에, 균등한 사람들은 균등성에 기초하여 애정이나 이 밖의 모든 점에 요구되는 균등을 실현시켜야 하며, 균등하지 않은 사람들은 자기의 나은 점 혹은 못한 점에 비례하여 상대방에게 보답하는 것이 있어야 한다.

불평과 나무람은 오직 혹은 주로 유용성에 의한 친애에서 생기는데, 이것은 아주 당연한 일이다. 왜냐하면 덕에 의거한 친구는 서로 상대방의 행복을 염려하며(이것이 덕과 친애의 특징이므로), 또 덕에 있어서 서로 경쟁하는 사람들 사이에는 불평이나 분쟁이 있을 수 없기 때문이다.

아무도 자기를 사랑하고 자기에게 잘 해주는 사람으로 말미암아 마음을 상하는 일은 없다. 멋있는 사람은 상대방에게 잘 해줌으로써 복

---

21) 1156a 7.

수를 한다. 그리고 상대방이 나에게 해주는 이상의 봉사를 상대방에게 해주는 사람은 그 친구에 대해서 불평을 하지 않는다. 그 사람은 자기가 원하는 것을 얻기 때문이다. 각자가 원하고 있는 것은 다름 아닌 선이니까, 또 불평은 쾌락으로 말미암는 친애에서도 그다지 생기지 않는다. 이런 친애에서는 쌍방이 함께 시간을 보내고 있는 것을 즐긴다고 하면, 양자가 모두 같이 욕구하고 있는 것을 얻기 때문이다. 또 상대방이 자기를 즐겁게 해주지 않는다고 불평하는 사람은 우습게 보이기 일쑤이다. 함께 시간을 보내지 않을 수도 있기 때문이다.

그러나 유용성으로 말미암는 친애에는 불평이 많다. 왜냐하면 자기 자신의 이익을 위하여 서로 상대방을 이용하는 사람들은 늘 상대방보다 더 많은 것을 얻으려 하며, 자기들이 원하는 그리고 자기들이 그것을 가질 가치가 있는 모든 것을 얻지 못했다고 하여 상대방을 비난하기 때문이다. 그리고 상대방에게 잘 해주는 사람들은 그들이 잘 해주는 사람들이 바라는 만큼은 이들을 도와줄 수 없다.

그런데 정의에 불문율적인 것과 성문법적인 것의 두 가지가 있는 것처럼, 유용성으로 말미암는 친애에도 윤리적인 것과 법적인 것 두 가지가 있다. 그리하여 불평이 생기는 것은 대체로 사람들이 친애의 관계를 맺을 때와 같은 정신으로 그 관계를 해결하지 않을 때이다. <법적인> 친애는 명언(明言)된 조건 위에서 성립하는 친애이다.

순전히 상업적 형태의 친애는 손에서 손으로 건네지는 직접적 지불의 기초 위에 성립하는 것이요, 이보다 좀더 자유로운 형태의 것은 시간의 여유를 두지만, <무엇의 대상(代償)으로서의 무엇>이라는 합의 위에 서 있는 것이다.

후자에 있어서도 부채(負債)는 분명하고 또 애매하지 않으나, 다만 뒤로 미루는 데 친애의 요소가 들어 있는 것이다. 그래서 몇몇 나라에서는 이러한 합의에서 생기는 소송(訴訟)을 허용하지 않으며, 서로 신용하고 거래한 사람들은 손해를 보아도 할 수 없고 그 손해를 감수해야 하는 것으로 생각하고 있는 것이다.

한편 〈윤리적인〉 친애는 명언된 조건 위에 성립하는 것이 아니다. 그것은 선물을 주든, 혹은 이 밖의 어떤 일을 하든, 친구로서의 상대방에게 하는 것이다.

그런데 우리는, 우리가 정작 준 것이 아니고 빌려주었을 따름이라 생각하여, 자기가 준 것만큼 혹은 그 이상으로 받을 것을 기대한다. 그리고 만일 관계를 맺었을 때보다 그 관계를 끊었을 때에 사람이 더 나빠졌을 경우에는 불평하게 된다.

이런 일이 생기는 것은 모든 사람 혹은 대부분의 사람이 고귀한 일을 원하면서도 유리한 것을 선택하기 때문이다. 그런데 보상 받을 생각 없이 남에게 잘 해주는 것이 고귀한 일이요, 여러 가지 혜택을 받는 것이 유리한 것이다. 그러므로 할 수만 있으면 우리는 우리가 받은 만큼을 기꺼이 갚지 않으면 안 된다(왜냐하면 우리는 어떤 사람을 그의 의사에 반하여 친구로 삼아서는 안 되기 때문이다. 그러므로 처음에 잘못해서 우리가 혜택을 받아서는 안 될 사람—즉 친구도 아니요, 또 그저 한번 혜택을 주고 싶어서 혜택을 준 것도 아닌 사람인 까닭에—한테서 혜택을 받았을 경우에는 마치 우리가 명언된 조건하에 혜택을 받은 것처럼 그 관계를 해결하지 않으면 안 된다).

사실 우리는 우리가 할 수 있으면 반환하리라는 데 대해서 합의했을 것이다.

만일 할 수 없는 경우에는, 준 사람은 우리가 반환할 것을 기대조차 하지 않을 것이다. 그러므로 가능하면 우리는 반환해야 한다.

그러나 먼저 우리는 "누구한테 혜택을 받고 있으며 또 어떤 조건으로 그 사람이 그런 혜택을 나에게 주고 있는가." 하는 것을 잘 생각해야만 한다. 그래야만 우리가 이 조건으로 그 혜택을 받을 수도 있고,

그렇지 않으면 그것을 거절할 수도 있기 때문이다.

혜택을 받은 사람에게 그 혜택이 얼마나 유용했던가를 척도로 삼고 그것에 비추어 갚아야 할 것인가, 그렇지 않으면 혜택을 베푼 사람의 혜택의 정도를 척도로 삼을 것인가 하는 데 대해서는 의문의 여지가 있다. 왜냐하면 받은 쪽의 사람들은 "보잘 것 없는 것, 다른 사람한테서도 얻을 수 있었을 것을 받은 데 불과하다."고 말하면서, 자기가 받은 혜택을 과소평가하고, 한편 이에 반하여, 준 쪽의 사람들은 "그것은 그들이 가지고 있던 것들 가운데 가장 큰 것이요, 딴 사람들한테서는 얻을 수 없었던 것이요, 또 위급한 때 혹은 그와 같이 요긴한 때에 베푼 것이다."라고 하기 때문이다.

그런데 이런 친애가 유용성을 목적으로 삼은 것이라면, 받는 사람 쪽의 이익이 척도가 될 수밖에 없다. 왜냐하면 도움을 바라는 것은 그요, 또 상대방은 그에게 준만큼 도로 받으리라 생각하고 도와주었기 때문이다. 그래서 그 도움은 받는 사람의 이익이 되는 만큼만 주었던 것이고, 따라서 그는 받은 만큼 혹은 그 이상(이렇게 하는 것이 더 고귀한 일이므로) 갚아야만 한다.

반면에, 덕에 기초를 둔 여러 친애에서는 불평이 생기지 않고, 다만 행한 자의 선택이[22] 일종의 척도이다. 덕이나 성격의 결정적 요소는 선택에 달려있기 때문이다.

제14장 (b)동등하지 않은 사람들 사이의 친애

우월성에 기초를 둔 친애에서도 여러 가지 분쟁이 생긴다. 어느 쪽이나 상대방보다 많이 얻을 것을 기대하기 때문이다. 그러나 막상 이

---

22) 로스는 '목적'(purpose)이라 새기고 있다.

렇게 되는 경우에는 친애가 없어지고 만다. 상대방보다 더 선한 사람은 자기가 더 많이 가져야 한다고 생각한다. 선한 사람이 더 많이 가져야 한다는 이유에서, 또 상대방보다 더 유용한 사람도 이와 비슷하게 기대한다. 그러면서 무용한 사람은 자기들만큼 가져서는 안 된다고 말한다. 만일 친애에서 생기는 여러 가지 소득이 각자가 하는 일의 가치에 대응하지 않는다면, 그것은 공공적 봉사의 행위이지 친애가 아니라는 이유에서, 즉 그들은 상업적 동업(同業)에서 자본을 더 많이 내는 사람이 이익금을 더 많이 차지하는 것처럼 친애에 있어서도 그래야만 한다고 생각하고 있다. 그러나 궁핍한 사람이나 상대방만 못한 사람은 이와 반대되는 주장을 한다. 그들은 궁핍한 사람들을 도와주는 것이 선한 친구의 의무라고 생각하고 있다. 그들은 "좋은 사람이나 권세 있는 사람의 친구가 되어서 아무 것도 얻는 것이 없다면 그런 사람의 친구가 될 필요가 무엇인가?"라고 말한다.

그런데 이 둘 어느 쪽이나 다 일리가 있어 보인다. 그리고 어느 쪽이나 친애로부터 얻는 것이 상대방보다 많아야만 할 것도 같다. 물론 쌍방이 똑같은 것을 상대방보다 더 얻어야 되는 것은 아니고, 탁월한 사람은 명예를 더 많이 얻어야 할 것이고, 궁핍한 사람은 이득을 더 많이 얻어야 할 것이다. 명예는 덕과 선을 베푼 데 대한 상이요, 이득은 궁핍한 사람에게 필요한 도움이 되기 때문이다.

이것은 국가 사회에서도 역시 그런 것 같다. 즉 공공의 일에 아무런 선도 기여하지 않는 사람은 존경을 받지 못한다. 사실 공중에게 속하는 것은 공중에게 선을 끼치는 사람에게 주어지는 법인데, 존경은 공중에게 속하는 것이다. 공공으로부터 재물도 얻고 동시에 명예도 얻는다는 것은 불가능한 일이다. 사실 누구나 만사에 남보다 적은 몫으로 만족하지는 않는다. 그러므로 재물면에서 남보다 적은 몫을 취하는 사람에게는 명예가 돌아가고 금전의 보상을 원하는 사람에게는 재물이 돌아간다. 앞에서 말한 바와 같이,23) 각자의 가치에 따르는 것이 쌍방을 균등화하고 친애를 보전하기 때문이다.

그러므로 우리는 불균등한 사람들과도 이렇게 교제하지 않으면 안 된다. 즉 재물이나 덕에서 혜택을 받은 사람은 그 대신 존경을 돌려서 갚되, 자기가 할 수 있는 것으로써 갚지 않으면 안 된다. 친애는 사람이 할 수 있는 것을 요구하며, 그 경우 가치에 비례하는 것을 요구하지는 않는다. 이런 일은 언제나 될 수 있는 일은 아니니까. 신들이나 부모들에게 존경의 마음을 표시하는 경우에 그렇다. 누구나 자기가 얻은 그만큼을 이들에게 돌려줄 수는 절대로 없지만, 힘껏 이들을 섬기는 사람은 선한 사람이라고 생각되기 때문이다.

이런 까닭에 자식이 그 아버지와 인연을 끊는 것은 용납될 수 없으나 아버지는 그 자식과 인연을 끊어도 괜찮은 것으로 생각되어온 것이다. 빚을 진 사람은 갚아야만 하는데, 아들은 무슨 일을 한다 해도 자기가 받은 것만큼을 보답할 수는 없을 것이므로 언제나 빚진 상태에 있다. 그런데 꾸어준 쪽의 사람들은 빚을 탕감해 줄 수 있다. 그러므로 아버지도 언제나 이렇게 할 수 있다. 동시에 누구나 아들이 아주 악하게 되지 않는 한 아마도 그 아들과 인연을 끊지는 않을 것으로 생각된다. 아버지와 아들 사이의 본성적인 친애는 둘째로 치더라도 아들의 도움을 물리치지 않는 것이 인간다운 일이기 때문이다. 그러나 아들은 — 만일 그가 나쁜 아들인 경우에는 — 그 아버지를 돕기를 피하거나, 아버지를 돕는 일에 열심을 내지 않는다. 대부분의 사람은 혜택을 받기는 원하나, 남에게 혜택을 베푸는 일은 이익이 없다 하여 피한다. 이런 것들에 관해서는 이 정도 하기로 한다.

---

23) 1162a 34~ b4; 1158b 27; 1159a 35~b 3 참조.

제 9 권

우 애

제1장 (c)동기가 다른 사람들 사이의 친애

서로 비슷한 데가 없는 사람들 사이의 모든 친애에 있어서 서로를 균등하게 하여 친애를 유지케 해주는 것은 앞에서 말한 바와 같이[1] 다름 아닌 비례이다. 가령 국민 간의 친애에 있어서 구두를 만드는 사람은 그가 만든 구두에 대하여 그 가치에 비례하는 보상을 받으며, 천을 짜는 사람과 그 밖의 다른 모든 기술자들도 이와 같이 그 가치에 비례하는 보상을 받는다. 그런데 여기에 공통적인 척도가 화폐라는 형식으로 마련되어 왔으므로 모든 것은 이것에 비추어 거래되고, 또 이것에 의하여 계산되고 있다.

그러나 연애하는 사람들의 친애에 있어서는 가끔 사랑하는 사람이 (사실 자기에게는 사랑받을 만한 이유가 전혀 없는데도) "자기가 무척 사랑하고 있는 그만큼 상대방은 자기를 사랑해 주지 않는다."고 불평하는가 하면, 한편에서는 사랑받는 사람이 "그 전에는 모든 것을 약속했는데 지금은 아무 것도 이행하지 않는다."고 불평하는 일이 자주 있다. 이러한 일은 사랑하는 사람이 상대방을 쾌락 때문에 사랑하는 반면, 사랑받는 사람은 상대방을 유용성 때문에 사랑하며, 또 둘다 자기에게 기대되었던 여러 가지 자질을 소유하지 못할 때에 생긴다. 어떤 것들이 그 친애의 목적이었으므로, 그들의 사랑의 동기가 되었던 이런 것들을 얻지 못할 때 그 친애도 없어지고 만다. 각자가 상대방 자체를 사랑한 것이 아니고 그가 가지고 있는 여러 가지 자질을 사랑했던 것인데, 이런 것들은 영속적인 것이 못 되기 때문이다. 이런 까닭에 그들의 친애도 일시적이다.

---

1) 바로 이와 같이 서로 비슷한 데가 없는 사람들 사이의 친애에 관해서 말한 곳은 없다. 그러나 이 책 1132b 31~33; 1158b 27; 1159a 35~b 3; 1162a 34~b 4; 1153b 11 참조.

그러나 상대방의 성격을 사랑하는 친애는, 이미 말한 바와 같이, 그 인간 자신에 대한 것이므로 영속한다.[2] 그들이 얻는 것이 자기가 원하는 것이 아닌 다른 어떤 것일 때 여러 가지 말썽이 생긴다. 우리가 원하던 것을 얻지 못하는 것은 아무 것도 얻지 못하는 것이나 다름이 없다. 가령 이런 이야기가 있다. 어떤 사람이 류트를 연주하는 연주자에게 노래를 잘 부를수록 그만큼 더 많은 보수를 주마고 약속했다. 그런데 그 이튿날 아침에 그 연주자가 그 사람에게 약속을 이행하라고 요구하자, 그 사람은 "쾌락에 대해서 쾌락[3]을 주었으므로 줄 것은 다 주었다."고 대답했다. 이런 경우 각자가 원하는 것이 이런 것이었다면 문제가 없을 것이다. 그러나 한쪽은 향락을 원했고 다른 한쪽은 이득을 원했다면, 한쪽은 자기가 원하던 것을 얻은 셈이고 다른 한쪽은 그렇지 못하였다. 그리하여 공동 관계의 조건이 충족되지 못했다. 실상 사람마다 자기가 원하는 것에 관심을 가지며, 또 그것 때문에 자기가 가지고 있는 것을 내어주기 때문이다.

그런데 제공된 봉사의 가치를 결정하는 것은 어느 쪽인가, 봉사를 한 사람인가, 그렇지 않으면 봉사를 받은 사람인가? 하여간 전자는 후자에게 그 평가를 맡기는 것 같이 보인다. 전해 오는 말에 의하면 프로타고라스는 늘 이렇게 했다고 한다.[4] 즉 무엇을 가르칠 때에나 그는 배우는 사람에게 그 지식의 가치를 평가하게 해서 결정된 액수의 보수를 받았다. 그러나 이러한 문제에 있어서 어떤 사람들은 "보수는 명확히 작정해야 한다."[5]는 속담을 옳게 여긴다.

돈을 먼저 받고 나서, 약속한 것이 너무 엄청난 것이기 때문에 자기

---

2) 1156b 9~12.
3) 즉 보수를 받으리라 기대하는 쾌락. 앞의 쾌락은 자기가 노래를 들은 쾌락.
4) 플라톤, 『프로타고라스』(*Protagoras*), 328 b, c 참조.
5) 헤시오도스가 "친한 가운데도 보수는 명확하게 정해야 한다."라고 한 말에서 인용한 것이다.

가 하기로 한 것을 하나도 하지 않는 사람들도 자연히 불평의 대상이 된다. 이들은 자기가 하겠다고 합의한 것을 이행하지 않았기 때문이다. 소피스트들은 어쩔 수 없이 이런 일을 할 수밖에 없다. 왜냐하면 아무도 그들이 가지고 있는 지식에 대해서는 돈을 내놓으려 하지 않을 터이니 말이다. 그러므로 그들은 보수를 받고서 하기로 한 일을 하지 않음으로써 자연히 불평의 대상이 되고 있다.

그러나 비록 봉사하겠다고 한 명확한 약속이 없어도, 상대방의 사람 자신 때문에 봉사를 제공하는 사람들에게는, 이미 말한 바와 같이,6) 불평이 있을 수 없고(사실 덕으로 말미암은 친애는 이런 성질의 것이다), 또 그들에 대한 대상은 그들의 선택에 기초하여 행해지지 않으면 안 된다(사실 친구와 덕의 특징을 이루는 것은 선택이다). 철학을 가르쳐 준 분들에 대한 보답도 이와 같아야 한다고 생각된다. 사실 그들의 가치는 돈으로 환산될 수 없고, 또 그들이 베푼 은공에 맞먹는 존경을 드릴 수도 없는데, 그런 가운데도 신들과 부모에 대한 경우처럼, 우리의 힘이 미치는 만큼 드림으로써 충분할 수도 있다.

그런데 상대방에게 주는 것이 이런 성질의 것이 아니고 저쪽에서 갚는 것이 있으리라는 예측을 가지고 주는 경우에는, 틀림없이 그 갚는 것의 내용이 서로에게 다 좋다고 여겨지도록 갚는 것이 틀림없이 좋은 일일 것이다. 그러나 이것이 불가능한 경우에는, 봉사를 받는 쪽 사람이 먼저 보수의 내용을 결정하는 것이 필수적이기도 하고 옳기도 하다. 왜냐하면 사람이 받은 이익과 똑같은 가치가 있는 것, 혹은 그가 얻은 쾌락을 위해서 그가 지불했을 값에 맞먹는 것을 상대방이 그 봉사의 대가로 받는다면, 그 상대방은 바로 받을 만한 것을 받는 것이 되기 때문이다.

우리는 이런 일이 매매의 경우에도 일어나고 있음을 본다. 그리고

---

6) 1162b 6~13.

어떤 나라에서는, 수의(隨意) 계약에 관한 소송은 전혀 있을 수 없다는 법률이 있다. 이것은 "일단 신용한 사람과는 약정한 당초의 정신으로 결말을 지어야 한다."는 것이 전제되어 있기 때문이다. 법률에서는 신용하는 사람보다도 신용 받는 사람이 조건을 정하는 것이 오히려 더 옳게 보인다. 왜냐하면 대부분의 사물은 그것을 가지고 있는 사람들과 원하는 사람들에게 똑같은 가치로 평가되지 않고, 이 두 부류의 사람들은 각기 자신의 것 그리고 자기가 내어주는 것을 높이 평가하지만, 보상은 받는 쪽의 사람이 정한 조건으로 지불되기 때문이다. 그러나 받는 쪽의 사람은 어떤 사물을 평가함에 있어서, 자기가 그것을 가지고 있을 때 그 물건이 지니고 있을 듯싶은 가치로 그것을 평가할 것이 아니라, 그것을 가지고 있기 전에 자기가 평가한 가치대로 평가하지 않으면 안 된다.

제2장 여러 가지 책무의 서로 다른 양상

여기서 다시 다음과 같은 난제가 생긴다. 즉 만사에 있어 아버지를 소중히 여겨 그의 말을 순종할 것인가? 혹은 병들었을 때에는 의사의 말을 믿고, 장군을 선출해야 할 때에는 군사적인 방면에 능한 사람을 선출할 것인가? 또 친구를 위해서 먼저 봉사할 것인가, 선한 사람을 위해서 먼저 봉사할 것인가? 그리고 또 먼저 은인에게 사의를 표할 것인가, 그렇지 않으면 친구에게 먼저 잘 해주고 볼 것인가(이 둘을 다 할 수가 없다면)?

이런 물음은 다 까다로워서 정확하게 결정지을 수가 없다. 왜냐하면 봉사의 대소에 있어서나 그 고귀성 및 필요성에 있어서나 온갖 다양성이 있기 때문이다. 그러나 매사에 같은 사람을 소중히 여겨서는 안 된다고 하는 것만은 아주 분명한 일이다. 그리고 우리는 대체로 친구에게 잘 해주기보다는 오히려 우리가 받은 은혜를 먼저 갚아야 한다. 즉 친구에게 돈을 빌려주기보다 오히려 먼저 빚진 사람에게 빚을 갚아야 하는 것처럼. 그러나 이렇게만 할 수 없는 경우도 있다. 가령 해적에게 잡혔다가 어떤 사람이 자기의 몸값을 치러줌으로써 석방된 사람은, 그 사람이 누구이든 그 사람이 갇히는 경우, 이번에는 자기가 그 사람의 몸값을 치러 주어야 할 것인가(혹은 그 사람이 갇히지는 않고 다만 그 몸값을 도로 갚아달라고 하면 그 돈을 치러야 할 것인가), 그렇지 않으면 자기 아버지의 몸값을 치르고 아버지를 찾아내와야 하는가? 이런 경우에는 자기 자신보다도 자기 아버지의 몸값을 치르고 찾아내어 와야 하는 것으로 생각된다. 그러므로 이미 말한 바와 같이,7) 대체로 부채는 갚아야 하는 것이지만 다른 방면에 융통하는 것이 특별히 고귀하거나 필요한 경우에는 그렇게 해야만 한다. 사실 때로는 자기가 받은 것에 맞먹는 것을 갚지 않는 것이 공평한 경우도 있다. 가령 어떤 사람이 나를 선한 사람으로 알고 나에게 잘 했지만 나로서는 그 사람이 나쁜 사람이라 믿고서 갚아야 하는 경우에 그렇다. 사실 이런 경우에는 자기에게 돈을 꾸어준 사람일지라도 때로는 돈을 빌려주지 말아야 한다. 왜냐하면 상대방은 꾸어준 돈을 도로 찾을 수 있을 것을 잘 알고서 선한 사람에게 꾸어주지만, 이쪽에서는 악한 사람으로 믿어지는 상대방한테서 꾸어준 돈을 도로 찾을 수 있으리라고 기대할 수 없기 때문이다. 그러므로 사정이 정말 이렇다면 상대방의 요구는 공평한 것이 못된다. 사정이 그렇지 않고 단지 그렇게 생각되기만 하는 경우일지라도, 그 요구를 거절하는 것은 조금도 부당하다고 여겨지지는 않을 것이다. 그리하여 이미 여러 번 지적한 바와 같이,8) 감정이나 행위에 관한 논의는 바로 그 주제와 똑같은

---

7) 1164b 31~1165b 2.

정도의 명확성을 띨 따름이다.

　제우스에게도 무엇이든지 모두 희생 제물로 바치지는 않는 것처럼[9] 누구에게나 똑같이 반환할 것은 아니요, 또 만사에 아버지 위주로만 할 것도 아니라는 것은 아주 분명한 일이다. 부모나 형제나 친구나 은인에게는 각기 다른 것으로 갚아야 하는 것이라면, 우리는 이 여러 경우에 각기 합당하고 어울리는 것을 갚지 않으면 안 된다. 사실 사람들은 이렇게 하고 있는 것 같다. 가령 결혼할 때에는 친척을 초대한다. 친척은 그 가족과 더불어 그 가족에 관계되는 행사에서 공통적인 것을 가지고 있기 때문이다. 장례식도 또한 같은 이유에서 다른 누구보다도 먼저 친척이 다 모여야 된다고 생각된다. 그리고 우리는 다른 누구보다도 부모를 부양해야 하는 것으로 생각하지 않을 수 없다. 우리가 그들에게 양육을 받았으므로 또 우리들 자신보다도 먼저 우리를 낳아 준 부모에게 음식물로 도와드리는 것이 더 귀한 일이기 때문이다. 또 존경도 신들에게 드리는 것과 마찬가지로 부모에게도 드려야 한다. 그러나 온갖 존경을 모두 드려야 하는 것은 아니다. 즉 우리는 아버지와 어머니에게 똑같은 존경을 드려서는 안 되며, 또 철학자나 장군에게나 합당한 존경을 부모에게 드려서는 안 되며, 다만 아버지에게는 아버지에게 합당한 존경을, 또 어머니에게는 어머니에게 합당한 존경을 드려야 한다. 모든 손윗사람들에 대해서도 그 연령에 따라, 자리에서 일어서서 영접한다든가, 자리를 내어드린다든가, 이 밖에 이런 비슷한 일로 적합한 존경을 드려야 한다. 한편 친구들이나 형제들에게는 언론의 자유와 모든 것의 공동 사용을 허용하여야만 한다. 또 친척이나 동업자나 같은 국민에 대해서도 언제나 각기 그들에게 적합한 것이 돌아가도록 힘써야 하며, 또 관계의 친밀성과 덕 혹은 유

---

8) 1094b 11~27; 1098a 26~29; 1103b 34~1104a 5.

9) 1134b 22 참조.

용성에 따라 그들 각자가 요구하는 것을 나누어 주어야 한다. 이렇게 하는 것은 그들이 같은 부류에 속하는 사람들인 경우에 비교적 쉽고, 서로 다른 부류에 속하는 경우에는 비교적 힘들 것이다. 그렇다고 해서 우리는 속수무책으로 우유부단할 것이 아니라, 힘이 닿는 데까지 이 문제를 해결하지 않으면 안 된다.

제3장 우정을 깨뜨리는 여러 가지 경우

여기서 생기는 또 한 가지 어려운 문제는 상대방이 전과 달라졌을 때 친애의 관계를 끊을 것인가, 그렇지 않고 그대로 유지할 것인가이다.

유용성이나 쾌락에 기초한 친애에서는 상대방이 이러한 속성을 가지지 않게 되었을 때 친애 관계를 끊어도 전혀 이상할 것이 없다고 말할 수 있다. 왜냐하면 이러한 속성 때문에 친구로 지냈으므로, 이런 속성이 없어졌을 때 더 이상 사랑하지 않는 것은 당연한 일이다. 그런데 상대방이 이쪽을 유용성이나 쾌락 때문에 사랑했으면서도 성품 때문에 사랑하는 척했을 때에는 그에 대해서 불평을 품게 되기 일쑤이다. 사실 처음에 말한 것처럼,10) 친구들 간에 분쟁이 생기는 것은, 대체로 그들이 생각한 친애 관계가 실제와 다른 경우이다. 그러므로 어떤 사람이 스스로 오해하여 자기의 성품 때문에 사랑을 받고 있는 것이라고 생각했는데, 상대방은 전혀 사랑한다는 생각이 없었다면, 그 사람은 오직 자기 자신을 비난해야 한다. 그러나 상대방이 사랑하는 체함으로써 속였다고 하면, 그렇게 속인 상대방에 대해서 불평하는

---

10) 1162b 23~25.

것은 옳은 일이다. 그의 불평이 화폐를 위조하는 사람들에 대한 불평보다 더해도 옳다.11) 이 때의 악행은 더욱 귀중한 것에 관계되기 때문이다.

그러나 우리가 어떤 사람을 선한 사람으로 알고 받아들였는데, 그 사람이 악한 사람이 되거나 혹은 그렇게 생각되기에 이르렀을 경우, 그래도 그 사람을 사랑해야 하는가? 이것은 확실히 불가능한 일이다. 무엇이나 다 사랑할 수 있는 것이 아니고, 오직 선한 것만을 사랑할 수 있으니 말이다. 악한 것은 사랑할 수도 없고, 또 사랑해서도 안 된다. 우리에겐 악한 것을 사랑해야 할 의무도 없고, 또 악한 것을 닮을 의무도 없다. 비슷한 것끼리 서로 사랑한다는 것은 이미 말한 바이다.12) 그렇다면, 이런 경우에는 당장 친애 관계를 끊어야만 할 것인가? 그렇지 않으면 어떤 경우를 막론하고 언제나 그럴 것이 아니라, 상대방의 사악함이 고쳐질 수 없는 경우에만 그럴 것인가? 고칠 가망이 있는 경우에는 오히려 그 친구의 성품이나 본질에 대하여 도움을 주어야만 할 것이다. 이렇게 하는 것이 더욱 선하고 더욱 친애의 특징을 이루기 때문이다. 그러나 그러한 친애 관계를 끊어버리는 사람도 별로 이상하게 생각되지는 않는다. 도대체 그런 사람과 친구로 사귀었던 것은 아니기 때문이다. 그러므로 친구가 전과 같지 않게 되고, 또 그 친구를 구할 수 없는 경우에는 포기하게 된다.

그런데 한쪽은 전과 다름없는데 다른 한쪽이 전보다 더 선하게 되고 덕의 면에서 전자보다 훨씬 우월하게 되는 경우, 후자는 그래도 여전히 전자를 친구로 대해야만 하는가? 확실히 그렇게 할 수는 없다. 그 거리가 클 때 이것은 가장 분명해 진다. 예컨대 소년 시절에 친구였던 사람들 사이의 친애에서 이것은 가장 분명하다. 즉 한쪽이 이지(理

---

11) 아테나이에서는 화폐 위조자에 대한 처벌은 사형이었다.
12) 1156b 19~21; 1159b 1.

智)에 있어서 여전히 소년인 데 반하여 다른 한쪽이 완전히 성숙한 남자가 되었다고 하면, 그들이 같은 것에 대해서 공감하지도 않고 또 같은 것에 대해서 기쁨을 느끼거나 고통을 느끼지도 않는데 어떻게 친구가 될 수 있겠는가? 피차 서로에 관해서도 그들은 서로 취미가 맞지 않겠고 또 그렇게 되지 않고서는 서로 친구가 될 수 없으니 말이다. 사실 그들은 함께 생활할 수가 없다.13) 여기 대해서는 이미 말한 바 있다.14)

　그러면, 친구가 되지 않게 된 사람에 대해서는 마치 그가 한번도 친구였던 적이 없었던 것처럼 대해야 할 것인가? 그럴 것이 아니라, 우리는 오히려 예전에 친했던 것을 기억 속에 고이 간직해야만 한다. 그리고 우리는 남에게보다는 오히려 친구에게 잘해 주어야 한다고 생각하는 터이므로, 한때 친구였던 사람들에게 예전의 친애 관계를 고려하여 무엇인가 주는 것이 있어야만 할 것이다. 상대방의 사악함이 너무 심해서 친애 관계가 깨어진 것이 아니라면 말이다.

---

13) 1157b 22~24.
14) 1157b 17~24; 1158b 33~35.

E. 우애의 내적 본성

제4장 우애는 자애에 기초하고 있다

이웃 사람들에 대한 여러 가지 친애 관계 및 친애가 되도록 하는 여러 특성은, 자기 자신에 대한 여러 관계에서 나온 듯싶다. 아닌 게 아니라 (1) 우리는 친구를 <자기의 친구를 위하여, 선한 것 혹은 선하게 보이는 것을 원하며 행하는 사람>이라고 규정짓거나, 혹은 (2) <자기의 친구가 그 자신을 위하여 생존하며 생활하는 것을 원하는 사람>이라고 규정짓고 있다. 바로 이런 일은 어머니가 그 자식들에게 하고 있으며, 또 서로 사이가 좋지 않게 된 친구들이 하고 있는 것이다. 그리고 (3) 어떤 사람들은 친구를 <함께 생활하며, 또 (4) 취미가 같은 사람>이라고 규정지으며, 혹은 (5) <자기의 친구와 더불어 슬퍼하며 함께 기뻐하는 사람>이라고 규정짓는다. 이것 역시 다른 어떤 사람에게서보다도 어머니에게서 가장 많이 볼 수 있는 일이다. 친애도 이상의 여러 특성의 어느 한 가지 것에 의하여 규정지어지고 있다.

그런데 선한 사람에게는 이 여러 특성 하나하나가 자신과의 관계에서 존재하고 있다(다른 모든 사람에 관해서도, 그들이 자기 자신을 선하다고 생각하는 한 이와 같이 말할 수 있다. 그런데 이미 말한 바와 같이,15) 무슨 일에 있어서나 덕과 선한 사람이 척도가 된다). 사

---

15) 1113a 22~33; 1099a 13 참조.

실 그는 자기 자신과 같은 의견을 가지며, 자기의 영혼 전체와 더불어 같은 것을 욕구한다.16) 따라서 그는 자기 자신을 위하여, 선한 것 및 선하다고 생각되는 것을 원하고 또 행하며17) (선한 일을 실행하는 것이 선한 사람의 특징이므로), 또 자기 자신 때문에 그렇게 한다(즉 자기 속에 있는 이지적 부분 때문에 하는데, 이 부분이야말로 그 사람 자신이라고 생각된다). 그리고 그는 자신의 생명이 보전될 것을 원하는데, 특히 <생각을 영위하는 부분>이 살아 있으며 보전될 것을 원한다.18) 덕 있는 사람에게는 생존이 선한 것이기 때문이다. 그리고 사람마다 자기 자신에게 선한 것을 원하며, 한편 먼저 다른 사람이 되어야만 한다고 하면, 아무도 온 세계를 소유하는 것조차 선택하지 않기 때문이다(이렇게 하는 일이라면 당장 지금도 신은 선을 소유하고 있는 것이다).19) 자기 자신이 무엇이든 그 자기 자신대로 있다는 조건에서만 이것을 원한다. 그리고 생각을 영위하는 부분이야말로 각 개인 자신이라고 생각된다. 혹은 다른 어느 부분보다도 더욱 사람을 사람 되게 하는 것이다. 그리고 또 선한 사람은 자기 자신과 더불어 살기를 원한다.20) 이렇게 하는 것이 즐겁기 때문이다. 그의 과거의 여러 가지 행위에 대한 추억은 흐뭇하고 장래에 대한 그의 여러 가지 희망은 선하며, 따라서 그 추억과 희망은 즐거운 것이니까. 그의 정신은 또한 순수관조(純粹觀照)의 대상을 많이 간직하고 있기도 하다. 그리고 또 그는 다른 누구보다도 자기 자신과 더불어 슬퍼하며 함께

---

16) 위의 본문의 (4)항에 해당.

17) 위의 본문의 (1)항에 해당.

18) 위의 본문의 (2)항에 해당.

19) 즉 신이 지금 모든 선을 소유한다고 해서 거기서 이득을 보는 사람이 한 사람도 없는 것과 마찬가지로, 자기 자신이 아닌 어떤 새 사람이 되어 가지고 그 모든 선을 소유한댔자 아무런 이익이 없다.

20) 위의 본문의 (3)항에 해당.

기뻐한다.21) 왜냐하면 그에게는 같은 것이 언제나 고통스럽고, 또 같은 것이 언제나 쾌락을 주며, 어떤 때는 이것이 또 어떤 때는 저것이 고통이나 쾌락을 주지 않기 때문이다. 이를테면 그에게는 후회할 것이 하나도 없다.

그러므로 이 여러 특성이 모두 선한 사람 자신에 대한 관계에 속하며, 또 그는 자기 자신에 대한 것처럼 친구에게 대하여 관계를 맺고 있기 때문에(그의 친구는 또 하나의 자아이므로), 친애도 역시 이러한 여러 특성 가운데 하나로 생각되며, 또 이러한 여러 특성을 가지고 있는 사람들이 다름 아닌 친구로 생각된다. 자기 자신에 대해서 친애가 있을 수 있는가 혹은 없는가 하는 문제는 여기서는 논하지 않고 뒤로 미루기로 한다.22) 위에서 말한 친애의 여러 특성으로 미루어보거나, 지나친 친애가 자기 자신에 대한 사랑과 닮은 것으로 여겨지고 있는 사실로 미루어보거나, 사람이 둘 혹은 둘 이상의 부분으로 되어 있는 한 자기 자신에 대한 친애란 것도 있음직한 일이다.

그러나 위에서 든 여러 특성은 세상의 많은 사람들에게도 —설사 보잘 것 없는 사람이라 할지라도— 존재하는 것으로 보인다. 그러면 이런 사람들이 자신에 만족하고 있고 또 자기가 선하다고 생각하고 있는 한, 그들도 이 여러 특성을 나누어 갖고 있는 것이라고 해야 할 것인가? 철저하게 악하고 불경건한 사람치고 이런 특성들을 가지고 있거나 가지고 있는 듯이 보이는 사람이 하나도 없다는 것은 확실한 일이다. 그런 보잘 것 없는 사람들에게는 대체로 그것들이 존재하지 않는다고도 할 수 있다. 왜냐하면 그들은 자기 자신과 생각이 다르고, 그 욕정과 그 이성적 욕구가 각기 다른 것을 추구하기 때문이다.23)

---

21) 위의 본문의 (5)항에 해당.
22) 1168a 28~1169b 2 참조.
23) 위의 본문의 (4)항.

이것은 예컨대 자제력이 없는 사람들에게 들어맞는다. 그들은 스스로 좋다고 생각하는 것들 대신에 쾌락을 주되 유해한 것들을 선택하기 때문이다. 또 그 가운데에는 비겁하고 게을러서, 자기 자신에게 가장 좋다고 생각한 것을 하지 못하고 마는 사람들도 있다. 그리고 지금까지 많은 끔찍한 일을 해왔고 그들의 악함 때문에 미움을 받고 있는 사람들은 심지어 살아가는 것조차 꺼리고 자기의 목숨을 끊기도 한다.24) 또 악한 사람들은 함께 생활할 사람을 따로 구하고 자기 자신을 회피한다.25) 왜냐하면 그들은 자기 자신하고만 있게 되면 과거에 저지른 많은 흉악한 일을 기억하지만, 남들과 함께 있으면 그것들을 잊기 때문이다. 또 그들은 자기 자신 속에 사랑할 만한 것이 하나도 없으므로 자기 자신에 대해서 친애하는 느낌을 전혀 가지고 있지 않다.26) 그러므로 이런 사람들은 또한 자기 자신과 더불어 기뻐하며 슬퍼하지도 않는다.27) 왜냐하면 그들의 영혼은 분열되어 있어서, 그 중 한 부분은 사악한 성질로 말미암아 어떤 행위를 하지 않을 경우 고뇌를 느끼는가 하면, 한편 다른 부분은 거기에 쾌락을 느끼며, 또 전자는 그들을 이리 잡아당기고 후자는 저리 잡아당겨서 마치 산산조각을 낼 듯이 끌어당기기 때문이다. 사람은 고통과 쾌락을 동시에 느낄 수는 없지만, 어떻든 쾌락을 맛본 까닭에 잠시 후에는 고통을 느끼게 되는 것이며, 또 그것들이 자기에게 쾌락을 주는 것이 아니었기를 바라기도 한다. 사실 악한 사람들에게는 후회가 가득하다.

그러므로 악인은 자기 자신에 대해서도 친애하도록 되어 있는 것 같지 않다. 그 사람 속에 사랑할 것이 하나도 없기 때문이다. 따라서 이

---

24) 위의 본문의 (2)항.
25) 위의 본문의 (3)항.
26) 위의 본문의 (1)항.
27) 위의 본문의 (5)항.

러한 상태에 있는 것이 다시 없이 비참한 일이라고 하면, 우리는 마땅히 온 신경을 다 써서 악함을 피하고 선한 사람이 되도록 힘쓰지 않으면 안 된다. 이렇게 해야만 자기 자신도 친애할 수 있고, 또 남도 친애할 수 있기 때문이다.

제5장 친애와 호의와의 관계

호의는 친애와 비슷하기는 하지만 친애와 같은 것은 아니다. 왜냐하면 호의는 서로 아는 사이가 아닌 사람에 대해서도 가질 수 있고 또 상대방이 그것을 알지 못하여도 가질 수 있는 것이지만, 친애의 경우에는 그렇지 않기 때문이다.

여기 대해서는 이미 말한 바 있다.28) 그리고 호의는 애정29)도 아니다. 왜냐하면 그것은 강렬함이나 욕망을 내포하고 있지 않은 데 반하여 애정은 그것들을 수반하기 때문이다. 그리고 애정은 친밀함을 예상하는 것인 데 반하여 호의는 갑자기 생길 수도 있다. 가령 어떤 경기에서 서로 경쟁 상대에게 갑자기 호의를 가지게 되는 수가 있다. 이런 경우 우리는 그 상대에게 호의를 품게 되고 그 사람이 원하는 것을 함께 원하게도 되지만, 그 사람과 함께 무엇을 하려고 하지는 않는다. 지금 말한 바와 같이 우리는 갑자기 호의를 가지게 되었고 또 상대방을 피상적으로만 사랑하기 때문이다. 그러므로 호의는 친애의 시초인 듯싶다. 마치 눈을 통한 쾌락이 연애의 시초이듯이.

사실, 사랑하는 이의 자태에 먼저 기쁨을 느끼지 않았다면 아무도

---

28) 1155b 32~1156a 5.
29) 원어는 '휠레시스'(φίλησις). 제8권, 주7 참조. 로스는 여기의 φίλησις를 friendly feeling(친애적 감정)이라 옮기고 있다.

연애를 하지 않는다. 그러나 상대방의 자태에 기쁨을 느꼈다고 해서 반드시 연애를 하는 것은 아니다. 상대방이 없을 때 그를 그리워하고 그가 자기 곁에 있기를 갈망할 때 비로소 연애를 하고 있다고 말할 수 있다.

이와 마찬가지로 서로 호의를 느끼게 되지 않고서는 친구가 될 수 없지만, 그렇다고 해서 호의만 느끼면 친구가 되는 것은 아니다. 호의를 느끼는 상대방에 대해서는 단지 그 사람의 여러 가지 선을 원할 따름이요, 그 사람과 함께 무엇을 하려 하거나 수고를 하려고 하지 않기 때문이다. 그러므로 <친애>라는 말의 의미를 확대하면 호의는 비활동적인 친애라 할 수 있으나, 또한 그것이 오랜 시일을 경과하고 상대방과 친밀한 데까지 이르게 되면 곧 친애가 된다고 말할 수 있을 것이다. 물론 이때의 친애는 유용성으로 말미암는 것도 아니고, 쾌락으로 말미암는 것도 아니다. 호의도 이런 것들 때문에 생기는 것이 아니기에 말이다. 혜택을 입은 사람은 자기가 받은 것에 대한 답례로 상대방에게 호의를 보이는데, 이것은 그저 당연한 일을 하고 있는 것일 따름이다. 그런데 상대방을 통해서 자기가 부요(富饒)하게 되기를 바라기 때문에 상대방의 번영을 원하는 사람은, 그 상대방에 대해서 호의를 가지고 있는 것이 아니라, 자기 자신에 대해서 호의를 가지고 있는 것으로 보인다. 이것은 마치 상대방을 이용하기 위해서 잘 해주는 사람이 그 상대방에게 친구가 아닌 것과 같다. 대체로 호의는 어떤 덕이나 가치 때문에 ― 가령, 어떤 사람이 다른 사람에게 아름답거나 용감하거나 혹은 이와 비슷하게 보이는 경우에 ― 생기는 것이다. 이것은 경기에서 서로 경쟁하는 사람들에 관해서 지적한 바와 같다.

제6장 친애와 합심의 관계

합심(合心)30)도 친애적인 관계로 보인다. 그런 까닭에 그것은 의견의 일치31)가 아니다. 의견의 일치는 서로 알지 못하는 사람들 사이에도 있을 수 있으니 말이다. 또 어떠한 문제에 관해서든 같은 의견을 가지고 있기만 하면, 가령 천체(天體)에 관해서 같은 의견을 가지고 있기만 하면 합심하고 있는 것이 되는 것도 아니다(이런 문제에 관해서 합심하는 것은 친애적인 관계가 아니니 말이다). 다만 어떤 나라의 국민들이 그들의 이익에 관계되는 것에 관하여 같은 의견을 가지고 있고, 같은 행동을 선택하고, 또 공통으로 결정한 것을 실행할 때, 우리는 그 나라가 합심하고 있다고 말한다. 그러므로 사람들이 합심하는 것은 실천적인 일에 관해서, 그 중에서도 특히 중대한 그리고 당사자 쌍방 혹은 당사자 전부가 원하는 것을 얻을 가능성이 있는 일에 관해서이다. 예컨대 어떤 나라의 국민 전부가 "관직은 선거에 의해서 획득되어야 한다."든가, "라케다이몬 사람들과 동맹을 맺어야 한다."든가, "피타코스32)가 자신도 원한다면 통치자가 되어야 한다."고 생각한다면 그 나라는 합심하고 있는 것이다. 그러나 『포이닛사이』에 나오는 형제처럼 두 사람이 같은 것을 가지고자 할 때에는 서로 대립하여 분쟁하게 된다.33) 쌍방이 어떠한 것이든 같은 것을 생각하기만

---

30) 원어는 '호모노이아'(ὁμόνοια). 로스는 unanimity라 옮기고 있다. 협화(協和)라 번역하기도 한다.

31) 원어는 '호모도크시아'(ὁμοδοξία).

32) 피타코스(Pittakos)는 B.C 6세기 초에 뮈틸레네(μυτιλήνη, mytilene)의 통치자로 선출되어 14년간 그 직에 있다가 사임했다. 그때 온 국민이 그의 유임을 원했지만, 오직 그 혼자만이 반대 의견을 가지고 있었다.

33) 에우리피데스, 『포이닛사이』(φοινίσαι, Phoenissae), 588 이하 참조. 본문에는 '『포이닛사이』의 그 사람들'이라 되어 있다. 이 사람들은 에테오클레스(Eteokles)와 폴뤼니케스(Polynices)의 형제로서 다 같이 오이디푸스(Οἰδιπους, Oedipus)와 이오카스테(Ιοκαστή) 사이에 난 아들이다. 그리스의

하면, 그것이 곧 합심인 것이 아니고, 다만 같은 것을 같은 사람의 수중에 맡길 것을 생각할 때라야—예컨대 민중과 상류 계층 사람들이 다 같이 최선의 사람이 통치할 것을 바랄 때에—그것이 곧 합심이기 때문이다. 사실 이렇게 함으로써 그리고 오직 이렇게 함으로써만 모든 사람이 원하는 것을 얻을 수 있다. 그러고 보면 합심은 정치적인 친애인 듯싶다. 아닌게 아니라 세상에서는 흔히 그것을 정치적 친애라 말하고들 있다. 그것은 우리의 이익에 기여하며 우리의 생활에 영향을 주는 것들에 관계하기 때문이다.

그런데 이러한 합심은 선한 사람들 가운데 존재한다. 사실 그들은 자기 자신에 있어서나 피차간에 있어서나 합심하고 있다. 이것은 그들이 이를테면, 항상 한 마음을 품고 있기 때문이다(그런 사람들의 여러 가지 소원은 항상 한결같아서 해협의 물결처럼 이리 몰렸다 저리 몰렸다 하는 법이 없으므로). 그리고 그들은 옳은 일들과 이익이 되는 것들을 원하는데, 이것들도 역시 그들이 공동으로 노력하는 대상이 된다. 그러나 악한 사람들은 서로 친구가 될 수도 없으며, 그만 못지않게 적은 정도밖에는 합심할 수 없다. 이것은 그들이 이익을 상대방보다 많이 차지하려 하지만, 수고하는 일이나 봉사하는 일에 있어서는 자기가 차지한 몫에 미치지 못하기 때문이다. 뿐만 아니라 그들은 각기 자신의 이익을 원함으로써 이웃을 감시하고 방해한다.

사실 그들 가운데서는 서로 감시하지 않으면 공통적인 것이 파괴되기 쉽다. 그 결과 그들은 대립·분열의 상태가 되어, 서로 상대방에게는 강요하지만 자기 스스로는 옳은 일을 하려 하지 않는다.

전설에 의하면, 에테오클레스가 강탈한 테바이의 왕위에 폴뤼니케스도 참여하게 하기 위하여 7명의 장수가 테바이에 쳐들어갔다. 신탁은 두 형제 중 어느 쪽이든 그 아버지인 오이디푸스가 좋아하는 쪽이 성공하리라 했지만, 그 아버지가 둘을 다 저주하였으므로, 형제는 서로 찔러 죽였다 한다.

제7장 선을 베푸는 일의 쾌감

시혜자(施惠者)가 피시혜자를 사랑하는 것은 좋은 대접을 받은 사람이 자기에게 잘 해준 사람을 사랑하는 것 이상이라고 생각된다. 그리고 이런 일은 역리적(逆理的)인 일처럼 논의되고 있다.

대부분의 사람들은 이것이, 후자는 빚진 위치에 있고 전자는 꾸어준 자의 위치에 있기 때문이라고 생각한다. 따라서 꾸어주거나 꾸어올 경우에 채무자는 채권자가 존재하지 않기를 원하는 데 반하여 채권자는 자기의 채무자의 안전을 염려해 주는 것과 마찬가지로, 시혜자는 상대방의 호의(好誼)를 돌려받아야만 하기에 그 상대방이 존재해 있기를 원하는 데 반하여, 피시혜자는 그런 호의를 돌려줄 생각이 별로 없는 것이다. 에피카르무스[34]는 "좋지 못한 각도에서 사물을 보기" 때문에 이렇게들 말하는 것이라고 주장할지 모르나, 그것은 사실 인간의 본성에 깃들어 있는 것이 아닌가 한다. 대부분의 사람들은 망상적이고 남에게 잘 해주기보다는 오히려 남이 나에게 잘 해 주는 것을 더 좋아하니 말이다.

그러나 그 원인은 좀더 본성적인 곳에 깊이 뿌리박고 있는 것 같다. 그러므로 돈을 꾸어준 사람들의 경우와는 아주 다른 것이다. 돈을 꾸어준 사람들은 그 상대방에게 조금도 우정을 느끼지 않고, 다만 돈을 돌려받기 위해서 상대방이 무사하기를 바라고 있을 따름이기에 말이다. 이에 반하여 남에게 좋은 일을 해준 사람은 우정을 느끼며, 상대방이 자기에게 아무 도움도 되지 않고, 또 앞으로 도움이 되는 일이 전혀 없다 하더라도 그 상대방을 사랑한다. 이것은 제작자에게서도 볼 수 있는 일이다. 모든 제작자는 자기 자신의 작품이 살아나서 그를

---

34) Epicharmus.

사랑하게 되는 이상으로 그 작품을 사랑한다. 이런 일은 아마 누구보다도 시인에게서 특히 잘 드러난다. 시인은 자기 자신의 시를 몹시 사랑하며, 마치 그것이 자기의 자식인 양 아끼기 때문이다. 시혜자의 입장도 이와 흡사하다. 그들이 잘 해준 상대방은 바로 그들의 작품이요, 따라서 그들의 작품이 그 작자를 사랑하는 이상으로 그 작품을 사랑하기 때문이다. 이렇게 되는 까닭은 다음과 같다. 즉 생존은 누구나가 원하고 사랑하는 것이요, 우리는 활동함으로써(즉, 생활하고 행동함으로써) 생존하는 것이요, 작품이란 어느 의미에서 우리를 활동 속에 있게 하는 것이기 때문이다. 그러므로 제작자는 자기의 생존을 사랑하기 때문에 자기의 작품을 사랑하는 것이다. 그리고 이것은 사물의 본성에 뿌리박고 있는 것이다. 즉 제작자가 잠재적 상태로 있는 것을 그 작품은 현실적으로 드러내고 있다.

동시에 시혜자에게는 자기의 행위로 말미암는 것이 고귀한 것이므로 자기의 행위의 대상에 기쁨을 느끼지만, 이에 반하여 피시혜자에게는 그 시혜자 속에 고귀한 것이 아무 것도 없고 기껏해야 자기에게 이익이 되는 것밖에 없는데, 이것은 별로 기쁨을 주는 것도 아니고 사랑할 만한 것도 못된다. 기쁨을 주는 것은 현재의 활동과 미래의 희망과 과거의 기억이다. 그러나 가장 기쁜 것은 활동에 의거하는 것이요, 이것은 또한 가장 사랑할 만한 것이기도 하다. 그런데 무엇인가를 만든 사람에게는 그 작품은 남지만(고귀한 것은 영속하므로), 피시혜자에게는 그 이익은 지나가 버리는 것이다. 그리고 고귀한 것들에 대한 추억은 기쁜 것이지만 이익이 되었던 것들에 대한 추억은 전혀 기쁜 것이 못되거나 그렇지 않으면 전자만큼 기쁜 것은 못된다. 하기는 기대에 있어서는 이와 반대인 듯싶기도 하다.

또 사랑은 능동과 같고, 사랑을 받는 것은 피동과 같다. 그리고 사랑하는 것과 거기 따르는 것들은 좀더 능동적인 사람들의 속성이다.

또 누구나 자기가 수고해서 얻은 것을 더 사랑한다. 가령 자기가 돈을 번 사람은 상속받은 사람보다 돈을 더 사랑한다. 그런데 남이 잘해주는 것을 받는 일에는 수고가 따르지 않는 반면, 남에게 잘 해주는 일은 힘든 일이다. 어머니가 아버지보다 자식을 더 사랑하는 것도 이 때문이다. 자식을 낳는다는 것은 어머니에게 더 많은 고통을 주는 것이요, 또 어머니는 그 자식이 자기 자신의 것임을 더욱 잘 알고 있다. 이것은 또한 시혜자에게도 들어맞는 일이라 하겠다.

제8장 참된 자애의 본성

또 자기 자신을 사랑할 것인가, 그렇지 않으면 남을 사랑할 것인가 하는 것이 문제된다. 사람들은 자기 자신을 가장 사랑하는 사람을 비판하고 그런 사람을 자애자(自愛者)라고 부른다. 이때 이 말에는 언짢게 여기는 의미가 포함되어 있다. 그리고 나쁜 사람은 무슨 일이든지 자기 자신 때문에 하는 듯이 보이며 또 그럴수록 그는 더욱 나쁜 사람이다. 그래서 사람들은 이런 사람이 무슨 일이든지 자기 자신을 위한 것이 아니면 하지 않는 데 대해서 비난하는 것이다. 이에 반하여 좋은 사람은 무슨 일이든지 고귀함 때문에 행하며, 또 그럴수록 그는 더욱 좋은 사람이다. 그리고 또 그는 자기 친구 때문에 행하며, 자기 자신의 이익을 희생시킨다.

그러나 이 논의는 여러 가지 사실에 부합하지 않는다. 그리고 이것은 놀라운 일이 아니다. 왜냐하면 사람은 모름지기 자기의 가장 좋은 친구를 가장 사랑해야만 한다고들 말하고 있는데, 가장 좋은 친구란 비록 아무도 그의 소원을 모른다 할지라도 그 벗을 위하여 좋은 것을 바라는 사람이기 때문이요, 또 이러한 일들과 친구를 규정하는 다른 모든 특성은 다른 어떤 것에서보다도 자기 자신에 대한 우리의 태도에서 찾아볼 수 있기 때문이다. 사실 이미 말한 바와 같이,[35] 이러한 관계로부터 친애의 모든 특성이 이웃 사람에게로 확대되었던 것이다. 모든 속담도 이것과 일치한다. 가령 <한 마음>, <친구의 것은 공동의 재산>, <친구는 평등>, "자애는 가정에서 시작한다."라는 것이 그것이다. 이런 것들은 모두 무엇보다도 자기 자신에 대한 관계에서 가장 잘 찾아볼 수 있기 때문이다. 사람은 자기 자신이 가장 좋은 친구이므로 자기 자신을 가장 사랑하지 않으면 안 된다.

이상의 두 견해 가운데 어느 것을 따를 것인가가 문제됨은 당연한 일이다. 둘 다 그럴듯해 보이니 말이다.

아마 우리는 이러한 논의들을 분명히 가르고, 그 각자가 얼마만큼 그리고 어떤 점에서 옳은가 하는 것을 결정지어야만 할 것 같다. 이제 우리가 <자애자>라는 말을 이 두 학파가 어떤 의미에서 사용하고 있는가를 파악하면 진리가 명백하게 드러나지 않을까 한다. <자애자>라는 말을 비난하는 의미에서 쓰는 사람들은 재물이나 명예나 육체적 쾌락을 남보다 더 많이 차지하는 사람을 <자애적>이라고 본다. 이런 것들은 대부분의 사람들이 바라는 것이므로 또한 경쟁의 대상이 되기도 하니 말이다. 그러므로 이런 것들을 찾아 헤매는 사람들은 자기의 욕정을 만족시키고 있고, 또 일반적으로 자기의 감정과 영혼의 비이성적인 부분을 만족시키고 있다. 그런데 대부분의 사람들은 이러한 성질을 가지고 있다. 그런 까닭에 <자애자>라는 말이 지금처럼 좋지 않은 의미에서 쓰이게 된 것이다. 즉 현재 흔히 볼 수 있는 자애, 곧 좋지 못한 형태의 자애 때문에, <자애자>라는 말이 좋지 않은 의미에서 쓰이게 된 것이다. 그러므로 이런 식으로 자신을 사랑하는 자들이 비난을 받는 것은 당연하다. 이런 것들에 골몰하고 있는 사람들을 대

---

35) 제4장.

부분의 사람들이 항상 자애자라 부르고 있다는 것은 명백하다. 만일 어떤 사람이 다른 무엇보다도 올바르게, 절제 있게, 혹은 이 밖의 어떤 덕을 따라 자기 자신이 행동할 것에 늘 마음을 쓴다고 하면, 그리고 일반적으로 고귀한 길을 찾으려고 늘 애쓴다고 하면, 아무도 이런 사람을 자애자라 부르거나 비난하지는 않기 때문이다.

그러나 이러한 사람이야말로 자애하는 사람이라 생각된다. 하여튼 이러한 사람은 가장 고귀하고 가장 선한 일을 하려하며, 자기 자신 속에 있는 가장 우위적인 요소의 뜻을 따르며, 또 모든 일에서 이것에 복종한다. 그리고 한 나라나 혹은 다른 모든 조직체가 그 속에 있는 가장 우위적인 것으로 말미암아 바로 그 나라나 조직체가 되듯이, 사람도 그 속에 있는 가장 우위적인 것으로 말미암아 바로 그 사람이 된다. 그러므로 이것을 사랑하고 그 뜻을 따르는 사람이야말로 가장 자애하는 사람이다. 한편, 어떤 사람의 이성이 통제력을 가지고 있는가 그렇지 않은가에 따라 그 사람이 자제력이 있다든가 없다든가 평하게 되는데, 이것은 이성이 바로 그 사람 자체라는 전제에서 하는 말이다. 그리고 사람들이 이성적 원리에서 행한 것은 바로 그 자신의 행위요, 또 의미있는 행위라고 생각되고 있다. 그러므로 각 사람의 이성이 바로 그 사람 자신이요, 혹은 다른 무엇보다도 그러하며, 또 선한 사람이 그의 이 부분을 가장 사랑한다는 것은 명백한 일이다. 그러므로 선한 사람은 참으로 자기를 가장 사랑하는 사람이다. 이때 그의 자애는 비난 받는 부류의 자애와는 다르다. 후자가 정욕이 명하는 대로 사는 데 반하여, 전자는 이치를 따라서 살며, 또 후자가 이익이 되어 보이는 것을 갈망하는 데 대하여, 전자는 고귀한 것을 갈망하는 차이가 있다. 그러므로 남달리 고귀한 일에 골몰하는 사람들을 만인이 좋게 여기고 칭찬하는 것이다. 그리고 만일 모든 사람이 고귀한 것을 향하여 힘쓰며 가장 고귀한 행위를 하려고 심혈을 기울인다면, 만사가 공공의 복리를 증진시키는 데 이바지하게 될 것이며, 또 누구나 가장 큰 여러 가지 선을 차지하게 될 것이다. 덕은 선 가운데 최대의 것이기 때문이다.

  그러므로 선한 사람은 자애자가 되어야 하지만(그는 고귀한 행위를 함으로써 자기 자신도 이익을 얻지만, 또한 자기의 이웃에게도 이익을 베풀게 되겠으니 말이다), 악한 사람은 자애자가 되어서는 안 된다. 그는 사실 좋지 못한 정욕을 따름으로써 자기 자신도 해치고 또 이웃도 해치기 때문이다. 아닌 게 아니라 악인은 자기가 마땅히 해야 할 일과는 다른 엉뚱한 일을 하지만, 선인은 자기가 마땅히 해야 할 일을 한다. 무릇 이성은 그것을 소유하는 모든 사람에게 이성 자체를 위하여 가장 좋은 것을 선택하며, 또 선인은 자기의 이성에 순종한다. 선인은 또 친구와 나라를 위하여 많은 일을 하며, 필요하다면 이를 위하여 목숨을 버린다는 것도 사실이다. 그는 재화(財貨)와 명예와 또 일반적으로 경쟁의 대상이 되는 좋은 것들을 내버림으로써 고귀함을 획득한다. 이것은 그가 오랜 세월에 걸친 미지근한 향락보다 짧은 기간이나마 강렬한 쾌락을 택하며, 여러 해에 걸쳐 평범하게 살기보다 1년이라도 고귀하게 살 것을 택하며, 또 많은 평범한 일보다는 한 가지 위대하고 고귀한 행동을 택하기 때문이다. 그런데 남을 위하여 목숨을 버리는 사람들은 틀림없이 이런 결과를 얻는다. 그러므로 그들이 스스로 택하는 것은 하나의 큰 상(賞)인 것이다. 그들은 자기의 친구가 더욱 많은 것을 차지하게 된다면 재물도 내버린다. 친구가 재물을 얻으면 그 자신은 고귀함과 아름다움을 차지하니 말이다. 이런 까닭에 그는 자기 자신에게 더욱 더 큰 선을 배당하고 있는 것이다. 명예나 직위에 있어서도 마찬가지이다. 즉 그는 친구를 위하여 이 모든 것을 희생한다. 이것이 그에게는 아름답고 칭양(稱揚)할만한 일이기 때문이다. 그러니 그가 선하다고 생각되는 것도 당연하다. 그는 다른 무엇보다도 먼저 고귀함(심령의 아름다움)을 선택하기 때문이다. 그러나 그는 자기 친구를 위하여 여러 가지 행동조차 포기하는 일도 있다. 자기 자신이 행동하기보다는 친구로 하여금 행동하게 하는 것이 더 고귀한 일인 경우도 있으니까. 그러므로 칭찬받는 모든 행동에서 선인은 고귀한 일에서 더욱 많은 몫을 자기 자신에게 배당하고 있음이 분명하다. 그러므로 앞에서도 말했지만 사람은 모름지기 이런 의미에서 자애자가 되어야 한다. 대부분의 사람들이 자애하는 의미에서의 자애자가 되어서는 안 된다.

F. 우애의 필요성

제9장 왜 행복한 사람은 친구를 가져야 하는가

또 행복한 사람에게 친구가 필요한가 그렇지 않은가 하는 것도 문제가 된다. 흔히 말하기를 더할 수 없이 행복하고 자족적인 사람들에게는 친구가 필요 없다고 한다. 이런 사람들은 좋은 것들을 가지고 있고 또 자족한 까닭에 더 이상 아무것도 필요하지 않다고 한다. 하긴 친구란 또 하나의 자기이므로 자신의 힘으로 얻을 수 없는 것을 제공해 주기 때문이다. 그래서 "운수가 좋을 때 친구가 무슨 소용이 있는가?"라는 속담이 생겼는가 보다.

그러나 행복한 사람에게는 모든 좋은 것이 있다고 하면서 외적인 선들 가운데 최대의 것인 친구가 필요 없다고 하는 것은 이상한 일이 아닐까 한다. 그리고 만일 남이 잘 해주는 것을 받는 것보다는 남에게 잘 해주는 것이 더욱 친구의 특색이 되고, 선을 베푸는 것이 선인(善人) 및 덕의 특징이고, 또 낯선 사람보다 친구에게 잘 해주는 것이 더욱 아름다운 것이라고 한다면, 선인에게는 잘 해줄 사람이 필요할 것이다. 이런 까닭에 역경에 있을 때에 친구가 더 필요한가, 그렇지 않으면 순경에 있을 때 더 필요한가 하는 문제가 제기되는 것이다. 이것은 사람이 역경에 있어서만 자기에게 이익을 줄 사람들이 필요할뿐만 아니라, 또한 순경에 있는 사람도 자기가 잘 해줄 사람을 필요로 한다는 것을 가정하기 때문이다. 확실히 더할 나위 없이 행복한 사람을 고독하게 한다는 것은 부조리한 일이다. 혼자 있다는 조건에서 온 세계를 얻는다 할지라도 아무도 이것을 선택하지는 않겠기에 말이다. 사실 인간은 사회적인[36] 존재요, 그 본성이 남과 함께 살도록 되어 있다. 그러므로 행복한 사람도 다른 사람들과 함께 사는 것이다. 그는 본성상 좋은 것들을 가지고 있기 때문이다. 그리고 전혀 알지 못하는 사람들이나 우연히 만난 사람들과 함께 지내기보다는 친구들과 선인들과 함께 지내는 것이 훨씬 더 나은 것임은 명백한 일이다. 그러므로 행복한 사람에게도 친구가 있어야 한다.

그러면 첫째 주장이 의미하는 것은 무엇이며, 어떤 점에서 옳은가? 대부분의 사람들이 친구란 곧 유용한 사람이라고 보기 때문인가? 아닌 게 아니라 더할 나위 없이 행복한 사람에게는 이런 친구가 필요 없다. 그에게는 이미 좋은 것들이 있기 때문이다. 또 그에게는 즐겁게 해주기 때문에 사귀게 되는 친구도 필요 없다. 혹은 필요하다 하더라도 조금밖에 필요하지 않다(그의 생활은 그 자체가 즐겁기 때문에 외부에서 오는 쾌락이 필요치 않다). 그리고 그는 그런 친구들이 필요 없기 때문에, 도대체 친구가 필요치 않다고 생각되고 있는 것이다.

그러나 이것은 확실히 옳은 생각이 아니다. 처음에도[37] 말했지만 행복은 하나의 활동이요, 또 활동은 분명히 없다가 있게 되는 것이지, 재물 덩어리처럼 처음부터 주어지는 것이 아니다. 만일 (1) 행복이란 살아 있는 데에 그리고 활동하는 데에 깃들어 있고, 또 처음에[38] 우리가 말한 바와 같이 선인의 활동은 유덕(有德)하고 그 자체가 즐거운 것이요, (2) 어떤 물건이 자기 자신의 것이 된다는 것은 그 물건이

---

36) 원어는 πολιτικόν. '국가적' 혹은 '정치적'이라고도 할 수 있다. 원문에는 여기에 덧붙인 '존재'라는 말이 없고, 다만 '폴리티콘'이라고 형용사로만 되어 있지만, 근래의 철학 용어의 관례를 따라 '존재'를 덧붙였다.

37) 1098a 16; 1098b 31~1099a 7.

38) 1099a 14, 21.

나에게 즐거운 것이 되게 하는 속성들 가운데 하나요, (3) 우리는 우리 자신보다 남을 더 잘 살펴볼 수 있고, 또 우리 자신의 행동보다 남의 행동을 더 잘 살펴볼 수 있다고 하면, 그리고 자기의 친구로서 덕이 있는 사람들의 행동들이 선인들에게 즐거움을 주는 것이라면(이 행동들은 본성적으로 즐거움을 주는 두 가지 속성39)을 다 가지고 있으므로), 만일 이렇다고 하면, 더할 나위 없이 행복한 사람은 이러한 종류의 친구가 필요할 것이다. 그는 가치 있는 행동들과 자기 자신의 행동을 닮은 행동을 살펴보려는 목적을 가지고 있는 터인데, 그의 친구로서 선한 사람의 행동은 이러한 두 가지 성질을 다 가지고 있기 때문이다.

또 사람들은 행복한 사람이 즐겁게 생활해야만 한다고 생각하고 있다. 그런데 만일 그가 고독하다면, 산다는 것이 그에게는 힘든 일이 될 것이다. 왜냐하면 혼자서는 계속해서 활동한다는 것이 쉽지 않기 때문이다.

그러나 다른 사람들과 함께라면, 또 다른 사람들을 향해서라면 그것이 훨씬 쉽다. 그러므로 다른 사람들과 함께라면, 그의 활동은 좀더 지속적인 것이 되고, 또 그 자체가 즐겁다. 더할 나위 없이 행복한 사람의 활동은 사실 이래야만 한다. 선한 사람은 선한 한 유덕한 행위를 기뻐하고 악덕한 행위를 언짢게 여기기 때문이다. 이것은 마치 음악에 능한 사람이 아름다운 곡조를 들으면 즐거워하고 나쁜 곡조를 들으면 비위가 상하는 것과 같다.

또 선인들과 함께 지내면 덕의 어떤 훈련도 된다. 이것은 우리에 앞서 테오그니스도 말하고 있는 것이다.40)

---

39) 즉 좋음이라고 하는 속성과 그들 자신의 것이라고 하는 속성.
40) 테오그니스(Theognis)는 B.C. 6세기 그리스의 시인. 제12장 끝부분에 그가 한 말, 즉 '좋은 사람에게서 좋은 일'이라 한 것이 있다.

사물의 본성을 좀더 깊이 파고들어가 보면, 유덕한 친구가 유덕한 사람에게 본성적으로 바람직해 보인다. 이미 말한 바와 같이,41) 본성적으로 좋은 것은 유덕한 사람에게 그 자체가 좋고 즐거운 것이기 때문이다. 그런데 생명은 동물의 경우에는 지각의 능력에 의하여 정의되고, 인간의 경우에는 지각 혹은 사고의 능력에 의하여 정의된다. 그리고 능력이란 거기 대응하는 활동에 의하여 정의되는데, 이 활동이야말로 본질적인 것이다. 그러므로 생명 즉 살아 있다는 것은 본질적으로 지각하거나 생각하는 행위라 할 수 있다. 그리고 생명은 그 자체가 좋고 즐거운 것들 가운데 하나이다. 그것은 명확한 것이요, 명확한 것은 선의 본성을 지니고 있기 때문이다. 그리고 본성상 좋은 것은 또한 유덕한 사람에게도 좋은 것이다(이런 까닭에 생명은 모든 사람에게 즐거운 것으로 여겨진다). 그러나 우리는 이것을 악인이나 부패한 생명에 적용해서는 안 되며 또 고통 가운데 보낸 삶에 적용해서도 안 된다.

  이러한 생은 그 여러 속성도 그렇지만, 도대체 불명확한 것이기 때문이다. 고통의 본성은 나중에 말하는 것에서 더욱 명백하게 될 것이다.42) 그러나 산다는 것 그 자체가 좋고 즐거운 일이라면(모든 사람이 살기를 원하는 사실로 미루어 보건대 산다는 것은 정말 좋고 즐거운 일인 것 같다. 그리고 선하고 더할 나위 없이 행복한 사람들은 특히 살아 있기를 원한다. 이러한 사람들에게는 살고 있다는 것이 가장 바람직한 것이요, 또 그들의 생존은 더할 나위 없이 행복한 것이므로), 그리고 보는 사람은 자기가 본다는 것을 지각(知覺)하고, 듣는 사람은 자기가 듣는다는 것을 지각하고, 걷는 사람은 자기가 걷는다는 것을 지각하며, 이와 같이 다른 모든 활동에서도 활동하고 있다는

---

41) 1099a 7~11; 1113a 25~33.
42) 제10권 제1, 5장.

것을 지각하고 있는 그 무엇이 있어서, 우리가 지각할 때에는 지각한다는 것을 지각하며, 생각할 때에는 생각한다는 것을 지각한다고 하면, 그리고 우리가 지각하거나 생각하고 있다는 것을 지각하는 것이 곧 우리가 생존하고 있다는 것을 지각하는 것이라고 한다면(생존은 지각하는 것 혹은 생각하는 것이라고 정의되므로), 그리고 살고 있다는 것을 지각하는 것 그 자체가 즐거운 일의 하나라고 한다면(산다는 것은 본성상 좋은 것이요, 자기 자신 속에 좋은 것이 현재 있다는 것을 지각하는 것은 즐거운 일이므로), 그리고 삶이란 욕구할만한 것이며, 특히 선인은 그 생존이 좋고 즐거운 것이기에 그 삶이 더욱 욕구할 만한 것이다(선인은 자기 속에 그 자체 좋은 것이 들어 있는 것을 의식하고서 기뻐하므로). 그리고 또 유덕한 사람이 자기 자신에 대해서 가지는 관계가 또한 친구에 대해서 가지는 관계이기도 하다면(그의 친구는 또 하나의 자기이므로), 만일 이 모든 것이 사실이라면 자기 자신의 존재가 각 사람에게 바람직한 것처럼 혹은 거의 그에 못지 않게 또한 그 친구의 존재도 바람직한 것이다. 그런데 그는 그 자신의 선함을 지각했기 때문에 그의 존재가 바람직했던 것이요, 또 이러한 지각은 그 자체가 즐거운 것이다. 그러므로 그는 친구도 역시 생존한다는 것을 의식하고 있어야만 한다. 그리고 이것은 그들이 함께 생활함으로써 또 이야기와 생각을 나눔으로써 가능하게 되는 것이다.

사실, 이것이 한 장소에서 사육되는 가축의 경우가 아니라 바로 인간의 경우에 함께 생활한다는 것의 의미이다. 그러므로 더할 나위 없이 행복한 사람에게 존재 그 자체가 바람직한 것이라면(그것은 그 본성상 좋고 즐거운 것이니 말이다), 또 친구의 존재 역시 그와 같다면, 친구는 바람직한 것들의 하나라 할 수 있다. 그런데 그는 자신에게 바람직한 것을 가져야만 한다. 그렇지 않으면 그 점에서 부족하게 될 것이다. 그러므로 사람이 행복하려면 덕 있는 친구를 가져야 한다.

제10장 친구의 수에 대한 제한

그러면 될 수 있는 대로 많은 친구를 만들 것인가, 그렇지 않으면 손님을 접대하는 경우 "손님이 너무 많은 것도 좋지 않고 아주 없는 것도 좋지 않으니라."[43]는 속담처럼 우애의 경우에도 친구가 너무 많은 것도 아주 없는 것도 좋지 않은 것일까?

공리를 목적으로 사귄 친구들에 대해서는 이 말이 꼭 들어 맞다고 할 수 있다. 많은 사람에게 신세를 갚는 것은 힘든 일이며 인생이 그렇게 길지도 않다. 그러므로 자신의 생활에 충분한 수 이상의 친구는 쓸데없고 또 아름답게 사는 데 방해가 된다. 쾌락을 목적으로 사귄 친구도 소수로 충분하다. 마치 음식물에 있어서 적은 양념으로 충분하듯이.

그러나 좋은 친구의 경우는 어떠할까? 좋은 친구는 될수록 많이 가져야 할까, 그렇지 않으면 한 나라의 규모에 한도가 있듯이 친구의 수에도 제한을 두어야 할까?

열 사람을 가지고서는 한 나라가 성립하지 못하며, 또 십만 명으로도 한 나라가 될 수는 없다. 그런데 적당한 수는 꼭 하나 있는 게 아니고, 일정한 두 한계점 사이에 널려 있다. 마찬가지로 친구의 경우에도 일정한 수가 있다. 아마 함께 생활할 수 있는 최대한의 수가 그것이 될 것이다(앞서 본 바와 같이[44] 이것이야말로 우애 내지 친애의 특징이라 생각되니 말이다). 그런데 많은 사람과 함께 살 수 없고 자기 자신을 많은 사람들에게 쪼개어 줄 수 없다는 것은 자못 명백한 일이다. 또 그 많은 사람들이 모두 함께 지내야만 하는 경우에는 그들 역시 서로 친구가 되지 않으면 안 되는데, 대체로는 그렇게 하기는 매

---

43) 헤시오도스(Hesiodos).
44) 1157b 19; 1158a 3, 10.

우 힘들다. 또 많은 사람과 더불어 아주 친밀하게 기뻐해 주고 슬퍼해 주는 것도 어려운 일이다.

사실 어떤 친구하고는 기뻐해야 하는 동시에 어떤 친구하고는 슬퍼해야 하는 경우가 있으니 말이다. 그러므로 될수록 많은 친구를 가지려 하지 않는 것이 좋고, 또 함께 지내기에 알맞은 수의 친구를 가지는 것이 좋다. 많은 사람에게 썩 좋은 친구가 된다는 것은 사실상 불가능한 일이기 때문이다.

우리가 여러 사람을 사랑할 수 없는 것도 이 때문이다. 사랑이란 본래 우정이 지나친 것이라 하겠는데, 이것은 오직 한 사람에게만 느낄 수 있는 것이다. 그러므로 대단한 우정은 오직 소수의 사람에 대해서만 느낄 수 있다. 이것은 사실이 입증해 주는 것으로 생각된다. 많은 사람이 서로 도와주고 아끼고 하는 아주 가까운 친구의 관계에 있는 것을 볼 수 없고, 이런 종류의 우애로서 시가(詩歌)에 노래되고 있는 것은 언제나 두 사람 사이에 있기 때문이다. 많은 친구를 가지고 있고 그들 전부와 친근하게 어울리고 있는 사람들은 누구의 친구도 아니라고 생각된다.

다만 같은 나라 사람에 대한 친근감을 가지고 있다고 할 것이다. 그래서 이런 사람들은 아첨꾼이라는 말도 듣는다. 아닌 게 아니라 같은 나라 사람에 대해 친근감을 갖는 것이 친구라고 하면, 많은 사람의 친구가 될 수도 있고 또 그러면서도 아첨꾼이 되지 않고 참으로 좋은 사람이 될 수도 있을 것이다.

그러나 우리는 덕과 친구의 성격에 기초를 둔 우애를 많은 사람과 더불어 가질 수는 없다. 설사 소수라도 이런 사람을 발견한다고 하면 우리는 만족해야 할 것이다.

제11장 친구는 운수가 좋을 때에 더 필요한가, 그렇지 않으면 불운한 때에 더 필요한가

우리가 친구를 더욱 필요로 하는 것은 순경(順境)에서인가 그렇지 않으면 역경(逆境)에서인가? 우리는 어느 경우나 친구를 찾는다. 역경에 있을 때에는 도움이 필요하고, 순경에 있을 때에는 함께 지내고 은택을 베풀어 줄 대상이 필요하기 때문이다. 사람들은 자기가 잘해 줄 상대방을 가지고자 한다. 그러므로 친구란 역경에 있을 때 더욱 필요하지만, 또한 이런 경우 우리가 찾는 것은 유용한 친구이다. 그러나 순경에 있을 때에는 오히려 마음이 고귀한 친구를 더욱 원하며, 또 선한 사람을 사귀려고 한다. 선인에게 은택을 베풀고 선인과 함께 지내는 것이 더욱 바람직한 일이기 때문이다.

사실 순경에 있을 때에나 역경에 있을 때에나, 친구가 곁에 있다는 것은 마음에 기쁨을 주는 일이다. 친구가 우리와 함께 슬퍼해 주면 우리의 슬픔이 가벼워지고 줄어들기 때문이다. 따라서 친구가 그 슬픔을 우리의 공동의 짐인 양 분담하는 것인가, 그렇지 않으면─이렇게 분담하지는 않지만─그들이 곁에 있어 주는 것이 우리에게 기쁨을 줌으로써, 그리고 함께 슬퍼하고 있다고 생각함으로써 우리의 고통이 덜어지는 것인가 하는 의문도 생긴다. 우리의 슬픔이 경감되는 것이 이러한 이유들 때문인지, 혹은 다른 어떤 이유로 말미암는 것인지는 여기서 논하지 않아도 될 문제이지만, 하여튼 우리가 말한 바와 같이 슬픔이 경감되는 것만은 사실인 듯싶다.

그러나 친구가 곁에 있다는 것은 여러 가지 복합적인 요인을 내포하고 있는 것 같다. 자신의 친구를 본다는 것 자체가 기쁜 일이다. 특히 역경에 있을 때 그렇다. 그리고 그것은 비탄에 대한 방패막이가 되어 준다. 슬기로운 친구는 얼굴을 보여줌으로써 혹은 말로 위안을 주기 쉬우니 말이다. 그는 우리의 성격과 기쁘게 하거나 괴롭게 하는 것들을 잘 알고 있기 때문이다. 그러나 우리가 불행을 당하였을 때 친구가 괴로워하는 것을 본다는 것은 고통스러운 일이다. 누구나 자기의 친구에 대하여 고통의 원인이 되기를 꺼리기 때문이다. 그리하여 남성적인 사람은 자기의 친구로 하여금 자기와 함께 슬퍼하는 일이 없도록 조심하며, 또 그가 고통에 대해서 남달리 무감각하면 몰라도 그렇지 않는 한 고통이 친구에게로 번져가는 것을 견딜 수 없고, 또 일반적으로 그 자신이 비탄에 잠겨 어찌할 바를 모르는 사람이 아닌 까닭에 또한 남이 함께 비탄에 잠기는 것을 용납하지 않는 것이다. 그러나 부녀자나 여성적인 남성들은 슬픔을 함께 나누는 사람들을 좋아하고, 이런 사람들을 친구로서 또 슬픔을 함께 하는 사람으로서 사랑한다.

한편 우리가 순경에 있을 때 친구들이 곁에 있으면, 즐거운 나날을 보낼 수도 있으려니와, 또한 우리 자신의 행복을 그들이 기뻐한다는 즐거운 생각도 하게 된다. 따라서 우리가 행운을 만나면 그 기쁨을 나누도록 곧 친구들을 부르는 게 당연하다고 생각한다(은택을 베푸는 성격은 아름다운 성격이므로). 그러나 불운을 만났을 때에는 친구를 부르기를 주저해야만 하는 것으로 생각된다. 가능하면 우리의 불행을 그들에게 나누지 않도록 해야만 하기 때문이다. 그래서 "불행은 나혼자 당하는 것으로 충분하다."라는 속담이 생긴 것이다. 우리가 친구를 불러야 할 때는 무엇보다도 그들이 작은 불편을 당하면서 우리에게 큰 도움을 줄 수 있으리라고 생각되는 때이다.

이와 반대로, 역경에 빠진 사람들을 도와줄 때에는 부르러 오지 않아도 될 수 있는 대로 빨리 가서 도와주는 것이 마땅하다(남을 위하여 봉사하되 특히 어려운 처지에 있으면서도 도움을 청하지 않은 사람들을 도와주는 것이야말로 친구의 특징이기 때문이다. 이러한 행동은 서로에게 더 고귀하고 더 큰 기쁨을 준다). 그러나 우리의 친구가 번영하고 있을 때에는 그 활동에 기꺼이 참가해야 하지만(그 사업에 친구가 필요하므로), 그가 친절을 베풀려 할 때에는 더디 가야만 한다. 은택을 받는 데 신경 쓰는 것은 고귀한 일이 못되기 때문이다. 그렇지만 친구가 베푸는 호의를 거절함으로써 기쁨을 말살하는 것도 피해야 한다. 이런 일이 가끔 있기 때문이다. 그러므로 친구가 있다는 것은 어느 경우에나 바람직한 것 같다.

제12장 선한 사람들의 우애는 좋은 것

그러므로 마치 연애하는 사람들이 가장 좋아하는 것이 애인을 바라보는 것이요, 또 연애하게 된 것도 연애를 지금 하고 있는 것도 다른 어느 감각보다 바로 이 시각(視覺)에 가장 크게 의거하는 것처럼, 친구들의 경우에는 함께 생활하는 것이 가장 바람직한 일이 아닐까? 우애란 짝을 짓는 것이므로 친구에 대한 관계가 바로 자기 자신에 대한 관계와 다름없는 것이기 때문이다. 그런데 자기 자신의 경우에는 자기가 존재하고 있다는 의식이 바람직한데, 따라서 이와 마찬가지로 친구가 존재하고 있다는 의식도 반가운 것이다. 그런데 이 의식의 활동은 함께 생활할 때 생기는 것으로 친구 되는 사람들이 이것을 찾는 것은 당연한 일이다.

그리고 사람들은 어떻게 살기를 택하든, 혹은 어떤 생활을 높이 평가하든 서로 뜻이 맞는 사람들끼리 같이 생활하고 싶어 한다. 그래서 어떤 사람들은 함께 마시고 어떤 사람들은 함께 주사위 놀이를 하며, 어떤 사람들은 운동이나 사냥을 같이 하며, 혹은 철학을 함께 공부하면서 부류에 따라 인생에서 제일 좋아하는 것을 함께 하며 소일한다. 그들은 친구와 함께 생활하고 싶어 하는 까닭에, 함께 생활한다는 느낌을 주는 일을 함께 하며 서로 나누는 것이다. 그리하여 좋지 못한 사람들의 우애는 결국 좋지 못한 것이 되고 만다(그들은 마음이 들떠 있어서 나쁜 짓을 하는 데 결탁할 뿐만 아니라 서로 상대방을 닮음으로써 악하게 되기 때문이다). 이에 반하여 선한 사람들의 우애는 좋은 것이다. 그리고 서로 사귐으로써 이 선은 더욱 증가한다. 그리고 그들은 그들의 여러 가지 활동에 의하여 또 서로 상대방을 더 나은 사람이 되게 함으로써 더욱 훌륭한 사람이 된다고 생각된다. 그들은 피차 상대방으로부터 좋게 여기는 점을 본받기 때문이다. 그래서 <좋은 사람에게서 좋은 일이>라는 속담이 생긴 것이다.

우애 내지 친애에 대해서는 이 정도 하기로 하자. 다음에 우리가 논할 문제는 쾌락이다.

제 10 권

쾌락 · 행복

A. 쾌 락

제1장 쾌락에 관한 상반되는 두 견해

다음으로는 쾌락을 문제 삼는 것이 당연할 것이다. 왜냐하면 쾌락은 우리 인간의 본성과 가장 밀접하게 관련되어 있기 때문이다. 이런 까닭에 청년을 교육할 때에는 쾌락과 고통을 키(舵)로 삼고 그들을 인도한다. 또 우리가 마땅히 기뻐할 것을 기뻐하고 마땅히 혐오할 것을 혐오한다는 것은 성품의 덕에 대해서 가장 중대한 의의를 지니고 있다고 생각된다. 이러한 일들은 생활 전체에 관계하며, 덕과 행복한 생활에 막대한 영향을 끼치기 때문이다. 이것은 사람들이 즐거운 것을 선택하고 고통스러운 것을 피하기 때문이다.

이런 것들은 특히 여러 가지로 이론(異論)의 여지가 있는 문제이므로 논하지 않고 그대로 지나가서는 안 된다. 왜냐하면 어떤 사람들[1]은 쾌락은 선이라 하고, 또 어떤 사람들[2]은 그와 반대로 쾌락이란 아주 나쁜 것이라고 하기 때문이다. 후자 가운데 어떤 사람들은 사실이 그렇다고 확신하고 있고, 또 어떤 사람들은 사실은 그렇지 않다 하더라도 쾌락을 하나의 나쁜 것으로 드러내어 보여주는 것이 우리의 생활에 더욱 좋은 영향을 준다고 생각하고 있다. (이들은 생각하기를) 대부분의 사람들은 쾌락으로 기울어지기가 쉽고, 또 여러 가지 쾌락

---

1) 에우독소스 학파. 제2장 참조. 아마 아리스티포스도 여기에 속할 것이다.
2) 스페우시포스 학파 1153b 5 참조.

의 노예가 되기 때문에 반대 방향으로 이끌어가야만 중간의 상태에 이를 수 있으리라는 것이다. 그러나 이 생각은 확실히 옳지 못하다. 감정이나 행동에 관한 문제에 대한 논의는 사실들 자체보다는 덜 신뢰할 수 있는 것이기 때문이다. 그래서 그것들이 실제로 볼 수 있는 사실들과 일치하지 않을 때에는 그것들은 경멸을 당하며, 그 진리마저 신용을 떨어뜨리게 된다. 만일 쾌락을 몹시 비난하는 사람이 그것을 추구하고 있는 것이 발견되는 날엔 그가 쾌락을 따라간 것은 결국은 모든 쾌락이 추구할 만한 것임을 증명하는 것이 된다. 이것은 대부분의 사람들이 여러 가지 구별을 잘 하지 못하기 때문이다. 그러므로 참된 논의야말로 지식에 대해서 뿐만 아니라, 또한 생활에서도 가장 유용한 것이라 여겨진다. 그것은 사실들과 잘 맞아 들어가기 때문에 옳다고 믿어지고, 그리하여 그것을 이해하는 사람들을 자극하여 그것에 따라 생활하게 하기 때문이다. 이런 문제들에 대해서는 이만큼 말하는 것으로 충분하다. 그러면 쾌락에 관해서 표명된 여러 가지 의견을 검토해 보기로 하자.

제2장 쾌락이 선이라고 하는 견해를 논함

에우독소스는 쾌락이 곧 선이라 생각하였다. 이것은 이성적인 것이나 비이성적인 모든 것이 쾌락을 목표삼고 있음을 그가 보았기 때문이다. 또 모든 일에서 바람직한 것은 훌륭한 것이요, 또 가장 바람직한 것은 가장 큰 선이기 때문이다. 그리하여 만물이 같은 것을 향해서 움직인다는 사실은, 바로 그것이 만물에 대하여 으뜸가는 선임을 나타내는 것이었다(어떤 존재자나 그 자신의 양식을 찾는 것처럼 또한 그 자신의 선을 찾는 것이라고 그는 논하였다). 그리고 만물에 대하여 좋은 것, 그리고 만물이 목적으로 삼는 것은 바로 선이라고 생각한 것이다. 그의 논의는 그 논의 자체가 훌륭해서라기보다는 오히려 그의 성격이 훌륭했기 때문에 옳아 보였다. 그는 남달리 자제력이 강한 사람으로 생각되었고, 또 그래서 그가 한 말은 쾌락의 동반자로서 한 말이 아니고 사실이 정말 그렇다고 생각되었던 것이다. 그는 쾌락에 대한 연구 못지않게 또한 쾌락의 반대인 고통에 대한 연구에서도 똑같은 결론이 나온다고 믿었다. 즉 고통은 만물이 회피하는 것으로 그 반대가 되는 쾌락은 만물이 선택하는 것이 아닐 수 없다고 믿었다. 그리고 또 가장 원하게 되고 선택되는 것은 다른 어떤 것 때문에 혹은 다른 어떤 것을 위하여 우리가 선택하지 않는 것이다. 그리고 쾌락이 바로 이런 것임은 누구나 인정한다. 아무도 무엇 때문에 자기가 쾌락을 맛보는가를 묻지는 않기에 말이다. 이것은 곧 쾌락 그 자체가 바람직한 것임을 말하는 것이다. 또 그는 어떤 선에든지, 가령 옳은 행위나 절제 있는 행위에 쾌락이 가해지면 그것을 더욱 바람직한 것이 되게 하며, 또 오직 선에 의해서만 선이 증대될 수 있다고 논하였다.

이 논의는 쾌락이 여러 선 가운데 하나이지 다른 어떤 선보다도 더 나은 것은 아님을 보여주는 듯싶다. 무릇 어떤 선을 막론하고 그것만으로보다는 다른 선과 결합되어 있을 때 더욱 바람직하게 되는 것이기 때문이다. 그래서 플라톤은 이런 논법(論法)으로 선은 쾌락이 아니라는 것을 증명하였다.3) 그는 논하기를, 즐거운 생활은 지혜가 곁들여 있지 않은 때보다 지혜가 곁들인 때에 더욱 바람직한 것이고, 따라서 이와 같이 결합된 것이 더 좋은 것이라면 쾌락은 선이 아니라고 한다. 선이라는 것은 거기에 다른 무엇이 덧붙여짐으로써 더욱 바람직하게 될 수는 없기 때문이다. 그런데 쾌락 이외의 어떤 것이든지 그 자체가 좋은 것들이 거기에 가해짐으로써 더욱 바람직한 것이 된다고

---

3) 『휠레보스』(*Philebos*), 60 b~e.

하면, 그것이 선이 될 수 없다는 것은 자못 자명한 일이다. 그러면 무엇이 이런 선이며, 또한 우리가 참여할 수 있는 선일까? 우리가 찾고 있는 것은 바로 이런 종류의 것이다.

만물이 목적으로 삼고 있는 것이 반드시 선은 아니라고 하여 에우독소스의 설(說)에 반대하는 사람들은 이치에 맞지 않는 말을 하고 있다고 하겠다. 우리는 만인이 생각하는 것은 사실이 그렇다고 보기 때문이다. 그리고 이 신념을 반박하는 사람이 이보다 더 신뢰할만한 것을 주장하고 있다고는 도저히 생각되지 않는다. 만일 이성이 없는 존재자들만이 쾌락을 찾는다면 그들의 말에 일리가 있겠지만, 사려 있는 자들도 쾌락을 찾는다면 그들의 말에 무슨 의미가 있겠는가? 그러나 생각건대, 열등한 존재자들에게도 그들 자신보다 더 강한 본성적인 선이 있어서, 이것이 그들의 고유한 선을 추구하는 것이다.

또 쾌락에 반대되는 것에 관한 그들의 논의도 옳게 보이지 않는다. 그들은 단지 고통이 하나의 악이라 할지라도 그렇다고 해서 반드시 쾌락이 선은 아니라고 한다. 왜냐하면 악은 악에 대립하기도 하고 동시에 선악 둘은 선도 악도 아닌 상태에 대립하기도 하기 때문이다. 이것은 사실 그럴 수 있는 일이지만 여기서 문제되는 것에는 적용되지 않는다. 왜냐하면 쾌락과 고통이 모두 악의 부류(部類)에 속한다면 그것들은 다 같이 피해야만 할 것이 되고, 한편 그것들이 선도 악도 아닌 부류에 속한다면, 그것들은 다 같이 피해야만 할 것도 아니고 혹은 다 같이 피해야만 할 것이 되기 때문이다. 그러나 사실에 있어서는 사람들이 고통을 악으로서 피하고, 쾌락을 선으로서 선택하고 있음은 분명하다. 그러므로 양자는 서로 대립하는 것이라 아니할 수 없다.

제3장 쾌락은 전적으로 나쁘다는 견해를 논함

또 쾌락이 하나의 질(質)이 아니라고 해서 반드시 그것이 하나의 선이 아닌 것은 아니다. 덕 있는 활동도 질이 아니요, 행복도 질이 아니기에 말이다.

그런데 저들은 말하기를,[4] 선은 분명한 것이지만, 이에 반하여 쾌락에는 과도의 차가 있기 때문에 분명치 않은 것이라고 한다. 하지만 만일 쾌락을 느끼는 데에 정도의 차이가 있다고 하여 이렇게 판단한다면, 정의(正義)나 그 밖의 덕에도 정도의 차이가 없다고 할 수 없다. 이런 덕을 어떤 사람들은 더 많이 지니고 있기도 하고, 혹은 적게 지니고 있기도 하며, 또 그에 따라 행동하는 데에도 정도의 차이가 있음은 분명하다.

사람들은 더 의롭거나 용감할 수 있고 또 좀더 혹은 좀 덜 의롭거나 절제 있게 행동하는 일도 가능하니 말이다. 그러나 만일 저들의 판단이 갖가지 쾌락에 근거를 두고 있다면, 확실히 저들의 논거는 옳은 것이 못 된다.[5]

사실상 어떤 쾌락은 혼합되지 않고 순수하며 또 어떤 쾌락은 혼합된 것이기 때문이다.[6] 또 건강도 불분명한 것이 아니면서도 정도의 차이가 있는 것과 마찬가지로, 쾌락인들 왜 그럴 수 없겠는가? 즉 건강에 있어서는 모든 사람에게 똑같은 균제(均齊)[7]가 있는 것이 아니

---

4) 『휠레보스』, 24e~25a, 31a.

5) 어떤 쾌락은 좋지 못하다고 하는 논거.

6) "쾌락은 분명치 않은 것이다."라는 말은 혼합적인 쾌락에만 타당하다. 그런데 이런 것만이 쾌락이 아니고 순수한 쾌락도 없지 않다. 쾌락의 이러한 구분은 바로 플라톤에게서 찾아볼 수 있는 것이다.

7) 여기서 '균제'라 한 것은 원전의 '쉼메트리아'(συμμετρία, symmetria). 영어로는 proportion. 건강을 일종의 균제로 보는 생각은 『휠레보스』25e에서 얻은 것인 듯하다. 아리스토텔레스 자신은 『토피카』(Topica) 139b 21에서 건강을 "따

요, 또 오직 하나의 균제가 한 사람에게 늘 있는 것도 아니다. 도리어 이완(弛緩)되면서도 어느 정도까지 그 균제가 유지되며, 또 정도의 차이가 있기도 하다.

쾌락의 경우도 이와 같을 수 있다. 또 저들은 선은 궁극적8)인 것이고, 운동이나 생성은 궁극적인 것이 아니라고 가정하고, 쾌락이 하나의 운동이고 생성임을 밝히려 한다.9) 그러나 쾌락이 운동이라는 것조차 옳은 것 같지 않다.10) 왜냐하면 속도의 빠르고 느림은 모든 운동에 으레 따르는 것이며, 또 천체11)의 운동 같은 것은 그 자체로는 빠르지도 느리지도 않으나, 다른 어떤 것과의 관계에서는 속도의 빠름 혹은 느림을 가지고 있는데, 쾌락의 경우에는 이 중 어느 것도 타당하지 않기 때문이다.

사실 우리는 빠르게 화나는 것처럼 빠르게 즐겁게 될 수는 있지만 빠르게 즐거워 할 수는 없다.12) 다른 어떤 사람과의 관계에서도 그럴 수는 없다. 그러나 우리는 빨리 걷거나 성장하거나 할 수는 있다. 그러므로 우리는 빠르게 혹은 느리게 쾌락의 상태로 들어갈 수는 있지만, 쾌락의 활동을 빨리 할 수는 없다. 즉 빨리 기뻐한다든가 즐거

뜻함과 차가움과의 균제"라고 정의하는 것을, '균제'라는 애매한 말을 포함하는 좋지 못한 정의의 예로 인용하고 있다.

8) 원어는 '텔레이온'(τέλειον. teleion). '완성된 것'이라 해도 좋다.

9) 『휠레보스』, 53c~d.

10) 여기서 운동은 가장 넓은 의미에서 사용되고 있다. 생성도 이러한 넓은 의미의 '운동'의 하나인데, 여기서는 먼저 "쾌락은 일반적으로 운동이 아니다."라는 것을 밝히고 그 다음에 "쾌락은 생성이 아니다."라는 것을 밝히고 있다.

11) 원어는 '코스모스'(κόσμος). 영어로는 heavens. 천계를 구성하는 것으로 생각된 구체(球體)의 운동은 항속적이요, 그 자체로는 빠르고 느림이 없다고 생각되었다.

12) 여기에 '즐겁게 될'이라 옮긴 것은 원어로 '헤에스테에나이' (ήσθήναι). '즐거워할'이라 한 것은 '헤에데스타이'(ήδεσθαι). 전자는 즐거움(쾌락)이 없던 상태에서 즐거움이 있는 상태로 옮아가는 것을 의미하고, 후자는 즐거움이 있는 상태의 진행을 의미한다.

위한다든가 할 수는 없다. 또 어떻게 쾌락이 생성일 수 있겠는가? 도 대체 우연한 것으로부터 우연한 것이 생길 수는 없고, 무엇이나 그것 이 거기서 나온 것으로 해소(解消)해 들어간다고 생각된다. 그리고 고통은 쾌락이 거기로 생성해 나아가는 것의 파괴일 터이다.13)

또 저들은 말하기를,14) 고통은 본성적인 것의 결핍이요, 쾌락은 충 족이라 한다. 그런데 이러한 경험들은 육체적인 것이다. 그러므로 쾌 락이 본성적인 것의 충족이라면 쾌락을 느끼는 것은, 거기서 이 충족 이 일어나는 것 곧 육체가 아닐 수 없다. 그러나 사실은 그렇지 않다 고 생각된다. 그러므로 충족이 곧 쾌락은 아니다. 하기는 수술을 받을 때에 고통을 느끼는 것과 마찬가지로, 충족이 행해지고 있을 때에는 쾌락을 느낄 수도 있지만.15) 저들의 이러한 견해는 음식물 섭취에 관련된 고통과 쾌락에 기초를 둔 것으로 보인다. 즉 사람들이 굶주려 고통을 느낀 후에 배불리 먹어 충족되면 쾌락을 느끼는 사실에 기초 하여 이러한 견해를 주장하게 된 것 같다. 그러나 이런 일이 모든 쾌 락에 일어나는 것은 아니다. 학습의 쾌락이라든가, 감성적인 쾌락 가 운데서도 후각의 쾌락 같은 것, 그리고 여러 가지 듣거나 보는 것, 또 추억이라든가 희망이라든가 하는 것은 고통을 전제로 하지 않는다. 그러니 이런 것들은 무엇의 생성이란 말인가? 이런 것들은 다시 보충 해 줄 수 있는 그 무엇이 결핍되어 있었던 것은 아니다.

추잡한 쾌락을 들고 나오는 사람들에 대해서는, 그것이 즐거운 것이 못 된다고 대답할 수 있다. 좋지 못한 사람들에게 즐거운 것이 다른 사람들에게도 즐거운 것이라고 생각해서는 안 된다. 병든 사람에게 좋거나 달거나 쓴 것이, 그대로 그런 성질을 가진 것이라고 우리는 생

---

13) 그러나 쾌락은 이런 것일 수 없다는 것이다.

14) 『휠레보스』, 31e~32b, 42c, d.

15) 여기서 말하려는 것은 수술을 받는다는 것 자체가 고통이 아니듯이, 충족되고 있다는 것 자체가 쾌락일 수 없다는 것이다.

각하지 않으며, 혹은 눈을 앓고 있는 사람들에게 희게 보인다고 해서 우리도 희다고 하지는 않는 것처럼 말이다. 혹은 이렇게 말할 수도 있다. 쾌락은 바람직한 것이기는 해도, 이러한 이유로 해서 생긴 것은 그렇지 않다고. 가령 부유하다는 것은 바람직한 것이기는 해도 배신해서 부유하게 되는 것은 그렇지 않고, 건강도 바람직한 것이기는 해도 아무 것이나 먹지 못할 것도 먹음으로써 건강하다는 것은 그렇지 못한 것처럼 말이다. 또는 아마도 쾌락에 여러 가지 다른 종류가 있는지도 모를 일이다. 즉 고상한 일에서 생기는 쾌락과 추악한 일에서 생기는 쾌락은 종류가 다르다. 또 의로운 사람이 아니고서는 의인(義人)의 쾌락을 얻지 못하며, 음악적인 사람이 아니고서는 음악가의 쾌락을 얻지 못하고, 또 이 밖의 모든 경우에도 이와 같다.

친구가 아첨꾼과 다르다는 사실도, 쾌락이 반드시 선이 아니요, 혹은 쾌락에는 여러 가지 다른 종류가 있다는 것을 명시해 주는 듯하다. 친구는 선을 내다보고 우리와 사귀고, 아첨꾼은 쾌락을 내다보고 우리와 사귀며, 후자는 그 행위 때문에 비난받고, 전자는 후자와 다른 여러 가지 목적 때문에 우리와 사귄다 하여 칭찬을 받기 때문이다. 그리고 아무도 아무리 아이들이 좋아하는 것들을 즐긴다 할지라도 일생 동안 어린 아이의 지능으로 살기를 택하지는 않을 것이며, 또 나중에 고통을 전혀 느끼게 되지 않는다 하더라도 극히 추잡한 행위를 함으로써 즐기려 하지는 않을 것이다. 뿐만 아니라, 비록 쾌락을 가져오지는 않는다 하더라도 모름지기 우리가 열심히 해야 할 것이 많이 있다. 가령 무엇을 본다는 것, 기억한다는 것, 아는 것, 덕을 소유하는 것의 경우에 그러하다. 쾌락이 필연적으로 이런 것들에 수반된다 해도 이 사실에는 변함이 없다. 비록 쾌락이 따르지 않는다 하더라도 우리는 이런 것들을 택해야만 한다.

그러므로 쾌락이 곧 선은 아니고, 또 쾌락이라 해서 모두가 바람직하지는 않고, 어떤 쾌락은 다른 쾌락과 종류가 다르거나 그 유래가 다르므로 바람직하다는 것은 분명한 것 같다.

쾌락과 고통에 관해서 언급한 것들에 대해서 이만큼 논하면 충분하리라 믿는다.

제4장 쾌락의 정의

쾌락이 무엇이며, 또 어떤 종류의 것인가는 문제를 처음부터 다시 들추어보면 좀 더 명백하게 될 것이다.

무엇을 본다는 것은 어느 순간이나 완결되어 있는 것으로 생각된다. 왜냐하면 본다는 것에는 나중에 생성하여 그 형상을 완성시킬 무엇이 결여되어 있지 않기 때문이다. 쾌락도 이러한 성질을 지닌 것으로 여겨진다. 왜냐하면 쾌락이란 하나의 전체요, 또 어느 때를 막론하고 어떤 쾌락이 좀더 오래 계속된다고 해서 그 형상이 완성되는 법은 없기 때문이다. 그러므로 쾌락은 또한 운동도 아니다. 왜냐하면 모든 운동(가령 건축 같은 것)은 시간이 걸리고 또 어떤 목적을 가지고 있으며, 또 그 목적으로 삼는 것을 성취하게 되었을 때에 완결되기 때문이다. 따라서 운동은 그 모든 시간을 보낸 다음, 혹은 그 마지막 순간이라야 완결되는 것이다. 그 부분들을 보면, 또 그 부분들이 차지하는 시간 동안에는 무릇 모든 운동은 미완성이고, 그 전체 운동과 더불어 또 피차간에도 그 종류가 다르다. 가령 기둥의 돌을 쌓아 올리는 것과 그 기둥에 새로 홈을 파는 것16)은 다르며, 또 이 둘은 모두 신전의 건축과 다르다. 그리고 신전의 건축은 궁극적인 것이지만(계획된 목적에

---

16) 영어로는 fluting이다. 그리스 건축의 기둥은, 먼저 북[鼓] 모양으로 쪼개낸 돌을 현지로 운반하여 기둥으로 쌓아 올린 후에 새로 홈을 판 것이었다.

비추어 거기엔 아무 부족이 없으므로), 주춧돌을 만든다든가 세로로 파낸 세 줄기에 그림 무늬를 만든다든가 하는 일은 궁극적인 것이 아니다. 이것들은 각각 일부분을 이루는 것일 따름이기 때문이다. 그러므로 이것들은 그 종류가 서로 다르므로 그 운동중의 어느 때를 막론하고 한 운동이 그 형상에 있어서 완결되어 있다는 것은 불가능한 일이다. 만일 그것이 가능하다고 하면, 그것은 오직 그 운동의 모든 시간에서 성립한다. 보행이나 이 밖의 모든 운동에서도 마찬가지이다.

가령 이동은 이쪽에서 저쪽으로의 운동인데, 이런 운동도 종류에 따라 여러 가지 차이가 있다. 비행(飛行)·보행·도약 등등이 있다. 뿐만 아니라, 보행 자체도 이러한 여러 가지 차이가 있다. 즉 어디서부터라든가 어디로라든가 하는 것은 경주로(競走路) 전체와 그 일부분에서 다르며, 또 이 부분에서와 저 부분에서도 다르며, 또 이 선을 지나가는 것과 저 선을 지나가는 것은 다르다.

우리가 어떤 선을 지나갈 때에는 반드시 어떤 장소에 있는 선을 지나가는 것인데, 이 선은 저쪽에 있는 선과 장소가 다르기 때문이다. 우리는 다른 저술에서 운동을 엄밀히 논한 바 있지만,17) 하여간 운동은 어느 시간이나 완결되지 않은 것으로 보이며, 오히려 많은 운동은 완전하지 않은 것이고, 또 그 종류가 서로 다른 것으로 보인다. <어디로부터>와 <어디까지>가 그 모양을 결정짓기 때문이다. 그러나 쾌락에 있어서는 그 형상이 언제나 궁극적이다.18) 그러므로 쾌락과 운동은 서로 다른 것임이 분명하며, 또 쾌락은 전적(全的)이고 궁극적인 것들의 하나임이 분명하다. 이것은 또, 운동한다는 것은 시간을 떠나서 불가능하지만 쾌락에 있어서는 이런 일이 가능한 사실로 미루

---

17) 『자연학』(*Physica*), 제6~8권.

18) 여기서 '궁극적'이라 한 것은 원어로 '텔레이온'(τέλειον, telein). 영어로는 complete, 혹은 perfect로 옮겨지고 있다. 이 책에서는 '완결된', '완성된' 혹은 '완전한'이라고도 옮겼다.

어 확실하다고 할 수 있다. 한 순간에 일어나는 일은 하나의 전체이기 때문이다.

이상의 여러 고찰로 미루어 보더라도, 쾌락에 운동이 있고 혹은 생성이 있다는 주장이 옳지 않다는 것은 분명하다. 운동이나 생성은 모든 것에 속하는 것으로 볼 수는 없고, 다만 분할될 수 있고 전체가 아닌 것에 대해서만 말할 수 있는 것이기 때문이다. 무엇을 본다는 것이나 한 점이나 한 단위에는 생성이라는 것이 없다. 이런 것들은 어느 것이나 운동도 아니고 생성도 아니다. 그러므로 이와 마찬가지로 쾌락에도 운동이라든가 생성이라는 것이 없다. 쾌락은 하나의 전체이기 때문이다.

모든 감성은 그 대상에 대해서 활동하는 것이요,19) 또 좋은 상태에 있는 감성은 그 대상들 가운데 가장 아름다운 것에 대해서 완전히 활동하는 것인 까닭에(완전한 활동이란 무엇보다도 이러한 성질을 띠었다고 생각된다. 여기서는 '감성이 활동한다.'는 것과 '감성이 들어있는 기관이 활동한다.'는 것 사이에 아무런 차이가 없는 것으로 해둔다), 어느 감성의 경우에나 최선의 활동이란 최선의 상태에 있는 기관이 그 대상들 가운데 가장 훌륭한 것에 대해서 가지는 활동이다. 이런 활동이야말로 가장 완결된 것이요, 또 가장 즐거운 것이라 할 수 있다. 왜냐하면 어느 감성을 막론하고 거기 대응하는 쾌락이 있고, 또 사유나 관조에도 그에 못지않은 쾌락이 있으나, 가장 완결된 것은 가장 즐거운 것이기 때문이다. 또 좋은 상태에 있는 기관이 그 대상들 가운데 가장 가치 있는 것에 대해서 가지는 활동이야말로 가장 완결된 것이기 때문이다. 그리고 쾌락은 활동을 완전한 것이 되게 한다.

---

19) 여기서 '감성'이라 한 것은 원어로 '아이스테시스'($\alpha\iota\sigma\theta\eta\sigma\iota\varsigma$). '그 대상'이라 한 것은 원전에 '토 아이스테톤'($\tau\dot{o}$ $\alpha\iota\sigma\theta\eta\tau o\nu$), 즉 '감성에 의하여 파악되는 것', '감성적인 것' 혹은 '감성적 대상'이라 해도 좋을 것이다. 가령, '흰 것' 혹은 '어떤 물건의 흰 빛' 같은 것.

그러나 쾌락은 훌륭한 감성과 훌륭한 감성적 대상의 결합이 활동을 완전한 것이 되게 하는 것과 똑같은 모양으로 완전한 것이 되게 하지는 않는다. 마치 건강과 의사가 똑같은 형태로 어떤 사람의 건강한 상태의 원인이 아닌 것과 같다.20)

모든 감성에 각기 대응하는 쾌락이 생길 수 있다는 것은 분명한 일이다(우리는 보는 것이나 듣는 것에 대해서 즐겁다고 말한다). 또 감성이 최선의 상태에 있는 동시에 최선의 대상에 대해서 활동할 때에 두드러지게 쾌락이 생긴다는 것도 분명한 일이다. 대상과 지각자가 모두 최선의 상태에 있을 때에는 언제나 쾌락이 있는 법이다. 거기엔 쾌락의 주체와 객체가 모두 있기 때문이다.

쾌락이 활동을 완전한 것이 되게 하는 것은 활동의 주체에 내재하는 상태가 그렇게 하는 것과는 다르다. 오히려 쾌락은 마치 한창 나이의 왕성한 기력(氣力)을 가지고 있는 사람들에게 다른 꽃다운 청춘과 같은 하나의 부가적인 목적으로서 활동을 완전하게 하는 것이다. 그러므로 지적 대상 혹은 감성적 대상과 이것을 식별하는 능력 혹은 관조하는 능력이 다 같이 마땅히 그것들이 있어야 할 상태에 있는 한, 그 활동에는 언제나 쾌락이 있다. 주체와 객체가 다 같이 불변하고 또 같은 방식으로 서로 관계하고 있을 때에는 같은 결과가 자연히 따를 것이기 때문이다.

그러면 아무도 계속해서 즐거워할 수 없음은 무슨 까닭인가? 그것은 우리가 피로해지기 때문인가? 사실 모든 사람은 계속적으로 활동할

---

20) 아리스토텔레스의 저작의 편찬자들은 아리스토텔레스의 저작을 마치 성서처럼 받들고, 자신들이 찾을 수 있는 자료는 하나도 버리지 않는 것을 임무로 삼았다. 그 결과 그들은 문제에 관한 여러 가지 다른 문장을 본문 속에 편입시켰다. 여기에 있는 말과 1143b 25~27에 있는 말도 그 한 예로서, 같은 문제에 관한 다른 원고로 보인다. 건강에 관한 예도 매우 부적절하다. 오히려 다음에 나오는 청춘에 관한 예가 더 적절하다.

수는 없다. 그러므로 쾌락 역시 계속적일 수 없다. 쾌락은 활동에 수반하는 것이기 때문이다.

어떤 일들이 새로운 것일 때에는 우리를 즐겁게 해주지만 얼마 있으면 처음만큼 즐겁게 해주지 않는 것도 같은 이유에서이다. 이것은 마치 어떤 물건을 응시할 때에 우리의 시각이 그렇듯, 처음에는 정신이 자극을 받아 그것에 대해서 강렬하게 활동하지만, 얼마 후에는 우리의 활동이 그와 같지 못하고 이완되기 때문이다. 이런 까닭에 또한 쾌락도 힘을 잃게 되는 것이다.

누구나 살기를 바라는 까닭에 또한 쾌락을 욕구하는 것이라고 말할 수 있을 것이다. 산다는 것은 활동이요, 또 사람마다 자기가 가장 사랑하는 것에 관해서 가장 사랑하는 능력을 가지고 활동한다. 가령 음악가는 여러 가지 음률에 관해서 자신의 청각을 가지고 활동하고, 학문을 사랑하는 사람은 이론적인 문제에 관해서 자신의 이지(理智)를 가지는 등등으로 활동한다.

그런데 쾌락은 이러한 활동을 완전하게 하므로 또한 사람들이 욕구하는 삶도 완전하게 한다. 그러므로 사람들이 쾌락을 찾는 것도 당연한 일이다. 쾌락은 모든 사람의 삶을 완전하게 하는 것이고, 또 삶은 바람직한 것이기 때문이다.

그러나 우리가 쾌락 때문에 삶을 택하는 것인가, 그렇지 않으면 산다는 것 때문에 쾌락을 택하는가 하는 것은 여기서 문제 삼지 않아도 좋을 것이다. 산다는 것과 쾌락은, 사실 활동이 없으면 쾌락이 생기지 않으며, 또 모든 활동은 거기 따르는 쾌락으로 말미암아, 완전하게 되는 것이다.

제5장 쾌락을 낳고 또 완성시키는 행동에 여러 가지가 있듯이 쾌락에도 여러 가지가 있다. 쾌락의 가치 기준

이런 까닭에 또한 쾌락에는 여러 종류가 있는 것으로 생각된다. 종류가 다른 여러 가지 것들은 다른 여러 가지 것들에 의하여 완전한 것이 되며(이것은 여러 가지 자연적 사물에 대해서나 기술에 의하여 만들어진 것에 대해서나 다 같이 사실이다. 가령 나무·동물·회화·조각·가옥·도구에 있어서 그렇다), 또 그와 마찬가지로 종류가 다른 여러 가지 활동은 종류가 다른 여러 가지 것에 의하여 완전하게 되는 것으로 생각된다. 그런데 이지(理智)의 활동은 여러 감각의 활동과 다르며, 또 여러 감각들의 활동은 또한 제각기 그 종류가 서로 다르다. 그러므로 이 활동들을 완전하게 하는 쾌락도 종류에 여러 가지 차이가 있다.

이것은 또한 쾌락마다 그것이 완전하게 하는 활동과 결부되어 있는 사실로 보아 분명한 일이다. 활동마다 그것에 고유한 쾌락에 의하여 강화되기 때문이다. 사실 무슨 일이나 그 일에 쾌락을 느끼면서 활동하는 사람들은 다른 사람들보다 더 잘 판단하고 정확을 기할 수 있다. 가령 기하학적 사색을 즐기는 사람들이 기하학자도 되고 그 여러 가지 명제를 남보다 좀 더 잘 파악하기도 한다. 이와 마찬가지로 음악을 좋아하는 사람이나 건축을 좋아하는 사람도 자기가 하는 일에 재미가 있기 때문에 좋아하는 분야에서 진보하게 되는 것이다. 다른 경우도 이와 마찬가지이다. 그러므로 쾌락은 활동을 강화하며, 또 어떤 일을 강화하는 것은 그것에 대해서 고유한 것이지만, 종류가 다른 여러 가지는 종류가 다른 여러 고유한 것을 가지고 있다.

이것은 모든 활동이 각기 그것에 고유하지 않은 영역에서 오는 쾌락에 의하여 저지되는 사실로 미루어 더욱 분명하다. 가령 피리 불기를 좋아하는 사람들은 피리 소리를 듣게 되면 토론하는 데 정신을 집중할 수 없게 된다. 이것은 그들이 자기가 참가하고 있는 활동보다도 피리 부는 것을 더욱 좋아하기 때문이다. 이렇듯 피리 부는 데 결부된 쾌락이 토론에 결부된 활동을 깨뜨린다. 이런 일은 사람이 동시에 두가지 일에 대해서 활동하는 다른 모든 경우에도 한결같이 생기는 일이다. 즉 더 즐거운 활동이 다른 활동을 몰아내며, 또 그 쾌락의 차가클수록 더욱 이렇게 함으로써 다른 쾌락을 아예 없애버린다. 그리하여 무엇이든지 우리가 그것을 즐길 때에는 다른 일에 별로 마음을 쓰지 않으며, 또 다른 일에 별로 즐거움을 맛보지 못할 때 우리는 한 가지 일만을 하게 된다. 가령 극장에서 사람들이 군것질을 가장 심하게 하는 것은 배우들이 형편없을 때이다.

그런데 모든 활동은 각기 고유한 쾌락에 의하여 적확(適確)하게 되고 더 오래 지속하고 또 더 나아지는 반면에 이질적인 쾌락에 의하여 저해되는 까닭에, 이 두 가지 쾌락이 아주 거리가 먼 것임은 분명하다. 사실 이질적인 쾌락은 고유한 고통과도 흡사한 작용을 한다. 모든 활동은 각기 그것에 고유한 고통에 의하여 깨뜨려지기 때문이다. 가령 어떤 사람이 글을 쓰거나 계산하는 일을 불쾌하고 고통스러운 것으로 느끼면, 그는 글을 쓰거나 계산하는 일을 하지 않는다. 이것은 그 활동이 고통스럽기 때문이다. 그러므로 활동은 그것에 고유한 쾌락과 고통으로부터 정반대되는 영향을 받는다. 여기서 고유한 쾌락이나 고유한 고통이라 함은 그 활동의 본성을 따라 수반하는 쾌락과 고통을 말한다. 그리고 이질적인 쾌락이 고통과 거의 같은 작용을 한다는 것은 위에서 말한 바와 같다. 즉 이것들은 활동을 깨뜨리는데, 다만 그 정도가 다를 따름이다.

그런데 활동에는 좋고 나쁨에 있어 여러 가지 차이가 있다. 즉 어떤 활동은 가치가 있어서 선택할 만하고, 다른 어떤 활동은 피해야만 하며, 또 다른 어떤 활동은 할 만한 것도 아니고 피해야만 할 것도 아니다. 이와 같이 쾌락에도 여러 가지 차이가 있다. 활동마다 고유한 쾌락이 있기 때문이다. 그리하여 좋은 활동에 고유한 쾌락은 좋고, 좋지 못한 활동에 고유한 쾌락은 나쁘다. 이것은 고귀한 일에 대한 욕망이 칭찬할 만하고 추악한 일에 대한 욕망은 비난을 받아 마땅한 것과 마찬가지이다. 그러나 활동에 관련된 쾌락은 그 활동에 대한 욕구보다도 더 고유하다. 왜냐하면 후자는 시간에서나 본성에서나 활동으로부터 분리되어 있지만, 이에 반하여 전자는 활동에 더 밀접하게 결부되어 있어서 활동과 구별하기가 매우 어렵기 때문이다. 그래서 쾌락이 활동과 같은 것이 아닌가 하는 논의도 있다. 물론 쾌락은 이지적 사유나 감성적 지각 자체는 아닌 성싶다(이것은 부조리한 일이다). 그러나 이것들이 따로따로 있는 것을 볼 수 없는 까닭에 어떤 사람들에게는 같은 것으로 여겨지는 것이다. 그러므로 활동이 서로 다른 것처럼, 거기 대응하는 쾌락 또한 서로 다르다. 그런데 시각은 순수성에 있어서 촉각보다 낫고, 청각과 후각은 미각보다 낫다. 그러므로 쾌락에도 우열의 차이가 있다. 그리하여 이지적 사색의 쾌락은 이상의 여러 감각의 쾌락보다 낫고, 또 이 두 가지 쾌락의 각 영역에서도 어떤 것은 다른 것보다 우월하다.

 동물마다 한 가지씩 그 고유한 기능을 가지고 있듯이, 또한 한 가지씩 그 고유한 쾌락을 가진 것으로 생각된다. 즉 그 활동에 대응하는 쾌락을 가지고 있다. 동물의 종(種)을 하나씩 살펴보면 분명해진다. 즉 헤라클레이토스가 "당나귀는 황금보다 쓰레기를 더 좋아한다."고 말하고 있는 것처럼, 말이나 개나 사람은 각기 다른 쾌락을 가지고 있다. 당나귀에게는 황금보다는 먹는 것이 더 즐거움을 주기 때문이다. 따라서 종류가 서로 다름에 따라 그 쾌락도 다르며, 한 종류의 쾌락은 그 내부에서 서로 다르지 않다고 생각할 수도 있다. 그러나 적어도 사람의 경우에는 적지 않은 다양성이 있다. 즉, 어떤 것이 어떤 사람들에게는 즐거움을 주지만, 다른 어떤 사람들에게는 고통을 주고, 또 어떤 사람들에게는 고통스럽고 혐오스럽지만, 다른 어떤 사람들에게는 즐겁고 애호될 수 있다. 달콤한 것에 관해서도 이런 일이 생긴다. 즉 같은 것이 열병을 앓고 있는 사람과 건강한 사람에게 한결같이 달지 않으며, 또 더운 것도 몸이 약한 사람과 건강한 사람에게 한결같이 뜨겁지는 않은 것으로 보인다. 이런 일은 다른 경우에도 일어난다. 그러나 이 모든 경우에 좋은 사람에게 보이는 것이 그대로 사실인 것으로 생각된다. 이렇게 생각하는 것이 옳아 보이지만, 사실이 이렇다면, 그리고 덕과 좋은 사람이 모든 것의 척도라면, 좋은 사람에게 쾌락으로 보이는 것은 정말 쾌락이요, 또 그가 좋아하는 것은 즐거운 것이다. 비록 그에게 지루한 것이 다른 사람에게 즐겁다 하더라도 이것은 조금도 놀라운 일이 아니다. 사람들이란 여러 가지 모양으로 타락하기도 하고 퇴폐하기도 하기 때문이다. 그러나 그런 것은 즐거운 것이 못되며, 다만 그런 사람들에게 그리고 그러한 상태에 있는 사람들에게만 즐거운 것이다. 누구에게나 뻔히 추한 것을 쾌락이라 해서는 안 된다. 물론 아주 타락한 사람들에 대해서는 다르지만 말이다. 그러나 좋다고 생각되는 쾌락들 가운데 어떤 종류의 쾌락이 그리고 어느 쾌락이 인간에게 고유한 것이라고 해야 할 것인가? 쾌락은 활동에 수반하는 것이므로 거기 대응하는 활동에서 명백해지는 것이 아닐까? 그러므로 완전하고 다시 없이 행복한 사람의 활동이 한 가지이든, 혹은 그 이상이든, 이러한 활동을 완전하게 하는 쾌락이야말로 엄밀한 의미에서 인간에게 고유한 쾌락이요, 나머지 쾌락은 제2차적이고 부분적으로 그렇다 할 수 있을 것이다. 활동이 그런 것처럼 말이다.

B. 행 복

제6장 행복이란 좋은 활동이지 오락이 아니다

이제까지 우리는 온갖 덕·친애·쾌락에 관해서 이야기했으므로 이제 남은 것은 행복의 본성을 개설(概說)하는 것이다. 우리가 보기엔 행복이야말로 인간이 영위하는 모든 일의 궁극 목적이기 때문이다. 먼저 우리가 이미 말한 것을 요약해 보면 논의가 좀 간략해질 것이다.

우리는 행복은 하나의 상태가 아니라고 말하였다.21) 만일 그렇다고 하면 행복은 일생 동안 잠들고 있어 마치 식물과도 같은 생활을 하고 있는 사람들에게도 속하고, 혹은 또 큰 불행을 당하고 있는 사람에게도 속할 것이다. 이런 일이 있을 수 있다는 것을 받아들일 수 없다면, 그리고 앞서 말한 바와 같이22) 행복을 오히려 하나의 활동으로 보아야만 한다면, 그리고 또 활동에는 필수적이고 다른 어떤 것 때문에 바람직한 것도 있는 데 반하여 그 자체가 바람직한 것도 있다고 한다면, 분명히 행복은 그 자체로 바람직한 것들에 속하고, 다른 어떤 것 때문에 바람직한 것들에 속하지는 않는다고 보아야만 한다. 행복은 아무 것도 결여되어 있지 않고 자족적인 것이다. 그런데 그 자체가 바람직한 활동이란 그 활동 이외에는 아무 것도 바라지 않는 활동이다. 그리고 유덕(有德)한 행동은 이러한 성질의 활동이라 생각된다. 고귀하고

---

21) 1095b 31~1096a 2.
22) 1098b 31~1099a 7.

좋은 행위를 한다는 것은 그것 자체 때문에 바람직한 것이다.

즐거운 오락도 이러한 성질의 것으로 생각된다. 우리는 다른 것 때문에 그러한 오락을 택하지는 않는다. 우리는 우리의 몸과 재산을 소홀히 하게 되어 그러한 오락에 의하여 이익을 얻기보다는 오히려 해악(害惡)을 입기 때문이다. 그러나 세상에서 행복하다고 여겨지고 있는 사람들은 대부분 그러한 오락으로 시간을 보낸다. 그래서 참주(僭主)의 궁정에서는 그러한 소일(消日)거리에 능한 사람들이 높이 평가된다. 그들은 참주들이 좋아하는 오락의 유쾌한 상대가 되고, 또 참주들은 그런 사람들을 원한다.

그런데 전제 군주의 지위에 있는 사람들이 그런 오락에 여가를 보내기 때문에 그런 것들이 행복의 성질을 지니고 있다고 생각되지만, 아마 이런 사람들을 가지고서는 아무런 증명도 되지 않을 것이다.

좋은 활동이 흘러나오는 덕이나 이성은 전제 군주의 지위에 의거하는 것이 아니기 때문이다. 또 순수하고 의젓한 쾌락을 한번도 맛본 적이 없는 이런 사람들이 설사 육체적 쾌락으로 도피한다 할지라도, 그렇다고 해서 육체적 쾌락이 더 바람직한 것으로 생각되어서는 안 된다. 어린이들도 저희들 사이에서 소중히 여겨지고 있는 것을 가장 좋은 것으로 생각한다.

그러므로 어린이와 어른에게는 소중히 보이는 것이 서로 다른 것처럼, 또한 나쁜 사람과 좋은 사람에게 있어서도 그렇다.

그런데 지금까지 가끔 말한 바와 같이23) 좋은 사람에게 소중하기도 하고 즐겁기도 한 것이야말로 정말 소중하기도 하고 즐겁기도 한 것이다. 그리고 누구에게나 자신의 상태에 어울리는 활동이 가장 바람직한 것이므로 선한 사람에게는 덕에 맞는 활동이 가장 바람직한 것이다. 이런 까닭에 행복은 오락 속에 깃들어 있는 것이 아니다. 정말

23) 1099a 13; 1113a 22~33; 1166a 12; 1170a 14~16; 1176a 15~22.

이지 오락이 궁극 목적이라느니, 우리가 일생 동안 수고하며 고생을 참는 것이 오락 때문이라느니 하는 것은 부조리한 말이다. 사실 행복을 제외하고는 우리가 선택하는 모든 것은 다른 어떤 것 때문에 수단으로 선택하고 있는 것이다. 행복은 궁극 목적이기 때문이다. 오락 때문에 힘쓰고 일한다는 것은 어리석고 어린 아이 같은 짓으로 보인다. 그러나 아나카르시스24)가 말한 것처럼, 힘쓰기 위해서 오락을 취하는 것은 옳아 보인다. 오락은 일종의 휴식이요, 우리는 계속 일할 수는 없기 때문에 휴식을 필요로 한다. 그러므로 휴식은 목적이 아니다. 휴식은 활동 때문에 취하는 것이다.

행복한 생활은 덕 있는 생활이라 생각된다. 그런데 덕 있는 생활이란 노력을 필요로 하는 것이요, 오락적인 것이 아니다. 그리고 노력을 필요로 하는 것들은 재미있는 오락적인 것들보다 더 좋으며, 또 무엇이든지 두 가지에서 보다 좋은 쪽의 활동이 좀더 노력을 요구하는 것이다. 그러나 보다 좋은 쪽의 활동은 그대로 곧 보다 좋은 활동이요, 또 보다 많은 행복의 성질을 띠고 있는 것이다.

육체적인 오락은 누구나—심지어 노예도—가장 좋은 사람 못지않게 즐길 수 있다. 그러나 노예도 인간적인 생활을 하고 있다면 모르지만, 아무도 노예가 행복하다고는 생각하지 않는다.

사실 행복은 그러한 소일거리에 있지 않고, 앞에서 우리가 말한 바와 같이25) 덕 있는 활동에 깃들어 있다.

---

24) 아나카르시스(Anacharsis)는 스키타이의 왕족. 소위 칠현(七賢)의 한 사람으로 꼽힌다. 그리스 각지를 여행하고 B.C. 594년경에 아테나이로 가서 솔론과 친교를 맺었다고 전한다. 많은 잠언이 그의 것으로 여겨지고 있다.
25) 1098a 16; 1176b 1~9.

제7장 최고의 의미에 있어서의 행복은 관조적 생활이다

행복이라는 것이 덕을 따른 활동이라면, 당연히 그것은 최고의 덕을 따른 것이어야 한다. 그런데 이 최고의 덕은 우리들 속에 있는 최선의 부분의 덕이 아닐 수 없다. 우리의 본성을 지배하고 인도하며 또 아름답고 신적인 것들을 상념(想念)하는 이 부분이 이성이든 다른 어떤 것이든, 또 그 자체가 신적이든, 우리 안에 있는 가장 신적인 것이든, 하여간 그 고유한 덕을 따른 이것의 활동은 완전한 행복이 아닐 수 없다. 이 활동이 관조적인 것임은 이미 말한 바 있다.26)

이상과 같이 말하는 것은 앞서27) 우리가 말한 것과 일치하며, 또 진리에도 맞는 것으로 생각된다. 왜냐하면 첫째로, 이 활동이 최선의 활동이기 때문이다(이성이 우리 속에서 최선의 것일 뿐만 아니라, 또한 이성의 대상은 인식할 수 있는 대상 가운데 최선의 것이다). 둘째로는 그것이 가장 연속적이기 때문이다. 우리는 다른 무엇을 하는 것보다도 진리를 관조하는 일을 더 연속적으로 할 수 있다. 그리고 행복에는 쾌락이 섞여 있다고 생각되지만, 덕을 따른 활동들 가운데 철학적 예지의 활동이 그 순수성과 견실성(堅實性)에 있어서 가장 놀라운 쾌락을 제공해 주는 것으로 생각된다. 그리고 진리를 알고 있는 사람들이 진리를 탐구하고 있는 사람들보다 더 즐겁게 세월을 보낼 수 있다는 것은 당연한 일이다. 또 소위 자족성이 가장 많은 것은 관조의 활동이다. 왜냐하면 철학자도 의인(義人)이나 그 밖의 다른 어떤 덕의 소유자와 마찬가지로 생활에 필요한 것이 있어야 하지만, 이런 것이 충분히 있을 때에도 의인은 자기가 의롭게 행동해 줄 상대방이 필요

---

26) 이 말을 한 데는 없다. 그러나 1095b 14~1096a 5 ; 1141a 18~b 3 ; 143b 33~1144a 6 ; 1145a 6~11 참조.
27) 1097a 25~b21 ; 1099a 7~21 ; 1173b 15~19 ; 1174b 20~23 ; 1175b 36~1176a 3.

하다. 또 절제 있는 사람이나 용감한 사람이나 이 밖의 다른 어떤 덕의 소유자도 그 상대방을 필요로 하지만 철학자는 혼자 있을 때에도 진리를 관조할 수 있기 때문이다. 그리고 지혜가 많을수록 그는 더욱 잘 관조한다. 만일 그가 함께 철학하는 벗을 가지고 있다면 더욱 잘 관조할 수도 있으나 그래도 그는 여전히 가장 자족적이다. 그리고 이 활동만이 그 자신 때문에 사랑을 받는 것으로 생각된다. 이 활동으로부터는 관조한다는 것 이외에는 아무 것도 생기는 것이 없지만, 실제적인 활동으로부터는 다소간에 그 행동 이외의 다른 것을 얻게 된다. 또 행복은 한가(閑暇)에 의존한다. 우리가 바쁜 것은 한가를 얻기 위해서요, 전쟁을 하는 것은 평화 속에 살기 위해서이기 때문이다. 그런데 실제적인 여러 가지 덕의 활동은 정사(政事)나 군무(軍務)에서 보여지듯이 이런 일들에 관계된 행동은 비한가적(非閑暇的)인 것으로 보인다. 군사적인 행동은 완전히 그렇다(아무도 전쟁하는 것 자체가 좋아서 전쟁하지는 않는다. 싸움을 하고 살육을 하기 위해서 자기 친구를 원수로 만드는 사람이 있다면 그 사람은 전적으로 살인적인 사람이라 생각되지 않을 수 없다). 그러나 정치가의 행동도 비한가적이다. 그리고 그것은 그 정치적 행동 이외에 전제 군주의 권력이라든가 명예, 혹은 자기와 국민의 행복을 목적으로 삼는다. 이 행복은 정치적 행동과는 다른 것이요, 또 그와 다른 것으로 추구되고 있음이 분명하다. 그러므로 설사 덕 있는 행동들 가운데서 정치적 행동과 군사적 행동이 고귀성과 규모의 크기에서 뛰어난 것이라 할지라도 그것들이 비한가적이고 어떤 목적을 추구하며 그 자체 때문에 바람직한 것은 아니다. 이에 반하여 이성의 활동은 관조적인 것이므로 그 진지함에 있어 뛰어난 가치를 지니고 있고 그 자신 이외에는 다른 목적을 가지고 있지 않으며, 그 자신에 고유한 쾌락(이것은 그 활동을 증가시킨다)과 자족성과 한가성과 싫증나지 않는 성질을 가지고 있다. 또한 다시 없이 행복한 사람에게 속하는 것으로 볼 수 있는 모든 성질이 이 활동과 결부되고 있음이 분명하다면, 이 활동이야말로 인간의 가장 궁극적인 행복이라 아니 할 수 없다. 물론 이렇게 되려면 이 활동은 전 생애에 걸쳐 이루어져야 한다. 행복의 속성치고 불완전한 것이란 하나도 없기 때문이다.

하지만 이러한 생활은 인간에게는 너무나 높은 것이라 할 수 있다. 사람이 이러한 생활을 할 수 있는 것은 인간인 한에서가 아니라 인간 속에 신적인 그 무엇이 있는 한에서이니 말이다. 그리고 이것이 우리의 복합적인 본성보다 더 나은 그만큼 그 활동 또한 다른 종류의 덕을 따른 활동보다 나은 것이다. 그러므로 인간에 비하여 이성이 신적인 것이라고 하면, 이성을 따른 생활은 인간적인 생활에 비하여 신적인 생활이라 아니할 수 없다. 그러나 우리는 "결국 인간이니 인간적인 일을 생각하고, 또 사멸할 것이니 사멸할 것들을 생각하라."는 권고에 따를 것이 아니라 도리어 할 수 있는 데까지 우리 자신을 불사불멸하는 것이 되게 하고 우리 자신 속에 있는 최선의 것을 따라 살도록 온갖 힘을 기울이지 않으면 안 된다. 이 최선의 것은 부피는 작지만 그 능력과 가치에서는 모든 것을 능가하니 말이다. 그리고 또 그것은 바로 우리 개개인이라고도 생각된다. 왜냐하면 그것이 개개인의 지배적이고 더 좋은 부분이기 때문이다. 그러므로 사람이 그 자신의 생활을 택하지 않고 다른 어떤 생활을 택하는 것은 당치 않은 일이다. 그리고 앞서 우리가 말한 것이[28] 여기에도 들어맞을 것이다. 즉 어떤 것이든지 그것에 고유한 것이 본성상 그것에 가장 좋고 즐거운 것이다. 그러므로 사람에게 있어서는 이성을 따르는 생활이 가장 좋고 즐거운 것이다. 이성은 다른 무엇보다도 인간을 인간되게 하기 때문이다. 그러므로 이러한 생활이 또한 가장 행복한 생활이다.

---

28) 1169b 33; 1176b 26.

제8장 관조적 생활의 우월성을 더 추궁하여 고찰함

그러나 다른 종류의 덕을 따른 생활은 제2차적으로 행복하다. 그런 덕을 따른 활동은 우리들 인간의 형편에 어울리는 것이니 말이다. 의로운 행위라든가 용감한 행위, 이 밖의 덕 있는 행위를 우리가 피차간에 하는 것은, 계약이라든가 봉사라든가 온갖 행동 그리고 정념에 관련하여 각자의 의무를 지키려는 것이다. 그리고 이 모든 것은 전형적으로 인간적인 것으로 보인다. 이것들 가운데 어떤 것은 심지어 육체로부터 생기는 것같이 보인다. 그리고 성품의 덕은 여러 가지 형태로 정념과 결합되어 있는 것으로 보인다. 실천지도 성품의 덕과 연결되어 있고, 또 성품의 덕은 실천지(實踐智)와 연결되어 있다. 이것은 실천지의 원리가 윤리적인 덕과 합치하고 또 윤리에 있어서의 옳음이 실천지와 합치하기 때문이다. 윤리적인 덕은 또한 정의와도 관련을 가지는 까닭에 우리의 복합적 본성에 속하는 것이 아닐 수 없다. 그리고 우리의 복합적 본성의 덕은 인간적인 것이다. 그러므로 이런 덕에 대응하는 생활과 행복도 역시 인간적인 것이다. 이에 반하여 이성의 덕은 독립적인 것이다. 이것에 관해서는 이만큼 말하는 것으로 만족할 수밖에 없다. 이것을 자세하게 논술한다는 것은 우리가 예정한 것보다 훨씬 큰 일이기에 말이다. 하지만 이성의 덕은 외부적인 조건을 조금밖에 필요로 하지 않거나 윤리적인 덕보다는 적게 필요로 하는 것으로 보인다. 이 둘은 다 같이 필수불가결한 것들이 있어야만 하고 또 똑같은 정도로 있어야만 할 것이다. 설사 정치가의 일이 좀 더 육체라든가 이 밖의 이런 종류의 것에 마음을 써야 하는 것이기는 해도 말이다. 사실 이런 점에서는 둘 사이에 별로 큰 차이가 없다. 그러나 이 둘이 활동하는 데 필요한 것에 있어서는 큰 차이가 있다. 즉 관후(寬厚)한 사람은 그의 관후한 행위를 하는 데 돈이 필요하고, 올바른 사람도 역시 자기가 신세진 것을 갚는 데 돈이 필요하다(하고 싶어 하는 심정만으로는 분간하기가 어렵다. 왜냐하면 올바르지 않은 사람들도 올바른 행위를 하고 싶어 하는 체하기 때문이다). 또 용감한 사람은 그의 덕에 대응하는 행위를 무엇이든지 성취하려면 힘이 있어야 하고, 또 절제 있는 사람에게는 기회가 있어야 한다. 이런 사람이나 혹은 이 밖의 누구든지 그런 것이 없으면 그 사람이 그런 덕을 가지고 있다는 것을 알아볼 수 없다. 또 덕에는 의지와 행위의 양자가 모두 관련되어 있다고 하겠는데, 그 중 어느 것이 더 덕에 대해서 본질적인가 하는 논쟁도 있다. 덕의 완성에 이 둘이 다 관련이 있다는 것은 아주 명백한 일이다. 그러나 행위에는 많은 것이 더욱 필요하고, 또 위대하고 고귀한 행위일수록 더욱 그렇다. 그러나 진리를 관조하고 있는 사람에게는 그런 것이, 적어도 그의 활동에 있어서는 필요치 않다. 사실 그런 것들은 적어도 그의 순수 관조에는 방해가 된다고도 말할 수 있다. 그러나 인간인 한에서, 그리고 많은 사람들과 함께 사는 한에 있어서는 그도 여러 가지 덕 있는 행위를 하고자 한다. 그러므로 그는 인간적 생활을 하는 데 있어 그런 것들을 필요로 한다.

그런데 완전한 행복이 관조적 활동이라고 하는 것은 다음과 같은 고찰에서도 분명하다. 우리는 신들이 다른 어떤 존재보다도 축복받고 행복하다고 생각한다. 그러나 어떤 종류의 행동이 그들에게 속한다고 보아야 하는가? 정의의 행동인가? 그러나 신들이 계약을 한다거나 부채를 갚는다든가 하는 것은 우스운 일이라 해야 하지 않을까? 그러면 위험한 일과 대결하며 모험을 감행하는 것이 고귀한 일이기에 이러한 용감한 행동을 그들에게 속하는 것으로 볼 것인가, 그렇지 않으면 관후한 행위라 할 것인가? 그러나 도대체 그들은 누구에게 베푼다는 말인가? 그들이 정말 돈이라든가 그런 종류의 것을 가지고 있다면 이상한 일이라 아니 할 수 없다. 그리고 그들이 절제 있는 행위를 한다는 것은 무엇을 의미하는 것일까? 그들이 욕정을 가지고 있지 않은 터에 그러한 칭찬은 무식한 짓이 아닐까? 이런 것을 모두 따져본다 하더라도 그러한 행동들은 모두 형편없고 신들에게는 합당한 것이 못 된다. 그러면서도 신들은 살아 있고 따라서 활동하고 있다고 누구나 상상한다. 우리는 신들이 엔뒤미온처럼 잠들고 있다고는 생각할 수 없다. 그런데 만일 살아있는 존재로부터 행동을 떼어내거나 더욱이 제작을 떼어낸다고 하면, 남는 것은 순수관조(純粹觀照) 밖에 없지 않은가? 그러므로 축복받은 점에서 다른 모든 것을 능가하는 신의 활동은 관조의 성질을 띤 것이 아닐 수 없다. 따라서 또 인간의 모든 활동 가운데서는 신의 활동을 가장 많이 닮은 것이 가장 행복한 것이라 아니 할 수 없다.

인간 이외의 동물들이 그러한 활동을 전적으로 결여하고 있기 때문에 행복을 전혀 나누어 갖지 못하고 있는 사실도 이것을 증명해 준다. 신들의 생활 전체가 축복받은 것이요, 인간의 생활도 그러한 활동을 어느 정도라도 닮은 것을 가짐으로써 또한 축복받은 것이지만, 인간 이외의 동물은 어느 모로나 관조에 참여하지 않는 까닭에 그 어느 하나도 행복하지 않다. 그러므로 행복은 순수관조와 똑같은 범위에 널려 있으며, 또 관조를 더욱 많이 하는 사람일수록 더욱 행복하다. 행복은 순수관조에 그저 수반하는 것이 아니고 순수관조 속에 깃들어 있다. 순수관조는 그 자체가 소중한 것이다. 그러므로 행복은 어떤 형태의 순수관조가 아닐 수 없다.

그러나 우리는 사람인 까닭에 또한 외부적인 좋은 조건도 없어서는 안 된다. 왜냐하면 우리의 본성은 관조의 목적을 위하여 자족적인 것이 못되고, 우리의 육체 또한 건강하기도 해야 하고 또 음식 등 여러 가지 주의해야 할 것도 있기 때문이다. 그렇긴 해도, 사람이 외부적인 여러 가지 선 없이는 무상의 행복을 얻을 수 없다는 이유만으로 사람이 행복하게 되려면 많은 물건과 또 여러 가지 큰 것들이 있어야 한다고 생각해서는 안 된다. 자족이라든가 행동이라든가 하는 것은 과도한 일과 상관없고, 또 우리는 온 땅과 바다를 지배하는 일 없이도 고귀한 행위를 할 수 있기 때문이다. 사실 우리는 그다지 많지 않은 조건을 가지고서도 유덕(有德)하게 행동할 수 있는 것이다(이것은 아주 명백한 일이다. 아무 권세 없는 사람들이 전제 군주들보다도 가치 있는 행위를 하는 데 있어 뒤지지 않으니 말이다. 아니 사실은 그들이 전제 군주들보다도 더 많이 가치 있는 행위를 한다). 덕을 따라 활동하는 사람의 생활은 행복하므로 우리로서는 웬만큼만 소유하면 충분하다. 솔론은 "행복한 사람이란 외부적인 것을 수수하게 가지고 있으나 고귀한 행위를 하며 또 절제 있게 생활하는 사람"이라고 말했는데 이는 행복한 사람의 모습을 잘 그려냈다고 하겠다. 왜냐하면 사람이란 수수한 소유물 밖에 없어도 자기가 해야 할 일을 할 수 있기 때문이다. 아낙사고라스도 행복한 사람이란 부자도 아니고 전제 군주도 아니라고 생각한 것 같다. 그래서 그는 행복한 사람이 대부분의 사람에게는 행복해 보이지 않는다 하더라도 자기는 조금도 놀라지 않는다고 말했다. 대부분의 세상 사람들은 외부적인 것밖에 알아보지 못하기 때문에 이런 것들을 가지고 판단하고 만다.

 이상에 말한 것들은 대체로 확신을 주는 일이지만, 실제적인 문제에 있어서의 진리는 여러 가지 사실이라든가 생활에 의하여 판단되지 않으면 안 된다. 이런 것들 속에 진부(眞否)에 대한 결정적인 요소가 깃들어 있기 때문이다. 그러므로 우리가 이미 말한 것을 여러 가지 사실과 생활에 비추어보면서 살펴보아야 한다. 그리고 만일 그것이 이것들과 서로 잘 들어맞으면 받아들여야 하지만, 그렇지 않으면 한낱 이론에 불과한 것이라고 보아야 한다.29)

---

29) Rackham에 의하면 『니코마코스 윤리학』은 사실상 여기서 끝나는 것이라 한

그런데 자기의 이성을 따라 활동하고 그 이성을 가꾸고 자라게 하는 사람은 최선의 정신 상태에 있으며 또한 신에게 가장 사랑받는 사람이라고 여겨진다. 만일 사람들이 생각하고 있는 바와 같이 신들이 인간의 여러 가지 일을 조금이라도 살펴준다면, 가장 좋은 그리고 가장 그들을 닮은 것(즉 이성)을 그들이 기뻐하고 이것을 가장 사랑하고 소중히 여기는 사람에게 보답해 준다는 것은 당연한 일이다.

이 사람이 신들에게 소중한 일에 마음을 쓰고 또 옳게 그리고 고귀하게 행동한다는 의미에서 말이다. 그리고 이 모든 속성을 누구보다도 많이 지니고 있는 것은 철학자[30]임이 분명하다.

그러므로 철학자는 신들에게 가장 많은 사랑을 받는 사람이다. 그리고 철학자는 또 가장 행복한 사람이라 할 수 있다.

제9장 우리의 목적이 달성되려면 입법이 필요하다
정치학으로 넘어가는 대목

이상의 여러 가지 문제와 여러 가지 덕, 그리고 우애라든가 쾌락이든가의 윤곽을 충분히 다루었다고 하면, 우리의 계획이 그 목적을 달성했다고 볼 수 있는가? 확실히 그렇지 않다. 속담에도 있는 것처럼 실천적인 일들에 있어서의 궁극 목적은 여러 가지 일을 두루 살피고 아는 것이 아니라 오히려 그런 것들을 실천하는 것이다. 그러므로 덕에 관해서도 아는 것만으로는 충분하지 않고, 모름지기 덕을 소유하며 활동시키려고 해야 하며, 혹은 선하게 되는 데 다른 길이 있는가

다. 다음 절은 1178b 23에서 끝나는 절에 이어서 보충한 것이고, 제9장은 『정치학』에 대한 서설로 볼 수 있다는 것이다.

30) 원전에는 '소포스'(σοφός). 즉 '지자'(智者)로 되어 있다. 로스가 philosopher라고 옮긴 것을 따랐다.

살펴서 시도해 보지 않으면 안 된다. 그런데 여러 가지 언설(言說) 그 자체가 사람들을 선하게 하기에 충분한 것이라면, 테오그니스도 말한 바와 같이, 그것들은 으레 아주 큰 사례를 얻게끔 했을 것이요, 또 마땅히 그러한 사례가 있어야만 할 것이다.

그러나 사실은 그것들이 우리 청소년들 가운데 학자다운 사람들을 격려하고 자극하는 힘을 가지고 있는 듯싶고, 또 성품이 훌륭한 사람이나 고귀한 것을 참으로 사랑하는 사람으로 하여금 어렵지 않게 덕을 소유하게 하는 듯싶기는 하지만, 그 밖의 많은 청소년들을 격려하여 고귀하고 선하게 할 수는 없다. 이 후자는 그 본성에 염치감(廉恥感)에 지배받도록 되어 있지 않고 오히려 공포심에 지배되도록 되어 있고, 나쁜 행위를 삼가는 것도 그 행위가 추악해서가 아니라 벌을 받을까 두려워서인 것이다. 그들은 정욕을 따라 사는 까닭에 자기 자신의 쾌락과 그 쾌락의 수단을 추구하며, 이에 대립하는 고통을 회피하고, 또 고귀하고 참으로 즐거운 것이 어떤 것인지에 대한 상념조차 가지고 있지 않다. 그들은 이런 것을 한 번도 맛보지 못했기 때문이다.

무슨 언설이 이런 사람들의 성품을 개조할 수 있단 말인가? 성격 속에 오랫동안 도사리고 있던 습성을 언설에 의하여 제거한다고 하는 것이 불가능하지는 않을지 모르나 매우 어려운 일이다. 다만 선하게 한다고 생각되는 모든 조건이 갖추어지고 있을 때 우리가 어느 정도 덕을 지니게 된다고 하면, 아마 이것으로 만족하지 않으면 안 될 것이라고 생각된다.

그런데 우리가 선하게 되는 것은 본성에 의한다고 하는 사람도 있고, 습관으로 말미암는다고 하는 사람도 있고 교육에 의한다고 하는 사람도 있다.

본성에 의하는 것이라고 하면 우리로서는 어떻게 할 수 없는 것이고 다만 어떤 신적 원인의 결과로 참으로 운수가 좋은 사람들에게 있을 수 있을 따름이다. 한편 언설이나 교육도 누구에게나 다 힘 있는 것이라고 할 수는 없고 다만 배우는 자가 먼저 고귀한 기쁨과 고귀한 증오에 대한 습관을 기르지 않으면 안 된다. 마치 씨앗을 자라게 하는 토양처럼 정욕이 끌어가는 대로 사는 사람은 자기에게 무엇을 하지 말라고 하는 언설에 귀를 기울이지도 않고, 설사 귀를 기울인다 해도 이해하지 못한다.

어떻게 이런 상태에 있는 사람을 설복하여, 그 버릇을 고치게 할 수 있단 말인가? 그리고 대체로 정욕은 언설에 굴복하지 않고 다만 강제에만 굴복하는 것 같다. 그러므로 덕에 잘 어울리는, 그리하여 아름다운 것을 사랑하고 추악한 것을 미워하는 성품이 이미 있지 않으면 안 된다.

그러나 올바른 법률 밑에서 양육을 받지 않는다면, 어릴 때부터 덕 있는 사람이 되도록 올바른 훈련을 받는다는 것은 어려운 일이다. 절제 있게 또 애써 일하면서 산다는 것은 대부분의 사람들에게는 즐거운 것이 아니요, 또 젊은 때에는 더욱 즐거운 일이 아니기 때문이다. 따라서 그들의 양육과 여러 가지 종사하는 일이 법률에 의하여 규정되어야 한다. 습관이 되면 고통스럽지 않기 때문이다. 그러나 청소년 시절에 바른 양육과 훈도(訓導)를 받는 것만으로는 충분치 않음은 확실하다.

어른이 되어서도 각기 그 일에 종사하고, 또 그것에 습관이 되어 있어야만 하는 까닭에 이를 위한 법률이 필요하고, 또 일반적으로 말하여 생활 전체에 관한 법률이 있어야만 한다. 대부분의 사람은 언설(言說)보다도 부득이한 일을 따르고, 또 고귀하고 아름다운 것보다는 처벌을 따르기 때문이다.

그러므로 어떤 이는 생각하기를,31) 입법자는 마땅히 사람들을 권유

---

31) 플라톤, 『법률』, 722d 이하.

하여 덕에 나아가도록 해야 하며 또 고귀한 일을 하도록 편달(鞭撻)하지 않으면 안 된다고 한다.

이것은 여러 가지 습관이 형성됨으로써 이미 대단히 훌륭하게 된 사람들은 이러한 여러 가지 영향을 잘 따라가리라고 생각한다. 그리고 순종하지 않으며 열등한 자질을 가지고 있는 사람들에게는 벌과 징계를 가하고, 아무리 해도 고칠 수 없을 정도로 나쁜 사람들은 깨끗이 추방해버려야 한다고 한다.32) 그들은 생각하기를 선한 사람은 고귀한 것을 바라보고 사는 까닭에 언설에 귀를 기울이고 따르지만, 악한 사람은 쾌락을 갈망하는 까닭에 짐을 진 짐승과 마찬가지로 고통을 줌으로써만 버릇을 고칠 수 있다고 본다. 이런 까닭에 또한 그들은 말하기를, 그런 사람들이 좋아하는 쾌락에 가장 반대되는 고통을 주어야만 한다고 한다.

그리하여 만일, 우리가 말한 바와 같이,33) 선한 사람이 되려면 좋은 양육을 받고 좋은 습관을 붙여야 하며 여러 가지 가치 있는 일을 하면서 살아가며 또 의식적으로든 무의식적으로든 나쁜 행위를 해서는 안 된다고 한다면, 이런 일이 가능하려면 모름지기 일종의 이성과 올바른 명령을 따른 생활을 하지 않으면 안 된다. 그리고 이때 이 명령에는 힘이 있어야만 한다. 그런데 아버지의 명령에는 이러한 힘이나 구속력이 없다(또 일반적으로 한 사람의 명령에도, 그가 임금이나 그만한 사람이면 몰라도 역시 그렇다).

그러나 법률은 구속력이 있고, 동시에 그것은 일종의 실천지(實踐知)와 이성에서 우러나오는 규칙이다. 그리고 사람들은 자기의 충동에 반대하는 사람을 미워하고 또 이 미움이 당연한 경우도 있지만, 법률이 좋은 것을 명령한다 해서 귀찮게 여기는 일은 없다.

---

32) 플라톤, 『프로타고라스』, 325a.
33) 1179b 31~1180a 5.

입법자나 양육이라든가 사람들이 종사하는 여러 가지 일에 주의해 온 것은 라케다이모니아인의 국가밖에 없었다고 생각된다. 혹은 그 밖의 소수의 국가가 그렇게 하지 않았나 생각된다. 대부분의 나라에서는 이런 문제를 소홀히 하므로, 사람마다 자기 좋은 대로 살고 있다. 즉 퀴클로프스 모양으로 '자기 아내와 아이들에게 법을 휘두르면서' 말이다.34) 하지만 이런 문제에 있어서는 공공의 적절한 배려가 있는 것이 제일 좋다.

물론 공동생활에서 이런 일이 소홀히 되는 경우에는 각자가 자기 자식과 친구들을 도와 덕에 나아가게 하는 것이 옳을 것이요, 또 이러한 일을 할 수 있는 능력이나 적어도 이렇게 하려는 의지를 가져야 한다는 것은 당연한 일이라 하겠다.

지금까지 말한 것에서 미루어 보아, 이러한 일을 남달리 잘 할 수 있는 것은 입법자적 능력을 가진 사람이라고 생각된다. 왜냐하면 공공의 통제는 분명히 법률에 의하여 행해지고, 좋은 통제는 좋은 법률에 의하여 이루어지기 때문이다.

이때 이 법률은 성문법이어도 좋고 불문법이어도 좋다. 또 개인의 교육을 위해서 마련된 법률이어도 좋고 단체를 위해서 마련된 법률이어도 좋다. 음악이나 체육이나 이 밖의 다른 일에서도 그런 것처럼 말이다. 즉 국가에서는 법률과 그때그때의 윤리가 힘을 가지고 있는 것처럼 가정에서는 아버지의 훈계와 습관이 힘을 가지고 있다. 특히 후자는 혈연의 유대와 아버지가 베푸는 여러 자기 이익으로 말미암아

---

34) 호메로스, 『오딧세이아』, 제9권, 114절 이하. 퀴클로프스(Kyklops)는 시켈리아 지방에 살았다고 전해 오는 거구의 야만인이다. 눈이 하나만 있었다고 한다. 이 퀴클로프스들 간에는 공공의 일을 의논하는 회의도 없고 공공의 법률도 없었으며, 각자가 자기의 아내와 아이들에게 제멋대로 절대의 권위를 가지고 임했다고 한다. 아리스토텔레스는 호메로스의 이 구절을 『정치학』, 1252b 22에서 사회의 가부장적 단계를 서술하는 데서도 인용하고 있다.

더욱 큰 힘을 가지고 있다. 아이들은 애정과 순종하는 태도를 가지고서 태어나기 때문이다.

그리고 또 개별적인 교육은 공공적인 교육보다 더 좋다. 의료의 경우에도 개별적인 의료가 더 좋은 것처럼 말이다. 아닌 게 아니라 대체로 휴식과 금식(禁食)은 열병을 앓고 있는 사람에게는 좋지만, 어떤 특수한 사람에게는 그렇지도 않다. 또 권투선수치고 모든 제자에게 같은 방식을 가르쳐 주는 사람도 없을 것이다. 그러므로 통제하는 일이 개별적이면 자상한 점까지 면밀하게 지도할 수 있을 것으로 생각된다. 이렇게 하면 사람마다 자기에게 어울리는 것을 얻기가 더욱 쉬울 테니 말이다.

그러나 의사이든 체육 교사이든 자세한 점까지 하나하나 가장 잘 살필 수 있는 사람은, 누구에게나 혹은 일정한 종류의 사람들에게 좋은 것이 무엇인지 전반적으로 알고 있는 사람이다(인식35)이란 보편적인 것에 관한 것이라고 말하고 있기도 하거니와 사실이 또한 그렇다). 그러나 물론 비학문적인 사람이라 하더라도 하나하나의 경우에 일어나는 것에 대한 체험에 비추어서 정밀하게 연구한 바가 있다고 하면 어떤 특수한 일에 대해서 자세한 데까지 잘 돌아볼 수 없는 것은 아니다. 이것은 마치 어떤 사람이 남의 병을 고치지는 못하면서도 자기 자신에게 가장 좋은 의사가 되는 것 같은 경우와 꼭 같다. 그렇긴 해도, 만일 어떤 사람이 어떤 기술이나 학문의 대가(大家)가 되고 싶다면 모름지기 보편적인 것에 나아가며, 될 수 있는 데까지 알아야 한다는 데 대해서는 누구나 동의할 줄 안다. 이미 말한 바와 같이 인식은 보편적인 것에 관심을 두는 것이다.

그리고 우리가 법률을 통해서 좋은 사람이 될 수 있다고 하면 많은

---

35) 원전에는 '하이 에피스테마이'(αἱἐπιστῆμαι)라고 복수로 되어 있다. '학문'이라 해도 좋을 것이다.

사람이든 적은 사람이든 하여간 사람들을 더 좋은 사람이 되게 하고자 배려하는 사람은 마땅히 입법(立法)할 줄 아는 능력을 얻도록 노력하지 않으면 안 된다.

우리에게 맡겨진 사람을 올바른 상태에 들어가게 할 수 있는 것은 아무나 할 수 있는 일이 아니다.

누가 이런 일을 할 수 있다고 하면 바로 지식을 가진 사람이다. 마치 의료나 이 밖에 돌보는 일과 조심하는 일을 포함한 다른 모든 문제에서 그런 것처럼 말이다.

그러므로 다음으로 우리가 고찰해야 할 문제는 어디서 어떻게 하면 입법할 줄 아는 능력을 획득할 수 있는가 하는 것이다. 다른 모든 경우에서처럼, 정치가들에게서인가? 확실히 그것은 정치의 일부분으로 생각된다.36) 그러나 정치와 다른 학문 내지 기술 사이에는 명백한 차이가 있는 것이 아닐까? 정치 이외의 것에서는 동일인이 기술을 가르치기도 하고 또 실제로 시행하기도 한다. 의사나 화가의 경우에 그렇다. 그러나 소피스트들이 정치를 가르친다고 공언하고는 있지만 그들 가운데 아무도 정치를 하고 있는 것을 볼 수는 없고 다만 정치가는 이론적 사변에 의하여 정치를 하기보다는 오히려 능력과 경험에 의하여 정치를 하는 것으로 생각된다.

정치가가 그런 문제들에 관하여 글을 쓰거나 이야기하는 것을 볼 수 없고(아마 그것이 법정이나 의회에서의 변론보다 더 좋은 일이긴 하겠지만), 또 정치가가 자식이나 친구를 정치가로 만든 것을 볼 수는 없으니 말이다. 그러나 그들이 이런 일을 할 수 있었다고 하면 마땅히 그렇게 하는 것이 좋았을 것이다. 나라에 남겨줄 수 있는 것으로 이러한 능력보다 더 좋은 것이 없고, 또 자기 자신을 위해서 자기가 가장 친애하는 사람들을 위해서 택할 수 있는 것으로 이보다 더 좋은 것이

---

36) 1141b 24.

없으니 말이다. 그렇긴 해도 이 경우에도 경험이 적지 않게 이바지하는 것 같다. 정치학을 잘 안다고 해서 그들이 정치가가 될 수 있었던 것은 아니다. 마찬가지로 정치의 기술에 관해서 알고자 하는 사람들도 역시 경험을 쌓지 않으면 안 된다.

한편 소피스트들 가운데 이 기술을 잘 안다고 떠들어대는 사람들이 그것을 가르친다는 것은 어림도 없는 일이다. 대체로 그들은 정치란 어떤 것인지, 또 어떤 종류의 일들에 관한 것인지조차 알지 못하니 말이다. 만일 그들이 이런 것을 알고 있다면 정치를 변론과 동일시하거나 심지어 변론보다 못한 것으로 보지도 않았을 것이고,37) 잘 생각해서 만든 법률들을 모아 놓기만 하면 입법하는 일이 그리 어렵지 않다고 생각하지도 않았을 것이다.38) 그들은 최선의 법률을 선택하기만 하면 된다고 말한다. 그들은 마치 선택이 아무런 이해도 필요하지 않고 또 올바른 판단이 대수롭지 않은 것처럼 생각하는 것 같다. 이러한 사정은 음악에 있어서도 마찬가지이다. 사실 무슨 부문이든지 그 방면에 경험이 있는 사람39)이 그 부문에서 만들어진 작품을 옳게 판단할 수 있고, 또 무엇을 매개로 해서 그리고 어떻게 해서 그 작품들이 완성되었으며 또 무엇과 무엇이 잘 조화를 이루는가 하는 것을 이해하지만, 경험이 없는 사람40)은 작품이 잘 되었는가 잘 되지 못했는가를 제대로 알기만 하면 그것으로 만족할 수밖에 없다. 그림의 경우에서처럼.

그런데 법률은 이를테면 정치의 작품과도 같은 것이다.41) 그렇다고

---

37) Isocrates, *Peri Antidoseos*, 제80절.

38) 같은 책, 제82, 83절.

39) 여기서 '경험이 있는 사람'이라 한 것은 원전에 '호이 앰페이로이'(οἱ ἔμπειροι)라 되어 있다. '전문가'라 해도 좋을 것이다. 로스는 peopleexperienced라 옮기고 있다.

40) '경험이 없는 사람'은 원어로 '호이 아페이로이'(οἱ ἄπειροι)이다. '비전문가'라 해도 좋을 것이다. 로스는 the inexperienced 라 옮기고 있다.

하면 어떻게 그런 작품들로부터 입법가가 되는 것을 배우거나, 어느 법률이 제일 좋은 것인가를 배워 알 수 있겠는가? 심지어 의사들도 의학서를 공부함으로써 의사가 된다고는 생각되지 않는다.

물론 의학서에는 치료하는 방법이 어떻든 설명되어 있을 뿐만 아니라, 또한 다양한 사람을 어떻게 치유(治癒)할 수 있고, 또 어떻게 보살펴야 하는가도 설명되어 있다.

그리고 신체의 여러 상태를 구별하고 있다. 그러나 이런 것은 경험 있는 사람에게는 유용하지만, 경험이 없는 사람에게는 아무 소용이 없는 것으로 생각된다. 그러므로 법률이나 여러 가지 헌법의 수집 역시 이것들을 연구할 수 있고 무엇이 좋고 무엇이 나쁘며, 또 어떤 법령이 어떤 환경에 적합한가를 판단할 수 있는 사람들에게는 도움이 되지만, 이러한 실제상의 능력 없이 그러한 법률집을 훑어보는 사람들은 올바른 판단을 할 수가 없다(그 본성 속에 자동적으로 올바른 판단을 할 수 있는 능력이 있으면 몰라도). 물론 그들이 이런 문제에 있어서 더 잘 알게 될 수는 있다.

그런데 우리의 선인(先人)들은 입법에 관한 문제를 탐구하지 않고 우리에게 넘겨주었다. 그러므로 우리 자신이 그것을 연구하고, 또 일반적으로 국가체제에 관한 문제를 연구함으로써 힘이 미치는 데까지 인간성에 관한 우리의 철학을 완성시키는 것이 무엇보다도 좋은 일이 아닐까 한다.

그러므로 첫째로, 우리 이전의 사상가들이 그 방면의 자세한 점에서 좋은 말을 한 것이 있으면 먼저 훑어보기로 하자.

그 다음으로는 우리가 수집한 국가체제42)에 비추어 보면서 어떤 종

---

41) 여기서 '정치의 작품'이라 한 것을 로스는 'the works of the political art'라 옮기고 있다. 그를 따라 '정치적 기술의 작품들'이라 해도 좋을 것이다.

42) 아리스토텔레스의 지도 하에 편찬된 158개의 그리스 국가의 국가체제에 관한 서술을 말한다. 이 가운데서 아테나이에 관한 부분만이 현재 남아 있다. 이 부

류의 일이 국가를 보전하거나 멸망케 하며 또 어떤 나라가 잘못 다스려지는 것은 무슨 까닭인가를 연구하기로 하자.

이런 것들을 다 연구하고나면, 어느 체제가 제일 좋고, 또 최선의 국가체제가 되려면 각 체제가 어떻게 질서를 잡아야 하며 또 어떤 법률과 습속을 채택해야 할 것인가를 좀더 포괄적으로 내다보고, 좀더 잘 이해할 수 있을 것이다.43)

그러면 이제부터 이것을 논하기 시작하기로 하자.

분은 아리스토텔레스 자신의 손으로 한 것 같다.

43) 1181b 12~23은 『정치학』의 프로그램이다. 이것은 대체로 현존하고 있는 『정치학』의 내용과 일치하고 있다.

니코마코스 윤리학(개정판)

2021년 10월 25일 · 개정판 9쇄 발행

지은이 · 아리스토텔레스
옮긴이 · 최명관
펴낸이 · 이규인
펴낸곳 · 도서출판 **장**
등록번호 · 제15-454호
등록일자 · 2004년 3월 25일

주소 · 서울특별시 마포구 대흥로 4길 49, 1층(용강동 월명빌딩)
전화 · 322-2686, 2687 / 팩시밀리 · 326-3218
홈페이지 · http://www.changbook.co.kr
e-mail · changbook1@hanmail.net

ISBN 978-89-7453-144-7   04100

정가 16,000원

예수의 생애

에르네스뜨 르낭 지음 / 최명관 옮김

이 책이 1863년에 나오자 세상은 격찬과 매도(罵倒)로 들끓었으며, 굉장한 성공을 거두었다. 간행된 지 4개월 만에 6만 부가 판매되었고, 일 년 반이 채 안 되는 동안에 11개 국어로 번역되었다. 1863년과 1864년 동안에만 찬반 논문이 80편이나 나왔다. 이웃 일본에서는 늦게나마 1908년에 첫 번역이 나왔고 우리나라에서 이 책을 처음으로 1967년 훈복문화사에서 발행하였다. 이 책의 제목에 '신판'이 들어간 것은 지은이가 새 판본을 간행했다는 것은 아니고, 역자가 1967년에 옮긴 책을 처음 간행할 때에 원서에 있는 13판 머리말과 참고문헌을 넣지 않았던 것을 이번에 넣은 것이다.

소크라테스 영원한 인간상-진리의 첫 시민

코라 메이슨 지음 / 최명관 옮김

소크라테스의 사상에 관해 정확한 역사적 사실로 알려져 있는 것은 극히 적다. 이 책은 코라 메이슨의 《소크라테스 : 끊임없이 질문을 던진 자》(Socrates: The Man Who Dared to Ask)를 옮긴 것이다. 옮긴이가 원서를 처음 번역하여 출판한 것은 1967년이다. 이번에 다시 출판하게 되면서 용어나 표현 등을 현재의 언어 감각에 맞게 우리말로 매끄럽게 다듬었다.

플라톤의 대화편

플라톤 지음 / 최명관 옮김

플라톤은 특히 초기 작품들을 통하여 소크라테스의 모습을 생생하게 그려냄으로써 영원의 생명을 획득하였다. 여기 그려진 소크라테스의 모습은 역사적 진실이 아닐지도 모른다. 그러나 "시는 역사보다 더 진실하다."라고 하듯이, 그것은 하나의 살아 있는 전체로서의 소크라테스의 인간상을 예술적으로 훌륭하게 그려내고 있는 것이다. 에우튀프론, 소크라테스의 변론, 크리톤, 파이돈, 향연 5편이 수록되어 있다.

존 스튜어트 밀 자서전

존 스튜어트 밀 지음 / 최명관 옮김

밀 자서전은 19세기 지성사의 가장 중요한 문서 중의 하나이다. 모든 이야기는 그의 정신의 성장과 사상의 발전을 중심삼아 전개되고 있다. 거기에는 19세기의 사회적 정세와 사상적 상황에 처하여 심각하게 고민하고 진지하게 사색한 그리고 인류의 복리를 위하여 분투한 하나의 뛰어난 정신의 모습이 그려져 있다.

방법서설 · 성찰 · 데카르트 연구

데카르트 지음 / 최명관 옮김

이 책에는 데카르트의 저서『방법서설』·『성찰』의 번역과 데카르트 연구로서『데카르트의 중심 사상과 현대적 정신의 형성』·『데카르트의 생애』가 수록되어 있다.『데카르트의 중심 사상과 현대적 정신의 형성』은 필자가 1972년 철학 박사 학위 논문으로 제출하여 1973년 2월에 학위를 받은 것이다. 나머지 셋, 즉『방법서설』·『성찰』·『데카르트의생애』는 1970년 9월『데카르트 選集1』이라 하여 출판되었다.

인간이란 무엇인가

에른스트 캇시러 지음 / 최명관 옮김

이 책에서 캇시러는 먼저 인간이란 무엇인가라는 물음을 제기한다. 이 물음은 가장 오래된 그리고 언제나 새로운 의미와 중요성을 지니고 우리에게 해결을 촉구하는 물음이다. 캇시러는 초기 그리스 이후 현대까지의 인간관의 역사를 간결하게 개관한 후 인간을 상징의 동물(animal symbolicum)로 정의한다. 이 정의는 현대의 인류 발전에 커다란 기여를 할 수 있는 깊이있는 통찰을 간직하고 있다.

인간은 상징(symbol)의 세계에 산다. 상징의 세계는 의미의 세계이다. 인간은 끊임없이 자기와 세계의 의미를 찾는 동물이다. 의미있는 것을 찾고 이상을 바라보며 가능한 것을 추구하는 인간은 문화를 창조하였다. 문화의 세계야말로 인간에게 고유한 상징들의 세계이다.